DIANLI YINGXIAO
JICHA GONGZUO XITIJI

电力营销稽查工作习题集

国网安徽省电力有限公司营销部 组编

中国电力出版社
CHINA ELECTRIC POWER PRESS

内容提要

本书依据国家、电力行业和国家电网有限公司的最新法律法规、技术标准、通用制度、管理规则和作业指导书等编写而成。本书共分为用电检查、业扩报装、计量管理、电费电价、客户服务、稽查管理、营销信息、供电所管理、新型业务九部分，题型分为单选题、多选题、判断题、简答题、案例分析，共精选习题2700余道，基本涵盖了电力营销业务工作的各个环节。

本书可以作为电力营销员工的技能考核、业务知识巩固和调考竞赛参考用书。

图书在版编目（CIP）数据

电力营销稽查工作习题集 / 国网安徽省电力有限公司营销部组编. —北京：中国电力出版社，2020.12
ISBN 978-7-5198-5388-4

Ⅰ. ①电…　Ⅱ. ①国…　Ⅲ. ①电力工业－市场营销学－中国－习题集　Ⅳ. ① F426.61-44

中国版本图书馆 CIP 数据核字（2021）第 034934 号

出版发行：中国电力出版社
地　　址：北京市东城区北京站西街 19 号（邮政编码 100005）
网　　址：http：//www.cepp.sgcc.com.cn
责任编辑：杨　扬（010-63412524）孟花林
责任校对：黄　蓓　常燕昆　王小鹏
装帧设计：赵姗姗
责任印制：杨晓东

印　　刷：三河市航远印刷有限公司
版　　次：2020 年 12 月第一版
印　　次：2020 年 12 月北京第一次印刷
开　　本：880 毫米 ×1230 毫米　16 开本
印　　张：22.25
字　　数：705 千字
定　　价：98.00 元

《电力营销稽查工作习题集》

编委会

主　　任 张　波

副 主 任 吕　斌　冯熊彬

委　　员 陈　伟　周　堃　赵永红　欧阳昱　罗庚玉　王　峰
唐　亮　尤　佳　韩　号　张　旭　程少华　马一峰
周永刚　刘辉舟　赵　骞　陈润生　巩　舒　齐红涛

编写组

主　　编 夏泽举

副 主 编 姜　睿　金　耀　秦光洁

编写人员 张业前　朱文灿　胡晓婷　程金民　吴延延　王海鸿
洪　玫　李运蔷　朱　敏　卓全玉　庆克堂　杨美琳
石红山　陈　徽　王　宁　周　辉　丁莺莺　卜春梅
胡　婧　许克明　汤　旭　陆　钦　李　时　姜燕红
陶矿之　吕四化　秦正阳　袁加梅　李　直　常　乐
王　品　倪妍妍　吴　前

审　　核 吴　琦

前 言

电力营销稽查工作是供电企业内部对电力营销工作质量的全流程、全环节、全方面的监督检查，是电网企业提高营销管理水平和优质服务水平的重要管理手段。

本书依据国家、电力行业和国家电网有限公司的最新法律法规、技术标准、通用制度、管理规则和作业指导书等编写而成。全书分为用电检查、业扩报装、计量管理、电费电价、客户服务、稽查管理、营销信息、供电所管理、新型业务九部分，题型分为单选题、多选题、判断题、简答题、案例分析，共精选习题2700余道，基本涵盖电力营销业务工作的各个环节。

本书由国网安徽省电力有限公司营销部（农电工作部）组织编写，夏泽举担任主编，姜睿、金耀、秦光洁担任副主编。本书编写过程中，国网合肥供电公司、国网芜湖供电公司、国网马鞍山供电公司、国网蚌埠供电公司、国网宿州供电公司、国网淮南供电公司、国网安庆供电公司、国网六安供电公司、国网阜阳供电公司、国网滁州供电公司、国网黄山供电公司、国网亳州供电公司、国网安徽省电力有限公司营销服务中心、国网安徽省电力有限公司培训中心等单位选派技术专家，提供专业资料，对本书的编写提供大量的支持工作，在此表示感谢。

由于编者水平有限，书中难免有疏漏之处，恳请专家和读者提出宝贵意见。

目 录

第一章　用电检查

一、单选题（共 116 题）

1 《营销业扩报装工作全过程安全危险点辨识与预控手册》规定，安全防护辨识的危险点主要有使用不合格的安全工器具进入工作现场，不戴安全帽，不按规定（　　）。

A. 召开班前会　　B. 召开班后会　　C. 着装　　D. 办理开工手续

正确答案：C

【依据出处】《关于印发〈营销业扩报装工作全过程防人身事故十二条措施（试行）〉〈营销业扩报装工作全过程安全危险点辨识与预控手册（试行）〉的通知》（国家电网营销〔2010〕237 号）

2 《国家电网公司营销安全风险防范工作手册（试行）》规定，用电方与供电方签订合同前，供电企业必须对其进行严格的（　　）审查。

A. 法人　　B. 申请材料　　C. 主体资格　　D. 申请证件

正确答案：C

【依据出处】《关于印发〈国家电网公司营销安全风险防范与管理规范（试行）〉和〈国家电网公司营销安全风险防范工作手册（试行）〉的通知》（国家电网营销〔2009〕138 号）

3 《国家电网公司营销安全风险防范与管理规范（试行）》规定，安全用电服务风险是指因未履行用电检查责任、客户拒绝整改安全隐患、（　　）等原因，引起的客户受电装置带隐患运行、保供电任务不能圆满完成等风险。

A. 保供电方案不完善　　B. 客户重要负荷识别不准确

C. 隐患排查和治理不彻底　　D. 自备电源配置不完善

正确答案：A

【依据出处】《关于印发〈国家电网公司营销安全风险防范与管理规范（试行）〉和〈国家电网公司营销安全风险防范工作手册（试行）〉的通知》（国家电网营销〔2009〕138 号）

4 严格受电工程设计、施工、试验单位资质审查，遵循公司统一的技术导则及标准开展供电方案编制、受电工程设计审核及竣工检验等工作，防止客户受电设施（　　）接入电网。

A. 故障　　B. 事故　　C. 绝缘差　　D. 带安全隐患

正确答案：D

【依据出处】《关于印发〈营销业扩报装工作全过程防人身事故十二条措施（试行）〉〈营销业扩报装工作全过程安全危险点辨识与预控手册（试行）〉的通知》（国家电网营销〔2010〕237 号）

5 《营销业扩报装工作全过程防人身事故十二条措施（试行）》规定，现场作业班组要根据工作内容配备齐全的（　　）、接地线（短路线）等安全工器具，并确保正确使用。

A. 手电筒　　B. 测温仪　　C. 铁鞋　　D. 验电器（笔）

正确答案：D

【依据出处】《关于印发〈营销业扩报装工作全过程防人身事故十二条措施（试行）〉〈营销业扩报装工作全过程安全危险点辨识与预控手册（试行）〉的通知》（国家电网营销〔2010〕237 号）

6 《营销业扩报装工作全过程防人身事故十二条措施（试行）》规定，建立客户停送电联系制度，严格执行现场送电程序，对高压供电客户侧第一断开点设备进行操作（工作），必须经调度或（　　）单位许可。

A. 客户　　B. 运行维护　　C. 检修　　D. 施工

正确答案：B

【依据出处】《关于印发〈营销业扩报装工作全过程防人身事故十二条措施（试行）〉〈营销业扩报装工作全过程安全危险点辨识与预控手册（试行）〉的通知》（国家电网营销〔2010〕237号）

7 《国家电网公司营销安全风险防范与管理规范》规定，属于客户服务安全风险的是（　　）。

A. 业扩管理风险　　B. 安全服务风险

C. 重要客户安全风险　　D. 服务事件处置风险

正确答案：D

【依据出处】《关于印发〈国家电网公司营销安全风险防范与管理规范（试行）〉和〈国家电网公司营销安全风险防范工作手册（试行）〉的通知》（国家电网营销〔2009〕138号）

8 《营销安全风险防范工作手册》规定，（　　）属于重要客户认定风险范畴。

A. 未了解清楚客户的生产过程和工艺，对客户负荷的重要性识别不准确

B. 未向重要客户提供双电源供电方案，重要客户未配备电与非电性质的保安措施

C. 重要客户没有或不愿申请备用电源

D. 重要客户未经政府相关主管部门认定和发文明确

正确答案：D

【依据出处】《关于印发〈国家电网公司营销安全风险防范与管理规范（试行）〉和〈国家电网公司营销安全风险防范工作手册（试行）〉的通知》（国家电网营销〔2009〕138号）

9 互感器或电能表误差超出允许范围时，供电企业应以（　　）误差为基准，按验证后的误差值退补电量。退补时间从上次校验或换表后投入之日起至误差更正之日止的（　　）时间计算。

A.0；全部　　B. 允许；1/5　　C. ±10%；1/3　　D.0；1/2

正确答案：D

【依据出处】《供电营业规则》（1996年）

10 根据《供电营业规则》，客户申请暂停，下列关于暂停期间的基本电费计算方法正确的是（　　）。

A. 暂停当日不收、启用当日收　　B. 暂停当日收、启用当日不收

C. 暂停、启用当日均收　　D. 暂停、启用当日均不收

正确答案：A

【依据出处】《供电营业规则》（1996年）

11 基本电费以月计算，但新装、增容、变更与终止用电当月的基本电费可按实用天数（日用电不足24h的，按一天计算）计算，每日按全月基本电费的（　　）计算。

A.1/30　　B.1/15　　C.1/31　　D. 以上都错

正确答案：A

【依据出处】《供电营业规则》（1996年）

12 《供电营业规则》规定，供用电设备计划检修时，对35kV供电客户的停电次数，每年不应超过（　　）次；对10kV供电客户的停电次数，每年不应超过（　　）次。

A.1，2　　B.1，5　　C.1，3　　D.3，5

正确答案：C

【依据出处】《供电营业规则》（1996年）

13 《中华人民共和国电力法》中所称的电价是（　　）。

A. 电力生产企业的上网电价、电网销售电价

B. 电力生产企业的生产成本电价、电网销售电价

C. 电力生产企业的上网电价、电网间的互供电价、电网销售电价

D. 电力生产企业的生产成本电价、电网购电价、电网销售电价

正确答案：C

【依据出处】《中华人民共和国电力法》（2018年）

14 《国家电网公司业扩供电方案编制导则》规定，居住区住宅用电容量配置，建筑面积大于 $50m^2$ 的住宅用电，每户容量宜不小于（ ）kW。

A.4 B.6 C.7 D.8

正确答案：D

【依据出处】《关于印发〈国家电网公司业扩报装工作规范（试行）〉和〈国家电网公司业扩供电方案编制导则〉的通知》（国家电网营销〔2010〕1247 号）

15 《国家电网公司业扩供电方案编制导则》规定，客户受电装置的安装地点是（ ）。

A. 接入点 B. 供电点 C. 受电点 D. 并网点

正确答案：C

【依据出处】《关于印发〈国家电网公司业扩报装工作规范（试行）〉和〈国家电网公司业扩供电方案编制导则〉的通知》（国家电网营销〔2010〕1247 号）

16 《国家电网公司业扩供电方案编制导则》规定，接入中性点经消弧线圈接地系统的电能计量装置，应采用（ ）接线方式。

A. 两相四线 B. 三相三线 C. 三相四线 D. 不完全星形

正确答案：C

【依据出处】《关于印发〈国家电网公司业扩报装工作规范（试行）〉和〈国家电网公司业扩供电方案编制导则〉的通知》（国家电网营销〔2010〕1247 号）

17 《国家电网公司业扩供电方案编制导则》规定，100kVA 及以上高压供电的电力客户，在高峰负荷时的功率因数不宜低于（ ）。

A.0.8 B.0.85 C.0.9 D.0.95

正确答案：D

【依据出处】《关于印发〈国家电网公司业扩报装工作规范（试行）〉和〈国家电网公司业扩供电方案编制导则〉的通知》（国家电网营销〔2010〕1247 号）

18 《国家电网有限公司业扩报装管理规则》规定，中间检查的期限，自接到客户申请之日起，高压供电客户不超过（ ）日。

A.1 B.3 C.5 D.7

正确答案：B

【依据出处】《国家电网有限公司业扩报装管理规则》（国家电网企管〔2019〕431 号）

19 根据《国家电网公司业扩供电方案编制导则》，对于用电季节性较强、负荷分散性大的客户，可通过（ ）来提高运行的灵活性，解决淡季和低谷负荷期间因变压器轻负载导致损耗过大的问题。

A. 增加受电变压器台数 B. 减少受电变压器台数 C. 增加无功补偿容量 D. 调整生产班次

正确答案：A

【依据出处】《关于印发〈国家电网公司业扩报装工作规范（试行）〉和〈国家电网公司业扩供电方案编制导则〉的通知》（国家电网营销〔2010〕1247 号）

20 根据《国家电网公司业扩供电方案编制导则》，特级重要电力用户应具备（ ）路及以上电源供电条件。

A.1 B.2 C.3 D.4

正确答案：C

【依据出处】《关于印发〈国家电网公司业扩报装工作规范（试行）〉和〈国家电网公司业扩供电方案编制导则〉的通知》（国家电网营销〔2010〕1247 号）

21 《国家电网公司业扩供电方案编制导则》规定，用电容量为 160kVA、供电电压为 10kV 的电力客户，在高峰负荷时的功率因数不宜低于（ ）。

A.0.8 B.0.85 C.0.9 D.0.95

正确答案：D

【依据出处】《关于印发〈国家电网公司业扩报装工作规范（试行）〉和〈国家电网公司业扩供电方案编制导则〉的通知》（国家电网营销〔2010〕1247号）

22 《供电营业规则》规定，对不具备安装计量装置条件的临时用电客户，可以按其（ ）、使用时间、规定的电价计收电费。

A. 用电容量　　B. 设备容量　　C. 用电类别　　D. 支付能力

正确答案：A

【依据出处】《供电营业规则》（1996年）

23 《3~110kV高压配电装置设计规范》规定，对屋内硬导体及屋外母线桥应有相色标志。A、B、C相的相色标志应分别为（ ）三色。

A. 红、黄、绿　　B. 绿、黄、红　　C. 黄、红、绿　　D. 黄、绿、红

正确答案：D

【依据出处】《3~110kV高压配电装置设计规范》（GB 50060—2008）

24 《供配电系统设计规范》规定，在低压电网中，宜选用（ ）联结组别的三相变压器作为配电变压器。

A.Dyn11　　B.Yyn0　　C.Yyn6　　D.Dyn7

正确答案：A

【依据出处】《供配电系统设计规范》（GB 50052—2009）

25 《国家电网公司业扩供电方案编制导则》适用于国家电网公司所属各区域电网公司、省（自治区、直辖市）电力公司及供电企业对（ ）kV及以下供电的各类客户业扩供电方案的确定。

A.110　　B.220　　C.330　　D.500

正确答案：B

【依据出处】《关于印发〈国家电网公司业扩报装工作规范（试行）〉和〈国家电网公司业扩供电方案编制导则〉的通知》（国家电网营销〔2010〕1247号）

26 《国家电网公司业扩供电方案编制导则》规定，对于高压供电客户，在保证受电变压器不超载和安全运行的前提下，应同时考虑减少电网的无功损耗。一般客户的计算负荷宜等于变压器额定容量的（ ）。

A.50%~65%　　B.60%~70%　　C.70%~75%　　D.80%~85%

正确答案：C

【依据出处】《关于印发〈国家电网公司业扩报装工作规范（试行）〉和〈国家电网公司业扩供电方案编制导则〉的通知》（国家电网营销〔2010〕1247号）

27 《国家电网公司业扩供电方案编制导则》规定，客户需要的供电电压等级在（ ）kV时，其受电装置应作为终端变电站设计。

A.110　　B.220　　C.330　　D.500

正确答案：A

【依据出处】《关于印发〈国家电网公司业扩报装工作规范（试行）〉和〈国家电网公司业扩供电方案编制导则〉的通知》（国家电网营销〔2010〕1247号）

28 《中华人民共和国电力法》规定，破坏电力、煤气或者其他易燃易爆设备，危害公共安全，尚未造成严重后果的，应处以（ ）有期徒刑。

A. 三年以下　　B. 五年以下

C. 三年以上五年以下　　D. 三年以上十年以下

正确答案：D

【依据出处】《中华人民共和国电力法》（2018年）

29 电力监管投诉举报电话是（　　）。

A.12345　　B.95598　　C.12398　　D.12135

正确答案：C

【依据出处】《供电监管办法》（电监会 27 号令）

30 《20kV 及以下变电所设计规范》规定，10kV 露天或半露天变电所的变压器四周应设高度不低于（　　）m 的固定围栏或围墙。

A.1.5　　B.1.6　　C.1.7　　D.1.8

正确答案：C

【依据出处】《20kV 及以下变电所设计规范》（GB 50053—2013）

31 《20kV 及以下变电所设计规范》规定，变压器室、配电室和电容器室的耐火等级不应低于（　　）。

A. 一级　　B. 二级　　C. 三级　　D. 四级

正确答案：B

【依据出处】《20kV 及以下变电所设计规范》（GB 50053—2013）

32 《供电营业规则》规定，因供电设施临时检修需要停止供电时，应当提前（　　）通知重要用户或进行公告。

A.30min　　B.24h　　C. 三天　　D. 七天

正确答案：B

【依据出处】《供电营业规则》（1996 年）

33 《供电营业规则》规定，在电力系统非正常状况下，供电频率允许偏差不应超过（　　）Hz。

A. ± 0.2　　B. ± 0.5　　C. ± 1.0　　D. ± 2.0

正确答案：C

【依据出处】《供电营业规则》（1996 年）

34 《供电营业规则》第二十八条规定，客户暂拆原因消除，要求恢复供电，在交清费用（　　）内，供电企业应为该户复装用电。

A. 一个星期　　B.10 天　　C.3 天　　D.5 天

正确答案：D

【依据出处】《供电营业规则》（1996 年）

35 《供电营业规则》第二十一条规定，低压供电方案的有效期为（　　），逾期注销。

A. 一个月　　B. 三个月　　C. 六个月　　D. 一年

正确答案：B

【依据出处】《供电营业规则》（1996 年）

36 《供电营业规则》第二十三条规定，新装、增容客户两年内不得申办减容或暂停，如确需办理减容或暂停的，减少或暂停部分容量的基本电费应按（　　）收取。

A.0　　B.50%　　C.60%　　D.80%

正确答案：B

【依据出处】《供电营业规则》（1996 年）

37 客户认为供电企业装设的计费电能表不准时，有权向供电企业提出校验申请，在客户交付验表费用后，供电企业应在（　　）内检验，并将检验结果通知客户。

A. 五天　　B. 六天　　C. 七天　　D. 十天

正确答案：C

【依据出处】《供电营业规则》（1996 年）

38 《营销业扩报装工作全过程安全危险点辨识与预控手册（试行）》规定，要定期（　　）并完善预控措施，确保其针对性和有效性。

A. 分析故障点　B. 分析作业点　C. 自查　D. 分析安全危险点

正确答案： D

【依据出处】《营销业扩报装工作全过程安全危险点辨识与预控手册（试行）》

39 《20kV 及以下变电所设计规范》规定，在架空出线或有电流反馈可能的电缆出线的高压固定式配电装置的馈线回路中，应在（　　）装设隔离开关。

A. 负荷侧　B. 线路侧　C. 电源侧　D. 所有部位

正确答案： B

【依据出处】《20kV 及以下变电所设计规范》(GB 50053—2013)

40 《20kV 及以下变电所设计规范》规定，变压器二次侧电压为（　　）V 及以下的总开关，宜采用低压断路器。

A.2000　B.1500　C.1000　D.800

正确答案： C

【依据出处】《20kV 及以下变电所设计规范》(GB 50053—2013)

41 《20kV 及以下变电所设计规范》规定，变电所中低压为 0.4kV 的单台变压器的容量不宜大于（　　）kVA。

A.800　B.1250　C.1000　D.1600

正确答案： B

【依据出处】《20kV 及以下变电所设计规范》(GB 50053—2013)

42 《20kV 及以下变电所设计规范》规定，预装式变电站单台变压器的容量不宜大于（　　）kVA。

A.800　B.1250　C.1000　D.1600

正确答案： A

【依据出处】《20kV 及以下变电所设计规范》(GB 50053—2013)

43 《20kV 及以下变电所设计规范》规定，供给一级负荷用电的两回电源线路的电缆不宜通过同一电缆沟；当无法分开时，应采用（　　）。

A. 普通电缆　B. 防火电缆　C. 防爆电缆　D. 阻燃电缆

正确答案： D

【依据出处】《20kV 及以下变电所设计规范》(GB 50053—2013)

44 《20kV 及以下变电所设计规范》规定，配电装置的长度大于（　　）m 时，其柜（屏）后通道应设两个出口。

A.5　B.6　C.7　D.8

正确答案： B

【依据出处】《20kV 及以下变电所设计规范》(GB 50053—2013)

45 《20kV 及以下变电所设计规范》规定，当配电屏与干式变压器靠近布置时，干式变压器通道的最小宽度应为（　　）mm。

A.500　B.600　C.700　D.800

正确答案： D

【依据出处】《20kV 及以下变电所设计规范》(GB 50053—2013)

46 《20kV 及以下变电所设计规范》规定，电容器的额定电压应按电容器接入电网处的运行电压计算，电容器应能承受（　　）倍长期工频过电压。

A.1　B.1.1　C.1.2　D.1.3

正确答案： B

【依据出处】《20kV 及以下变电所设计规范》(GB 50053—2013)

47 《20kV 及以下变电所设计规范》规定，并联电容器装置的总回路和分组回路的电器和导体的稳态过电流应为电容器组额定电流的（　　）倍。

A.1.35　　B.1.1　　C.0.8　　D.1.3

正确答案：A

【依据出处】《20kV 及以下变电所设计规范》(GB 50053—2013)

48 《20kV 及以下变电所设计规范》规定，变电所位于地下层或下面有地下层时，通向其他相邻房间或过道的门应为（　　）级防火门。

A. 甲　　B. 乙　　C. 丙　　D. 丁

正确答案：A

【依据出处】《20kV 及以下变电所设计规范》(GB 50053—2013)

49 《20kV 及以下变电所设计规范》规定，高层建筑物的裙房和多层建筑物内的附设变电所及车间内变电所的油浸变压器室，应设置容量为（　　）变压器油量的储油池。

A.70%　　B.80%　　C.90%　　D.100%

正确答案：D

【依据出处】《20kV 及以下变电所设计规范》(GB 50053—2013)

50 《20kV 及以下变电所设计规范》规定，长度大于（　　）m 的配电室应设两个安全出口，并宜布置在配电室的两端。

A.4　　B.5　　C.6　　D.7

正确答案：D

【依据出处】《20kV 及以下变电所设计规范》(GB 50053—2013)

51 《20kV 及以下变电所设计规范》规定，电容器组应装设放电器件，放电线圈的放电容量不应小于与其并联的电容器组容量。放电器件应满足断开电源后电容器组两端的电压从$\sqrt{2}$倍额定电压降至 50V 所需的时间，高压电容器不应大于（　　），低压电容器不应大于（　　）。

A.4s；3min　　B.5s；3min　　C.5s；1min　　D.5min；4s

正确答案：B

【依据出处】《20kV 及以下变电所设计规范》(GB 50053—2013)

52 《20kV 及以下变电所设计规范》规定，630kVA 油浸变压器外廓与变压器室后壁的最小净距为（　　）m。

A.600　　B.800　　C.1000　　D.1250

正确答案：A

【依据出处】《20kV 及以下变电所设计规范》(GB 50053—2013)

53 《20kV 及以下变电所设计规范》规定，当在变压器室和配电室内裸导体上方布置灯具时，灯具与裸导体的水平净距不应小于（　　）m，灯具不得采用吊链和软线吊装。

A.0.5　　B.1　　C.1.5　　D.2

正确答案：B

【依据出处】《20kV 及以下变电所设计规范》(GB 50053—2013)

54 《20kV 及以下变电所设计规范》规定，双排面对面布置的固定式开关柜，柜前操作通道宽度为（　　）m。

A.1000　　B.1250　　C.1500　　D.2000

正确答案：D

【依据出处】《20kV 及以下变电所设计规范》(GB 50053—2013)

55 《20kV 及以下变电所设计规范》规定，室内 10kV 配电装置无遮拦裸带电部分室内至地（楼）面之间最小安全距离为（　　）m。

A.2　　B.2.3　　C.2.5　　D.2.7

正确答案：C

【依据出处】《20kV 及以下变电所设计规范》（GB 50053—2013）

56 《供电营业规则》规定，用户独资、合资或集资建设的输电、变电、配电等供电设施建成后，属于临时用电等其他性质的供电设施，原则上由（　　）运行维护管理或由双方协商确定，并签订协议。

A. 用户　　B. 供电公司　　C. 双方　　D. 产权所有者

正确答案：D

【依据出处】《供电营业规则》（1996 年）

57 《供电营业规则》规定，供电企业对查获的窃电者，应予制止，并可当场中止供电。窃电者应按所窃电量补交电费，并承担补交电费（　　）倍的违约使用电费。

A.1　　B.2　　C.3　　D.5

正确答案：C

【依据出处】《供电营业规则》（1996 年）

58 《供电营业规则》规定，未经供电企业同意，擅自引入（供出）电源或将备用电源和其他电源私自并网的，除当即拆除接线外，应承担其引入（供出）或并网电源容量（　　）元 /kW（元 /kVA）的违约使用电费。

A.30　　B.50　　C.500　　D.5000

正确答案：C

【依据出处】《供电营业规则》（1996 年）

59 《供电营业规则》规定，居民用户私自移表，应承担每次（　　）的违约使用电费。

A. 正常月电费 3 倍　　B.5000 元

C. 设备容量 30 元 /kW　　D.500 元

正确答案：D

【依据出处】《供电营业规则》（1996 年）

60 《供电营业规则》规定，单一制电价用户擅自启用供电企业封存的电力设备的，应承担擅自使用或启用封存设备容量每次（　　）元 /kW（元 /kVA）的违约使用电费。

A.30　　B.40　　C.50　　D.80

正确答案：A

【依据出处】《供电营业规则》（1996 年）

61 《供电营业规则》规定，擅自使用已在供电企业办理暂停手续的电力设备或启用供电企业封存的电力设备的，应停用违约使用的设备。属于两部制电价的用户，应补交擅自使用或启用封存设备容量和使用月数的基本电费，并承担（　　）倍补交基本电费的违约使用电费。

A.2　　B.3　　C.4　　D.5

正确答案：A

【依据出处】《供电营业规则》（1996 年）

62 《供电营业规则》规定，私自超过合同约定的容量用电的，除应拆除私增容设备外，属于两部制电价的用户，应补交私增设备容量使用月数的基本电费，并承担（　　）倍私增容量基本电费的违约使用电费；其他用户应承担私增容量（　　）元 /kW（元 /kVA）的违约使用电费。

A.2；30　　B.2；50　　C.3；30　　D.3；50

正确答案：D

【依据出处】《供电营业规则》（1996 年）

63《供电营业规则》规定，对于居民用户，每日电费违约金跨年度欠费部分，每日按欠费总额的（　　）计算。

A.1‰　　B.2‰　　C.3‰　　D.4‰

正确答案：A

【依据出处】《供电营业规则》（1996 年）

64《供电营业规则》规定，用户因为修缮房屋需要暂时停止用电并拆表，该户应办理（　　）。

A. 迁址　　B. 改类　　C. 暂拆　　D. 移表

正确答案：C

【依据出处】《供电营业规则》（1996 年）

65 根据《电能计量装置技术管理规程》，三相三线制接线的电能计量装置，其 3 台电流互感器二次绕组与电能表之间应采用（　　）连接。

A. 三线　　B. 四线　　C. 五线　　D. 六线

正确答案：D

【依据出处】《电能计量装置技术管理规程》（DL/T 448—2016）

66 根据《电能计量装置技术管理规程》，三相三线制接线的电能计量装置，其 2 台电流互感器二次绕组与电能表之间应采用（　　）连接。

A. 三线　　B. 四线　　C. 五线　　D. 六线

正确答案：B

【依据出处】《电能计量装置技术管理规程》（DL/T 448—2016）

67 根据《电能计量装置技术管理规程》，选用直接接入式电能表的最大电流不宜超过（　　）A。

A.50　　B.60　　C.100　　D.120

正确答案：C

【依据出处】《电能计量装置技术管理规程》（DL/T 448—2016）

68 根据《电能计量装置技术管理规程》，计量装置电流二次回路，连接导线截面积至少应不小于（　　）mm^2。对电压二次回路，连接导线截面积至少应不小于（　　）mm^2。

A.1.5，2.5　　B.2.5，1.5　　C.4，2.5　　D.2.5，4

正确答案：C

【依据出处】《电能计量装置技术管理规程》（DL/T 448—2016）

69 根据《供电营业规则》，某高供低计客户 2006 年 1 月份变压器有功损耗 1814kWh，无功损耗 7595kvarh，表计有功电量 82845kWh，则其当月计费电量为（　　）kWh。

A.84659　　B.92254　　C.82845　　D.9409

正确答案：A

【依据出处】《供电营业规则》（1996 年）

70《供电营业规则》规定，对于新装的大工业电力客户，在计算其基本电费时，均（　　）。

A. 按日计收　　B. 按月计收　　C. 按 10 天计　　D. 按十五天计

正确答案：A

【依据出处】《供电营业规则》

71《智能电能表功能规范》规定，智能电能表出现“时钟电池电压低”故障时，液晶屏上会显示（　　）。

A.Err–01　　B.Err–02　　C.Err–03　　D.Err–04

正确答案：D

【依据出处】《智能电能表功能规范》（Q/GDW 1354—2013）

72 从破产用户分离出去的新用户，办理变更手续时，必须偿清原破产用户电费和其他债务，否则，供电理企业可按（　　）处理。

A. 新装用电　　B. 窃电　　C. 违约用电　　D. 暂停用电

正确答案：C

【**依据出处**】《电力供应与使用条例（2016 修订）》（中华人民共和国国务院令第 666 号）

73 《智能电能表功能规范》规定，智能电能表冻结功能包括定时冻结、约定冻结、日冻结、（　　）、瞬时冻结五种。

A. 月冻结　　B. 整点冻结　　C. 负荷曲线　　D. 掉电补冻结

正确答案：B

【**依据出处**】《智能电能表功能规范》（Q/GDW 1354—2013）

74 《智能电能表功能规范》规定，智能电能表具有两套费率时段表，可在约定的时刻自动转换，每套费率至少支持（　　）个费率。

A.1　　B.2　　C.3　　D.4

正确答案：D

【**依据出处**】《智能电能表功能规范》（Q/GDW 1354—2013）

75 《智能电能表功能规范》规定，智能电能表应存储每天零点的电能量，应可存储（　　）天的数据量。

A.60　　B.62　　C.30　　D.31

正确答案：B

【**依据出处**】《智能电能表功能规范》（Q/GDW 1354—2013）

76 《智能电能表功能规范》规定，智能电能表 RS485 接口通信速率可设置，缺省值为（　　）bit/s。

A.9600　　B.2400　　C.1200　　D.4800

正确答案：B

【**依据出处**】《智能电能表功能规范》（Q/GDW 1354—2013）

77 《重要电力用户供电电源及自备应急电源配置技术规范》规定，（　　）是在正常情况下，能正常有效且连续为全部负荷提供电能力的电源。

A. 双电源　　B. 双回路电源　　C. 保安电源　　D. 主供电源

正确答案：D

【**依据出处**】《重要电力用户供电电源及自备应急电源配置技术规范》（GB/T 29328—2018）

78 《重要电力用户供电电源及自备应急电源配置技术规范》规定，（　　）重要电力用户中断供电可能产生的后果有造成较大环境污染，造成较大政治影响，造成较大经济损失，造成一定范围社会公共秩序严重混乱。

A. 特级　　B. 一级　　C. 二级　　D. 临时

正确答案：C

【**依据出处**】《重要电力用户供电电源及自备应急电源配置技术规范》（GB/T 29328—2018）

79 《国家电网有限公司客户安全用电服务若干规定》规定，（　　）营销部门负责客户安全用电服务工作的业务管理及组织实施，协调安全、生产、调度等部门完成相应专业技术工作。

A. 公司总部　　B. 网省公司　　C. 地市供电公司　　D. 各级供电公司

正确答案：C

【**依据出处**】《国家电网有限公司客户安全用电服务若干规定》［国网（营销 /4）634—2019］

80 《国家电网有限公司客户安全用电服务若干规定》规定，对（　　）kV 及以上电压等级的客户，每年必须开展春、秋季安全专项检查。

A.380　　B.10　　C.35　　D.110

正确答案：B

【依据出处】《国家电网有限公司客户安全用电服务若干规定》[国网（营销/4）634—2019]

81 《重要电力用户供电电源及自备应急电源配置技术规范》规定了重要电力用户的界定和分级、供电电源和自备应急电源的（　　）和主要技术条件。

A. 配置原则　　B. 接线方式　　C. 运行方式　　D. 配置容量

正确答案：A

【依据出处】《重要电力用户供电电源及自备应急电源配置技术规范》（GB/T 29328—2018）

82 《重要电力用户供电电源及自备应急电源配置技术规范》规定，保安负荷是用于保障用电场所（　　）安全所需的电力负荷。

A. 产品质量　　B. 生产车间　　C. 用电设备　　D. 人身与财产

正确答案：D

【依据出处】《重要电力用户供电电源及自备应急电源配置技术规范》（GB/T 29328—2018）

83 《国家电网公司业扩供电方案编制导则》规定，二级重要客户是指中断供电将可能（　　）的电力客户。

A. 直接引发人身伤亡　　B. 造成严重环境污染

C. 造成重大经济损失　　D. 造成一定范围社会公共秩序严重混乱

正确答案：D

【依据出处】《关于印发〈国家电网公司业扩报装工作规范（试行）〉和〈国家电网公司业扩供电方案编制导则〉的通知》（国家电网营销〔2010〕1247号）

84 《重要电力用户供电电源及自备应急电源配置技术规范》规定，根据（　　）的要求以及中断供电的危害程度，重要电力用户可分为特级、一级、二级重要电力用户和临时性重要电力用户。

A. 重要客户　　B. 重要电力用户　　C. 供电可靠性　　D. 用电性质

正确答案：C

【依据出处】《重要电力用户供电电源及自备应急电源配置技术规范》（GB/T 29328—2018）

85 《重要电力用户供电电源及自备应急电源配置技术规范》规定，根据用户在安全、业务和生产上对供电可靠性的实际需求，在主供电源发生故障或断电时，能有效且连续为全部负荷或保安负荷提供电力的电源为（　）。

A. 备用电源　　B. 第二路电源　　C. 保安电源　　D. 应急电源

正确答案：A

【依据出处】《重要电力用户供电电源及自备应急电源配置技术规范》（GB/T 29328—2018）

86 《重要电力用户供电电源及自备应急电源配置技术规范》规定，临时性重要电力用户按照用电负荷的重要性，在条件允许情况下，可以通过（　　）等方式满足双回路或两路以上电源供电条件。

A. 临时敷设线路　　B. 移动发电车　　C. 应急电源　　D. 低压供电

正确答案：A

【依据出处】《重要电力用户供电电源及自备应急电源配置技术规范》（GB/T 29328—2018）

87 《重要电力用户供电电源及自备应急电源配置技术规范》规定，签订并网调度协议的发电机组用户应严格执行电力调度计划和（　　）规定。

A. 安全管理　　B. 电网运行　　C. 设备维护　　D. 并网管理

正确答案：A

【依据出处】《重要电力用户供电电源及自备应急电源配置技术规范》（GB/T 29328—2018）

88 《重要电力用户供电电源及自备应急电源配置技术规范》规定，特级重要电力用户宜采用（　　）供电。

A. 双电源　　B. 两路电源　　C. 双电源或多路电源　　D. 同一变电站

正确答案：C

【依据出处】《重要电力用户供电电源及自备应急电源配置技术规范》（GB/T 29328—2018）

89 《重要电力用户供电电源及自备应急电源配置技术规范》规定，一般认为保安负荷中断供电后会直接引发（　　）。

A. 产品质量事故　　B. 人身伤亡事故　　C. 用电设备事故　　D. 环境污染事故

正确答案：B

【依据出处】《重要电力用户供电电源及自备应急电源配置技术规范》（GB/T 29328—2018）

90 《重要电力用户供电电源及自备应急电源配置技术规范》规定，一级重要电力用户宜采用（　　）供电。

A. 同一变电站　　B. 两个不同变电站　　C. 双回路　　D. 双电源

正确答案：D

【依据出处】《重要电力用户供电电源及自备应急电源配置技术规范》（GB/T 29328—2018）

91 《重要电力用户供电电源及自备应急电源配置技术规范》规定，重要电力用户采取（　　）认定，每年审核新增和变更的重要电力用户的原则。

A. 每年　　B. 每半年　　C. 一次　　D. 分别

正确答案：C

【依据出处】《重要电力用户供电电源及自备应急电源配置技术规范》（GB/T 29328—2018）

92 《重要电力用户供电电源及自备应急电源配置技术规范》规定，对于重要电力用户的供电电源，当任何一路或一路以上电源发生故障时，至少仍有一路电源应能对（　　）持续供电。

A. 重要设备　　B. 保安负荷　　C. 生产设备　　D. 环保设备

正确答案：B

【依据出处】《重要电力用户供电电源及自备应急电源配置技术规范》（GB/T 29328—2018）

93 《重要电力用户供电电源及自备应急电源配置技术规范》规定，重要电力用户的供电电源一般包括（　　）和备用电源。

A. 主供电源　　B. 第二路电源　　C. 保安电源　　D. 应急电源

正确答案：A

【依据出处】《重要电力用户供电电源及自备应急电源配置技术规范》（GB/T 29328—2018）

94 《重要电力用户供电电源及自备应急电源配置技术规范》规定，重要电力用户的认定应在（　　）主导下，由相关政府部门组织供电企业和用户统一开展。

A. 地方人民政府　　B. 市级政府

C. 省级政府　　D. 经济和信息化委员会

正确答案：C

【依据出处】《重要电力用户供电电源及自备应急电源配置技术规范》（GB/T 29328—2018）

95 《重要电力用户供电电源及自备应急电源配置技术规范》规定，重要电力用户的自备应急电源严禁向（　　）倒送电。

A. 第三方　　B. 其他用户　　C. 公共电网　　D. 发电厂

正确答案：C

【依据出处】《重要电力用户供电电源及自备应急电源配置技术规范》（GB/T 29328—2018）

96 《重要电力用户供电电源及自备应急电源配置技术规范》规定，重要电力用户电压等级和供电电源数量应根据其用电需求、（　　）和安全供电准则来确定。

A. 用电申请　　B. 用电性质　　C. 生产特点　　D. 负荷特性

正确答案：D

【依据出处】《重要电力用户供电电源及自备应急电源配置技术规范》（GB/T 29328—2018）

97 《重要电力用户供电电源及自备应急电源配置技术规范》规定，重要电力用户对电能质量有特殊需求，应当自行加装电能质量（ ）。

A. 检测设备 B. 控制装置 C. 辅助设备 D. 调整设备

正确答案：B

【依据出处】《重要电力用户供电电源及自备应急电源配置技术规范》（GB/T 29328—2018）

98 《重要电力用户供电电源及自备应急电源配置技术规范》规定，重要电力用户供电电源的切换时间和切换方式不能满足（ ）允许断电时间要求的，重要电力用户应自行采取技术手段解决。

A. 重要负荷 B. 安全生产 C. 保安负荷 D. 安全措施

正确答案：A

【依据出处】《重要电力用户供电电源及自备应急电源配置技术规范》（GB/T 29328—2018）

99 《重要电力用户供电电源及自备应急电源配置技术规范》规定，重要电力用户供电电源的切换时间和切换方式宜满足重要电力用户（ ）的要求。

A. 允许断电时间 B. 安全生产 C. 保安负荷 D. 安全措施

正确答案：A

【依据出处】《重要电力用户供电电源及自备应急电源配置技术规范》（GB/T 29328—2018）

100 《重要电力用户供电电源及自备应急电源配置技术规范》规定，重要电力用户均应配置（ ），电源容量至少应满足全部保安负荷正常供电的要求。

A. 保安电源 B. 双电源 C. 第二路电源 D. 自备应急电源

正确答案：D

【依据出处】《重要电力用户供电电源及自备应急电源配置技术规范》（GB/T 29328—2018）

101 《重要电力用户供电电源及自备应急电源配置技术规范》规定，重要电力用户应根据其生产特点、负荷特性等，合理配置（ ）的保安措施。

A. 应急电源 B. 保安电源 C. 发电机组 D. 非电性质

正确答案：D

【依据出处】《重要电力用户供电电源及自备应急电源配置技术规范》（GB/T 29328—2018）

102 《重要电力用户供电电源及自备应急电源配置技术规范》规定，重要电力用户装设自备发电机组应向（ ）提交相关资料，备案后机组方可投入运行。

A. 市级政府 B. 经济和信息化委员会

C. 电监会 D. 供电企业

正确答案：D

【依据出处】《重要电力用户供电电源及自备应急电源配置技术规范》（GB/T 29328—2018）

103 《重要电力用户供电电源及自备应急电源配置技术规范》规定，重要电力用户自备发电机组与供电企业签订（ ）后方可并入公共电网运行。

A. 供用电合同 B. 产权维护协议 C. 电费结算协议 D. 并网调度协议

正确答案：D

【依据出处】《重要电力用户供电电源及自备应急电源配置技术规范》（GB/T 29328—2018）

104 《重要电力用户供电电源及自备应急电源配置技术规范》规定，重要负荷允许断电时间为（ ）级的，用户应选用满足相应技术条件的发电机组等电源，可采用手动方式启动自备发电机。

A. 毫秒 B. 秒 C. 分钟 D. 小时

正确答案：C

【依据出处】《重要电力用户供电电源及自备应急电源配置技术规范》（GB/T 29328—2018）

105 《重要电力用户供电电源及自备应急电源配置技术规范》规定，重要负荷允许断电时间为（　　）级的，用户应选用满足相应技术条件的静态储能电源、快速自动启动发电机组等电源，且自备应急电源应具有自动切换功能。

A. 毫秒　　B. 秒　　C. 分钟　　D. 小时

正确答案：B

【依据出处】《重要电力用户供电电源及自备应急电源配置技术规范》（GB/T 29328—2018）

106 《重要电力用户供电电源及自备应急电源配置技术规范》规定，重要负荷允许断电时间为（　　）级的，用户应选用满足相应技术条件的静态储能不间断电源或动态储能不间断电源，且采用在线运行的运行方式。

A. 毫秒　　B. 秒　　C. 分钟　　D. 小时

正确答案：A

【依据出处】《重要电力用户供电电源及自备应急电源配置技术规范》（GB/T 29328—2018）

107 《国家电网公司关于高危及重要客户用电安全管理工作的指导意见》规定，各单位应合理调配用电检查人力资源，周密制定（　　）检查计划，明确检查任务，落实人员责任，确保检查计划落实到位。

A. 周　　B. 月度　　C. 年度　　D. 日

正确答案：B

【依据出处】《国家电网公司关于高危及重要客户用电安全管理工作的指导意见》（国家电网营销〔2016〕163 号）

108 《国家电网公司重要保电事件（客户侧）处置应急预案》规定，（　　）负责组织重要保电事件期间客户用电安全服务和支援客户应急发电设备的调配工作，协调相关部室参与重要保电事件客户侧应急处置工作。

A. 调度中心　　B. 办公厅　　C. 营销部　　D. 物资部

正确答案：C

【依据出处】《国家电网公司重要保电事件（客户侧）处置应急预案》（国家电网营销〔2016〕262 号）

109 《国家电网公司重要保电事件（客户侧）处置应急预案》规定，公司总部、各单位应组织与重要保电事件客户侧应急处置实施密切相关的管理人员和作业人员开展培训。应急预案的培训（　　）至少组织一次。

A. 每年　　B. 每半年　　C. 每两年　　D. 不定期

正确答案：A

【依据出处】《国家电网公司重要保电事件（客户侧）处置应急预案》（国家电网营销〔2016〕262 号）

110 《国家电网公司重要保电事件（客户侧）处置应急预案》规定，（　　）是分部和省公司应采取的一、二级预警行动。

A. 公司应急办公室启动值班制度

B. 及时收集和报送相关信息，做好信息披露准备

C. 协调做好应急队伍、应急物资、应急电源、交通运输的准备工作

D. 启动应急值班，及时收集相关信息并报告公司应急办公室，做好信息披露准备

正确答案：D

【依据出处】《国家电网公司重要保电事件（客户侧）处置应急预案》（国家电网营销〔2016〕262 号）

111 《国家电网公司关于高危及重要客户用电安全管理工作的指导意见》规定，应按照（　　）的原则，制定高危及重要客户保电预案。

A. “一户一案”　　B. “一户一档”　　C. “一户一保”　　D. “一户一表”

正确答案：A

【依据出处】 国家电网公司关于高危及重要客户用电安全管理工作的指导意见（国家电网营销〔2016〕163 号）

112 《国家电网公司重要保电事件（客户侧）处置应急预案》规定，预警阶段和较大、一般事件响应执行（ ）定点零报告制度。

A. 每周　B. 每天　C. 每月　D. 每小时

正确答案：A

【依据出处】《国家电网公司重要保电事件（客户侧）处置应急预案》（国家电网营销〔2016〕262 号）

113 《国家电网公司关于高危及重要客户用电安全管理工作的指导意见》规定，各单位要加强公司产权范围内供电设施的运行维护，严格执行（ ）制度。

A. 维护　B. 巡视　C. 检查　D. 巡回检查

正确答案：D

【依据出处】《国家电网公司关于高危及重要客户用电安全管理工作的指导意见》（国家电网营销〔2016〕163 号）

114 《国家电网公司关于高危及重要客户用电安全管理工作的指导意见》规定，各单位要在（ ）前完成现场排查，并将工作开展情况、排查结果、各项应对措施落实情况等内容形成专项报告上报国网营销部。

A.3 月底　B.10 月底　C.4 月底　D.12 月底

正确答案：C

【依据出处】《国家电网公司关于高危及重要客户用电安全管理工作的指导意见》（国家电网营销〔2016〕163 号）

115 《电力供应与使用条例》规定，供电设施临时检修需停止供电，供电企业应当提前（ ）通知重要用户。

A.24h　B.3 天　C.7 天　D.15 天

正确答案：A

【依据出处】《电力供应与使用条例（2016 修订）》（中华人民共和国国务院令第 666 号）

116 《国家电网公司业扩供电方案编制导则》规定，具有两回线路供电的二级负荷客户，其电气主接线的确定应符合下列要求：10kV 电压等级宜采用单母线分段、线路变压器组接线；装设两台及以上变压器；0.4kV 侧应采用（ ）接线。

A. 桥形接线　B. 单母线　C. 单母线分段　D. 双母线

正确答案：C

【依据出处】《关于印发〈国家电网公司业扩报装工作规范（试行）〉和〈国家电网公司业扩供电方案编制导则〉的通知》（国家电网营销〔2010〕1247 号）

二、多选题（共 59 题）

1 《营销安全风险防范与管理规范》规定，属于客户服务安全风险中服务质量风险的有（ ）。

A. 违反“十个不准”　B. 服务形象受损

C. 信息披露不透明　D. 客户受电工程“三指定”

正确答案：BCD

【依据出处】《关于印发〈国家电网公司营销安全风险防范与管理规范（试行）〉和〈国家电网公司营销安全风险防范工作手册（试行）〉的通知》（国家电网营销〔2009〕138 号）

2 《营销安全风险防范与管理规范》规定，各单位要按照风险识别、风险分析、风险评估、风险防范等风险管理环节，建立相应的（ ）、风险报告制度、风险应急处置程序和应急预案，采取有效措施防止风险扩大和蔓延。

A. 风险识别制度　B. 风险分析制度　C. 风险预警制度　D. 风险评估制度

正确答案：BC

【依据出处】《关于印发〈国家电网公司营销安全风险防范与管理规范（试行）〉和〈国家电网公司营

销安全风险防范工作手册（试行）〉的通知》（国家电网营销〔2009〕138号）

3 《中华人民共和国电力法》中所称电价是指（　　）。

A. 电力生产企业的上网电价　　B. 电网间的互供电价

C. 电网销售电价　　D. 电网成本电价

正确答案：ABC

【依据出处】《中华人民共和国电力法》（2018年）

4 下列情况属于变更用电的有（　　）。

A. 增容　　B. 减容　　C. 新装　　D. 销户

正确答案：BD

【依据出处】《供电营业规则》（1996年）

5 谐波在电力系统中的主要危害有（　　）。

A. 影响部分电能计量装置的计量　　B. 促使某些保护和自动装置误动

C. 干扰邻近的通信设施　　D. 导致电机和电力设备增加铁损和铜损

正确答案：ABCD

【依据出处】《关于印发〈国家电网公司业扩报装工作规范（试行）〉和〈国家电网公司业扩供电方案编制导则〉的通知》（国家电网营销〔2010〕1247号）

6 《国家电网公司业扩供电方案编制导则》规定，一级负荷客户可采用的运行方式有（　　）。

A. 单回进线主供　　B. 两回及以上进线同时运行互为备用

C. 一回进线主供、另一回路热备用　　D. 一回进线主供、另一回路冷备用

正确答案：BC

【依据出处】《关于印发〈国家电网公司业扩报装工作规范（试行）〉和〈国家电网公司业扩供电方案编制导则〉的通知》（国家电网营销〔2010〕1247号）

7 《国家电网公司业扩供电方案编制导则》规定，向公共电网注入谐波电流或在公共电网中产生谐波电压的电气设备包括（　　）。

A. 电气机车　　B. 中频炉　　C. 变频空调　　D. 直流充电桩

正确答案：ABCD

【依据出处】《关于印发〈国家电网公司业扩报装工作规范（试行）〉和〈国家电网公司业扩供电方案编制导则〉的通知》（国家电网营销〔2010〕1247号）

8 《国家电网有限公司业扩报装管理规则》规定，现场勘查应重点核实客户的（　　）等信息，结合现场供电条件，初步确定供电电源、计量、计费方案，并填写现场勘查单。

A. 负荷性质　　B. 用电地点　　C. 用电类别　　D. 用电容量

正确答案：ABC

【依据出处】《国家电网有限公司业扩报装管理规则》（国家电网企管〔2019〕431号）

9 《国家电网有限公司业扩报装管理规则》规定，依据国家电网有限公司业扩供电方案编制有关规定和技术标准要求，根据现场勘查结果、电网规划、（　　）等因素，经过技术经济比较与客户协商一致后，拟定供电方案。

A. 负荷性质　　B. 用电容量　　C. 用电需求　　D. 当地供电条件

正确答案：CD

【依据出处】《国家电网有限公司业扩报装管理规则》（国家电网企管〔2019〕431号）

10 《国家电网有限公司业扩报装管理规则》规定，高压客户开展设计图纸文件审查的重点内容有主要电气设备技术参数、（　　）、线缆规格。

A. 用电类别　　B. 主接线方式　　C. 运行方式　　D. 用电地址

正确答案：BC

【依据出处】《国家电网有限公司业扩报装管理规则》（国家电网企管〔2019〕431号）

11 《国家电网公司业扩供电方案编制导则》规定，非线性负荷设备接入电网应当按照“谁污染、谁治理”“( )、同步投运、同步达标”的原则，在供电方案中明确客户治理电能质量污染的责任及技术方案要求。

A. 同步设计　　B. 同步施工　　C. 同步检查　　D. 同步验收

正确答案： AB

【依据出处】《关于印发〈国家电网公司业扩报装工作规范（试行）〉和〈国家电网公司业扩供电方案编制导则〉的通知》（国家电网营销〔2010〕1247 号）

12 《国家电网公司业扩供电方案编制导则》规定，谐波源是指向公共电网注入谐波电流或在公共电网中产生谐波电压的电气设备。下列设备属于谐波源的有（ ）。

A. 电气机车　　B. 电锅炉　　C. 整流器　　D. 变频器

正确答案： ACD

【依据出处】《关于印发〈国家电网公司业扩报装工作规范（试行）〉和〈国家电网公司业扩供电方案编制导则〉的通知》（国家电网营销〔2010〕1247 号）

13 《供配电系统设计规范》规定，下列电源可作为应急电源的有（ ）。

A. 独立于正常电源的发电机组

B. 供电网络中独立于正常电源的专用的馈电线路

C. 蓄电池

D. 光伏发电

正确答案： ABC

【依据出处】《供配电系统设计规范》（GB 50052—2009）

14 《居民用户家用电器损坏处理办法》规定，下列情况供电企业不承担赔偿责任的有（ ）。

A. 供电企业负责运行维护的 220/380V 供电线路上，由于供电企业的责任发生相线与中性线接错造成居民家用电器损坏的

B. 供电企业提供证明，并经县级以上电力管理部门核实，居民用户家用电器的损坏是不可抗力原因引起的

C. 从家用电器损坏之日起，超过七日，受害居民用户未向供电企业投诉并提出索赔要求的

D. 供电企业负责运行维护的 220/380V 供电线路上，由于供电企业的责任发生中性线断线的

正确答案： BC

【依据出处】《居民用户家用电器损坏处理办法》

15 《供电营业规则》规定，暂换变压器的使用时间：10kV 及以下、35kV 及以上的分别不得超过（ ）个月。逾期不办理手续的，供电企业可中止供电。

A.1　　B.2　　C.3　　D.4

正确答案： BC

【依据出处】《供电营业规则》（1996 年）

16 依据《20kV 及以下变电所设计规范》有关规定，高层或超高层建筑物根据需要可以在（ ）设置配电所、变电所，但应设置设备的垂直搬运及电缆敷设的措施。

A. 避难层　　B. 设备层　　C. 裙房　　D. 屋顶

正确答案： ABD

【依据出处】《20kV 及以下变电所设计规范》（GB 50053—2013）

17 依据《20kV 及以下变电所设计规范》有关规定，配电所的引出线满足继电保护和操作要求时，可装设（ ）。

A. 隔离开关　　B. 断路器

C. 负荷开关－熔断器组合电器　　D. 隔离触头

正确答案： BC

【依据出处】《20kV及以下变电所设计规范》(GB 50053—2013)

18 依据《20kV及以下变电所设计规范》有关规定，变压器室、配电室、电容器室等房间应设置防止雨、雪和蛇、鼠等小动物从（ ）等处进入室内的设施。

A. 采光窗　B. 门　C. 通风窗　D. 电缆沟

正确答案：ABCD

【依据出处】《20kV及以下变电所设计规范》(GB 50053—2013)

19 依据《20kV及以下变电所设计规范》有关规定，配电所、变电所的高压及低压母线宜采用（ ）接线。

A. 单母线　B. 双母线　C. 线路变压器组　D. 分段单母线

正确答案：AD

【依据出处】《20kV及以下变电所设计规范》(GB 50053—2013)

20 依据《20kV及以下变电所设计规范》有关规定，当分配电所的进线需要（ ）要求时，分配电所的进线开关应采用断路器。

A. 带负荷操作　B. 有继电保护　C. 有自动装置　D. 空载运行

正确答案：ABC

【依据出处】《20kV及以下变电所设计规范》(GB 50053—2013)

21 依据《20kV及以下变电所设计规范》有关规定，露天或半露天变电所的变压器四周应设的固定围栏或围墙高度、变压器外廓与围栏或围墙的净距、变压器底部距地面距离分别不应小于（ ）m。

A.1.8　B.0.8　C.0.5　D.0.3

正确答案：ABD

【依据出处】《20kV及以下变电所设计规范》(GB 50053—2013)

22 依据《20kV及以下变电所设计规范》有关规定，露天或半露天变电所的变压器油重小于1000kg的相邻油浸变压器外廓之间的净距、油重1000~2500kg的相邻油浸变压器外廓之间的净距、油重大于2500kg的相邻油浸变压器外廓之间的净距分别不应小于（ ）m。

A.5　B.4　C.3　D.1.5

正确答案：ACD

【依据出处】《20kV及以下变电所设计规范》(GB 50053—2013)

23 依据《20kV及以下变电所设计规范》有关规定，变电所各房间经常开启的门、窗，不应直通相邻的（ ）和噪声严重的场所。

A. 酸　B. 碱　C. 蒸汽　D. 粉尘

正确答案：ABCD

【依据出处】《20kV及以下变电所设计规范》(GB 50053—2013)

24 依据《20kV及以下变电所设计规范》有关规定，装有两台及以上变压器的变电所，当其中任一台变压器断开时其余变压器的容量应满足全部（ ）的用电。

A. 一级负荷　B. 二级负荷　C. 三级负荷　D. 四级负荷

正确答案：AB

【依据出处】《20kV及以下变电所设计规范》(GB 50053—2013)

25 依据《20kV及以下变电所设计规范》有关规定，配电所母线的分段开关宜采用断路器；当不需要带负荷操作，无继电保护、无自动装置要求时，可采用（ ）。

A. 隔离开关　B. 熔断器

C. 负荷开关－熔断器组合电器　D. 隔离触头

正确答案：AD

【依据出处】《20kV及以下变电所设计规范》(GB 50053—2013)

26 依据《20kV 及以下变电所设计规范》有关规定，（　　）变电所宜设辅助生产用房。

A. 大型变电所　B. 中型变电所　C. 小型变电所　D. 重要的变电所

正确答案：ABD

【**依据出处**】《20kV 及以下变电所设计规范》（GB 50053—2013）

27 任何单位或个人需（　　）都必须按《供电营业规则》规定，事先到供电企业用电营业场所提出申请，办理手续。

A. 新装用电　B. 增加用电容量　C. 变更用电　D. 故障报修

正确答案：ABC

【**依据出处**】《供电营业规则》（1996 年）

28 根据《最高人民法院最高人民检察院关于办理盗窃刑事案件适用法律若干问题的解释》，盗窃公私财物价值在（　　）的，可认定为《中华人民共和国刑法》第二百六十四条规定的“数额较大”。

A. 一千元至三千元以上　B. 一千元至三千元

C. 三千元至三万元　D. 一千元至三万元以下

正确答案：AD

【**依据出处**】《最高人民法院最高人民检察院关于办理盗窃刑事案件适用法律若干问题的解释》

29《供配电系统设计规范》规定，确定无功自动补偿的调节方式的要求有（　　）。

A. 以节能为主进行补偿时，采用无功功率参数调节

B. 当三相负荷平衡时，可采用功率因数参数调节

C. 变压器自动调压者维持电网电压水平，应按电压参数调节

D. 无功功率随时间稳定变化时，宜按时间参数调节

正确答案：ABD

【**依据出处**】《供配电系统设计规范》（GB 50052—2009）

30《供配电系统设计规范》规定，算电压偏差时，应计入（　　）后的调压效果。

A. 自动或手动调整并联补偿电容器、并联电抗器的接入容量

B. 自动或手动调整同步电动机的励磁电流

C. 改变供配电系统运行方式

D. 提高供配电系统功率因数

正确答案：ABC

【**依据出处**】《供配电系统设计规范》（GB 50052—2009）

31《供配电系统设计规范》规定，符合（　　）之一时，应视为二级负荷。

A. 中断供电将造成人身伤亡时

B. 中断供电将在环境上造成较大污染时

C. 中断供电将在经济上造成较大损失时

D. 中断供电将影响较重要用电单位的正常工作

正确答案：CD

【**依据出处**】《供配电系统设计规范》（GB 50052—2009）

32《供配电系统设计规范》规定，分布式电源主要是指布置在电力负荷附近，能源利用效率高并与环境兼容，可提供电、热（冷）的发电装置，如（　　）。

A. 大中型燃气轮机　B. 太阳能光伏发电　C. 燃料电池　D. 风力发电

正确答案：BCD

【**依据出处**】《供配电系统设计规范》（GB 50052—2009）

33 《供配电系统设计规范》规定，电力系统有一点直接接地，电气装置的外露可导电部分通过保护线与该接地点相连接，包含（　　）。

A.TN-C-S　　B.IT　　C.TN-S　　D.TT

正确答案：AC

【依据出处】《供配电系统设计规范》(GB 50052—2009)

34 《供配电系统设计规范》规定，符合（　　）之一时，应视为一级负荷。

A. 中断供电将造成人身伤亡时　　B. 中断供电将在经济上造成重大损失时

C. 中断供电将影响重要用电单位的正常工作时　　D. 中断供电将造成较大环境污染时

正确答案：ABC

【依据出处】《供配电系统设计规范》(GB 50052—2009)

35 《供配电系统设计规范》规定，（　　）可作为应急电源。

A. 独立于正常电源的发电机组

B. 供电网络中独立于正常电源的专用的馈电线路

C. 蓄电池

D. 干电池

正确答案：ABCD

【依据出处】《供配电系统设计规范》(GB 50052—2009)

36 《供配电系统设计规范》规定，供配电系统的设计为减小电压偏差应符合的要求有（　　）。

A. 正确选择变压器的变压比和电压分接头　　B. 降低系统阻抗

C. 采取补偿无功功率措施　　D. 使三相负荷平衡

正确答案：ABCD

【依据出处】《供配电系统设计规范》(GB 50052—2009)

37 《供配电系统设计规范》规定，对波动负荷的供电，除电动机启动时允许的电压下降情况外，当需要降低波动负荷引起的电网电压波动和电压闪变时，宜采取的措施有（　　）。

A. 采用专线供电

B. 与其他负荷共用农网配电营业工鉴定指导书时，提高农网配电营业工鉴定指导书阻抗

C. 较大功率的波动负荷或波动负荷群与对电压波动、闪变敏感的负荷分别由不同的变压器供电

D. 对于大功率电弧炉的炉用变压器，由短路容量较小的电网供电

正确答案：AC

【依据出处】《供配电系统设计规范》(GB 50052—2009)

38 《供配电系统设计规范》规定，控制各类非线性用电设备所产生的谐波引起的电网电压正弦波形畸变率宜采取的措施有（　　）。

A. 各类大功率非线性用电设备变压器由短路容量较小的电网供电

B. 对大功率静止整流器，采用增加整流变压器二次侧的相数和整流器的整流脉冲数

C. 选用 Dyn11 联结组别的三相配电变压器

D. 采用静态无功补偿装置或静态电压调节装置

正确答案：BC

【依据出处】《供配电系统设计规范》(GB 50052—2009)

39 《供配电系统设计规范》规定，选用具有断开中性极的开关电器应符合的要求有（　　）。

A. 有中性导体的 IT 系统与 TT 系统之间的电源转换开关电器

B. 有中性导体的 IT 系统与 TN 系统之间的电源转换开关电器

C. TT 系统中，当电源侧有中性导体是选用隔离电器

D. IT 系统中，当有中性导体时选用开关电器

正确答案：ABD

【依据出处】《供配电系统设计规范》(GB 50052—2009)

40 《供配电系统设计规范》规定，永久性连接的用电设备的保护导体预期电流超过10mA时，保护导体的截面积应按（　　）确定。

A. 铜导体不应小于10mm^{2}或铝导体不应小于16mm^2

B. 铜导体为8mm^{2}时，应为用电设备敷设第二根保护导体，其截面积不应小于第一根保护导体的截面积

C. 当铜保护导体与铜相导体在一根多芯电缆中时，电缆中所有铜导体截面积的总和不应小于10mm^2

D. 当保护导体安装在金属导管内并与金属导管并接时，应采用截面积不小于8mm^{2}的铜导体

正确答案：ABC

【依据出处】《供配电系统设计规范》(GB 50052—2009)

41 《供配电系统设计规范》规定，隔离电器应符合的规定有（　　）。

A. 断开触头之间的隔离距离，应可见或能明显标示闭合和断开状态

B. 隔离电器应能防止意外的闭合

C. 应有防止意外断开隔离电器的锁定措施

D. 可采用半导体开关

正确答案：ABC

【依据出处】《供配电系统设计规范》(GB 50052—2009)

42 《供配电系统设计规范》规定，符合（　　）的线路，中性导体的截面积应与相导体的截面积相同。

A. 单相两线制线路　　B. 三相四线制线路

C. 铜相导体截面积为18mm^2　　D. 铝相导体截面积为20mm^2

正确答案：AD

【依据出处】《供配电系统设计规范》(GB 50052—2009)

43 《供配电系统设计规范》规定，伸臂范围应符合的规定有（　　）。

A. 裸带电体布置在有人活动的区域上方时，其与平台或地面的垂直净距不应小于2.5m

B. 裸带电体布置在有人活动的平台侧面时，其与平台边缘的水平净距不应小于1.25m

C. 裸带电体布置在有人活动的平台下方时，其与平台下方的垂直净距不应小于1.25m，且与平台边缘的水平净距不应小于0.75m

D. 人手持大的或长的导电物体时，伸臂范围应计及该物体的尺寸

正确答案：ABCD

【依据出处】《供配电系统设计规范》(GB 50052—2009)

44 《供配电系统设计规范》规定，电缆路径的选择应符合的规定有（　　）。

A. 应使电缆不易受到机械、震动、化学、地下电流、水锈蚀、热影响、蜂蚁和鼠害等损伤

B. 应便于维护

C. 应避开场地规划中的施工用地或建设用地

D. 应使电缆路径较长

正确答案：ABC

【依据出处】《供配电系统设计规范》(GB 50052—2009)

45 《供配电系统设计规范》规定，电缆托盘和梯架多层敷设时，其层间距离应符合的规定有（　　）。

A. 控制电缆间不应小于0.20m

B. 电力电缆间不应小于0.30m

C. 非电力电缆与电力电缆间不应小于 0.50m；当有屏蔽盖板时，可为 0.30m

D. 托盘和梯架上部距顶棚或其他障碍物不应小于 0.30m

正确答案：ABCD

【依据出处】《供配电系统设计规范》(GB 50052—2009)

46 《供配电系统设计规范》规定，下列电缆不宜敷设在同一层托盘和梯架上的有（　　）。

A.1kV 以上与 1kV 及以下的电缆

B. 同一路径向一级、二级负荷供电的双路电源电缆

C. 应急照明与其他照明的电缆

D. 电力电缆与非电力电缆

正确答案：ACD

【依据出处】《供配电系统设计规范》(GB 50052—2009)

47 《重要电力用户供电电源及自备应急电源配置技术规范》规定，重要负荷允许断电时间为秒级的，用户应选用满足相应技术条件的（　　）电源，且自备应急电源应具有自动切换功能。

A. 自备电厂　　B. 快速自启动发电机组

C. 静态储能装置　　D. 动态储能装置

正确答案：BC

【依据出处】《重要电力用户供电电源及自备应急电源配置技术规范》(GB/T 29328—2018)

48 《重要电力用户供电电源及自备应急电源配置技术规范》规定，重要负荷允许断电时间为毫秒级的，用户应选用满足相应技术条件的（　　）电源，且采用在线运行的方式。

A. 自备电厂　　B. 快速自启动发电机组

C. 静态储能装置　　D. 动态储能装置

正确答案：CD

【依据出处】《重要电力用户供电电源及自备应急电源配置技术规范》(GB/T 29328—2018)

49 《国家电网公司重要保电事件（客户侧）处置应急预案》规定，出现（　　）为一级预警。

A. 国家应急管理部门或国家电力主管部门发布重要保电一级预警

B. 国家应急管理部门或国家电力主管部门发布重要保电二级预警

C. 经公司相关部门综合分析，可能发生特别重大保电事件者

D. 公司应急领导小组根据重要保电事件风险监控情况、可能危害程度和社会影响等综合因素，研究发布一级预警

正确答案：ACD

【依据出处】《国家电网公司重要保电事件（客户侧）处置应急预案》(国家电网营销〔2016〕262 号)

50 《重要电力用户供电电源及自备应急电源配置技术规范》规定，重要电力用户应根据（　　）合理配置非电性质的保安措施。

A. 生产特点　　B. 负荷特性　　C. 用电容量　　D. 用电性质

正确答案：AB

【依据出处】《重要电力用户供电电源及自备应急电源配置技术规范》(GB/T 29328—2018)

51 《重要电力用户供电电源及自备应急电源配置技术规范》中，重要电力用户电压等级和供电电源数量应根据其（　　）来确定。

A. 用电需求　　B. 用电性质　　C. 负荷特性　　D. 安全供电准则

正确答案：ACD

【依据出处】《重要电力用户供电电源及自备应急电源配置技术规范》(GB/T 29328—2018)

52 《国家电网有限公司客户安全用电服务若干规定》规定，保护和自动装置整定与检验服务管理流程有（　　）。

A. 客户提供定值计算所需的基础资料

B. 调度部门进行定值计算，并按有关规定履行定值单执行程序

C. 生产部门进行现场检验，并将检验报告提交客户服务中心

D. 客户服务中心向客户移交定值检验报告

正确答案：ABCD

【**依据出处**】《国家电网公司客户安全用电服务若干规定》（国家电网企管〔2019〕841号）

53 《国家电网有限公司客户安全用电服务若干规定》规定，按照“办事公开”的原则，在营业场所、客户服务网站或通过宣传资料，公布业扩报装的（ ），能够方便查询业扩报装工作进程，主动接受客户及社会监督。

A. 办理程序　　B. 服务标准　　C. 收费标准　　D. 收费依据

正确答案：ABCD

【**依据出处**】《国家电网公司客户安全用电服务若干规定》[国网（营销/4）634—2019]

54 《国家电网有限公司客户安全用电服务若干规定》规定，按照“三不指定”的原则，对客户受电工程的设计、设备订货、工程施工，不得指定（ ）。

A. 设计单位　　B. 施工单位

C. 试验单位　　D. 设备材料供应单位

正确答案：ABD

【**依据出处**】《国家电网公司客户安全用电服务若干规定》[国网（营销/4）634—2019]

55 《国家电网有限公司客户安全用电服务若干规定》规定，客户受电工程设计的审核应依照国家、行业标准和要求进行，以有关（ ）的标准为依据，积极推行典型设计，倡导采用降低能耗的先进技术和产品。

A. 设计　　B. 安装　　C. 试验　　D. 运行

正确答案：ABCD

【**依据出处**】《国家电网公司客户安全用电服务若干规定》[国网（营销/4）634—2019]

56 《重要电力用户供电电源及自备应急电源配置技术规范》规定，重要电力用户应配置自备应急电源，并加强安全使用管理。重要电力用户的自备应急电源配置应符合的要求有（ ）。

A. 自备应急电源配置容量标准至少应满足全部保安负荷正常供电的要求

B. 按照各类应急电源在启动时间等方面的技术性能，合理选取

C. 重要电力用户应具备自备应急电源接入条件

D. 自备应急电源应符合国家有关安全、消防、节能、环保等技术规范和标准要求

正确答案：ABCD

【**依据出处**】《重要电力用户供电电源及自备应急电源配置技术规范》（GB/T 29328—2018）

57 《重要电力用户供电电源及自备应急电源配置技术规范》规定，重要电力用户要按照国家和电力行业有关规程、规范和标准的要求，对自备应急电源定期进行（ ）。

A. 安全检查　　B. 预防性试验

C. 启机试验　　D. 切换装置的切换试验

正确答案：ABCD

【**依据出处**】《重要电力用户供电电源及自备应急电源配置技术规范》（GB/T 29328—2018）

58 《重要电力用户供电电源及自备应急电源配置技术规范》规定，重要电力用户是指在国家或者一个地区（城市）的社会、政治、经济生活中占有重要地位，对其中断供电将可能造成（ ）、社会公共秩序严重混乱的用电单位或对供电可靠性有特殊要求的用电场所。

A. 人身伤亡　　B. 较大环境污染　　C. 较大政治影响　　D. 较大经济损失

正确答案：ABCD

【**依据出处**】《重要电力用户供电电源及自备应急电源配置技术规范》（GB/T 29328—2018）

59 《供电服务规范》规定，在电力系统正常的情况下，供电企业应当连续向用户供电；需要停电或

者限电的应符合的规定有（　　）。

A. 因供电设施计划检修需要停电的，供电企业应当提前 7 日公告停电区域、停电线路、停电时间，并通知重要用户

B. 因供电设施临时检修需要停电的，供电企业应当提前 24h 通知重要用户

C. 因电网发生故障或者电力供需紧张等原因需要停电、限电的，供电企业应当按照政府批准的有序用电方案执行

D. 引起停电或者限电的原因消除后，供电企业应当尽快恢复正常供电

正确答案：ABCD

【依据出处】《供电服务规范》（GB/T 28583—2012）

三、判断题（共 97 题）

1 依据《20kV 及以下变电所设计规范》有关规定，高层主体建筑内不应设置油浸变压器的变电所。（　　）

答案：正确

【依据出处】《20kV 及以下变电所设计规范》（GB 50053—2013）

2 依据《20kV 及以下变电所设计规范》有关规定，配电所专用电源线的进线开关宜采用断路器或负荷开关熔断器组合电器。（　　）

答案：正确

【依据出处】《20kV 及以下变电所设计规范》（GB 50053—2013）

3 依据《20kV 及以下变电所设计规范》有关规定，配电所母线的分段开关宜采用断路器。（　　）

答案：正确

【依据出处】《20kV 及以下变电所设计规范》（GB 50053—2013）

4 《营销业扩报装工作全过程安全危险点辨识与预控手册》规定，要定期自查并完善预控措施，确保其针对性和有效性。（　　）

答案：错误

【依据出处】《关于印发〈营销业扩报装工作全过程防人身事故十二条措施（试行）〉〈营销业扩报装工作全过程安全危险点辨识与预控手册（试行）〉的通知》（国家电网营销〔2010〕237 号）

5 《营销业扩报装工作全过程安全危险点辨识与预控手册》规定，客户电气主设备应具有完善的“五防”联锁功能，有效防止误操作，并配置带电或故障指示器。配电装置有倒送电源时，应装设有带电显示功能的强制闭锁。（　　）

答案：正确

【依据出处】《关于印发〈营销业扩报装工作全过程防人身事故十二条措施（试行）〉〈营销业扩报装工作全过程安全危险点辨识与预控手册（试行）〉的通知》（国家电网营销〔2010〕237 号）

6 《营销业扩报装工作全过程防人身事故十二条措施》规定，进入客户受电设施作业现场，所有人员必须正确佩戴安全帽、穿棉制工作服，正确使用合格的安全工器具和安全防护用品。（　　）

答案：正确

【依据出处】《关于印发〈营销业扩报装工作全过程防人身事故十二条措施（试行）〉〈营销业扩报装工作全过程安全危险点辨识与预控手册（试行）〉的通知》（国家电网营销〔2010〕237 号）

7 《国家电网公司营销安全风险防范与管理规范（试行）》规定，对公共物业管理区域，可以经业主委员会授权，由小区的物业管理公司代表全体业主以自己的名义与供电方签订供用电合同或是代理小区向供电企业缴纳电费。（　　）

答案：正确

【依据出处】《关于印发〈国家电网公司营销安全风险防范与管理规范（试行）〉和〈国家电网公司营销安全风险防范工作手册（试行）〉的通知》（国家电网营销〔2009〕138 号）

8 《国家电网公司营销安全风险防范与管理规范》规定，因产权归属与运行维护责任不清晰引起的客户安全用电事故由供电企业承担相应的法律责任，属于客户服务安全风险中的服务法律风险。(　　)

答案：错误

【依据出处】《关于印发〈国家电网公司营销安全风险防范与管理规范（试行）〉和〈国家电网公司营销安全风险防范工作手册（试行）〉的通知》(国家电网营销〔2009〕138号)

9 《供电营业规则》规定，供电营业区的划分应当考虑电网的结构和供电合理性等因素，一个供电营业区内可设立多个供电营业机构。(　　)

答案：错误

【依据出处】《供电营业规则》(1996年)

10 《居民用户家用电器损坏处理办法》规定，从家用电器损坏之日起七日内，受害居民用户未向供电企业投诉并提出索赔要求的，即视为受害者已自动放弃索赔权。(　　)

答案：正确

【依据出处】《居民用户家用电器损坏处理办法》(1996年)

11 根据《供电营业规则》规定，除新装与销户业务外，临时用电不能办理改类用电业务。(　　)

答案：正确

【依据出处】《供电营业规则》(1996年)

12 根据《供电营业规则》规定，用户不得转供电。(　　)

答案：错误

【依据出处】《供电营业规则》(1996年)

13 根据《供电营业规则》规定，供电方案的有效期是指从供电方案正式通知书发出之日起至受电工程竣工日为止。(　　)

答案：错误

【依据出处】《供电营业规则》(1996年)

14 根据《供电营业规则》规定，35kV及以上电压供电的用户，其计量用的电流互感器二次线圈和电压互感器二次连接线，可与保护、测量回路共用。(　　)

答案：错误

【依据出处】《供电营业规则》(1996年)

15 根据《供电营业规则》规定，事故停电、检修停电、计划限电不扣减基本电费。(　　)

答案：正确

【依据出处】《供电营业规则》(1996年)

16 根据《供电营业规则》规定，以变压器容量计算基本电费的用户，其备用的变压器（不含高压电动机）属冷备用状态并经供电企业加封的，不收基本电费。(　　)

答案：错误

【依据出处】《供电营业规则》(1996年)

17 《国家电网公司业扩供电方案编制导则》规定，双电源是指两回供电线路为同一用电负荷实施的供电。(　　)

答案：错误

【依据出处】《关于印发〈国家电网公司业扩报装工作规范（试行）〉和〈国家电网公司业扩供电方案编制导则〉的通知》(国家电网营销〔2010〕1247号)

18 《国家电网公司业扩供电方案编制导则》规定，重要电力客户认定一般由各级供电企业或电力客户提出，经当地政府有关部门批准。(　　)

答案：正确

【依据出处】《关于印发〈国家电网公司业扩报装工作规范（试行）〉和〈国家电网公司业扩供电方案编制导则〉的通知》(国家电网营销〔2010〕1247号)

19 《3~110kV高压配电装置设计规范》规定，高压配电装置各回路的相序排列宜一致，可按面对出线，自右至左、由远而近、从上到下的顺序排列。(　　)

答案：错误

【依据出处】《3~110kV高压配电装置设计规范》(GB 50060—2008)

20 《国家电网公司业扩供电方案编制导则》规定，110kV及以上业扩项目，由客户委托具备相应资质的单位开展接入系统设计，由发展策划部负责组织经研院进行评审。(　　)

答案：正确

【依据出处】《关于印发〈国家电网公司业扩报装工作规范（试行）〉和〈国家电网公司业扩供电方案编制导则〉的通知》(国家电网营销〔2010〕1247号)

21 《供配电系统设计规范》规定，供配电系统的设计为减小电压偏差，应提高系统阻抗。(　　)

答案：错误

【依据出处】《供配电系统设计规范》(GB 50052—2009)

22 《营销业扩报装工作全过程防人身事故十二条措施》规定，要建立客户停送电联系制度，严格执行现场送电程序，对高压供电客户侧第一断开点设备进行操作（工作），必须经客户许可。(　　)

答案：错误

【依据出处】《关于印发〈营销业扩报装工作全过程防人身事故十二条措施（试行）〉〈营销业扩报装工作全过程安全危险点辨识与预控手册（试行）〉的通知》(国家电网营销〔2010〕237号)

23 《国家电网公司供电服务质量标准》规定，电力系统公共连接点正常电压不平衡度允许值为3%，短时不得超过5%。(　　)

答案：错误

【依据出处】《国家电网公司供电服务质量标准》(国家电网科〔2010〕341号)

24 《国家电网公司业扩供电方案编制导则》规定，对低压供电，负荷电流为50A及以下时，宜采用直接接入式电能表；负荷电流为50A以上时，宜采用经电流互感器接入式的接线方式。(　　)

答案：错误

【依据出处】《关于印发〈国家电网公司业扩报装工作规范（试行）〉和〈国家电网公司业扩供电方案编制导则〉的通知》(国家电网营销〔2010〕1247号)

25 《国家电网有限公司业扩报装管理规则》规定，对于电气化铁路供电项目，网省公司营销部依据审核批准《电气化铁路供电工程可行性研究报告》《电铁牵引站接入系统设计报告》《电铁牵引站电能质量治理技术方案设计报告》及审查意见等文件资料编制供电方案。(　　)

答案：正确

【依据出处】《国家电网有限公司业扩报装管理规则》(国家电网企管〔2019〕431号)

26 《供电营业规则》规定，临时用电到期必须办理延期手续或永久性正式用电手续，否则应中止供电。(　　)

答案：错误

【依据出处】《供电营业规则》(1996年)

27 《供电营业规则》第八十五条规定，以变压器容量计算基本电费的客户，备用变压器属冷备用的，不收基本电费。(　　)

答案：错误

【依据出处】《供电营业规则》(1996年)

28 《供配电系统设计规范》规定，当采用高、低压自动补偿装置效果相同时，宜采用高压补偿装置。(　　)

答案：错误

【依据出处】《供配电系统设计规范》(GB 50052—2009)

29 《供配电系统设计规范》规定，需要两回电源线路的用户，应采用同级电压供电，不应采用不同

电压供电。(　　)

答案：错误

【依据出处】《供配电系统设计规范》(GB 50052—2009)

30 《供配电系统设计规范》规定，装有两台及以上变压器的变电所，当其中任一台变压器断开时，其余变压器的容量应满足一级负荷及二级负荷的用电。(　　)

答案：正确

【依据出处】《供配电系统设计规范》(GB 50052—2009)

31 《国家电网公司业扩供电方案编制导则》规定，自备应急电源指由客户自行配备的，在正常供电电源全部发生中断的情况下，能够至少满足对客户重要负荷、不间断供电的独立电源。(　　)

答案：错误

【依据出处】《关于印发〈国家电网公司业扩报装工作规范（试行）〉和〈国家电网公司业扩供电方案编制导则〉的通知》(国家电网营销〔2010〕1247号)

32 《国家电网公司业扩供电方案编制导则》规定，供电方案应符合电网建设、改造和发展规划要求，满足客户近期、远期对电力的需求，具有最佳的综合经济效益。(　　)

答案：正确

【依据出处】《关于印发〈国家电网公司业扩报装工作规范（试行）〉和〈国家电网公司业扩供电方案编制导则〉的通知》(国家电网营销〔2010〕1247号)

33 《国家电网公司业扩供电方案编制导则》规定，中断供电将造成较大范围社会公共秩序严重混乱的，属于二级重要电力客户。(　　)

答案：错误

【依据出处】《关于印发〈国家电网公司业扩报装工作规范（试行）〉和〈国家电网公司业扩供电方案编制导则〉的通知》(国家电网营销〔2010〕1247号)

34 《国家电网公司业扩供电方案编制导则》规定，对于用电季节性较强、负荷分散性大的客户，可通过增加受电变压器台数、降低单台容量来提高运行的灵活性，解决淡季和低谷负荷期间因变压器轻负载导致损耗过大的问题。(　　)

答案：正确

【依据出处】《关于印发〈国家电网公司业扩报装工作规范（试行）〉和〈国家电网公司业扩供电方案编制导则〉的通知》(国家电网营销〔2010〕1247号)

35 《国家电网公司业扩供电方案编制导则》规定，供电方案应根据电网条件以及客户的用电容量、用电性质、用电时间、用电负荷重要程度等因素，确定供电方式和受电方式。(　　)

答案：正确

【依据出处】《关于印发〈国家电网公司业扩报装工作规范（试行）〉和〈国家电网公司业扩供电方案编制导则〉的通知》(国家电网营销〔2010〕1247号)

36 依据《20kV及以下变电所设计规范》有关规定，高层或超高层建筑物根据需要在避难层、设备层和屋顶设置变电所。(　　)

答案：正确

【依据出处】《20kV及以下变电所设计规范》(GB 50053—2013)

37 依据《20kV及以下变电所设计规范》有关规定，50kV及以下的干式变压器可以安装在高压开关柜。(　　)

答案：正确

【依据出处】《20kV及以下变电所设计规范》(GB 50053—2013)

38 依据《20kV及以下变电所设计规范》有关规定，配电室相邻安全出口之间的距离不应大于40m。(　　)

答案：正确

【依据出处】《20kV 及以下变电所设计规范》(GB 50053—2013)

39 依据《20kV 及以下变电所设计规范》有关规定，供配电系统应简单可靠，同一电压等级的配电级数高压不宜多于三级；低压不宜多于两级。(   )

答案：错误

【依据出处】《20kV 及以下变电所设计规范》(GB 50053—2013)

40 根据《国家电网公司业扩编制导则》要求，具有冲击负荷、波动负荷、非对称负荷的客户，宜采用由系统变电所新建线路或降低电压等级供电的供电方式。(   )

答案：错误

【依据出处】《关于印发〈国家电网公司业扩报装工作规范(试行)〉和〈国家电网公司业扩供电方案编制导则〉的通知》(国家电网营销〔2010〕1247 号)

41 《建筑防火设计规范》规定，消防用电设备宜采用专用的供电回路。(   )

答案：错误

【依据出处】《建筑防火设计规范》

42 《电能计量装置技术管理规程》规定，执行功率因数调整电费的用户，应安装能计量有功电量、感性和容性无功电量的电能计量装置。(   )

答案：正确

【依据出处】《电能计量装置技术管理规程》(DL/T 448—2016)

43 依据《20kV 及以下变电所设计规范》有关规定，并联电容器装置的电器和导体应符合在当地环境条件下正常运行、过电压状态和短路故障的要求，其各电器部分的长期允许电流应按稳态过电流的最大值确定。(   )

答案：错误

【依据出处】《20kV 及以下变电所设计规范》(GB 50053—2013)

44 依据《20kV 及以下变电所设计规范》有关规定，电容器的额定电压与电力网的标称电压不同时，应将电容器的外壳和支架接地。(   )

答案：错误

【依据出处】《20kV 及以下变电所设计规范》(GB 50053—2013)

45 依据《20kV 及以下变电所设计规范》有关规定，接在配电所、变电所的架空进、出线上的避雷器，应装设隔离开关。(   )

答案：错误

【依据出处】《20kV 及以下变电所设计规范》(GB 50053—2013)

46 依据《20kV 及以下变电所设计规范》有关规定，当配电屏与油浸式变压器靠近布置时，油浸式变压器通道的最小宽度应为 800mm。(   )

答案：错误

【依据出处】《20kV 及以下变电所设计规范》(GB 50053—2013)

47 依据《20kV 及以下变电所设计规范》有关规定，在多层建筑物或高层建筑物的裙房中，不应设置油浸变压器的变电所。(   )

答案：错误

【依据出处】《20kV 及以下变电所设计规范》(GB 50053—2013)

48 依据《20kV 及以下变电所设计规范》有关规定，有防止不同电源并联运行要求时，来自不同电源的进线低压断路器与母线分段的低压断路器之间应设防止不同电源并联运行的电气或机械联锁。(   )

答案：错误

【依据出处】《20kV 及以下变电所设计规范》(GB 50053—2013)

49 依据《20kV及以下变电所设计规范》有关规定，变电所采用双层布置时，变压器应设在上层。(　　)

答案：错误

【依据出处】《20kV及以下变电所设计规范》(GB 50053—2013)

50 依据《20kV及以下变电所设计规范》有关规定，当露天或半露天变压器供给一级负荷用电时，相邻油浸变压器的净距不应小于8m。(　　)

答案：错误

【依据出处】《20kV及以下变电所设计规范》(GB 50053—2013)

51 依据《20kV及以下变电所设计规范》有关规定，高压电容器组可采用三角形接线或星形接线，低压电容器组应采用中性点不接地的星形接线。(　　)

答案：错误

【依据出处】《20kV及以下变电所设计规范》(GB 50053—2013)

52 根据《电能计量装置技术管理规程》有关规定，Ⅰ、Ⅱ类用于贸易结算的电能计量装置中电压互感器二次回路电压降应不大于其额定二次电压的0.2%；其他电能计量装置中电压互感器二次回路电压降应不大于其额定二次电压的0.5%。(　　)

答案：错误

【依据出处】《电能计量装置技术管理规程》(DL/T 448—2016)

53 根据《电能计量装置技术管理规程》有关规定，在3/2断路器接线方式下，参与“和相”的2台电流互感器，其准确度等级、型号和规格应相同，二次回路在电能计量屏端子排处并联，在并联处一点接地。(　　)

答案：正确

【依据出处】《电能计量装置技术管理规程》(DL/T 448—2016)

54 根据《电能计量装置技术管理规程》有关规定，选用直接接入式的电能表其最大电流不宜超过60A。(　　)

答案：错误

【依据出处】《电能计量装置技术管理规程》(DL/T 448—2016)

55 根据《电能计量装置技术管理规程》有关规定，分布式电源的出口应配置电能计量装置，其安装位置应便于运行维护和监督管理。(　　)

答案：正确

【依据出处】《电能计量装置技术管理规程》(DL/T 448—2016)

56 根据《电能计量装置技术管理规程》有关规定，互感器额定二次负荷的选择应保证接入其二次回路的实际负荷在25%~120%额定二次负荷范围内。(　　)

答案：错误

【依据出处】《电能计量装置技术管理规程》(DL/T 448—2016)

57 根据《电能计量装置技术管理规程》有关规定，运行中的电能计量装置应定期进行电能表现场检验，Ⅳ类电能计量装置宜每24个月现场检验一次。(　　)

答案：错误

【依据出处】《电能计量装置技术管理规程》(DL/T 448—2016)

58 《供配电系统设计规范》规定，预期接触电压是人或动物可同时触及的可导电部分之间的电压。(　　)

答案：错误

【依据出处】《供配电系统设计规范》(GB 50052—2009)

59 《供配电系统设计规范》规定，在农网配电营业工鉴定指导书中敷设的铜保护接地中性导体的截面积不应小于 $10mm^2$，铝保护接地中性导体的截面积不应小于 $16mm^2$。(　　)

答案：错误

【依据出处】《供配电系统设计规范》(GB 50052—2009)

60 《供配电系统设计规范》规定，TT 系统中，间接接触防护的保护电器切断故障回路的动作电流，采用熔断器时，应为保证熔断器在 10s 内切断故障回路的电流。(　　)

答案：错误

【依据出处】《供配电系统设计规范》(GB 50052—2009)

61 《供配电系统设计规范》规定，直敷布线应采用护套绝缘导线，其截面积不宜大于 $4mm^2$。(　　)

答案：错误

【依据出处】《供配电系统设计规范》(GB 50052—2009)

62 《供电营业规则》规定，35kV 及以下的供电客户暂换变压器时间不得超过两个月。(　　)

答案：错误

【依据出处】《供电营业规则》(1996 年)

63 《供电营业规则》规定，按变压器容量计收基本电费的用户，申请暂停用电必须是全部容量(含不通过受电变压器的高压电动机)的暂停。(　　)

答案：错误

【依据出处】《供电营业规则》(1996 年)

64 《国家电网公司重要保电事件(客户侧)处置应急预案》规定，把保障客户安全用电作为首要任务，确保重要保电事件的客户用电安全，提供电力应急支援，最大程度减少停电造成的各类危害。(　　)

答案：错误

【依据出处】《国家电网公司重要保电事件(客户侧)处置应急预案》(国家电网营销〔2016〕262 号)

65 《重要电力用户供电电源及自备应急电源配置技术规范》规定，备用电源是指在正常情况下，能正常有效且连续为部分负荷提供电力的电源。(　　)

答案：错误

【依据出处】《重要电力用户供电电源及自备应急电源配置技术规范》(GB/T 29328—2018)

66 《供电营业规则》规定，破产用户的电费债务，依法由清理该破产用户债务组安排偿还，破产用户分离出的新用户，在偿清原破产用户电费和其他债务前可以办理变更用电手续。(　　)

答案：错误

【依据出处】《供电营业规则》(1996 年)

67 《国家发展改革委办公厅关于完善两部制电价用户基本电价执行方式的通知》规定，电力用户(含新装、增容用户)申请减容、暂停用电有次数限制，暂停时间每次应不少于十五日，每一日历年内累计不超过六个月。(　　)

答案：错误

【依据出处】《国家发展改革委办公厅关于完善两部制电价用户基本电价执行方式的通知》(发改办价格〔2016〕1583 号)

68 《国家电网公司重要保电事件(客户侧)处置应急预案》规定，外联部负责重要保电事件期间对外信息发布、媒体应对等工作。(　　)

答案：错误

【依据出处】《国家电网公司重要保电事件(客户侧)处置应急预案》(国家电网营销〔2016〕262 号)

69 《国家电网公司重要保电事件(客户侧)处置应急预案》规定，公司重要保电事件客户侧应急处置办公室设在营销部，办公室负责人由营销部负责人担任，成员由营销部、办公厅、安质部、运检部、物

资部、外联部、国调中心等部门派人组成。(　　)

答案：错误

【依据出处】《国家电网公司重要保电事件（客户侧）处置应急预案》(国家电网营销〔2016〕262号)

70 《国家电网公司重要保电事件（客户侧）处置应急预案》规定，国家、社会重要活动、特殊时期一旦结束，便可着手现场恢复工作，恢复正常状态。(　　)

答案：错误

【依据出处】《国家电网公司重要保电事件（客户侧）处置应急预案》(国家电网营销〔2016〕262号)

71 《国家电网公司关于高危及重要客户用电安全管理工作的指导意见》规定，临时性高危及重要客户用电检查周期参考重要用户的用电检查周期执行。(　　)

答案：错误

【依据出处】《国家电网公司关于高危及重要客户用电安全管理工作的指导意见》(国家电网营销〔2016〕163号)

72 《供电营业规则》规定，临时用电期限除经供电企业准许外，一般不得超过12个月，逾期不办理延期或永久性正式用电手续的，供电企业应终止供电。(　　)

答案：错误

【依据出处】《供电营业规则》(1996年)

73 《国家电网公司关于高危及重要客户用电安全管理工作的指导意见》规定，特级、一级高危及重要客户每个月至少检查1次。(　　)

答案：错误

【依据出处】《国家电网公司关于高危及重要客户用电安全管理工作的指导意见》(国家电网营销〔2016〕163号)

74 《国家电网公司重要保电事件（客户侧）处置应急预案》规定，特别重大、重大事件响应执行每小时定点零报告制度。(　　)

答案：错误

【依据出处】《国家电网公司重要保电事件（客户侧）处置应急预案》(国家电网营销〔2016〕262号)

75 《国家电网公司重要保电事件（客户侧）处置应急预案》规定，当国家应急管理部门或国家电力主管部门发布预警结束通知或经过预警行动后，事态发展已经得到控制且满足预警条件时，可以结束预警。(　　)

答案：错误

【依据出处】《国家电网公司重要保电事件（客户侧）处置应急预案》(国家电网营销〔2016〕262号)

76 《供电服务规范》规定，供电企业应当按照有关规定开展重要电力用户安全供电服务及管理，如发现重要用户的用电设施存在安全隐患，应当及时告知用户，并将排查和治理情况及时报上级有关部门备案。(　　)

答案：错误

【依据出处】《供电服务规范》(GB/T 28583—2012)

77 《国家发展改革委办公厅关于完善两部制电价用户基本电价执行方式的通知》规定，申请最大需量核定值低于变压器容量的40%时，按容量总和的40%核定合同最大需量。(　　)

答案：错误

【依据出处】《国家发展改革委办公厅关于完善两部制电价用户基本电价执行方式的通知》(发改办价格〔2016〕1583号)

78 《国家电网公司重要保电事件（客户侧）处置应急预案》规定，举办市（州）、县两级重要政治、经济、文化、体育等活动，以及突发事件处置，需要公司协调解决电力供应保障或支援的事件，属于较大事件。(　　)

答案：错误

【依据出处】《国家电网公司重要保电事件（客户侧）处置应急预案》（国家电网营销〔2016〕262 号）

79 《国家电网公司重要保电事件（客户侧）处置应急预案》规定，国家承办举办重要政治、经济、文化、体育等活动，以及重大突发事件处置，需要公司协调解决电力供应保障或支援的事件，属于较大事件。（　　）

答案：错误

【依据出处】《国家电网公司重要保电事件（客户侧）处置应急预案》（国家电网营销〔2016〕262 号）

80 《重要电力用户供电电源及自备应急电源配置技术规范》规定，特级重要电力用户宜采用双电源或多路电源供电；一级重要电力用户宜采用双电源供电；二级重要电力用户宜采用双回路供电。（　　）

答案：错误

【依据出处】《重要电力用户供电电源及自备应急电源配置技术规范》（GB/T 29328—2018）

81 《重要电力用户供电电源及自备应急电源配置技术规范》规定，双回路电源是为同一用户负荷供电的两回供电线路。（　　）

答案：正确

【依据出处】《重要电力用户供电电源及自备应急电源配置技术规范》（GB/T 29328—2018）

82 《重要电力用户供电电源及自备应急电源配置技术规范》规定，双电源分别来自两个不同变电站或来自不同电源进线的同一变电站内两段母线，为同一用户负荷供电的两路供电电源。（　　）

答案：正确

【依据出处】《重要电力用户供电电源及自备应急电源配置技术规范》（GB/T 29328—2018）

83 《重要电力用户供电电源及自备应急电源配置技术规范》规定，签订并网调度协议的发电机组用户应严格执行电力调度计划和安全管理规定。（　　）

答案：正确

【依据出处】《重要电力用户供电电源及自备应急电源配置技术规范》（GB/T 29328—2018）

84 《重要电力用户供电电源及自备应急电源配置技术规范》规定，临时性重要电力用户按照用电负荷的重要性，在条件允许情况下，可以通过临时敷设线路等方式满足双回路或两路以上电源供电条件。（　　）

答案：正确

【依据出处】《重要电力用户供电电源及自备应急电源配置技术规范》（GB/T 29328—2018）

85 依据《20kV 及以下变电所设计规范》有关规定，具有两回 10kV 线路供电的一级负荷客户，其电气主接线应采用单母线分段接线。装设两台及以上变压器，0.4kV 侧应采用单母线分段接线。（　　）

答案：正确

【依据出处】《20kV 及以下变电所设计规范》（GB 50053—2013）

86 《国家电网公司重要保电事件（客户侧）处置应急预案》规定，建立公司和分部、省公司两级应急物资储备，实现应急物资信息共享，统一调配使用。（　　）

答案：正确

【依据出处】《国家电网公司重要保电事件（客户侧）处置应急预案》（国家电网营销〔2016〕262 号）

87 《国家发展改革委办公厅关于完善两部制电价用户基本电价执行方式的通知》规定，暂停用电必须是整台或整组变压器停止运行，减容必须是整台或整组变压器的停止或更换小容量变压器用电。（　　）

答案：正确

【依据出处】《国家发展改革委办公厅关于完善两部制电价用户基本电价执行方式的通知》（发改办价格〔2016〕1583 号）

88 《关于加强重要电力用户供电电源及自备应急电源配置监督管理的意见》规定，供电企业要掌握重要电力用户自备应急电源的配置和使用情况，建立基础档案数据库，并指导重要电力用户排查治理安全用电隐患，安全使用自备应急电源。（　　）

答案：正确

【依据出处】《关于加强重要电力用户供电电源及自备应急电源配置监督管理的意见》(电监安全〔2008〕43号)

89 《重要电力用户供电电源及自备应急电源配置技术规范》规定，根据供电可靠性的要求以及中断供电的危害程度，重要电力用户可分为特级、一级、二级重要电力用户和临时性重要电力用户。(　　)

答案：正确

【依据出处】《重要电力用户供电电源及自备应急电源配置技术规范》(GB/T 29328—2018)

90 《国家电网公司重要保电事件(客户侧)处置应急预案》规定，充分发挥公司集团化优势，建立健全"上下联动、区域协作"快速响应机制，加强与政府的沟通协作，整合内外部应急资源，协同开展重要保电事件客户侧应急处置工作。(　　)

答案：正确

【依据出处】《国家电网公司重要保电事件(客户侧)处置应急预案》(国家电网营销〔2016〕262号)

91 《重要电力用户供电电源及自备应急电源配置技术规范》规定，采用双电源或双回路的同一重要电力用户，不应采用同杆架设供电。(　　)

答案：正确

【依据出处】《重要电力用户供电电源及自备应急电源配置技术规范》(GB/T 29328—2018)

92 《供电营业规则》规定，不申请办理过户手续而私自过户者，新用户应承担原用户所负债务。经供电企业检查发现用户私自过户时，供电企业应通知该户补办手续，必要时可终止供电。(　　)

答案：正确

【依据出处】《供电营业规则》(1996年)

93 《重要电力用户供电电源及自备应急电源配置技术规范》规定了重要电力用户的界定和分级、供电电源和自备应急电源的配置原则和主要技术条件。(　　)

答案：正确

【依据出处】《重要电力用户供电电源及自备应急电源配置技术规范》(GB/T 29328—2018)

94 《供电营业规则》规定，在减容期限内，供电企业应保留用户减少容量的使用权。(　　)

答案：正确

【依据出处】《供电营业规则》(1996年)

95 《供电营业规则》规定，用户暂拆应持有关证明向供电企业提出申请，暂拆期间供电企业保留该用户原容量的使用权。(　　)

答案：正确

【依据出处】《供电营业规则》(1996年)

96 《供电营业规则》规定，用户在减容期限内要求恢复用电时，应在五天前向供电企业办理恢复用电手续，基本电费从启封之日起计收。(　　)

答案：正确

【依据出处】《供电营业规则》(1996年)

97 《供电营业规则》规定，分户时原用户应与供电企业结清债务，才能解除原供用电关系。(　　)

答案：正确

【依据出处】《供电营业规则》(1996年)

四、简答题(共50题)

1 《营销业扩报装工作全过程防人身事故十二条措施》规定，应按照什么原则进一步明确发策、安全、营销、生产、基建、调度等相关部门在业扩报装工作中的安全职责？

答：《营销业扩报装工作全过程防人身事故十二条措施》规定，严格落实安全责任。按照"谁主管、谁负责""谁组织、谁负责""谁实施、谁负责"的原则，进一步明确发策、安全、营销、生产、基建、调度等相关部门在业扩报装工作中的安全职责。

【依据出处】《关于印发〈营销业扩报装工作全过程防人身事故十二条措施（试行）〉〈营销业扩报装工作全过程安全危险点辨识与预控手册（试行）〉的通知》（国家电网营销〔2010〕237号）

2 《营销安全风险防范与管理规范》规定，业扩管理风险包括哪些内容？

答：因用电项目审核不严，客户重要负荷识别不准确，供电方案制定不合理、受电工程设计审核不到位，中间检查和竣工检验不规范等原因引起的重要客户供电方式不符合安全可靠性要求，客户受电装置带隐患接入电网等风险。

【依据出处】《关于印发〈国家电网公司营销安全风险防范与管理规范（试行）〉和〈国家电网公司营销安全风险防范工作手册（试行）〉的通知》（国家电网营销〔2010〕237号）

3 《营销业扩报装工作全过程安全危险点辨识与预控手册》规定，中间检查辨识的危险点主要有哪些？

答：（1）误碰带电设备触电；误入运行设备区域、客户生产危险区域触电。

（2）现场通道照明不足，基建工地易发生高空落物，碰伤、扎伤、摔伤等意外。

（3）现场安装设备与审核合格的设计图纸不符，私自改变接线方式或运行方式。

【依据出处】《关于印发〈营销业扩报装工作全过程防人身事故十二条措施（试行）〉〈营销业扩报装工作全过程安全危险点辨识与预控手册（试行）〉的通知》（国家电网营销〔2010〕237号）

4 根据《国家电网公司供电服务质量标准》，在电力系统正常状况下，供电企业供到用户受电端的供电电压允许偏差是如何规定的？

答：35kV及以上电压供电的，电压正、负偏差的绝对值之和不超过额定值的10%；10kV及以下三相供电的，为额定值的±7%；220V单相供电的，为额定值的−10%~+7%。

【依据出处】《国家电网公司供电服务质量标准》（国家电网科〔2010〕341号）

5 《供电营业规则》规定，用户发生哪些用电事故时应及时向供电企业报告？

答：（1）人身触电死亡。

（2）导致电力系统停电。

（3）专线掉闸或全厂停电。

（4）电气火灾。

（5）重要或大型电气设备损坏。

（6）停电期间向电力系统倒送电。

【依据出处】《供电营业规则》（1996年）

6 《国家电网公司业扩供电方案编制导则》规定，确定电气主接线的一般原则是什么？

答：（1）根据进出线回路数、设备特点及负荷性质等条件确定。

（2）满足供电可靠、运行灵活、操作检修方便、节约投资和便于扩建等要求。

（3）在满足可靠性要求的条件下，宜减少电压等级和简化接线等。

【依据出处】《关于印发〈国家电网公司业扩报装工作规范（试行）〉和〈国家电网公司业扩供电方案编制导则〉的通知》（国家电网营销〔2010〕1247号）

7 《国家电网公司营销安全风险防范工作手册（试行）》规定，业扩现场勘察的危险点有哪些？

答：（1）现场勘察工作，误碰带电设备造成人身伤亡。

（2）误入运行设备区域、客户生产危险区域。

（3）查看带电设备时，安全措施不到位，安全距离无法保证。

（4）现场通道照明不足，基建工地易发生高空落物，碰伤、扎伤、摔伤等意外情况。

【依据出处】《关于印发〈国家电网公司营销安全风险防范与管理规范（试行）〉和〈国家电网公司营销安全风险防范工作手册（试行）〉的通知》（国家电网营销〔2009〕138号）

8 《供配电系统设计规范》规定，对波动负荷的供电，除电动机启动时允许的电压下降情况外，当需要降低波动负荷引起的电网电压波动和电压闪变时，宜采取哪些措施？

答：（1）采用专线供电。

（2）与其他负荷共用农网配电营业工鉴定指导书时，降低农网配电营业工鉴定指导书中规定的阻抗。

（3）较大功率的波动负荷或波动负荷群与对电压波动、闪变敏感的负荷分别由不同的变压器供电。

（4）对于大功率电弧炉的炉用变压器，由短路容量较大的电网供电。

（5）采用动态无功补偿装置或动态电压调节装置。

【依据出处】《供配电系统设计规范》（GB 50052—2009）

9 《国家电网公司业扩供电方案编制导则》规定，确定供电方案时，用电信息采集终端的配置有何要求？

答：所有电能计量点均应安装用电信息采集终端。根据应用场所的不同选配用电信息采集终端，对高压供电的客户配置专用变压器采集终端；对低压供电的客户配置集中抄表终端；对有需要接入公共电网分布式能源系统的客户配置分布式能源监控终端。

【依据出处】《关于印发〈国家电网公司业扩报装工作规范（试行）〉和〈国家电网公司业扩供电方案编制导则〉的通知》（国家电网营销〔2010〕1247号）

10 《国家电网公司业扩供电方案编制导则》规定，重要电力客户配置供电电源的一般原则是什么？

答：（1）特级重要电力客户应具备三路及以上电源供电条件，其中的两路电源应来自两个不同的变电所，当任何两路电源发生故障时，第三路电源能保证独立正常供电。

（2）一级重要电力客户应采用双电源供电，二级重要电力客户应采用双电源或双回路供电。

（3）临时性重要电力客户按照用电负荷重要性，在条件允许情况下，可以通过临时架线等方式满足双电源或多电源供电要求。

【依据出处】《关于印发〈国家电网公司业扩报装工作规范（试行）〉和〈国家电网公司业扩供电方案编制导则〉的通知》（国家电网营销〔2010〕1247号）

11 《国家电网公司营销安全风险防范工作手册（试行）》规定，客户设备投运的安全危险点有哪些？

答：（1）多单位工作协调配合不到位，缺乏统一组织。

（2）投运手续不完整，客户工程未竣工检验或检验不合格即送电。

（3）工作现场清理不到位，临时措施未解除，未达到投运标准。

（4）双电源及自备应急电源与电网电源之间切换装置不可靠。

【依据出处】《关于印发〈国家电网公司营销安全风险防范与管理规范（试行）〉和〈国家电网公司营销安全风险防范工作手册（试行）〉的通知》（国家电网营销〔2009〕138号）

12 《国家电网公司业扩供电方案编制导则》规定，客户接入系统方案应包括哪些内容？

答：客户接入系统方案应包括供电电压等级、供电电源及每路进线的供电容量、供电线路及敷设方式要求、产权分界点设置。

【依据出处】《关于印发〈国家电网公司业扩报装工作规范（试行）〉和〈国家电网公司业扩供电方案编制导则〉的通知》（国家电网营销〔2010〕1247号）

13 《国家电网公司业扩供电方案编制导则》规定，客户受电系统方案应包括哪些内容？

答：客户受电系统方案应包括受电装置的容量、无功补偿标准、客户电气主接线型式、运行方式、主要受电装置电气参数，并明确应急电源及保安措施配置，谐波治理、继电保护、调度通信要求。

【依据出处】《关于印发〈国家电网公司业扩报装工作规范（试行）〉和〈国家电网公司业扩供电方案编制导则〉的通知》（国家电网营销〔2010〕1247号）

14 《国家电网公司业扩供电方案编制导则》规定，计量方案包括哪些内容？

答：计量方案应包括计量点设置，电能计量装置配置类别及接线方式、计量方式、用电信息采集终端安装方案等。

【依据出处】《关于印发〈国家电网公司业扩报装工作规范（试行）〉和〈国家电网公司业扩供电方案编制导则〉的通知》（国家电网营销〔2010〕1247号）

15 《国家电网公司业扩供电方案编制导则》对重要电力客户是如何界定的？

答：《国家电网公司业扩供电方案编制导则》规定，重要电力客户是指在国家或者一个地区（城市）的社会、政治、经济生活中占有重要地位，对其中断供电将可能造成人身伤亡、较大环境污染、较大政治影响、较大经济损失、社会公共秩序严重混乱的用电单位或对供电可靠性有特殊要求的用电场所。

【依据出处】《关于印发〈国家电网公司业扩报装工作规范（试行）〉和〈国家电网公司业扩供电方案编制导则〉的通知》（国家电网营销〔2010〕1247 号）

16 《国家电网公司业扩供电方案编制导则》规定，特级重要电力客户供电电源配置的原则是什么？

答：特级重要电力客户应具备三路及以上电源供电条件，其中的两路电源应来自两个不同的变电站，当任何两路电源发生故障时，第三路电源能保证独立正常供电。

【依据出处】《关于印发〈国家电网公司业扩报装工作规范（试行）〉和〈国家电网公司业扩供电方案编制导则〉的通知》（国家电网营销〔2010〕1247 号）

17 《国家电网公司业扩供电方案编制导则》规定，供电电源配置的一般原则是什么？

答：供电电源应依据客户分级、用电性质、用电容量、生产特性以及当地供电条件等因素，经过技术经济比较与客户协商后确定。

【依据出处】《关于印发〈国家电网公司业扩报装工作规范（试行）〉和〈国家电网公司业扩供电方案编制导则〉的通知》（国家电网营销〔2010〕1247 号）

18 《国家电网公司业扩供电方案编制导则》规定，需要实行电力调度管理的客户范围有哪些？

答：（1）受电电压在 10kV 及以上的专线供电客户。

（2）有多电源供电、受电装置的容量较大且内部接线复杂的客户。

（3）有两回路及以上线路供电，并有并路倒闸操作的客户。

（4）有自备电厂并网的客户。

（5）重要电力客户或对供电质量有特殊要求的客户等。

【依据出处】《关于印发〈国家电网公司业扩报装工作规范（试行）〉和〈国家电网公司业扩供电方案编制导则〉的通知》（国家电网营销〔2010〕1247 号）

19 《国家电网公司业扩供电方案编制导则》规定，电能质量的定义是什么？

答：电能质量是指供应到客户受电端的电能品质的优劣程度，通常以电压允许偏差、电压允许波动和闪变、电压正弦波形畸变率、三相电压不平衡度、频率允许偏差等指标来衡量。

【依据出处】《关于印发〈国家电网公司业扩报装工作规范（试行）〉和〈国家电网公司业扩供电方案编制导则〉的通知》（国家电网营销〔2010〕1247 号）

20 《国家电网公司业扩供电方案编制导则》规定，电气主接线的主要型式有哪几种？

答：桥形接线、单母线、单母线分段、双母线、线路变压器组。

【依据出处】《关于印发〈国家电网公司业扩报装工作规范（试行）〉和〈国家电网公司业扩供电方案编制导则〉的通知》（国家电网营销〔2010〕1247 号）

21 《供电营业规则》规定，无功电力平衡的原则是什么？

答：无功电力应就地平衡。用户应在提高用电自然功率因数的基础上，按有关标准设计和安装无功补偿设备，并做到随其负荷和电压变动及时投入或切除，防止无功电力倒送。

【依据出处】《供电营业规则》（1996 年）

22 根据《供电营业规则》，窃电量应按照什么方法确定？

答：（1）在供电企业的供电设施上，擅自接线用电的，所窃电量按私接设备额定容量（kVA 视同 kW）乘以实际使用时间计算确定。

（2）以其他行为窃电的，所窃电量按计费电能表标定电流值（对装有限流器的，按限流器整定电流值）所指的容量（kVA 视同 kW）乘以实际窃用的时间计算确定。

（3）窃电时间无法查明时，窃电日数至少以一百八十天计算。每日窃电时间：电力用户按 12h 计算；照明用户按 6h 计算。

【依据出处】《供电营业规则》(1996 年)

23 《电能计量装置技术管理规程》规定,电能计量用电压互感器有哪几种接线方式?

答: 接入中性点绝缘系统的 3 台电压互感器,35kV 及以上的宜采用 Y/y 方式接线;35kV 以下的宜采用 V/v 方式接线。接入非中性点绝缘系统的 3 台电压互感器,宜采用 Y0/y0 方式接线。其一次侧接地方式和系统接地方式一致。

【依据出处】《电能计量装置技术管理规程》(DL/T 448—2016)

24 《电能计量装置技术管理规程》规定,电能计量装置设计审查的内容包括哪些?

答: 电能计量装置设计审查的内容包括计量点、计量方式(电能表与互感器的接线方式、电能表的类别、装设套数)的确定;计量器具型号、规格、准确度等级、制造厂家、互感器二次回路及附件等的选择、电能计量柜(箱)的选用、安装条件的审查等。

【依据出处】《电能计量装置技术管理规程》(DL/T 448—2016)

25 《电能计量装置技术管理规程》规定,电能计量装置投运前验收的技术资料有哪些?

答:(1)电能计量装置计量方式原理接线图,一、二次接线图,施工设计图和施工变更资料。

(2)电压、电流互感器安装使用说明书、出厂检验报告、法定计量检定机构的检定证书。

(3)计量柜(箱)的出厂检验报告、说明书。

(4)二次回路导线或电缆的型号、规格及长度。

(5)电压互感器二次回路中的熔断器、接线端子的说明书等。

(6)高压电气设备的接地及绝缘试验报告。

(7)施工过程中需要说明的其他资料。

【依据出处】《电能计量装置技术管理规程》(DL/T 448—2016)

26 《电能计量装置技术管理规程》规定,电能计量装置投运前现场核查内容有哪些?

答:(1)计量器具型号、规格、计量法制标志、出厂编号应与计量检定证书和技术资料的内容相符。

(2)产品外观质量应无明显瑕疵和受损。

(3)安装工艺质量应符合有关标准要求。

(4)电能表、互感器及其二次回路接线情况应和竣工图一致。

【依据出处】《电能计量装置技术管理规程》(DL/T 448—2016)

27 《国家电网公司业扩供电方案编制导则》规定,什么是自备应急电源?

答: 自备应急电源是指由客户自行配备的,在正常供电电源全部发生中断的情况下,能够至少满足对客户保安负荷不间断供电的独立电源。

【依据出处】《关于印发〈国家电网公司业扩报装工作规范(试行)〉和〈国家电网公司业扩供电方案编制导则〉的通知》(国家电网营销〔2010〕1247 号)

28 根据《供电营业规则》规定,对私自增加用电容量的违约行为应如何处理?

答:《供电营业规则》规定,私自超过合同约定容量用电的,除应拆除私自增容设备外,属于两部制电价的客户,应补交私增设备容量使用月数的基本电费,并承担三倍私增容量基本电费的违约使用电费;其他客户应承担私增容量 50 元 / kW(元 /kVA)的违约使用电费,并乘上使用的月数。如客户要求继续使用者,按新装增容办理手续。

【依据出处】《供电营业规则》(1996 年)

29 《供电营业规则》规定,客户在用电过程中发生哪些事故应当及时通告供电企业?供电企业应如何处理?

答:《供电营业规则》第六十二条规定,客户在用电过程中发生以下事故,应及时通知供电企业:

(1)人身触电死亡。

(2)导致电力系统停电。

(3)专线掉闸或全厂停电。

(4)电气火灾。

（5）重要或大型电气设备损坏。

（6）停电期间向电力系统倒送电。

供电企业接到客户上述事故报告后，应派员赴现场调查，在七天内协助客户提出事故调查报告。

【依据出处】《供电营业规则》（1996 年）

30 《供电营业规则》规定，供电企业对查获的窃电者应如何处理？

答：供电企业对查获的窃电者，应予制止，并可当场中止供电。窃电者应按所窃电量补交电费，并承担补交电费三倍的违约使用电费；拒绝承担窃电责任的，供电企业应报请电力管理部门依法处理。窃电数额较大的或情节严重的，供电企业应提请司法机关依法追究刑事责任。

【依据出处】《供电营业规则》（1996 年）

31 《供电营业规则》规定，如何计算窃电量？

答：（1）在供电企业的供电设施上，擅自接线用电的，所窃电量按私接设备额定容量（kVA 视同 kW）乘以实际使用时间计算确定。

（2）以其他行为窃电的，所窃电量按计费电能表标定电流值（对装有限流器的，按限流器整定电流值）所指的容量（kVA 视同 kW）乘以实际窃用的时间计算确定。

（3）窃电时间无法查明时，窃电日数至少以一百八十天计算。每日窃电时间：电力客户按 12h 计算；照明客户按 6h 计算。

【依据出处】《供电营业规则》（1996 年）

32 《供电营业规则》规定，禁止的窃电行为有哪些？

答：（1）在供电企业的供电设施上，擅自接线用电。

（2）绕越供电企业用电计量装置用电。

（3）伪造或者开启供电企业加封的用电计量装置封印用电。

（4）故意损坏供电企业用电计量装置。

（5）故意使供电企业用电计量装置不准或者失效。

（6）采用其他方法窃电。

【依据出处】《供电营业规则》（1996 年）

33 依据《20kV 及以下变电所设计规范》有关规定，Dyn11 接线组别的变压器与 Yyn0 接线的变压器相比有哪些优点？

答：（1）$3n$ 次谐波电流可在变压器原边环流，有利于抑制谐波电流对电网的影响。

（2）降低了零序阻抗，提高了单相接地故障的保护灵敏度，有利于单相接地故障的排除。

（3）Yyn0 接线变压器的中性线电流不应超过低压绕组额定电流的 25%，而 Dyn11 接线组别的变压器不受此限制。

【依据出处】《20kV 及以下变电所设计规范》（GB 50053—2013）

34 《电力变压器运行规程》规定，变压器并列运行的基本条件是什么？

答：（1）绕组联结组标号相同。

（2）电压比应相同，差值不得超出 ±0.5%。

（3）阻抗电压偏差值小于 10%。

【依据出处】《电力变压器运行规程》（DL/T 572—2010）

35 《重要电力用户供电电源及自备应急电源配置技术规范》规定，重要电力用户供电电源应如何配置？

答：特级重要电力客户宜采用双电源或多路电源供电；一级重要电力客户宜采用双电源供电，二级重要电力客户宜采用双电源或双回路供电；临时性重要电力客户按照用电负荷重要性，在条件允许情况下，可以通过临时架线等方式满足双电源或多电源供电要求。

【依据出处】《重要电力用户供电电源及自备应急电源配置技术规范》（GB/T 29328—2018）

36《供用电营业规则》规定，供用电合同应有哪些主要条款？

答：供用电合同应当具备以下条款：

（1）供电方式、供电质量和供电时间。

（2）用电容量和用电地址、用电性。

（3）计量方式和电价、电费结算方式。

（4）供用电设施维护责任划分。

（5）合同有效期限。

（6）违约责任。

（7）双方共同认为应该约定的其他条款。

【依据出处】《供电营业规则》（1996 年）

37《居民用户家用电器损坏处理办法》所称的电力运行事故是指哪些事故？

答：电力运行事故是指在供电企业负责运行维护的 220/380V 供电线路或设备上，因供电企业责任发生的下列事故：

（1）在 220/380V 供电线路上，发生相线与中性线接错或三相相序接反。

（2）在 220/380V 电线路上，发生中性线断线。

（3）在 220/380V 供电线路上，发生相线与中性线互碰。

（4）同杆架设或交叉跨越时，供电企业的高电压线路导线掉落到 220/380V 线路上或供电企业高电压线路对 220/380V 线路放电。

【依据出处】《居民用户家用电器损坏处理办法》（1996 年）

38《居民用户家用电器损坏处理办法》中的赔偿责任怎么划分？

答：供电企业如能提供证明居民用户家用电器损坏是不可抗力、第三人责任、受害者自身过错或产品质量事故等原因引起，并经县级以上电力管理部门核实无误，供电企业不承担赔偿责任。

【依据出处】《居民用户家用电器损坏处理办法》（1996 年）

39《重要电力用户供电电源及自备应急电源配置技术规范》规定，自备应急电源配置原则是什么？

答：（1）重要电力用户均应自行配置自备应急电源，电源容量至少应满足全部保安负荷正常供电的要求。新增重要电力用户自备应急电源应同步建设，在正式生产运行前投运，有条件的可设置专用应急母线。

（2）自备应急电源的配置应依据保安负荷的允许断电时间、容量、停电影响等负荷特性，按照各类应急电源在启动时间、切换方式、容量大小、持续供电时间、电能质量、节能环保、适用场所等方面的技术性能，选取合理的自备应急电源。

（3）重要电力用户应具备外部自备应急电源接入条件，有特殊供电需求及临时重要电力用户，应配置外部应急电源接入装置。

（4）自备应急电源应符合国家有关安全、消防、节能、环保等技术规范和标准要求。

【依据出处】《重要电力用户供电电源及自备应急电源配置技术规范》（GB/T 29328—2018）

40《重要电力用户供电电源及自备应急电源配置技术规范》规定，重要电力用户的自备应急电源在使用过程中应杜绝和防止哪些情况发生？

答：自备应急电源在使用过程中应杜绝和防止以下情况发生：

（1）自行变更自备应急电源接线方式。

（2）自行拆除自备应急电源的闭锁装置或者使其失效。

（3）自备应急电源发生故障后长期不能修复并影响正常运行。

（4）擅自将自备应急电源引入，转供其他用户。

（5）其他可能发生自备应急电源向公共电网倒送电的。

【依据出处】《重要电力用户供电电源及自备应急电源配置技术规范》（GB/T 29328—2018）

41 《国家电网公司客户安全用电服务若干规定（试行）》规定，客户用电安全检查服务的主要内容有哪些？

答：（1）用户受（送）电装置中电气设备及相应的设施运行安全状况。

（2）用户自备应急电源和非电性质的保安措施。

（3）用户反事故措施。

（4）特种作业操作证（电工）、进网作业安全状况及作业安全保障措施。

（5）用户执行需求响应、有序用电情况。

（6）电能计量装置、电力负荷控制装置、继电保护和自动装置、调度通信等安全运行情况。

（7）受（送）电端电能质量状况。

（8）设备预防试验铠装情况。

（9）并网电源、自备电源（分布式光伏及其配套储能装置等）并网安全情况。

（10）对重要电力用户，还要检查现有定改是否准确、供电电源设置与重要性等是否匹配。

【依据出处】《国家电网公司客户安全用电服务若干规定（试行）》[国网（营销/4）634—2019]

42 《国家电网公司关于高危及重要客户用电安全管理工作的指导意见》中，对高危及重要客户供电电源及自备应急电源配置情况开展专项排查的内容有哪些？

答：（1）现有高危及重要客户定级是否准确。

（2）供电电源配置与重要性等级是否匹配。

（3）是否配置自备应急电源。

（4）自备应急电源容量和启动时间是否满足需求。

（5）自备应急电源闭锁装置的运行状况。

（6）对供电电源及自备应急电源配置隐患问题是否做到“服务、通知、报告、督导”到位率100%。

【依据出处】《国家电网公司关于高危及重要客户用电安全管理工作的指导意见》（国家电网营销〔2016〕163号）

43 按《国家电网公司关于高危及重要客户用电安全管理工作的指导意见》规定，高危重要用户的定级流程是什么？

答：（1）高危及重要客户名单应以政府主管部门批复为准。

（2）各地市（地区、州、盟）供电企业每年应统一组织开展至少一次梳理，经省（自治区、直辖市）电力公司确认后，于每年10月底前将名单函报当地政府主管部门。

（3）各省（自治区、直辖市）电力公司应于每年12月底前汇总高危及重要客户名单及政府批复文件，报送国网营销部。

【依据出处】《国家电网公司关于高危及重要客户用电安全管理工作的指导意见》（国家电网营销〔2016〕163号）

44 《重要电力用户供电电源及自备应急电源配置技术规范》中对重要负荷允许断电时间的技术要求是什么？

答：（1）重要负荷允许断电时间为毫秒级的，用户应选用满足相应技术条件的静态储能不间断电源或动态储能不间断电源，且采用在线运行的运行方式。

（2）重要负荷允许断电时间为秒级的，用户应选用满足相应技术条件的静态储能电源、快速自动启动发电机组等电源，且自备应急电源应具有自动切换功能。

（3）重要负荷允许断电时间为分钟级的，用户应选用满足相应技术条件的发电机组等电源，可采用手动方式启动自备发电机。

【依据出处】《重要电力用户供电电源及自备应急电源配置技术规范》（GB/T 29328—2018）

45 《国家电网公司关于高危及重要客户用电安全管理工作的指导意见》中对高危重要用户的隐患报备有何要求？

答：（1）严格规范隐患报备管理，对于客户的供电电源和自备应急电源配置不到位等可能导致电力中断的用电安全缺陷隐患，由各地市（地区、州、盟）供电企业进行汇总，每季度末前函报政府主管部门，确保报备到位、防范风险。

（2）各省（自治区、直辖市）电力公司应汇总报备文件，于每季度末报送国网营销部。

【依据出处】《国家电网公司关于高危及重要客户用电安全管理工作的指导意见》（国家电网营销〔2016〕163 号）

46 《国家电网公司关于高危及重要客户用电安全管理工作的指导意见》中对高危重要用户的缺陷告知有何要求？

答：（1）做好缺陷隐患告知工作，对于检查发现的用电安全缺陷隐患，应开具《用电检查结果通知书》，一式两份，一份交客户留存，一份由客户签收后带回存档备查。

（2）对于客户拒绝签收的，应通过函件、挂号信等具有法律效力的形式正式送达客户，确保通知到位、不存遗漏。

【依据出处】《国家电网公司关于高危及重要客户用电安全管理工作的指导意见》（国家电网营销〔2016〕163 号）

47 《国家电网公司关于高危及重要客户用电安全管理工作的指导意见》中对高危重要用户的督导整改有何要求？

答：建立完善高危及重要客户缺陷隐患台账管理制度，主动为客户提供技术支持，持续督促客户落实整改措施。同时加强与政府主管部门沟通协调，借助政府力量推进客户缺陷隐患整改工作，确保督导到位、促进整改。

【依据出处】《国家电网公司关于高危及重要客户用电安全管理工作的指导意见》（国家电网营销〔2016〕163 号）

48 《国家电网公司关于高危及重要客户用电安全管理工作的指导意见》中对高危及重要客户的检查周期有何规定？

答：（1）特级、一级高危及重要客户每 3 个月至少检查 1 次。

（2）二级高危及重要客户每 6 个月至少检查 1 次。

（3）临时性高危及重要客户根据其现场实际用电需要开展用电检查工作。

（4）控股和代管县域的高危及重要客户的用电检查工作应与直供直管客户执行同等标准。

【依据出处】《国家电网公司关于高危及重要客户用电安全管理工作的指导意见》（国家电网营销〔2016〕163 号）

49 《国家电网公司关于高危及重要客户用电安全管理工作的指导意见》中对高危及重要客户的动态管理有何要求？

答：（1）建立健全高危及重要客户名单动态管理制度。

（2）对于高危及重要客户的新增、销户或重要性等级变更信息，应在变更后 10 个工作日内向政府主管部门进行报告，同时抄报国网营销部。

【依据出处】《国家电网公司关于高危及重要客户用电安全管理工作的指导意见》（国家电网营销〔2016〕163 号）

50 《电力供应与使用条例》规定的违约用电行为有哪些？

答：（1）擅自改变用电类别。

（2）擅自超过合同约定的容量用电。

（3）擅自超过计划分配的用电指标。

（4）擅自使用已经在供电企业办理暂停使用手续的电力设备，或者擅自启用已经被供电企业查封的电力设备。

（5）擅自迁移、更动或者擅自操作供电企业的电能计量装置、电力负荷控制装置、供电设施以及约定由供电企业调度的用户受电设备。

（6）未经供电企业许可，擅自引入、供出电源或者将自备电源擅自并网。

【依据出处】《电力供应与使用条例（2016修订）》（中华人民共和国国务院令第666号）

五、案例分析（共10题）

1 **【背景材料】**2014年8月4日，某矿业公司电气负责人就新安装的400kVA变压器向供电公司提交竣工验收申请，供电公司客户经理接待了客户，告知客户已受理申请并计划于8月12日现场验收。12日8时50分，客户经理组织供电公司相关人员王某、丁某共赴客户现场开展竣工检验，9时55分到达客户现场，施工单位负责人已在现场等候，但客户电气负责人未到。10时工作人员进入现场工作，丁某负责电能表安装工作。10时5分，客户经理电话催促矿业公司电气负责人抓紧时间到场配合验收。10时10分，现场人员听见“哎呀”一声，便看到高压计量柜处丁某触电受伤。

经调查，8月5日施工人员施工完毕并自己试验合格，因客户要求送电，经供电公司分管领导薛经理口头同意后，施工人员对变压器进行送电，仅告知了用户电工。事故当天丁某独自一人到工作地点，没有查验变压器是否带电，强行打开具有带电闭锁功能的高压计量柜门，进行电能表安装，触及计量装置带电桩头。

【问题】请从营销安全稽查角度分析上述事件暴露供电企业存在的问题。

【答案要点】（1）客户经理与客户约定的竣工检验时间超过规定时限。《国家电网公司业扩报装工作规范》第三十七条规定，启动竣工检验的时间，自受理之日起，高压供电客户不超过5个工作日。

（2）供电公司分管领导薛经理未按照业扩报装工作程序执行，口头同意给客户送电，且未在公司内部沟通信息。

（3）客户经理未经客户电气负责人许可，未执行现场作业双许可制度即安排工作。

（4）供电公司竣工检验组织不力，未进行分工，未实行监护制度，现场未认真交待竣工检验有关注意事项，对检验人员疏于管理。

（5）工作人员丁某违章作业，独自一人直接去现场装表，对客户设备运行状况不清楚，未办理工作票，未实行监护制度，在未经许可且未认真检查设备是否带电的情况下，强行打开高压计量柜门，造成人身触电事故，违反《营销业扩报装工作全过程防人身事故十二条措施（试行）》和《电业安全工作规程》。

2 **【背景材料】**2016年4月，郑某与县供电企业签订《供用电合同》。2017年4月县城进行道路拓宽改造，并依照拆迁许可证发出拆迁公告。公告期限届满，拆迁办向郑某及公告范围内其他被拆迁人发出《责令限期拆迁通知书》，要求其在2010年7月之前自行拆除房屋。拆迁期限届满，郑某对其房屋仍然没有进行拆除。于是，县政府召集县公安局、法院、供电企业等单位联合办公，决定对包括郑某等在内拒绝拆迁的住户房屋实施强行拆除，供电企业负责对强制拆迁范围内的住户进行断电。2017年10月9日，供电企业派工作人员到现场将郑某的进户线切断，并拆走电能表。郑某认为，其与供电企业签订供电合同以来，从未欠过电费，供电局在事前没有通知、未经其同意的情况下擅自断电、拆表是一种违约行为，致使其无法生产，造成巨大损失。在多次向供电局索赔未果的情况下，郑某于2018年6月向法院提起诉讼，请求法院判令供电企业恢复供电，赔偿经济损失。

【问题】请从营销稽查角度分析本案例中供电企业的行为是否合法。

【答案要点】首先，行政行为具有先行有效性，被告某县供电企业作为公用企业单位有义务配合县人民政府的拆迁活动。同时被告又是供用电合同的当事人，其断电行为既是拆迁行为的组成部分，又是一种违约行为。其次，行政执法行为与供用电合同行为是两个不同的法律关系，在某些情况下，行政行为的合理性不能替代供用电合同双方当事人之间终止供用电合同的合法性。作为供电人，实施断电行为，有必要在实施前进行审查，审查时需注意以下几个问题：

（1）政府作出的行政强制拆迁决定不能作为供电公司协助实施断电的依据。

（2）本案供电公司协助实施强制拆迁的断电拆表行为，应当以终止供用电合同为前提。

（3）供电公司解除供用电合同，应按照法律、法规的规定和合同约定的程序进行。

因此，协助政府拆迁对电力客户实施停电，不能单纯依据政府的现场办公会议纪要，还要综合考虑国家电力法律法规和规章的规定以及供用电合同的约定。

3 **【背景材料】**2016年8月6日，某供电公司用电检查人员在对客户进行用电检查时，发现某制药公司擅自启用已在供电公司办理过暂停使用手续的400kVA变压器，即当场填写下发了《违约用电通知书》，告知制药公司停止使用该变压器，在2016年8月8日前到供电公司补交擅自启用办理暂停手续设备容量使用月数的基本容量电费和承担2倍补交基本电费的违约使用电费，并办理相关手续，若逾期未处理，供电公司将采取停电措施。直到8月12日上午，制药公司仍未到供电公司补交基本容量电费和违约使用电费及办理相关手续，12日下午用电检查人员到制药公司配电室，在未找到值班电工的情况下直接中止了擅自启用的400kVA变压器的用电，制药公司当时正在生产一批抗菌素，因停电造成炉内的温度达不到标准，生产出的抗菌素质量不合格，因此制药公司向供电公司提出远高于10倍的补交基本容量电费和违约使用电费的赔偿请求。在双方各持已见、难以协商的情况下，制药公司于2016年9月10日以供电公司违法停电给公司造成重大经济损失为由，向当地人民法院提起诉讼，请求判令供电公司依法承担赔偿责任。

【问题】请从营销稽查角度分析本案例中供电公司行为存在的问题。

【答案要点】供电公司用电检查人员直接中止用户擅自启用的已在供电公司办理暂停手续的电力设备的行为存有过错，供电公司应当部分承担制药公司的损失赔偿责任。理由如下：虽然原告擅自启用已在供电公司办理暂停手续的电力设备，违反了《电力供应与使用条例》第三十条的规定，依据《电力供应与使用条例》第四十条“违反本条例第三十条规定，违章用电的，供电企业可以根据违章事实和造成的后果追缴答复，并按照国务院电力管理部门的规定加收电费和国家规定的其他费用；情节严重的，可以按照国家规定的程序停止供电。”，供电公司可以依照规定停止供电。但是《供电营业规则》第六十七条规定，除中止供电外，供电企业需对用户停止供电时，应按下列程序办理停电手续：即在停电前3~7天内，将停电通知书送达用户。对重要用户的停电，应将停电通知书报送同级电力管理部门；在停电前30min，将停电时间再通知用户一次，方可在通知规定的时间实施停电。供电公司未按《供电营业规则》规定的程序告知用户，实施停电给用户造成了一定的损失，应承担赔偿责任，制药公司在此事中亦有过错应承担其违约用电责任，故供电公司应当部分承担制药公司的损失赔偿责任。

4 **【背景材料】**某高压用户需报装630kVA容量的用电，因工期紧，又对供电企业业扩流程不熟悉，经熟人介绍，于2016年5月10日，到供电关联企业委托工程的设计安装和设备采购。经充分协商后，5月12日，供电关联企业与客户签订了相关合同；5月20日，完成了全部设计；6月20日，完成了工程的施工安装；6月22日，供电关联企业代用户向供电企业申请通电。6月23日，供电企业接到申请后，主动联系客户，并请客户补办了业扩申请、供电方案、审图、中间检查和竣工检验等相关流程文件。6月23日下午，供电企业给予装表接电。

【问题】请从营销稽查角度分析本案例中供电公司行为存在的问题。

【答案要点】依据《供电监管办法》《供电营业规则》和公司相关规定，供电企业存在以下问题：

（1）关联企业存在提前介入业扩报装流程问题。

（2）关联设计单位存在未收到供电方案进行图纸设计的问题。

（3）供电企业让未经审图的图纸通过设计审核。

（4）关联施工企业存在未收到通过审图的施工图纸进行施工的问题。

（5）关联施工企业存在未经中间检查继续进行施工的问题。

（6）供电企业存在让未经中间检查、竣工检验的工程装表接电的问题。

5 **【背景材料】**营销稽查人员利用营销监控系统发现，某造漆厂变压器运行容量30kVA，用户实际7月用电量为32395kWh，超理论最大用电量22320kWh，超容率45.14%。根据该疑似异常数据，公司用电检查班对此用户开展现场稽查，核查其运行容量、用电情况及超容产生的原因。经现场测试变压器容量，发现其实际容量为100kVA，与档案容量30kVA不相符，属私自超过合同约定容量用电。经进一步了解，该户因生产规模扩大，原有变压器容量已不能满足生产需求，为降低生产成本，私自增加变压器容量。用电检查人员当场取证后下达《用电检查通知书》，由用户签字确认。

【问题】请从营销稽查角度分析案例中存在的问题，并提出解决方案。

【答案要点】存在问题：

（1）客户严重违背《供电营业规则》第八章供用电合同与违约责任第一百条规定，私自增容。

（2）抄表核算人员在电费抄核环节未严格把关，未及时发现电量波动异常。

解决方案：

（1）要求客户拆除私自增容设备，如用户要求继续使用，请用户到营业厅办理增容手续。

（2）按《供电营业规则》第一百条第二款规定，对用户私自超过合同约定的容量进行处理，用户承担私增容量 50 元 /kW（元 /kVA）的违约使用电费，并追补变损电量电费。

6 【背景材料】营销稽查人员利用营销监控系统发现，2014 年 4 月，某汽车零部件有限公司当月低谷电量超出监控阈值 39.79%，系统显示为异常。该户有 400、800、80kVA 变压器各 1 台，于 2016 年 1 月 7 日申请暂停一台容量为 400kVA 变压器，剩余两台变压器正常抄表算费。经用电检查人员现场核实，发现用户将已申请暂停的 400kVA 变压器私自拆除铅封用电 [基本电费：90 元 /（月 · kVA）]，2014 年 1—4 月共计 3 个月违约使用变压器。营销稽查人员经过分析发现以下问题：

（1）用户私自启封暂停变压器用电后，电量出现突增，抄表员没有及时对客户用电情况进行了解，没有现场检查相关设备运行情况。

（2）对该户负荷情况监控不到位，未能及时发现用户用电负荷变化。

（3）客户在供电部门未知的情况下私自启用暂停变压器，扰乱正常的供用电秩序。

【问题】请从营销稽查角度分析案例中存在的问题以及处理方案。

【答案要点】（1）用电检查员按规定对违约行为进行制止，填写《用电检查通知书》，明确该户违约性质，并经该企业负责人签字确认。

（2）根据《供电营业规则》第八章供用电合同与违约责任第一百条，危害供用电安全、扰乱正常供用电秩序的行为属于违约用电行为，供电企业对查获的违约用电行为应及时予以制止。有下列违约用电行为者，应承担其相应的违约责任：擅自使用已在供电企业办理暂停手续的电力设备或启用供电企业封存的电力设备的，应停用违约使用的设备。属于两部制电价的用户，应补交擅自使用或启用封存设备容量和使用月数的基本电费，并承担两倍补交基本电费的违约使用电费；其他用户应承担擅自使用或启用封存设备容量每次 30 元 /kW（元 /kVA）的违约使用电费。启用属于私增容被封存的设备的，违约使用者还应承担本条第 2 项规定的违约责任。

处理方案：该用户 2014 年 1—4 月共计三个月违约使用变压器，已追回应收基本电费 36000 元，并收取违约使用电费 72000 元。

7 【背景材料】通过某公司违约用电与窃电查处质量进行现场稽查，抽查 2014 年 1—7 月《违约用电处理工作单》，发现某宾馆违约使用电费收取异常，该用户原有变压器容量 250kVA，于 2014 年 8 月 14 日发起违约用电、窃电处理流程，检查结果描述为“用户私自增加一台 80kVA 的变压器用电一个月，追补电费 2000 元”，无计算依据，违约使用电费收取异常。现场核查，该宾馆现场情况为原有一台容量 250kVA 的变压器，高供高计，执行的是一般工商业电价，与 SG186 系统中档案相一致。8 月份对该公司营业普查发现该宾馆私自增加 80kVA 变压器一台，用电检查人员经核实该用户私自增容使用一个月，应收取违约使用电费 4000 元，但实际只收取违约使用电费 2000 元。经约谈用电检查人员对此户的查处计算依据标准，检查人员无法提供。后经了解，检查处理结果为双方协商，有违规现象，未按规定少收违约使用电费 2000 元。

【问题】请从营销稽查角度分析案例中存在的问题，分析原因进行整改并做好防范措施。

【答案要点】原因分析：

（1）相关业务处理人员法律意识淡薄，认为少收客户违约使用电费不会被发现，导致出现此异常数据。

（2）业务审核、审批把关不严，造成违约使用电费异常未及时发现。

（3）违约用电、窃电查处流程存在漏洞，自由量裁权太大。

整改结果：

（1）依据《供电营业规则》第八章供用电合同与违约责任第一百条，危害供用电安全、扰乱正常供用电秩序的行为属于违约用电行为。供电企业对查获的违约用电行为应及时予以制止。有下列违约用电行为者，应承担其相应的违约责任：私自超过合同约定的容量用电的，除应拆除私增容设备外，属于两部制电价的用户，应补交私增设备容量使用月数的基本电费，并承担两倍私增容量基本电费的违约使用电费；其他用户应承担私增容量50元/kW（元/kVA）的违约使用电费。如用户要求继续使用者，按新装增容办理手续，补收该户违约使用电费2000元。

（2）按照该公司绩效考核办法，对用电检查人员、审批人员进行绩效考核。

防范措施：

（1）规范用电检查流程管理，对客户追补电费和违约使用电费的计算应列出详细的计算依据和过程，并规范取证。

（2）组织对用电检查人员开展违约用电与窃电查处的技能培训，提高业务素质。

（3）针对发现的问题，要求举一反三，核查近两年来违约使用电费收取标准执行情况。

（4）业务流程审批、审核人员严把业务流程关，杜绝此类现象发生。

8 【**背景材料**】某大型化工生产企业于2018年1月1日到供电企业申请用电报装，客户填写的用电设备清单设备容量共计1000kW，均为化工材料生产设备，允许停电时间不得超过1s且停电会造成严重环境污染。3月20日，供电企业答复的供电方案是从某110kV变电站以10kV双回路供电，配置1台1000kW的手动发电机作为自备应急电源（设定功率因素为1）。

【**问题**】（1）请根据《重要电力用户供电电源及自备应急电源配置技术规范》，从客户安全用电服务专业角度分析存在的问题，应如何改正？

（2）客户于2018年4月9日（周一）投入运行，当地供电企业应于几月几日前至少完成一次检查？

【**答案要点**】

（1）存在错误如下：

1）供电电源配置错误：根据《重要电力用户供电电源及自备应急电源配置技术规范》规定，停电会造成严重环境污染，则该户应为一级重要客户。一级重要电力用户宜采用双电源供电，当任何一路或一路以上电源发生故障时，至少仍有一路能对保安负荷持续供电。

2）自备应急电源配置错误：重要负荷允许中断时间为秒级的，应选用满足相应技术条件的静态储能电源、快速自启动发电机组，且自备应急电源应具有自动切换功能。容量达到兆瓦级的，用户应选用满足相应技术条件的大容量发电机组、动态储能装置，大容量静态储能装置（如EPS）等自备应急电源如选用往复式内燃机驱动的交流发电机组，可参照《往复式内燃机驱动的交流发电机组 第1部分：用途、定额和性能》（GB 2820.1）的要求执行。自备应急电源容量≥1000kW×120%=1200kW。

综上所述，建议采用大容量发电机组、动态储能装置，大容量静态储能装置（如EPS）等自备应急电源、容量不小于1200kW。

（2）特级、一级高危及重要客户每3个月至少检查1次，即2018年7月9日前必须开展一次现场检查。

9 【**背景材料**】某煤矿企业于2012年3月17日到供电企业申请用电报装，客户填写的用电设备清单上注明井下通风机、井下载人电梯、井下抽水泵等设备容量为1000kW，允许停电时间不得超过1min。由于该煤矿地处农村，受供电条件限制（附近只有35kV电源），经确认该客户为一级重要客户，从某10kV变电站以35kV双回路供电，配置1台1000kW容量的发电机作为自备应急电源。

【**问题**】请从客户安全用电服务专业角度分析存在的问题。

【**答案要点**】该行为违反以下规定：

（1）按照国家电监会《关于加强重要电力用户供电电源及自备应急电源配置监督管理的意见》（电监安全〔2008〕43号）要求，一级重要客户应采用双电源供电，不能采用双回路供电。

（2）自备应急电源的容量配置标准应达到保安负荷的120%（即1000kW×120%=1200kW），需配置

1200kW及以上容量的发电机，配置1台1000kW容量的发电机作为自备应急电源不能满足重要客户的安全用电要求。

暴露问题：

报装工作中，相关人员未掌握重要客户供电电源、自备应急电源配置要求。

措施建议：

（1）加强业扩报装相关人员业务培训。

（2）加强重要客户供电方案审查。

【依据出处】《关于加强重要电力用户供电电源及自备应急电源配置监督管理的意见》（电监安全〔2008〕43号）

10 **【背景材料】**2017年6月，某供电公司在检查用户用电情况时，发现某宾馆计费的三相四线电能表的表尾铅封有伪造痕迹，且打开该电能表表尾盖发现其一相电压虚接，用电检查人员现场判定该用户窃电，取证后立即向该宾馆下达《违约用电、窃电通知书》，并对其中止供电。该宾馆负责人对供电公司的检查行为不予配合，并拒绝在通知书上签字。停电两周后，该宾馆负责人向供电公司递交恢复供电申请，并补交了电费，承担了违约使用电费，供电公司即对宾馆恢复了供电。但2017年7月，宾馆以供电公司违约停电给宾馆造成了经济损失为由，向当地人民法院提起诉讼，请求判令供电公司承担赔偿责任。

（原告诉称：供电公司在用电检查时发现电压虚接，即认为原告窃电，证据不足。被告停止供电的行为违法，原告补交电费和承担违约使用电费的理由是为了恢复用电，请求法院判决被告为原告恢复荣誉、退还已承担的违约使用电费，赔偿因停电造成的经济损失。）

【问题】请从营销稽查角度分析本案例中供电公司行为是否正当，是否能够进行抗诉？

【答案要点】（1）该案中的“宾馆的计费电能表的表尾铅封有伪造痕迹，电能表表尾盒电压虚接”的现象，分别符合《电力供应与使用条例》第三十一条所规定的禁止窃电行为中的“（三）伪造或者开启法定的或者授权的计量鉴定机构加封的用电计量装置封印用电；（五）故意使供电企业的用电计量装置不准或失效”的窃电行为，因此认为该宾馆的窃电行为成立。

（2）抗诉理由如下：

1）供电公司依照《中华人民共和国电力法》和《电力供应与使用条例》的有关规定，对原告进行用电检查行为合法有据。

2）被告的“计费电能表的表尾铅封有伪造痕迹，电能表表尾两相电压与电流连接片脱开”的现象，符合《电力供应与使用条例》所规定窃电的表现形式，应认定为窃电行为。

3）供电公司应向法院提交拍摄的原告窃电现场照片、伪造的铅封封印，原告正常月份的用电量电费清单，原告补交电费和违约使用电费单据等证据。

4）《供电营业规则》第一百零二条规定，供电企业对查获的窃电者，应予制止并可当场中止供电。窃电者应按所窃电量补交电费，承担补交电费3倍的违约使用电费。拒绝承担窃电责任的，供电企业应报请电力管理部门依法处理。窃电数额较大或情节严重的，供电企业应提请司法机关依法追究刑事责任。

5）虽然原告未在《违约用电、窃电通知书》上签字认可，但原告补交电费和承担违约使用电费的行为，足以表明原告认可了自己的行为，现在又翻供否认，与事实不符，请求法院驳回原告的诉讼请求。

第二章　业扩报装

一、单选题（共 141 题）

1　因用户或者第三人的过错给供电企业或者其他用户造成损害的，该（　　）应当依法承担赔偿责任。

A. 用户　　B. 第三人　　C. 供电企业　　D. 用户或者第三人

正确答案：D

【依据出处】《供电服务规范》（GB/T 20583—2012）

2　受理客户咨询时，对不能当即答复的，应说明原因，并在（　　）个工作日内回复。

A.1　　B.2　　C.3　　D.4

正确答案：C

【依据出处】《供电服务规范》（GB/T 20583—2012）

3　客户欠电费需依法采取停电措施的，提前（　　）日送达停电通知书。

A.3　　B.5　　C.7　　D.10

正确答案：C

【依据出处】《供电服务规范》（GB/T 20583—2012）

4　根据《供电服务规范》规定，窃电者拒绝承担窃电责任的，供电企业应报请（　　）依法处理。

A. 司法机关　　B. 电力企业　　C. 电力管理部门　　D. 地方人民政府

正确答案：C

【依据出处】《供电服务规范》（GB/T 20583—2012）

5　《供电服务规范》规定，城市居民客户端电压合格率不低于（　　），农网居民客户端电压合格率不低于 90%。

A.99%　　B.96%　　C.95%　　D.90%

正确答案：C

【依据出处】《供电服务规范》（GB/T 20583—2012）

6　《供电营业规则》规定，如因供电企业供电能力不足或政府规定限制的用电项目，供电企业可通知用户（　　）办理。

A. 拒绝　　B. 暂缓　　C. 及时　　D. 协商

正确答案：B

【依据出处】《供电营业规则》（1996 年）

7　根据《国家电网公司业扩编制导则》要求，100kVA 及以上高压供电的电力客户，在高峰负荷时的功率因数不宜低于（　　）。

A.0.95　　B.0.9　　C.0.85　　D.0.8

正确答案：A

【依据出处】《关于印发〈国家电网公司业扩报装工作规范（试行）〉和〈国家电网公司业扩供电方案编制导则〉的通知》（国家电网营销〔2010〕1247 号）

8　无功补偿容量当不具备设计计算条件时，电容器安装容量 10kV 变电所可按变压器容量的（　　）确定。

A.10%~20%　　B.20%~30%　　C.30%~40%　　D.40%~50%

正确答案：B

【依据出处】《关于印发〈国家电网公司业扩报装工作规范（试行）〉和〈国家电网公司业扩供电方案编制导则〉的通知》（国家电网营销〔2010〕1247号）

9 根据《国家电网公司业扩供电方案导则》的要求，大、中型电力排灌站功率因数不宜低于（ ）。

A.0.85 B.0.8 C.0.9 D.0.95

正确答案：C

【依据出处】《关于印发〈国家电网公司业扩报装工作规范（试行）〉和〈国家电网公司业扩供电方案编制导则〉的通知》（国家电网营销〔2010〕1247号）

10 根据《国家电网公司业扩编制导则》要求，农业用电在高峰负荷时的功率因数不宜低于（ ）。

A.0.95 B.0.9 C.0.85 D.0.8

正确答案：C

【依据出处】《关于印发〈国家电网公司业扩报装工作规范（试行）〉和〈国家电网公司业扩供电方案编制导则〉的通知》（国家电网营销〔2010〕1247号）

11 《国家电网公司业扩供电方案编制导则》规定，低压供电的客户，负荷电流为60A，电能计量装置接线宜采用（ ）。

A. 高供高计 B. 高供低计 C. 直接接入式 D. 经互感器接入式

正确答案：C

【依据出处】《关于印发〈国家电网公司业扩报装工作规范（试行）〉和〈国家电网公司业扩供电方案编制导则〉的通知》（国家电网营销〔2010〕1247号）

12 在电力系统正常状况下，供电企业供到客户受电端的供电电压允许偏差为：35kV及以上电压供电的，电压正、负偏差的绝对值之和不超过（ ）。

A. 额定值的10% B. 额定值的±7%

C. 额定值的+7%，−10% D. 额定值的±10%

正确答案：A

【依据出处】《关于印发〈国家电网公司业扩报装工作规范（试行）〉和〈国家电网公司业扩供电方案编制导则〉的通知》（国家电网营销〔2010〕1247号）

13 深化业扩全流程信息公开与实时管控平台实用化应用，不包括（ ）。

A. 企业门户 B.ERP

C.PMS D. 营销稽查监控系统

正确答案：D

【依据出处】《国家电网公司关于2017年推进"互联网+营销服务"工作的意见》（国家电网营销〔2017〕153号）

14 优化线下服务模式，低压业扩实行（ ）"一岗制"，高压业扩客户经理利用移动作业终端，现场开展电子收资及系统业务操作，线上线下客户互动有机结合，有效减少客户往返，快速响应客户需求。

A. 查勘、装表 B. 查勘、验收 C. 装表、接电 D. 装表、验收

正确答案：A

【依据出处】《国家电网公司关于印发加快推进"互联网+"营销服务应用工作实施方案的通知》（国家电网营销〔2016〕652号）

15 全面开展线上服务渠道应用、现场移动作业应用、营销大数据分析应用和（ ）应用，实现高压业扩全过程智能互动服务上线。

A. 跨界公共服务 B. 跨界服务App C. 公共基础服务 D. 跨界联合App

正确答案：A

【依据出处】《国家电网公司关于印发加快推进"互联网+"营销服务应用工作实施方案的通知》（国

家电网营销〔2016〕652 号）

16 实施业扩报装全流程管控，设立电子坐席，负责线上受理、（ ）、跟踪协调。

A. 自助缴费 B. 进度查询 C. 业务咨询 D. 监督评价

正确答案：C

【依据出处】《国家电网公司关于印发加快推进“互联网 +”营销服务应用工作实施方案的通知》（国家电网营销〔2016〕652 号）

17 供电方案是指由（ ）提出，经供用电双方协商后确定，满足客户用电需求的电力供应具体实施计划。

A. 用电客户 B. 电力企业 C. 电监部门 D. 政府

正确答案：B

【依据出处】《关于印发〈国家电网公司业扩报装工作规范（试行）〉和〈国家电网公司业扩供电方案编制导则〉的通知》（国家电网营销〔2010〕1247 号）

18 中断供电将可能（ ）的电力客户为二级重要客户。

A. 直接引发人身伤亡的 B. 造成严重环境污染的

C. 发生中毒、爆炸或火灾的 D. 造成较大经济损失的

正确答案：D

【依据出处】《关于印发〈国家电网公司业扩报装工作规范（试行）〉和〈国家电网公司业扩供电方案编制导则〉的通知》（国家电网营销〔2010〕1247 号）

19 按照（ ）的原则，在供电方案中，明确客户治理电能质量污染的责任及技术方案要求。

A.“安全、可靠、经济、运行灵活以及管理方便”

B.“谁污染、谁治理”以及“同步设计、同步施工、同步投运、同步达标”

C.“满足客户近期、远期电力的需求，具有最佳的综合经济效益”

D.“供电可靠、运行灵活、操作检修方便、节约投资和便于扩建等要求”

正确答案：B

【依据出处】《关于印发〈国家电网公司业扩报装工作规范（试行）〉和〈国家电网公司业扩供电方案编制导则〉的通知》（国家电网营销〔2010〕1247 号）

20 高压供电的客户，宜在高压侧计量；但对 10kV 供电且容量在（ ）kVA 及以下的，高压侧计量确有困难时，可在低压侧计量，即采用高供低计方式。

A.250 B.315 C.400 D.500

正确答案：B

【依据出处】《关于印发〈国家电网公司业扩报装工作规范（试行）〉和〈国家电网公司业扩供电方案编制导则〉的通知》（国家电网营销〔2010〕1247 号）

21 一级重要电力客户应采用（ ）供电。

A. 单电源 B. 双回路 C. 双电源 D. 三路及以上电源

正确答案：C

【依据出处】《关于印发〈国家电网公司业扩报装工作规范（试行）〉和〈国家电网公司业扩供电方案编制导则〉的通知》（国家电网营销〔2010〕1247 号）

22 客户低压配电室应尽量（ ）。

A. 远离客户负荷中心 B. 靠近客户负荷中心 C. 靠近高压供电点 D. 远离高压供电点

正确答案：B

【依据出处】《关于印发〈国家电网公司业扩报装工作规范（试行）〉和〈国家电网公司业扩供电方案编制导则〉的通知》（国家电网营销〔2010〕1247 号）

23 下列关于确定供电方案的基本原则错误的是（　　）

A. 应能满足供用电安全、可靠、经济、运行灵活、管理方便的要求

B. 符合电网建设、改造和发展规划要求；满足客户近期、远期对电力的需求，具有最佳的综合经济效益

C. 具有满足客户需求的供电可靠性及合格的电能质量

D. 符合相关国家标准、电力行业技术标准和规程，以及技术装备先进要求，并应对多种供电方案进行技术经济比较，确定最佳方案

正确答案：A

【依据出处】《关于印发〈国家电网公司业扩报装工作规范（试行）〉和〈国家电网公司业扩供电方案编制导则〉的通知》（国家电网营销〔2010〕1247 号）

24 特级重要电力客户应具备（　　）电源供电条件。

A. 二路及以上　　B. 三路及以上　　C. 四路及以上　　D. 一路

正确答案：B

【依据出处】《关于印发〈国家电网公司业扩报装工作规范（试行）〉和〈国家电网公司业扩供电方案编制导则〉的通知》（国家电网营销〔2010〕1247 号）

25《国家电网公司业扩供电方案导则》规定，当不具备设计计算条件时，电容器安装容量的确定应符合下列规定，35kV 及以上变电所可按变压器容量的（　　）确定。

A.10%~20%　　B.10%~30%　　C.0%~30%　　D.20%~30%

正确答案：B

【依据出处】《关于印发〈国家电网公司业扩报装工作规范（试行）〉和〈国家电网公司业扩供电方案编制导则〉的通知》（国家电网营销〔2010〕1247 号）

26《国家电网公司业扩供电方案编制导则》规定，35kV 供电、用电容量（　　）的客户宜采用专用光纤通道或其他通信方式，通过远动设备上传客户端的遥测、遥信信息，同时应配置专用通信市话或系统调度电话与调度部门进行联络。

A. 在 5000kVA 及以上或 110kV 及以上　　B. 在 8000kVA 及以上或 220kV 及以上

C. 在 8000kVA 及以上或 110kV 及以上　　D. 在 20000kVA 及以上或 220kV 及以上

正确答案：C

【依据出处】《关于印发〈国家电网公司业扩报装工作规范（试行）〉和〈国家电网公司业扩供电方案编制导则〉的通知》（国家电网营销〔2010〕1247 号）

27 重要电力客户的分级，根据对供电可靠性的要求以及中断供电危害程度，可以分为特级、一级、二级重要电力客户和（　　）重要电力客户。

A. 特殊　　B. 临时性　　C. 三级　　D. 一般

正确答案：B

【依据出处】《关于印发〈国家电网公司业扩报装工作规范（试行）〉和〈国家电网公司业扩供电方案编制导则〉的通知》（国家电网营销〔2010〕1247 号）

28 特级重要电力客户，是指在管理国家事务中具有特别重要作用，中断供电将可能（　　）的电力客户。

A. 危害国家安全　　B. 直接引发人身伤亡的

C. 造成重大政治影响的　　D. 发生中毒、爆炸或火灾的

正确答案：A

【依据出处】《关于印发〈国家电网公司业扩报装工作规范（试行）〉和〈国家电网公司业扩供电方案编制导则〉的通知》（国家电网营销〔2010〕1247 号）

29 客户的供电电压等级应根据当地电网条件、客户分级、用电最大需量或受电设备总容量，经过技术经济比较后确定。一般受电变压器总容量为 50kVA~10MVA 时，供电电压等级确定为（　　）kV。

A.10　　B.110　　C.66　　D.35

正确答案：A

【依据出处】《关于印发〈国家电网公司业扩报装工作规范（试行）〉和〈国家电网公司业扩供电方案编制导则〉的通知》（国家电网营销〔2010〕1247 号）

30 一般受电变压器总容量为 5MVA~40MVA 时，供电电压等级确定为（　　）kV。

A.10　　B.110　　C.66　　D.35

正确答案：D

【依据出处】《关于印发〈国家电网公司业扩报装工作规范（试行）〉和〈国家电网公司业扩供电方案编制导则〉的通知》（国家电网营销〔2010〕1247 号）

31 当无 35kV 电压等级的，10kV 电压等级受电变压器总容量为（　　）。

A.15MVA~40MVA　　B.50kVA~15MVA　　C.50kVA~20MVA　　D.50kVA~25MVA

正确答案：B

【依据出处】《关于印发〈国家电网公司业扩报装工作规范（试行）〉和〈国家电网公司业扩供电方案编制导则〉的通知》（国家电网营销〔2010〕1247 号）

32 客户受电变压器总容量为 20MVA~100MVA 时，宜采用（　　）kV 及以上电压等级供电。

A.110　　B.220　　C.66　　D.35

正确答案：A

【依据出处】《关于印发〈国家电网公司业扩报装工作规范（试行）〉和〈国家电网公司业扩供电方案编制导则〉的通知》（国家电网营销〔2010〕1247 号）

33 二级重要电力客户应采用（　　）供电。

A. 双回路　　B. 双电源　　C. 单路　　D. 双电源或双回路

正确答案：D

【依据出处】《关于印发〈国家电网公司业扩报装工作规范（试行）〉和〈国家电网公司业扩供电方案编制导则〉的通知》（国家电网营销〔2010〕1247 号）

34 重要电力客户应配变自备应急电源及非电性质的保安措施，满足（　　）应急供电需要。

A. 紧急照明负荷　　B. 生活负荷　　C. 保安负荷　　D. 重要负荷

正确答案：C

【依据出处】《关于印发〈国家电网公司业扩报装工作规范（试行）〉和〈国家电网公司业扩供电方案编制导则〉的通知》（国家电网营销〔2010〕1247 号）

35 自备应急电源配置容量应至少满足（　　）保安负荷正常供电的需要，有条件的可设置专用应急母线。

A.0.5　　B.0.8　　C. 全部　　D.1.2

正确答案：C

【依据出处】《关于印发〈国家电网公司业扩报装工作规范（试行）〉和〈国家电网公司业扩供电方案编制导则〉的通知》（国家电网营销〔2010〕1247 号）

36 非电性质保安措施应符合客户的生产特点、负荷特性，满足无电情况下保证（　　）的需要。

A. 连续生产　　B. 正常生活　　C. 重要设备运转　　D. 客户安全

正确答案：D

【依据出处】《关于印发〈国家电网公司业扩报装工作规范（试行）〉和〈国家电网公司业扩供电方案编制导则〉的通知》（国家电网营销〔2010〕1247 号）

37 35kV 及以上电压等级应采用单母线分段接线或双母线接线，装设两台及以上主变压器，6~10kV 侧应采用（　　）接线。

A. 桥形　B. 单母线　C. 单母线分段　D. 双母线

正确答案：C

【依据出处】《关于印发〈国家电网公司业扩报装工作规范（试行）〉和〈国家电网公司业扩供电方案编制导则〉的通知》（国家电网营销〔2010〕1247 号）

38 在电力系统非正常状况下，供电企业供到客户受电端的供电电压允许偏差：10kV 及以下三相供电的，电压正、负偏差的绝对值之和不超过（　　）。

A. 额定值的 10%　B. 额定值的 ±7%

C. 额定值的 −10%，+7%　D. 额定值的 ±10%

正确答案：D

【依据出处】《关于印发〈国家电网公司业扩报装工作规范（试行）〉和〈国家电网公司业扩供电方案编制导则〉的通知》（国家电网营销〔2010〕1247 号）

39 非线性负荷设备接入电网，客户应委托（　　）出具非线性负荷设备接入电网的电能质量评估报告。

A. 有资质的专业机构　B. 供电企业　C. 电力监管部门　D. 节能管理部门

正确答案：A

【依据出处】《关于印发〈国家电网公司业扩报装工作规范（试行）〉和〈国家电网公司业扩供电方案编制导则〉的通知》（国家电网营销〔2010〕1247 号）

40 根据《国家电网公司业扩编制导则》要求，大、中型电力排灌站、趸购转售电企业，在高峰负荷时的功率因数不宜低于（　　）。

A.0.95　B.0.9　C.0.85　D.0.8

正确答案：B

【依据出处】《关于印发〈国家电网公司业扩报装工作规范（试行）〉和〈国家电网公司业扩供电方案编制导则〉的通知》（国家电网营销〔2010〕1247 号）

41《国家电网公司业扩供电方案编制导则》规定，能够正常有效且连续为全部用电负荷提供电力的电源是（　　）。

A. 主要电源　B. 主用电源　C. 备用电源　D. 主供电源

正确答案：D

【依据出处】《关于印发〈国家电网公司业扩报装工作规范（试行）〉和〈国家电网公司业扩供电方案编制导则〉的通知》（国家电网营销〔2010〕1247 号）

42《国家电网公司业扩供电方案编制导则》规定，在主供电源发生故障或断电时，能够有效且连续为全部或部分负荷提供电力的电源是（　　）。

A. 第二电源　B. 备用电源　C. 自备电源　D. 备供电源

正确答案：B

【依据出处】《关于印发〈国家电网公司业扩报装工作规范（试行）〉和〈国家电网公司业扩供电方案编制导则〉的通知》（国家电网营销〔2010〕1247 号）

43《国家电网公司业扩供电方案编制导则》规定，用电信息采集终端按应用场所分为专用变压器采集终端、集中抄表终端（包括集中器、采集器）、（　　）能源监控终端等类型。

A. 集中式　B. 分散式　C. 多级式　D. 分布式

正确答案：D

【依据出处】《关于印发〈国家电网公司业扩报装工作规范（试行）〉和〈国家电网公司业扩供电方案编制导则〉的通知》（国家电网营销〔2010〕1247 号）

44 《国家电网公司业扩供电方案编制导则》规定，谐波源指向公共电网注入谐波电流或在公共电网中产生谐波电压的电气设备。下列设备中不会产生谐波电压的是（　　）。

A. 电气机车、电弧炉　　B. 整流器、逆变器、变频器

C. 弧焊机、感应加热设备　　D. 异步电动机

正确答案：D

【依据出处】《关于印发〈国家电网公司业扩报装工作规范（试行）〉和〈国家电网公司业扩供电方案编制导则〉的通知》（国家电网营销〔2010〕1247 号）

45 《国家电网公司业扩供电方案编制导则》规定，单母线或线路变压器组接线的客户电气主接线型式适用于（　　）。

A. 特殊重要客户　　B. 三级负荷客户

C. 具有两回线路供电的二级负荷客户　　D. 具有两回线路供电的一级负荷客户

正确答案：B

【依据出处】《关于印发〈国家电网公司业扩报装工作规范（试行）〉和〈国家电网公司业扩供电方案编制导则〉的通知》（国家电网营销〔2010〕1247 号）

46 供电企业查电人员和抄表收费人员进入用户，进行用电安全检查或者抄表收费时，应当出示（　　）。

A. 有关证件　　B. 企业批文　　C. 政府批文　　D. 电力法规

正确答案：A

【依据出处】《供电服务规范》（GB/T 20583—2012）

47 《供电营业规则》规定，客户设备容量在 100kW 及以下或需用变压器容量在（　　）kVA 及以下者，可采用低压三相四线制供电，特殊情况也可以采用高压供电。

A.50　　B.100　　C.160　　D.110

正确答案：A

【依据出处】《供电营业规则》（1996 年）

48 《供电营业规则》规定，对 35kV 及以上电压供电的用户和 10kV 供电的用户，停电次数每年分别不应超过（　　）次。

A.1、3　　B.2、3　　C.1、2　　D.3、1

正确答案：A

【依据出处】《供电营业规则》（1996 年）

49 用户认为供电公司装设的计费电能表不准时，有权向供电公司提出校验申请，在用户交付验表费后，供电公司应在（　　）天内检验，并将检验结果通知用户。

A.3　　B.5　　C.7　　D.10

正确答案：C

【依据出处】《供电营业规则》（1996 年）

50 自备电厂如需伸入或跨越供电公司所属的供电营业区供电的，应经（　　）同意。

A. 国务院　　B. 省（自治区、直辖市）发改委

C. 省电网经营企业　　D. 省级电力管理部门

正确答案：C

【依据出处】《供电营业规则》（1996 年）

51 为提高低负荷计量的准确性，应选用过载（　　）倍及以上的电能表。

A.2　　B.4　　C.6　　D.8

正确答案：B

【依据出处】《电能计量装置技术管理规程》（DL/T 448—2016）

52 互感器实际二次负荷应在（　　）额定二次负荷范围内。

A.25%~100%　　B.20%~100%　　C.15%~100%　　D.10%~100%

正确答案：A

【**依据出处**】《电能计量装置技术管理规程》（DL/T 448—2016）

53 Ⅱ类电能计量装置的有功功率、无功功率、TV、TA 的准确度等级分别应为（　　）。

A.0.5、2.0、0.2、0.2　　B.1.0、2.0、0.5、0.5

C.0.5S、2.0、0.2、0.2S　　D.1.0、2.0、0.5、0.5S

正确答案：C

【**依据出处**】《电能计量装置技术管理规程》（DL/T 448—2016）

54 《国家电网公司关于简化 10 千伏及以下业扩配套电网项目管理流程加快工程建设速度的通知》规定，完善业扩配套电网项目包管理模式，由地市公司（　　）提出项目包资金需求总额。

A. 营销部　　B. 发展部　　C. 运检部　　D. 调控中心

正确答案：A

【**依据出处**】《国家电网公司关于简化 10 千伏及以下业扩配套电网项目管理流程加快工程建设速度的通知》（国家电网办〔2017〕1081 号）

55 《国家电网公司关于简化 10 千伏及以下业扩配套电网项目管理流程加快工程建设速度的通知》规定，对于超出 10kV 及以下项目包额度、不超过 35kV 及以下项目包额度的新增项目，由（　　）先实施、后备案。

A. 省公司　　B. 地市公司　　C. 县公司　　D. 国网公司

正确答案：B

【**依据出处**】《国家电网公司关于简化 10 千伏及以下业扩配套电网项目管理流程加快工程建设速度的通知》（国家电网办〔2017〕1081 号）

56 《国家电网公司关于简化 10 千伏及以下业扩配套电网项目管理流程加快工程建设速度的通知》规定，专线客户配套项目由地市公司营销部牵头，会同发展部、运检部确定供电方案后，发展部组织在（　　）个工作日内（需办理规划手续的 15 个工作日内）完成业扩配套工程可研编制及评审（含规划手续），运检部组织在 4 个工作日内完成初设编制及评审。

A.3　　B.4　　C.5　　D.6

正确答案：A

【**依据出处**】《国家电网公司关于简化 10 千伏及以下业扩配套电网项目管理流程加快工程建设速度的通知》（国家电网办〔2017〕1081 号）

57 《国家电网公司关于简化 10 千伏及以下业扩配套电网项目管理流程加快工程建设速度的通知》规定，专线客户配套项目由地市公司营销部牵头，会同发展部、运检部确定供电方案后，发展部组织在 3 个工作日内（需办理规划手续的 15 个工作日内）完成业扩配套工程可研编制及评审（含规划手续），运检部组织在（　　）个工作日内完成初设编制及评审。

A.3　　B.4　　C.5　　D.6

正确答案：B

【**依据出处**】《国家电网公司关于简化 10 千伏及以下业扩配套电网项目管理流程加快工程建设速度的通知》（国家电网办〔2017〕1081 号）

58 《国家电网公司关于简化 10 千伏及以下业扩配套电网项目管理流程加快工程建设速度的通知》规定，业扩配套项目 ERP 系统建项完成后，项目管理部门在（　　）个工作日内完成物资需求提报。

A.1　　B.2　　C.3　　D.4

正确答案：A

【**依据出处**】《国家电网公司关于简化 10 千伏及以下业扩配套电网项目管理流程加快工程建设速度的通知》（国家电网办〔2017〕1081 号）

59 《国家电网公司关于简化10千伏及以下业扩配套电网项目管理流程加快工程建设速度的通知》规定，对于定额储备物资，物资部门在收到物资需求计划后（　　）个工作日内负责将所需设备及材料配送至现场。

A.1　　B.2　　C.3　　D.4

正确答案：C

【依据出处】《国家电网公司关于简化10千伏及以下业扩配套电网项目管理流程加快工程建设速度的通知》（国家电网办〔2017〕1081号）

60 《国家电网公司关于简化10千伏及以下业扩配套电网项目管理流程加快工程建设速度的通知》规定，客户红线外接入工程，以及园区新增变电所、开关（环网）站所等共用配电设施，由（　　）出资建设。

A. 企业　　B. 政府　　C. 客户　　D. 供电公司

正确答案：D

【依据出处】《国家电网公司关于简化10千伏及以下业扩配套电网项目管理流程加快工程建设速度的通知》（国家电网办〔2017〕1081号）

61 《国家电网公司关于简化10千伏及以下业扩配套电网项目管理流程加快工程建设速度的通知》规定，对于低压客户，以（　　）为投资分界点。

A. 低压电能表　　B. 进线　　C.T接点　　D. 客户侧

正确答案：A

【依据出处】《国家电网公司关于简化10千伏及以下业扩配套电网项目管理流程加快工程建设速度的通知》（国家电网办〔2017〕1081号）

62 《国家电网公司关于印发报装接电专项治理行动优化营商环境工作方案的通知》规定，高压客户办电环节压减至（　　）个。

A.4　　B.5　　C.6　　D.7

正确答案：A

【依据出处】《国家电网公司关于印发报装接电专项治理行动优化营商环境工作方案的通知》（国家电网办〔2018〕150号）

63 《国家电网公司关于印发报装接电专项治理行动优化营商环境工作方案的通知》规定，低压客户办电环节压减至（　　）个。

A.1　　B.2　　C.3　　D.4

正确答案：C

【依据出处】《国家电网公司关于印发报装接电专项治理行动优化营商环境工作方案的通知》（国家电网办〔2018〕150号）

64 《国家电网公司关于印发报装接电专项治理行动优化营商环境工作方案的通知》规定，10kV非居民客户平均接电时间压减至（　　）天。

A.50　　B.60　　C.70　　D.80

正确答案：D

【依据出处】《国家电网公司关于印发报装接电专项治理行动优化营商环境工作方案的通知》（国家电网办〔2018〕150号）

65 《国家电网公司关于印发报装接电专项治理行动优化营商环境工作方案的通知》规定，400V非居民客户平均接电时间压减至（　　）天。

A.20　　B.30　　C.40　　D.50

正确答案：B

【依据出处】《国家电网公司关于印发报装接电专项治理行动优化营商环境工作方案的通知》（国家电网办〔2018〕150号）

66 《国家电网公司关于印发报装接电专项治理行动优化营商环境工作方案的通知》规定，将 10kV 配套电网项目可行性研究、初步设计审批权限调整至（　　）。

A. 省公司　　B. 市（县）公司　　C. 市公司　　D. 县公司

正确答案：B

【依据出处】《国家电网公司关于印发报装接电专项治理行动优化营商环境工作方案的通知》（国家电网办〔2018〕150 号）

67 《国家电网公司关于印发报装接电专项治理行动优化营商环境工作方案的通知》规定，北京、上海地区（　　）kVA 及以下项目实行低压接入。

A.100　　B.160　　C.200　　D.250

正确答案：B

【依据出处】《国家电网公司关于印发报装接电专项治理行动优化营商环境工作方案的通知》（国家电网办〔2018〕150 号）

68 《国家电网公司关于印发报装接电专项治理行动优化营商环境工作方案的通知》规定，全面取消电力客户带电接火费，相关费用列入（　　）。

A. 生产成本　　B. 技改成本　　C. 营销成本　　D. 运维费用

正确答案：A

【依据出处】《国家电网公司关于印发报装接电专项治理行动优化营商环境工作方案的通知》（国家电网办〔2018〕150 号）

69 接到客户投诉或举报时，应向客户致谢，详细记录具体情况后，立即转递相关部门或领导处理。具体答复时间为（　　）。

A. 投诉在 5 天、举报在 7 天内答复　　D. 投诉在 5 天、举报在 10 天内答复

C. 投诉在 7 天、举报在 10 天内答复　　D. 投诉在 5 天、举报在 15 天内答复

正确答案：B

【依据出处】《关于印发〈国家电网公司业扩报装工作规范（试行）〉和〈国家电网公司业扩供电方案编制导则〉的通知》（国家电网营销〔2010〕1247 号）

70 根据《国家电网公司业扩供电方案编制导则》规定，某工业用户一级重要电力客户的供电电源（　　）采用双电源供电，并配置自备应急电源。

A. 宜　　B. 可　　C. 应　　D. 不应

正确答案：C

【依据出处】《关于印发〈国家电网公司业扩报装工作规范（试行）〉和〈国家电网公司业扩供电方案编制导则〉的通知》（国家电网营销〔2010〕1247 号）

71 在确定供电方案时，应根据（　　）确定供电电源及数量、自备应急电源及非电性质的保安措施配置要求。

A. 用电容量　　B. 用电性质　　C. 负荷特性　　D. 重要客户的分级

正确答案：D

【依据出处】《关于印发〈国家电网公司业扩报装工作规范（试行）〉和〈国家电网公司业扩供电方案编制导则〉的通知》（国家电网营销〔2010〕1247 号）

72 重要电力客户认定一般由各级供电企业或电力客户提出，经（　　）批准。

A. 上级供电部门　　B. 电力监管部门

C. 安监部门　　D. 当地政府有关部门

正确答案：D

【依据出处】《关于印发〈国家电网公司业扩报装工作规范（试行）〉和〈国家电网公司业扩供电方案编制导则〉的通知》（国家电网营销〔2010〕1247 号）

73 单回线路供电的三级负荷客户，其电气主接线，采用（　　）接线。

A. 单母线分段　　B. 双母线

C. 桥形　　D. 单母线或线路变压器组

正确答案：D

【依据出处】《关于印发〈国家电网公司业扩报装工作规范（试行）〉和〈国家电网公司业扩供电方案编制导则〉的通知》（国家电网营销〔2010〕1247 号）

74《国家电网有限公司业扩报装管理规则》规定，接电完成后，应在（　　）个工作日内收集、整理并核对归档信息和资料，形成资料清单，建立客户档案。

A.1　　B.2　　C.3　　D.4

正确答案：C

【依据出处】《国家电网有限公司业扩报装管理规则》（国家电网企管〔2019〕431 号）

75 党政机关、企事业单位和社会公共停车场中设置的充电设施执行（　　）类用电价格。

A. 一般工商业　　B. 大工业　　C. 居民合表　　D. 农业生产

正确答案：A

【依据出处】《国家电网公司关于执行电动汽车用电价格政策有关意见的通知》（国家电网财〔2014〕1069 号）

76 对从事电动汽车充换电设施服务的经营性企业，采用单独报装、集中接入电网方式的执行（　　）类用电价格。

A. 一般工商业　　B. 大工业　　C. 居民合表　　D. 农业生产

正确答案：B

【依据出处】《国家电网公司关于执行电动汽车用电价格政策有关意见的通知》（国家电网财〔2014〕1069 号）

77 基本电价按变压器容量或最大需量计费，计费方式可按（　　）变更。

A. 年　　B. 季　　C. 月　　D. 周

正确答案：B

【依据出处】《国家发展改革委办公厅关于完善两部制电价用户基本电价执行方式的通知》（发改办价格〔2016〕1583 号）

78 用户实际最大需量超过合同确定值 105% 时，超过 105% 部分的基本电费加（　　）倍收取。

A.1　　B.2　　C.3　　D.4

正确答案：A

【依据出处】《国家发展改革委办公厅关于完善两部制电价用户基本电价执行方式的通知》（发改办价格〔2016〕1583 号）

79《国家发展改革委办公厅关于完善两部制电价用户基本电价执行方式的通知》规定，电力用户可提前（　　）个工作日向电网企业申请变更下一季度的基本电价计费方式。

A.30　　B.20　　C.15　　D.7

正确答案：C

【依据出处】《国家发展改革委办公厅关于完善两部制电价用户基本电价执行方式的通知》（发改办价格〔2016〕1583 号）

80《国家发展改革委办公厅关于完善两部制电价用户基本电价执行方式的通知》规定，电力用户申请暂停时间每次应不少于十五日，每一日历年内累计不超过六个月，超过六个月的可由用户申请办理减容。减容期限（　　）。

A. 最长为 1 年　　B. 最长为 2 年　　C. 最长为 6 个月　　D. 不受时间限制

正确答案：D

【依据出处】《国家发展改革委办公厅关于完善两部制电价用户基本电价执行方式的通知》（发改办价

格〔2016〕1583号）

81 《国家发展改革委办公厅关于完善两部制电价用户基本电价执行方式的通知》规定，合同最大需量核定值变更周期从现行按半年调整为按（　　）变更，电力用户可提前5个工作日向电网企业申请变更下一个月（抄表周期）的合同最大需量核定值。

A. 年　　B. 季度　　C. 月　　D. 周

正确答案：C

【依据出处】《国家发展改革委办公厅关于完善两部制电价用户基本电价执行方式的通知》（发改办价格〔2016〕1583号）

82 《国家发展改革委办公厅关于完善两部制电价用户基本电价执行方式的通知》规定，合同最大需量核定值变更周期从现行按半年调整为按月变更，电力用户可提前（　　）个工作日向电网企业申请变更下一个月（抄表周期）的合同最大需量核定值。

A.5　　B.7　　C.15　　D.20

正确答案：A

【依据出处】《国家发展改革委办公厅关于完善两部制电价用户基本电价执行方式的通知》（发改办价格〔2016〕1583号）

83 《国家发展改革委办公厅关于完善两部制电价用户基本电价执行方式的通知》规定，基本电价计费方式变更周期从现行按年调整为按（　　）变更。

A. 三年　　B. 季度　　C. 月　　D. 周

正确答案：B

【依据出处】《国家发展改革委办公厅关于完善两部制电价用户基本电价执行方式的通知》（发改办价格〔2016〕1583号）

84 突然中断供电将会造成社会秩序严重混乱或产生政治上的严重影响的负荷为（　　）负荷。

A. 一类　　B. 二类　　C. 三类　　D. 四类

正确答案：A

【依据出处】《电力供应与使用条例（2016修订）》（中华人民共和国国务院令第666号）

85 《供电营业规则》规定，低压单相供电的额定电压为（　　）V。

A.200　　B.380　　C.400　　D.1000

正确答案：A

【依据出处】《供电营业规则》（1996年）

86 （　　）系统自用电量不收取随电价征收的各类基金和附加。

A. 分布式光伏发电　　B. 核电　　C. 分布式天然气发电　　D. 分布式风电

正确答案：A

【依据出处】《国家电网公司关于印发分布式电源并网相关意见和规范（修订版）的通知》（国家电网办〔2013〕1781号）

87 《电力供应与使用条例》规定，用户用电容量超过其所在的供电营业区内供电公司供电能力的，由（　　）以上电力管理部门指定的其他供电公司供电。

A. 县级　　B. 市级　　C. 省级　　D. 区级

正确答案：C

【依据出处】《电力供应与使用条例（2016修订）》（中华人民共和国国务院令第666号）

88 根据《国家电网公司供电服务质量标准》规定，分布式电源项目接入系统方案时限：在受理接入申请后，10kV及以下电压等级接入且单个并网点总装机容量不超过6MW的分布式电源项目不超过（　　）个工作日。

A.7　　B.40　　C.20　　D.15

正确答案：B

【依据出处】《国家电网公司供电服务质量标准》(国家电网企管〔2014〕1466号)

89 《国家发展改革委关于电动汽车用电价格政策有关问题的通知》规定，对向电网经营企业直接报装接电的经营性集中式充换电设施用电，执行(　　)用电价格。

A. 居民　　B. 一般工商业及其他　　C. 大工业　　D. 趸售

正确答案：C

【依据出处】《国家发展改革委关于电动汽车用电价格政策有关问题的通知》(发改价格〔2014〕1668号)

90 电能计量用电压和电流互感器的二次导线最小截面积分别为(　　)mm^2。

A.1.5、2.5　　B.2.5、4　　C.4、6　　D.6、2.0

正确答案：B

【依据出处】《国家电网公司电能表质量监督管理办法》[国网(营销/4)274—2014]

91 临时用电的用户，应安装用电计量装置。对不具备安装条件的，可按其(　　)计收电费。

A. 用电容量、使用时间、规定的电价　　B. 负荷重要性、使用时间、规定的电价

C. 用电容量、使用时间、商定的电价　　D. 负荷重要性、使用时间、商定的电价

正确答案：A

【依据出处】《供电营业规则》(1996年)

92 地市公司营销部(客户服务中心)负责将接入申请资料存档，报地市公司发展部。地市公司发展部通知地市经研所制订接入系统方案。工作时限为(　　)个工作日。

A.2　　B.3　　C.5　　D.10

正确答案：A

【依据出处】《国家电网公司关于印发分布式电源并网相关意见和规范(修订版)的通知》(国家电网办〔2013〕1781号)

93 计费电能计量装置二次电流回路，要用(　　)或电缆接线，不能用软线及铝线。

A. 多芯铜质绝缘线　　B. 多芯铝质绝缘线　　C. 单芯铝质绝缘线　　D. 单芯铜质绝缘线

正确答案：D

【依据出处】《电能计量装置技术管理规程》(DL/T 448—2016)

94 电机类家用电器的平均使用年限为(　　)年。

A.8　　B.1　　C.12　　D.15

正确答案：C

【依据出处】《居民用户家用电器损坏处理办法》

95 用户用电功率因数达到规定标准，而供电电压超出本规则规定的变动幅度，给用户造成损失的，供电企业应按用户每月在电压不合格的累计时间内所用的电量，乘以用户当月用电的平均电价的(　　)给予赔偿。

A.0.2　　B.0.3　　C.0.4　　D.0.5

正确答案：A

【依据出处】《供电营业规则》(1996年)

96 某用户原用电性质为一般工商业用电，现申请改为居民生活用电，该户应办理(　　)手续。

A. 改类　　B. 改压　　C. 更名过户　　D. 销户

正确答案：A

【依据出处】《国网营销部关于印发变更用电及低压居民新装(增容)业务工作规范(试行)的通知》(营销营业〔2017〕40号)

97 造成配电变压器低压侧熔丝熔断或负荷开关跳闸的原因可能是(　　)。

A. 变压器内部绝缘击穿　　B. 低压侧过负荷

C. 高压引线短路　　D. 低压侧开路

正确答案：B

【依据出处】《配电变压器运行规程》

98 配电变压器吸了潮后的硅胶呈（　）。

A. 蓝色　　B. 白色　　C. 淡红色　　D. 红色

正确答案：C

【依据出处】《配电变压器运行规程》

99 高压供电的客户受电变压器总容量在（　　）时（含 10MVA），宜采用 10kV 供电。

A.10kVA~10MVA　　B.20kVA~10MVA　　C.30kVA~15MVA　　D.50kVA~10MVA

正确答案：D

【依据出处】《关于印发〈国家电网公司业扩报装工作规范（试行）〉和〈国家电网公司业扩供电方案编制导则〉的通知》（国家电网营销〔2010〕1247 号）

100 高压供电的客户受电变压器总容量在（　　）时，宜采用 35kV 供电。

A.2MVA~40MVA　　B.4MVA~40MVA　　C.5MVA~40MVA　　D.10MVA~40MVA

正确答案：C

【依据出处】《关于印发〈国家电网公司业扩报装工作规范（试行）〉和〈国家电网公司业扩供电方案编制导则〉的通知》（国家电网营销〔2010〕1247 号）

101 高压供电的客户受电变压器总容量在（　　）时，宜采用 110kV 及以上电压等级供电。

A.20MVA~100MVA　　B.15MVA~100MVA　　C.20MVA~150MVA　　D.15MVA~150MVA

正确答案：A

【依据出处】《关于印发〈国家电网公司业扩报装工作规范（试行）〉和〈国家电网公司业扩供电方案编制导则〉的通知》（国家电网营销〔2010〕1247 号）

102 加快园区业扩配套电网建设，对 10kV 项目，自供电方案答复之日起有效建设周期不超过（　）个工作日。

A.30　　B.60　　C.90　　D.120

正确答案：B

【依据出处】《国家电网公司关于经营区域内园区业扩配套电网项目实施“绿色通道”管理的意见》（国家电网营销〔2016〕182 号）

103 加快园区业扩配套电网建设，对 35kV 项目，自供电方案答复之日起有效建设周期不超过（　　）个工作日。

A.30　　B.60　　C.90　　D.120

正确答案：D

【依据出处】《国家电网公司关于经营区域内园区业扩配套电网项目实施“绿色通道”管理的意见》（国家电网营销〔2016〕182 号）

104 加快园区业扩配套电网建设，对 110kV 项目，自供电方案答复之日起有效建设周期不超过（　）个工作日。

A.60　　B.90　　C.120　　D.180

正确答案：D

【依据出处】《国家电网公司关于经营区域内园区业扩配套电网项目实施“绿色通道”管理的意见》（国家电网营销〔2016〕182 号）

105 办理基本电价计费方式变更，在安装信息录入完成后，将流程发送至“归档”环节。时限要求：正式受理后，不需要换表和需要换表的分别在（　）个工作日内归档。

A.5、10　　B.3、7　　C.3、5　　D.2、5

正确答案：A

【依据出处】《国网营销部关于印发变更用电及低压居民新装（增容）业务工作规范（试行）的通知》（营销营业〔2017〕40号）

106 办理更名业务，自接到客户申请之日起不超过（ ）个工作日完成。

A.1　B.2　C.3　D.5

正确答案：D

【依据出处】《国网营销部关于印发变更用电及低压居民新装（增容）业务工作规范（试行）的通知》（营销营业〔2017〕40号）

107 办理调整需量值业务，自接到客户申请之日起不超过（ ）个工作日完成。

A.1　B.2　C.3　D.5

正确答案：B

【依据出处】《国网营销部关于印发变更用电及低压居民新装（增容）业务工作规范（试行）的通知》（营销营业〔2017〕40号）

108 国家电网有限公司（ ）负责组织制订并发布统一合同文本。

A. 营销部　B. 经济法律部　C. 发展策划部　D. 客户服务中心

正确答案：B

【依据出处】《国家电网公司供用电合同管理细则》（国家电网企管〔2014〕1082号）

109 书面供用电合同期限为高压用户不超过（ ）年。

A.3　B.4　C.5　D.10

正确答案：C

【依据出处】《国家电网公司供用电合同管理细则》（国家电网企管〔2014〕1082号）

110 书面供用电合同期限为低压用户不超过（ ）年。

A.3　B.4　C.5　D.10

正确答案：D

【依据出处】《国家电网公司供用电合同管理细则》（国家电网企管〔2014〕1082号）

111 书面供用电合同期限为临时用户不超过（ ）年。

A.3　B.4　C.5　D.10

正确答案：A

【依据出处】《国家电网公司供用电合同管理细则》（国家电网企管〔2014〕1082号）

112 书面供用电合同期限为委托转供电用户不超过（ ）年。

A.3　B.4　C.5　D.10

正确答案：B

【依据出处】《国家电网公司供用电合同管理细则》（国家电网企管〔2014〕1082号）

113 用电人违反供用电合同约定逾期交付电费，当年欠费部分的每日按欠交额的2‰、跨年度欠费部分的每日按欠交额的3‰计付，但累计不超过造成损失的（ ）。

A.10%　B.20%　C.30%　D.50%

正确答案：C

【依据出处】《国家电网公司关于进一步规范供用电合同管理工作的通知》（国家电网营销〔2016〕835号）

114 线损指线路在传输电能时所发生的（ ）。

A. 热量　B. 有功损耗

C. 无功损耗　D. 有功损耗和无功损耗

正确答案：D

【依据出处】《国家电网公司高压供用电合同模板》（2016版）

115 变损指变压器在运行过程中所产生的（　　）。

A. 热量　　B. 有功损耗

C. 无功损耗　　D. 有功损耗和无功损耗

正确答案：D

【依据出处】《国家电网公司高压供用电合同模板》（2016 版）

116 需经供电人许可或启封，经操作后可接入电网的客户设备，视为（　　）状态。

A. 冷备用　　B. 热备用　　C. 运行　　D. 停运

正确答案：A

【依据出处】《国家电网公司高压供用电合同模板》（2016 版）

117 不需经供电人许可，一经操作即可接入电网的客户设备，视为（　　）状态。

A. 冷备用　　B. 热备用　　C. 运行　　D. 停运

正确答案：B

【依据出处】《国家电网公司高压供用电合同模板》（2016 版）

118 对申请新装及增加用电容量的（　　）供电用电户，除供电容量最大的供电回路以外的其余供电回路，供电企业可收取高可靠性供电费用。

A. 一路及以上多回路　　B. 两路及以上多回路

C. 三路及以上多回路　　D. 四路及以上多回路

正确答案：B

【依据出处】《转发国家发改委关于停止收取供配电贴费有关问题的补充通知》（皖价服〔2004〕223 号）

119 地下电缆线路的高可靠性供电费用标准按照架空线路的（　　）倍被收取。

A.1.2　　B.1.5　　C.2　　D.2.5

正确答案：B

【依据出处】《转发国家发改委关于停止收取供配电贴费有关问题的补充通知》（皖价服〔2004〕223 号）

120 用户受电电压等级为 10kV，非自建本级电压外部供电工程的，应缴纳高可靠性供电费，费用标准为（　　）元 /kVA。

A.80　　B.110　　C.160　　D.210

正确答案：D

【依据出处】《转发国家发改委关于停止收取供配电贴费有关问题的补充通知》（皖价服〔2004〕223 号）

121 对已收取高可靠性供电费用的用户，当电网一路供电电源停电时，供电企业应及时提供备用电源，除不可抗力因素外，用户供电可靠率应达到（　　）。

A.99.6% 以上　　B.99.79% 以上　　C.99.89% 以上　　D.99.95% 以上

正确答案：C

【依据出处】《转发国家发改委关于停止收取供配电贴费有关问题的补充通知》（皖价服〔2004〕223 号）

122 功能性开关电器可采用的电器为（　　）。

A. 隔离器　　B. 熔断器　　C. 连接片　　D. 断路器

正确答案：D

【依据出处】《供配电系统设计规范》（GB 50052—2009）

123 成排布置的配电屏，其长度超过（ ）m 时，屏后的通道应设 2 个出口，并宜布置在通道的两端，当两出口之间的距离超过 15m 时，其间尚应增加出口。

A.5　　B.6　　C.7　　D.8

正确答案：B

【依据出处】《供配电系统设计规范》（GB 50052—2009）

124 运行中的电能计量装置按计量对象重要程度和管理需求分为（ ）类。

A.3　　B.4　　C.5　　D.6

正确答案：C

【依据出处】《电能计量装置技术管理规程》（DL/T 448—2016）

125 低压居民新装（增容）用电线上受理的申请，由（ ）确认资料的有效性和完整性。

A. 营业厅受理人员　　B. 服务调度人员　　C. 系统管理员　　D. 档案管理人员

正确答案：B

【依据出处】《国网营销部关于印发变更用电及低压居民新装（增容）业务工作规范（试行）的通知》（营销营业〔2017〕40 号）

126 低压居民新装（增容）装表接电时限：对于无配套电网工程的低压居民客户，在正式受理用电申请后，（ ）个工作日内完成。

A.1　　B.2　　C.3　　D.5

正确答案：B

【依据出处】《国网营销部关于印发变更用电及低压居民新装（增容）业务工作规范（试行）的通知》（营销营业〔2017〕40 号）

127 低压居民新装（增容）装表接电时限：对于有配套电网工程的低压居民客户，在受理用电申请后（ ）个工作日内完成。

A.3　　B.5　　C.8　　D.12

正确答案：D

【依据出处】《国网营销部关于印发变更用电及低压居民新装（增容）业务工作规范（试行）的通知》（营销营业〔2017〕40 号）

128 完成减容恢复接电后，将流程发送至“归档”环节，并在（ ）个工作日内完成归档。

A.1　　B.3　　C.5　　D.7

正确答案：B

【依据出处】《国网营销部关于印发变更用电及低压居民新装（增容）业务工作规范（试行）的通知》（营销营业〔2017〕40 号）

129 申请暂停用电，每次应不少于（ ）天。

A.10　　B.15　　C.20　　D.30

正确答案：B

【依据出处】《国网营销部关于印发变更用电及低压居民新装（增容）业务工作规范（试行）的通知》（营销营业〔2017〕40 号）

130 申请暂停用电，每一日历年内暂停时间累计不超过（ ）个月，次数不受限制。

A.3　　B.6　　C.9　　D.10

正确答案：B

【依据出处】《国网营销部关于印发变更用电及低压居民新装（增容）业务工作规范（试行）的通知》（营销营业〔2017〕40 号）

131 暂停时间少于（ ）天的，暂停期间基本电费照收。

A.10　　B.15　　C.20　　D.30

正确答案：B

【依据出处】《国网营销部关于印发变更用电及低压居民新装（增容）业务工作规范（试行）的通知》（营销营业〔2017〕40号）

132 移表现场勘查时限：正式受理后（ ）个工作日内完成。

A.1 B.3 C.5 D.7

正确答案：C

【依据出处】《国网营销部关于印发变更用电及低压居民新装（增容）业务工作规范（试行）的通知》（营销营业〔2017〕40号）

133 移表竣工检验时限：竣工检验受理后（ ）个工作日内完成。

A.1 B.3 C.5 D.7

正确答案：C

【依据出处】《国网营销部关于印发变更用电及低压居民新装（增容）业务工作规范（试行）的通知》（营销营业〔2017〕40号）

134 移表装表接电时限：竣工检验受理后（ ）个工作日内完成。

A.1 B.3 C.5 D.7

正确答案：C

【依据出处】《国网营销部关于印发变更用电及低压居民新装（增容）业务工作规范（试行）的通知》（营销营业〔2017〕40号）

135 暂拆和复装适用于（ ）供电用户。

A. 低压 B. 高压 C. 所有 D.10kV

正确答案：A

【依据出处】《国网营销部关于印发变更用电及低压居民新装（增容）业务工作规范（试行）的通知》（营销营业〔2017〕40号）

136 用户申请暂拆时间最长不得超过（ ）天。

A.1 B.3 C.6 D.12

正确答案：C

【依据出处】《国网营销部关于印发变更用电及低压居民新装（增容）业务工作规范（试行）的通知》（营销营业〔2017〕40号）

137 按照持续优化营商环境提升供电服务水平两年行动计划要求，到2020年，10kV及以上大中型企业客户办电环节将压减至4个以内、平均接电时间将压减至（ ）天以内。

A.20 B.30 C.50 D.60

正确答案：D

【依据出处】《国家电网有限公司关于印发持续优化营商环境提升供电服务水平两年行动计划的通知》（国家电网办〔2018〕1028号）

138 按照持续优化营商环境提升供电服务水平两年行动计划要求，到2020年，低压小微企业客户办电环节将压减至3个以内、平均接电时间将压减至（ ）天以内。

A.3 B.5 C.10 D.15

正确答案：D

【依据出处】《国家电网有限公司关于印发持续优化营商环境提升供电服务水平两年行动计划的通知》（国家电网办〔2018〕1028号）

139 按照持续优化营商环境提升供电服务水平两年行动计划要求，到2020年，业扩不停电接火率达到（ ）以上。

A.0.8 B.0.85 C.0.9 D.0.95

正确答案：C

【依据出处】《国家电网有限公司关于印发持续优化营商环境提升供电服务水平两年行动计划的通知》

（国家电网办〔2018〕1028号）

140 按照持续优化营商环境提升供电服务水平两年行动计划要求，到2020年，大中型企业客户，原则上10kV配套电网项目（ ）天内完工。

A.20　B.30　C.35　D.40

正确答案：B

【依据出处】《国家电网有限公司关于印发持续优化营商环境提升供电服务水平两年行动计划的通知》（国家电网办〔2018〕1028号）

141 按照持续优化营商环境提升供电服务水平两年行动计划要求，到2020年，对小微企业客户，配套电网工程建设目标时限原则上（ ）天内完工。

A.3　B.5　C.8　D.10

正确答案：B

【依据出处】《国家电网有限公司关于印发持续优化营商环境提升供电服务水平两年行动计划的通知》（国家电网办〔2018〕1028号）

二、多选题（共39题）

1 计算电压偏差时，应计入采取（ ）措施后的调压效果。

A. 自动或手动调整并联补偿电容器、并联电抗器的接入容量

B. 自动或手动调整同步电动机的励磁电流

C. 改变供配电系统运行方式

D. 提高功率因数

正确答案：ABC

【依据出处】《供配电系统设计规范》（GB 50052—2009）

2 供电电源点确定的一般原则有（ ）。

A. 就近选择电源点　B. 路径应短捷顺直

C. 减少与道路交叉　D. 避免近电远供、迂回供电

正确答案：ABCD

【依据出处】《关于印发〈国家电网公司业扩报装工作规范（试行）〉和〈国家电网公司业扩供电方案编制导则〉的通知》（国家电网营销〔2010〕1247号）

3 一级重要电力客户是指中断供电将可能产生下列后果之一的电力客户：（ ）。

A. 直接引发人身伤亡的　B. 造成严重环境污染的

C. 造成重大经济损失的　D. 造成一定范围社会公共秩序严重混乱的

正确答案：ABC

【依据出处】《关于印发〈国家电网公司业扩报装工作规范（试行）〉和〈国家电网公司业扩供电方案编制导则〉的通知》（国家电网营销〔2010〕1247号）

4 下列关于6~220kV各级公用电网电压（相电压）总谐波畸变率的秒速正确的有（ ）。

A.0.38kV为5.0%　B.6~10kV为3.0%　C.35~66kV为3.0%　D.110kV为2.0%

正确答案：ACD

【依据出处】《电能质量公用电网谐波》（GB/T 14549—1993）

5 Ⅱ类计量装置指（ ）。

A.200kV~500kV考核用电能计量装置　B.200MW及以上发电机

C.110（66）kV~220kV贸易结算用电能计量装置　D.供电企业内部考核点

正确答案：AC

【依据出处】《电能计量装置技术管理规程》（DL/T 448—2016）

6 受理用电业务时，营业人员应认真、仔细询问客户的办事意图，主动向客户说明该项业务需客

户提供的资料、相关的收费项目和标准，并提供（　　）。

A. 法律文书　B. 办理的基本流程　C. 业务咨询电话　D. 其他相关内容

正确答案：BCD

【依据出处】《供电服务规范》（GB/T 20583—2012）

7 高压供电客户供电方案的基本内容有（　　）。

A. 客户基本用电信息

B. 供电电源及每路进线的供电容量

C. 客户电气主接线、运行方式以及受电工程建设投资界面

D. 供电方案的有效期

正确答案：ABCD

【依据出处】《关于印发〈国家电网公司业扩报装工作规范（试行）〉和〈国家电网公司业扩供电方案编制导则〉的通知》（国家电网营销〔2010〕1247 号）

8 《国家电网公司业扩供电方案编制导则》规定，用电信息采集终端主要用于（　　）。

A. 电能表数据的采集　B. 电能表数据管理

C. 电能表与终端数据双向传输　D. 转发或执行控制命令

正确答案：ABCD

【依据出处】《关于印发〈国家电网公司业扩报装工作规范（试行）〉和〈国家电网公司业扩供电方案编制导则〉的通知》（国家电网营销〔2010〕1247 号）

9 《国家电网公司业扩供电方案编制导则》规定，根据客户分级和城乡发展规划，选择采用（　　）供电。

A. 架空线路　B. 电缆线路　C. 架空－电缆线路供电　D. 其他

正确答案：ABC

【依据出处】《关于印发〈国家电网公司业扩报装工作规范（试行）〉和〈国家电网公司业扩供电方案编制导则〉的通知》（国家电网营销〔2010〕1247 号）

10 中压架空线路一般选用（　　）m 钢筋混凝土电杆。

A.12　B.15　C.18　D.19

正确答案：AB

【依据出处】《城市配电网技术导则》（国家电网科〔2009〕1194 号）

11 低压馈电断路器应具备（　　）跳闸功能，并装设剩余电流保护装置。

A. 过流　B. 短路　C. 过负荷　D. 雷击

正确答案：AB

【依据出处】《城市配电网技术导则》（国家电网科〔2009〕1194 号）

12 《国家电网有限公司业扩报装管理规则》规定，供用电合同文本经双方审核批准后，由双方（　　）签订，合同文本应加盖双方的"供用电合同专用章"或公章后生效。

A. 法定代表人　B. 企业负责人　C. 授权委托人　D. 电气负责人

正确答案：ABC

【依据出处】《国家电网有限公司业扩报装管理规则》（国家电网企管〔2019〕431 号）

13 《国家电网有限公司业扩报装管理规则》规定，采集终端、电能计量装置安装结束后，应核对（　　）等重要信息，及时加装封印，记录现场安装信息、计量印证使用信息，请客户签字确认。

A. 二次接线　B. 电能表起度　C. 变比　D. 装置编号

正确答案：BCD

【依据出处】《国家电网有限公司业扩报装管理规则》（国家电网企管〔2019〕431 号）

14 《国家电网有限公司业扩报装管理规则》规定，纸质资料应保留原件，确不能保留原件的，保留

与原件核对无误的复印件。（ ）必须保留原件。

A. 供用电合同　　B. 相关协议　　C. 试验报告　　D. 营业执照

正确答案：AB

【依据出处】《国家电网有限公司业扩报装管理规则》（国家电网企管〔2019〕431 号）

15 《国家电网有限公司客户安全用电服务若干规定》规定，按照“办事公开”的原则，在营业场所、客户服务网站或通过宣传资料，公布业扩报装的（ ），能够方便查询业扩报装工作进程，主动接受客户及社会监督。

A. 办理程序　　B. 服务标准　　C. 收费标准　　D. 收费依据

正确答案：ABCD

【依据出处】《国家电网有限公司客户安全用电服务若干规定》[国网（营销 /4）634-2019]

16 在电力系统正常状况下，供电频率的允许偏差为（ ）。在电力系统非正常状况下，供电频率允许偏差不应超过 ±1.0Hz。

A. 电网装机容量在 300 万 kW 及以上的，供电频率的允许偏差为 ±0.2Hz

B. 电网装机容量在 300 万 kW 及以上的，供电频率的允许偏差为 ±0.1Hz

C. 电网装机容量在 300 万 kW 以下的，供电频率的允许偏差为 ±0.5Hz

D. 电网装机容量在 300 万 kW 以下的，供电频率的允许偏差为 ±0.2Hz

正确答案：AC

【依据出处】《国家电网公司供电服务质量标准》（国家电网企管〔2014〕1466 号）

17 在电力系统正常状况下，供电企业供到用户受电端的供电电压允许偏差为（ ）。

A.35kV 及以上电压供电的，电压正、负偏差的绝对值之和不超过标称电压的 10%

B.10kV 及以下三相供电的，为标称电压的 ±7%

C.220V 单相供电的，为标称电压的 +7%，-10%

D. 在电力系统非正常状况下，用户受电端的电压最大允许偏差不应超过标称电压的 ±10%

正确答案：ABCD

【依据出处】《国家电网公司供电服务质量标准》（国家电网企管〔2014〕1466 号）

18 供电营业厅应准确公示（ ）、电价和收费标准。

A. 服务承诺　　B. 服务项目　　C. 业务办理流程　　D. 投诉监督电话

正确答案：ABCD

【依据出处】《国家电网公司供电服务质量标准》（国家电网企管〔2014〕1466 号）

19 0.4kV~220kV 各级公用电网电压（相电压）总谐波畸变率是（ ）。

A.0.4kV 为 5.0%　　B.6kV~10kV 为 4.0%

C.35kV~66kV 为 3.0%　　D.110kV~220kV 为 2.0%

正确答案：ABCD

【依据出处】《国家电网公司供电服务质量标准》（国家电网企管〔2014〕1466 号）

20 供电设备计划检修时，每年停电次数正确的是（ ）。

A. 对 35kV 及以上电压供电的用户，每年停电不应超过 1 次

B. 对 35kV 及以上电压供电的用户，每年停电不应超过 2 次

C. 对 10kV 供电的用户，每年停电不应超过 3 次

D. 对 10kV 供电的用户，每年停电不应超过 4 次

正确答案：AC

【依据出处】《国家电网公司供电服务质量标准》（国家电网企管〔2014〕1466 号）

21 实行园区业扩配套电网建设契约管理，严格工程建设限时机制，自供电方案答复之日起有效建设周期为（ ）。

A.10kV 不超过 60 个工作日　　B.35kV 不超过 60 个工作日

C.110kV 不超过 180 个工作日　　D.110kV 不超过 200 个工作日

正确答案：ABC

【依据出处】《国家电网公司关于经营区域内园区业扩配套电网项目实施“绿色通道”管理的意见》（国家电网营销〔2016〕182 号）

22 下列情况中中性导体的截面应与相导体的截面相同的有（　　）。

A. 单相两线制线路　　B. 铜相导体截面积不大于 $16mm^2$

C. 铝相导体截面积不大于 $25mm^2$　　D. 铝相导体截面积不大于 $30mm^2$

正确答案：ABC

【依据出处】《供配电系统设计规范》（GB 50052—2009）

23 隔离电器可采用的电器有（　　）。

A. 单极或多极隔离电器、隔离开关或隔离插头　　B. 连接片

C. 半导体开关电器　　D. 熔断器

正确答案：ABD

【依据出处】《供配电系统设计规范》（GB 50052—2009）

24 农网配电营业工鉴定指导书的敷设，应符合的条件有（　　）。

A. 与场所环境的特征相适应

B. 与建筑物和构筑物的特征相适应

C. 能承受短路可能出现的机电应力

D. 能承受安装期间或运行中布线可能遭受的其他应力和导线自重

正确答案：ABCD

【依据出处】《供配电系统设计规范》（GB 50052—2009）

25 在（　　）不变，仅电能计量装置安装位置变化的情况下，可办理移表手续。

A. 用电地址　　B. 用电容量　　C. 用电类别　　D. 供电点

正确答案：ABCD

【依据出处】《国网营销部关于印发变更用电及低压居民新装（增容）业务工作规范（试行）的通知》（营销营业〔2017〕40 号）

26 在（　　）不变的条件下，可办理过户。

A. 用电地址　　B. 用电容量　　C. 用电类别　　D. 供电点

正确答案：ABC

【依据出处】《国网营销部关于印发变更用电及低压居民新装（增容）业务工作规范（试行）的通知》（营销营业〔2017〕40 号）

27 客户档案是记录业务办理情况，对企业具有保存价值的，以（　　）存在的历史记录。

A. 纸质　　B. 磁质　　C. 云储存　　D. 光盘和其他介质

正确答案：ABD

【依据出处】《国家电网公司电力客户档案管理规定》（国家电网企管〔2014〕1082 号）

28 客户资料归档前，业务办理人员应对资料和数据的（　　）进行检查。

A. 完整性　　B. 准确性　　C. 时效性　　D. 有效性

正确答案：AD

【依据出处】《国家电网公司电力客户档案管理规定》（国家电网企管〔2014〕1082 号）

29 有（　　）情形的，供用电合同可进行终止。

A. 用电人主体资格丧失或依法宣告破产

B. 供电人主体资格丧失或依法宣告破产

C. 合同依法或依协议解除

D. 合同有效期届满，双方未就合同继续履行达成有效协议

正确答案：ABCD

【依据出处】《国家电网公司供用电合同管理细则》(国家电网企管〔2014〕1082号)

30 不可抗力指（ ）的客观情况。

A. 不能预见　B. 不能避免　C. 不能克服　D. 不能控制

正确答案：ABC

【依据出处】《国家电网公司2016版高压供用电合同模板》

31 低压居民新装（增容）用电申请采用（ ）方式，实行“一证受理”。

A. 营业厅受理　B. 微信受理　C. 电子渠道受理　D. 微博受理

正确答案：AC

【依据出处】《国网营销部关于印发变更用电及低压居民新装（增容）业务工作规范（试行）的通知》（营销营业〔2017〕40号）

32 业务受理时应告知客户（ ）等信息。

A. 需提交的资料清单　B. 业务办理流程　C. 收费项目及标准　D. 监督电话

正确答案：ABCD

【依据出处】《国网营销部关于印发变更用电及低压居民新装（增容）业务工作规范（试行）的通知》（营销营业〔2017〕40号）

33 用户申请减容应的条件有（ ）。

A. 减容一般只适用于高压供电用户

B. 用户申请减容，应提前5个工作日办理相关手续

C. 用户提出减少用电容量的期限最短不得少于6个月，但同一日历年内暂停满六个月申请办理减容的用户减容期限不受时间限制

D. 用户同一自然人或同一法人主体的其他用电地址不应存在欠费，如有欠费则给予提示

正确答案：ABCD

【依据出处】《国网营销部关于印发变更用电及低压居民新装（增容）业务工作规范（试行）的通知》（营销营业〔2017〕40号）

34 减容现场勘查时，应重点核实用户（ ）等信息。

A. 用电性质　B. 负荷特性　C. 用电容量　D. 用电类别

正确答案：ABCD

【依据出处】《国网营销部关于印发变更用电及低压居民新装（增容）业务工作规范（试行）的通知》（营销营业〔2017〕40号）

35 对重要电力用户设计文件审查的主要内容和基本要求，包括（ ）应满足有关规程、规定的要求。

A. 供电电源配置　B. 自备应急电源及非电性质保安措施

C. 涉网自动化装置　D. 多电源闭锁装置

正确答案：ABCD

【依据出处】《国网营销部关于印发变更用电及低压居民新装（增容）业务工作规范（试行）的通知》（营销营业〔2017〕40号）

36 对特殊负荷用户设计文件审查的主要内容和基本要求，包括（ ）应满足有关规程、规定要求。

A. 电能质量治理装置及预留空间　B. 电能质量监测装置

C. 涉网自动化装置　D. 土建部分

正确答案：ABC

【依据出处】《国网营销部关于印发变更用电及低压居民新装（增容）业务工作规范（试行）的通知》

（营销营业〔2017〕40 号）

37 在（　　）不变的条件下，可办理更名。

A. 用电地址　　B. 用电容量　　C. 用电类别　　D. 供电点

正确答案：ABC

【依据出处】《国网营销部关于印发变更用电及低压居民新装（增容）业务工作规范（试行）的通知》（营销营业〔2017〕40 号）

38 按照持续优化营商环境提升供电服务水平两年行动计划要求，将全面实行 10kV 及以上大中型企业客户（　　）"三省"服务。

A. 省力　　B. 省时　　C. 省钱　　D. 省心

正确答案：ABC

【依据出处】《国家电网有限公司关于印发持续优化营商环境提升供电服务水平两年行动计划的通知》（国家电网办〔2018〕1028 号）

39 按照持续优化营商环境提升供电服务水平两年行动计划要求，将全面推广低压小微企业客户（　　）"三零"服务。

A. 零上门　　B. 零审批　　C. 零投资　　D. 零环节

正确答案：ABC

【依据出处】《国家电网有限公司关于印发持续优化营商环境提升供电服务水平两年行动计划的通知》（国家电网办〔2018〕1028 号）

三、判断题（共 164 题）

1 变压器的铜损耗等于铁损耗时，变压器的效率最低。（　　）

答案：错误

2 因供电设施检修、依法限电或者用户违法用电等原因，需要中断供电时，供电企业应当按照国家有关规定事先通知用户。（　　）

答案：正确

3 某大型商业超市用电变压器容量为 1000kVA，在当地供电企业规定的电网高峰负荷时的用电功率因数应达到 0.85 以上。（　　）

答案：错误

4 《供电服务规范》规定，城市居民客户端电压合格率不低于 96%，农网居民客户端电压合格率不低于 90%。（　　）

答案：错误

【依据出处】《供电服务规范》（GB/T 20583—2012）

5 《国家电网公司供电服务"十项承诺"》规定，提供 24h 电力故障报修服务，供电抢修人员到达现场的时间一般不超过：城区范围 30min。（　　）

答案：错误

【依据出处】《国家电网公司供电服务"十项承诺"》（国家电网办〔2011〕1493 号）

6 《国家电网公司供电服务"十项承诺"》规定，提供 24h 电力故障报修服务，供电抢修人员到达现场的时间一般不超过：农村地区 90min。（　　）

答案：正确

【依据出处】《国家电网公司供电服务"十项承诺"》（国家电网办〔2011〕1493 号）

7 《国家电网公司供电服务"十项承诺"》规定，提供 24h 电力故障报修服务，供电抢修人员到达现场的时间一般不超过：特殊边远地区 2h。（　　）

答案：正确

【依据出处】《国家电网公司供电服务"十项承诺"》（国家电网办〔2011〕1493 号）

8 《国家电网公司供电服务"十项承诺"》规定，供电设施计划检修停电，提前5天向社会公告。(　　)

答案：错误

【依据出处】《国家电网公司供电服务"十项承诺"》(国家电网办〔2011〕1493号)

9 《国家电网公司员工服务"十个不准"》规定，不准违反公司批准的收费项目和标准向客户收费。(　　)

答案：错误

【依据出处】《国家电网公司供电服务"十项承诺"》(国家电网办〔2011〕1493号)

10 《国家电网公司员工服务"十个不准"》规定，不准违反业务办理告知要求，造成客户重复往返。(　　)

答案：正确

【依据出处】《国家电网公司供电服务"十项承诺"》(国家电网办〔2011〕1493号)

11 《国家电网公司员工服务"十个不准"》规定，不准私自停电、无故拖延送电。(　　)

答案：错误

【依据出处】《国家电网公司供电服务"十项承诺"》(国家电网办〔2011〕1493号)

12 单相电能表铭牌上的电流为2.5(10)A，其中2.5A为额定电流，10A为标定电流。(　　)

答案：错误

13 《国家电网公司业扩供电方案编制导则》规定，100kVA及以上高压供电的电力客户，在高峰负荷时的功率因数不宜低于0.95；其他电力客户和大、中型电力排灌站、趸购转售电企业，功率因数不宜低于0.90；农业用电功率因数不宜低于0.80。(　　)

答案：错误

【依据出处】《关于印发〈国家电网公司业扩报装工作规范(试行)〉和〈国家电网公司业扩供电方案编制导则〉的通知》(国家电网营销〔2010〕1247号)

14 《国家电网公司业扩供电方案编制导则》规定，客户受电变压器总容量在20MVA~100MVA时，宜采用110kV及以上电压等级供电。(　　)

答案：正确

【依据出处】《关于印发〈国家电网公司业扩报装工作规范(试行)〉和〈国家电网公司业扩供电方案编制导则〉的通知》(国家电网营销〔2010〕1247号)

15 《国家电网公司业扩供电方案编制导则》规定，无功电力应集中管理、就地平衡。客户应在提高自然功率因数的基础上，按有关标准设计并安装无功补偿设备。(　　)

答案：错误

【依据出处】《关于印发〈国家电网公司业扩报装工作规范(试行)〉和〈国家电网公司业扩供电方案编制导则〉的通知》(国家电网营销〔2010〕1247号)

16 《国家电网公司业扩供电方案编制导则》规定，为提高客户电容器的投运率，并防止无功倒送，宜采用自动投切方式。(　　)

答案：正确

【依据出处】《关于印发〈国家电网公司业扩报装工作规范(试行)〉和〈国家电网公司业扩供电方案编制导则〉的通知》(国家电网营销〔2010〕1247号)

17 《国家电网公司业扩供电方案编制导则》规定，备用电源自动投入装置，应具有判断主供电源失电后自动投入备用电源的功能。(　　)

答案：正确

【依据出处】《关于印发〈国家电网公司业扩报装工作规范(试行)〉和〈国家电网公司业扩供电方案编制导则〉的通知》(国家电网营销〔2010〕1247号)

18 《供电营业规则》规定，供电企业可以对距离发电厂较远的用户，采用发电厂直配供电方式，可

以发电厂的厂用电源或变电站（所）的站用电源对用户供电。（　　）

答案：正确

【依据出处】《供电营业规则》（1996 年）

19 《供电营业规则》规定，对用户重要负荷的保安电源，遇有下列情况者，保安电源应由用户自备：用户自备电源比从电力系统供给更为经济合理的。（　　）

答案：正确

【依据出处】《供电营业规则》（1996 年）

20 《供电营业规则》规定，对基建工地、农田水利、市政建设等非永久性用电，不可供给临时电源。（　　）

答案：错误

【依据出处】《供电营业规则》（1996 年）

21 临时用电到期必须办理延期手续或永久性正式用电手续，但不能终止供电。（　　）

答案：错误

【依据出处】《供电营业规则》（1996 年）

22 私自向外转供电力，必须经供电方方可终止供电。（　　）

答案：错误

【依据出处】《供电营业规则》（1996 年）

23 互感器或电能表误差超出允许范围时，以"0"误差为基准，按验证后的误差值退补电量。（　　）

答案：正确

【依据出处】《供电营业规则》（1996 年）

24 受电装置经检验不合格，在指定期间未改善者，经批准可中止供电。（　　）

答案：正确

【依据出处】《供电营业规则》（1996 年）

25 供电企业需采用趸售方式供电的，应由省级电网经营企业报国务院电力管理部门批准。（　　）

答案：正确

【依据出处】《供电营业规则》（1996 年）

26 35kV 及以上公用高压线路供电的，以用户厂界外或用户变电站外第一基电杆为分界点，第一基电杆属用户。（　　）

答案：错误

【依据出处】《供电营业规则》（1996 年）

27 《供电营业规则》规定，用户遇有特殊情况，需延长供电方案有效期的，应在有效期到期前十天向供电企业提出申请，供电企业应视情况予以办理延长手续。（　　）

答案：正确

【依据出处】《供电营业规则》（1996 年）

28 《供电营业规则》规定，用户用电的功率因数未达到规定标准或其他用户原因引起的电压质量不合格的，供电企业负赔偿责任。（　　）

答案：错误

【依据出处】《供电营业规则》（1996 年）

29 用户申明为永久性减容的或从加封之日起期满两年又不办理恢复用电手续的，其减容后的容量已达不到实施两部制电价规定容量标准时，应改为两部制电价计费。（　　）

答案：错误

【依据出处】《供电营业规则》（1996 年）

30 经供电企业同意，擅自引入（供出）电源或将备用电源和其他电源私自并网的，除当即拆除接

线外，应承担其引入（供出）或并网电源容量 500 元 /kW（元 /kVA）的违约使用电费。(　　)

答案：正确

【依据出处】《供电营业规则》(1996 年)

31 《国家电网公司供电服务“十项承诺”》规定，提供 24h 电力故障报修服务，供电抢修人员到达现场的时间一般不超过：特殊边远地区 3h。(　　)

答案：错误

【依据出处】《国家电网公司供电服务“十项承诺”》(国家电网办〔2011〕1493 号)

32 《国家电网公司供电服务“十项承诺”》规定，严格执行价格主管部门制定的电价和收费政策，及时在供电营业场所和网站公开电价、收费标准和服务程序。(　　)

答案：正确

【依据出处】《国家电网公司供电服务“十项承诺”》(国家电网办〔2011〕1493 号)

33 《国家电网公司供电服务“十项承诺”》规定，供电方案答复期限：居民客户不超过 3 个工作日。(　　)

答案：正确

【依据出处】《国家电网公司供电服务“十项承诺”》(国家电网办〔2011〕1493 号)

34 《国家电网公司供电服务“十项承诺”》规定，供电方案答复期限：低压电力客户不超过 5 个工作日。(　　)

答案：错误

【依据出处】《国家电网公司供电服务“十项承诺”》(国家电网办〔2011〕1493 号)

35 《国家电网公司供电服务“十项承诺”》规定，供电方案答复期限：高压单电源客户不超过 15 个工作日。(　　)

答案：正确

【依据出处】《国家电网公司供电服务“十项承诺”》(国家电网办〔2011〕1493 号)

36 《国家电网公司供电服务“十项承诺”》规定，供电服务热线“95598”24h 受理业务咨询、信息查询、服务投诉和电力故障报修。(　　)

答案：正确

【依据出处】《国家电网公司供电服务“十项承诺”》(国家电网办〔2011〕1493 号)

37 《供电营业规则》规定，对基建工地、农田水利、市政建设等非永久性用电，可供给临时电源。(　　)

答案：正确

【依据出处】《供电营业规则》(1996 年)

38 铜相导体截面积不大于 $25mm^2$，则中性导体的截面积应与相导体的截面积相同。(　　)

答案：错误

39 因电力运行事故给用户或者第三人造成损害的，用户应当依法承担赔偿责任。(　　)

答案：错误

40 县级以上地方人民政府电力管理部门负责本行政区域内电力供应与使用的监督管理工作。(　　)

答案：正确

41 因抢险救灾需要紧急供电时，供电企业必须尽速安排供电。所需工程费用的应付电费由有关地方人民政府有关部门从抢险救灾经费中支出，但是抗旱用电应当由用户交付电费。(　　)

答案：正确

42 对三相三线制连接的电能计量装置，其 3 台电流互感器二次绕组与电能表之间应采用六线连接。(　　)

答案：错误

43 35kV及以上贸易结算用电能计量装置中电压互感器二次回路，应不装设隔离开关辅助接点，但可装设熔断器。（ ）

答案：错误

44 运行中的电能计量装置按其所计量电能量的多少和计量对象的重要程度分四类（Ⅰ、Ⅱ、Ⅲ、Ⅳ）进行管理。（ ）

答案：错误

45 按计量装置分类：Ⅱ类用户应安装0.5级或0.5S级的电流互感器。（ ）

答案：错误

46 按计量装置分类：Ⅰ类用户应安装0.2级或0.2S级的电流互感器。（ ）

答案：正确

【依据出处】《电能计量装置技术管理规程》（DL/T 448—2016）

47 重要电力用户新装自备应急电源及其业务变更要向供电企业办理相关手续，并与供电企业签订自备应急电源使用协议，明确供用电设施的产权归属后方可投入使用。（ ）

答案：错误

48 重要电力用户保安负荷由用户申报，供电企业现场核定后报当地电力监管机构备案。（ ）

答案：错误

49 应根据电能计量的不同对象以及确定的客户供电方案及国家电价政策确定电能计量方式、用电信息采集终端安装方案。（ ）

答案：错误

50 自备应急电源配置容量应至少满足全部保安负荷正常供电的需要，有条件的可设置专用应急母线。（ ）

答案：正确

51 电流互感器运行时，二次回路严禁短路。（ ）

答案：错误

【依据出处】《电能计量装置技术管理规程》（DL/T 448—2016）

52 运行中的电流互感器二次绕组不准开路。（ ）

答案：正确

53 一般客户的计算负荷宜等于变压器额定容量的40%~75%。（ ）

答案：错误

54 3×1.5（6）A、3×100V三相三线有功电能表，经200/5电流互感器和10000/100电压互感器计量，则其倍率为4000。（ ）

答案：正确

55 高层主体建筑内不应设置油浸变压器的变电所。（ ）

答案：正确

【依据出处】《20kV及以下变电所设计规范》（GB 50053—2013）

56 变电所采用双层布置时，变压器应设在上层。（ ）

答案：错误

57 对从事电动汽车充换电设施服务的经营性企业，采用单独报装、集中接入电网方式的，执行大工业用电价格，2021年前暂免基本电费。（ ）

答案：错误

58 重要电力用户的认定应在政府部门主导下，由相关政府部门组织供电企业和用户统一开展。（ ）

答案：错误

59 重要电力用户对电能质量有特殊需求，应当申请加装电能质量控制装置。(　　)

答案：错误

60《重要电力用户供电电源及自备应急电源配置技术规范》规定了重要电力用户自备应急电源配置的管理和技术条件。(　　)

答案：错误

【依据出处】《重要电力用户供电电源及自备应急电源配置技术规范》(GB/T 29328—2018)

61 重要电力用户如需要拆装自备应急电源、更换接线方式、拆除或者移动闭锁装置，要提前五天向供电企业办理相关手续，并修订相关协议。(　　)

答案：错误

【依据出处】《重要电力用户供电电源及自备应急电源配置技术规范》(GB/T 29328—2018)

62 重要电力用户新装自备应急电源及其业务变更要向供电企业办理相关手续，并与供电企业签订自备应急电源使用协议，明确供用电设施的产权归属后方可投入使用。(　　)

答案：错误

【依据出处】《重要电力用户供电电源及自备应急电源配置技术规范》(GB/T 29328—2018)

63 重要电力用户新装自备应急电源投入切换装置技术方案要符合电力行业有关标准和所接入电力系统安全要求。(　　)

答案：错误

【依据出处】《重要电力用户供电电源及自备应急电源配置技术规范》(GB/T 29328—2018)

64 重要电力用户要制订自备应急电源运行操作、维护管理的规程制度和应急处置预案，并定期(至少每半年一次)进行应急演练。(　　)

答案：错误

【依据出处】《重要电力用户供电电源及自备应急电源配置技术规范》(GB/T 29328—2018)

65 重要电力用户应根据其生产特点、负荷特性等，合理配置保安措施。(　　)

答案：错误

【依据出处】《重要电力用户供电电源及自备应急电源配置技术规范》(GB/T 29328—2018)

66 重要电力用户运行维护自备应急电源的人员应持有安全监管部门颁发的《安全作业许可证》，持证上岗。(　　)

答案：错误

【依据出处】《重要电力用户供电电源及自备应急电源配置技术规范》(GB/T 29328—2018)

67《国家电网公司业扩供电方案编制导则》规定，临时性重要电力客户按照用电负荷重要性，在条件允许情况下，可以通过临时架线等方式满足双电源或多电源供电要求。(　　)

答案：正确

68《国家电网公司业扩供电方案编制导则》规定，特级重要客户可采用两路运行、一路热备用运行方式。(　　)

答案：正确

69《国家电网公司关于高危及重要客户用电安全管理工作的指导意见》规定，在保证电网运行安全前提下，充分尊重客户自主选择安装备自投等安全自动装置的意愿，不得强制客户禁用备自投等安全自动装置，有效防控和规避责任风险。(　　)

答案：正确

【依据出处】《国家电网公司关于高危及重要客户用电安全管理工作的指导意见》(国家电网营销〔2016〕163号)

70《供电营业规则》规定，临时用电到期必须办理延期手续或永久性正式用电手续，否则应终止供电。(　　)

答案：正确

【依据出处】《供电营业规则》（1996 年）

71 《供电营业规则》规定，按变压器容量计收基本电费的用户，暂停用电必须是整台或整组变压器停止运行。（ ）

答案：正确

【依据出处】《供电营业规则》（1996 年）

72 签订并网调度协议的发电机组用户应严格执行电力调度计划和安全管理规定。（ ）

答案：正确

73 具有两回 10kV 线路供电的一级负荷客户，其电气主接线应采用单母线分段接线。装设两台及以上变压器，0.4kV 侧应采用单母线分段接线。（ ）

答案：正确

74 根据供电可靠性的要求以及中断供电的危害程度，重要电力用户可分为特级、一级、二级重要电力用户和临时性重要电力用户。（ ）

答案：正确

75 各单位要建立完善高危及重要客户缺陷隐患台账管理制度，主动为客户提供技术支持，持续督促客户落实整改措施。（ ）

答案：正确

【依据出处】《国家电网公司重要保电事件（客户侧）处置应急预案》（国家电网营销〔2016〕262 号）

76 对于检查发现的用电安全缺陷隐患，应开具《用电检查结果通知书》，一式两份，一份交客户留存，一份由客户签收后带回存档备查。（ ）

答案：正确

77 对于环保和防火等有特殊要求的用电场所，应选满足相应要求的自备应急电源。（ ）

答案：正确

78 电力用户的重要用电负荷所能容忍的最长断电时间称为允许断电时间。（ ）

答案：正确

79 城市客户年平均停电时间不超过 37.5h（对应供电可靠率不低于 99.6%）。（ ）

答案：正确

80 非居民客户向供电企业申请用电，受电工程验收合格并办理相关手续后，5 个工作日内送电。（ ）

答案：正确

81 居民客户收费办理时间一般每件不超过 5min，用电业务办理时间一般每件不超过 30min。（ ）

答案：错误

82 95598 服务热线应 24h 保持畅通。（ ）

答案：正确

83 电子渠道应 24h 受理客户需求，如需人工确认的，电子客服代表在 1 个工作日内与客户确认。（ ）

答案：正确

84 供电方案答复期限：高压单电源客户不超过 15 个工作日，高压双电源客户不超过 30 个工作日。（ ）

答案：正确

85 对重要或有特殊负荷客户的设计审查答复期限：自受理之日起不超过 10 个工作日。（ ）

答案：正确

86 电网正常运行时，电力系统公共连接点负序电压不平衡度允许值为 2%，短时不得超过 4%。（ ）

答案：正确

87 对高压业扩工程，送电后应由 95598 客服代表 100% 回访客户。(　　)

答案：正确

88 受理客户咨询时，对不能当即答复的，应说明原因，并在 7 个工作日内答复客户。(　　)

答案：错误

89 受理客户投诉后，1 个工作日内联系客户，7 个工作日内答复客户。(　　)

答案：正确

90 受理客户举报、建议、意见业务后，应在 10 个工作日内答复客户。(　　)

答案：正确

91 对重要或有特殊负荷客户受电工程启动中间检查的期限，自受理客户申请之日起，高压供电客户不超过 5 个工作日。(　　)

答案：错误

92 对客户受电工程启动竣工检验的期限，自受理客户受电装置竣工报告和检验申请之日起，高压供电客户不超过 5 个工作日。(　　)

答案：正确

93 居民用户更名、过户业务在正式受理且费用结清后，5 个工作日内办理完毕。暂停、临时性减容（无工程的）业务在正式受理后，5 个工作日内办理完毕。(　　)

答案：正确

94 供电设施计划检修停电时，应提前 7 天通知重要客户；临时检修需要停电时，应提前 24h 通知重要客户。(　　)

答案：正确

95 A 级厅为地区中心营业厅，兼本地区供电营业厅服务人员的实训基地，设置于地级及以上城市，每个地区范围内最多只能设置 1 个。(　　)

答案：正确

96 高压供电方案的有效期为 1 年，低压供电方案的有效期为 6 个月。(　　)

答案：错误

97 主供电源指能够正常有效且连续为全部用电负荷提供电力的电源。(　　)

答案：正确

98 备用电源指根据客户在安全、业务和生产上对供电可靠性的实际需求，在主供电源发生故障或断电时，能够有效且连续为部分负荷提供电力的电源。(　　)

答案：错误

99 自备应急电源指由客户自行配备的，在正常供电电源全部发生中断的情况下，能够至少满足对客户保安负荷不间断供电的独立电源。(　　)

答案：正确

100 双电源指由两个独立的供电线路向同一个用电负荷实施的供电。这两条供电线路是由两个电源供电，即由来自两个不同方向的变电站或来自具有两回及以上进线的同一变电站内两段不同母线分别提供的电源。(　　)

答案：正确

101 双回路指为同一用电负荷供电的两回供电线路。(　　)

答案：正确

102 保安负荷指用于保障用电场所人身与财产安全所需的电力负荷。(　　)

答案：正确

103 具有冲击负荷、波动负荷、非对称负荷的客户，宜采用由系统变电所新建线路或提高电压等级供电的供电方式。(　　)

答案：正确

【依据出处】《关于印发〈国家电网公司业扩报装工作规范（试行）〉和〈国家电网公司业扩供电方案编制导则〉的通知》（国家电网营销〔2010〕1247 号）

104 客户调整需量值属于变更用电中的改类业务。（ ）

答案：正确

【依据出处】《国网营销部关于印发变更用电及低压居民新装（增容）业务工作规范（试行）的通知》（营销营业〔2017〕40 号）

105 减容一般只适用于高压供电用户。（ ）

答案：正确

106 用户提出减少用电容量的期限最短不得少于六个月，但同一日历年内暂停满六个月申请办理减容的用户减容期限不受时间限制。（ ）

答案：正确

107 申请暂停用电，每次应不少于十五天，每一日历年内暂停时间累计不超过六个月，次数不受限制。（ ）

答案：正确

108 暂拆和复装适用于高压供电用户。（ ）

答案：错误

109 用户申请暂拆时间最长不得超过三个月。（ ）

答案：错误

110 用户办理暂拆手续后，供电企业应在五个工作日内执行暂拆。（ ）

答案：正确

111 暂拆原因消除，用户办理复装手续后，供电企业应在五个工作日内复装接电。（ ）

答案：正确

【依据出处】《国网营销部关于印发变更用电及低压居民新装（增容）业务工作规范（试行）的通知》（营销营业〔2017〕40 号）

112 更名一般只针对同一法人及自然人的名称的变更。（ ）

答案：正确

113 办理过户时，原用户应与供电企业结清债务。（ ）

答案：正确

114 基本电价计费方式变更只适用执行两部制电价的用户。（ ）

答案：正确

115 基本电价计费方式变更周期为按年变更。（ ）

答案：错误

116 客户办理暂停（暂停恢复）业务，设备封停（启封）环节应在 5 个工作日完成。（ ）

答案：错误

117 减容后执行最大需量计费方式的，合同最大需量按减容后总容量申报。（ ）

答案：正确

118 客户档案原件出档案室外借需要做好登记。（ ）

答案：错误

119 客户档案涉及供用电双方合法权益，属于企业商业秘密范畴。（ ）

答案：正确

120 园区客户红线外接入工程，以及园区新增变电所、开关（环网）站所等共用配电设施，由供电公司出资建设。（ ）

答案：正确

121 按照《国家电网公司关于印发〈报装接电专项治理行动优化营商环境工作方案〉的通知》要求，全面取消普通客户设计审查和中间检查。(　　)

答案：正确

【依据出处】《国家电网公司关于〈印发报装接电专项治理行动优化营商环境工作方案〉的通知》(国家电网办〔2018〕150号)

122 按照《国家电网公司关于印发〈报装接电专项治理行动优化营商环境工作方案〉的通知》要求，高压客户办电环节压减为申请受理、供电方案答复、竣工验收、装表接电4个环节。(　　)

答案：错误

【依据出处】《国家电网公司关于〈印发报装接电专项治理行动优化营商环境工作方案〉的通知》(国家电网办〔2018〕150号)

123 按照《国家电网公司关于〈印发报装接电专项治理行动优化营商环境工作方案〉的通知》要求，低压客户办电环节压减为申请受理、供电方案答复、装表接电3个环节。(　　)

答案：错误

【依据出处】《国家电网公司关于〈印发报装接电专项治理行动优化营商环境工作方案〉的通知》(国家电网办〔2018〕150号)

124 严格执行工作票(单)制度，在高压供电客户的电气设备上作业必须填用工作票或工作任务单(作业卡)。(　　)

答案：错误

125 客户电气工作票实行由供电方签发人和客户方许可人共同签发的“双签发”管理。(　　)

答案：错误

126 在高压供电客户的主要受电设施上从事相关工作，实行供电方、客户方“双许可”制度。(　　)

答案：正确

127 在客户电气设备上从事相关工作，由供电方负责按工作票内容实施现场安全技术措施(停电、验电、装设接地线、悬挂标识牌和安装遮栏等)。(　　)

答案：错误

128 进入客户带电设备区进行业扩现场勘察工作至少两人共同进行，实行现场监护。(　　)

答案：正确

129 供用电合同在具备合同约定条件后生效。(　　)

答案：错误

130 供用电合同生效后，若双方有法定代表(负责)人发生变动，供用电双方应及时协商变动履行。(　　)

答案：错误

131 供用电双方在合同履行期间要求变更和解除合同时，可以采用电话、电报或者书面形式通知对方。(　　)

答案：错误

132 供电企业与客户依法解除供用电合同时，应终止对该客户的供电。(　　)

答案：正确

133 供用电合同履行期内，用户发生增容，应将办理业务的工单作为原供用电合同的附件，变更的内容以工单内容为准。(　　)

答案：错误

134 经供用电双方同意的有关修改合同的文书、电报、信件等可作为供用电合同的组成部分。(　　)

答案：正确

135 供用电合同中，对供电免责条款需采用足以引起对方注意的文字、符号、字体等特别标示（如加黑）。（ ）

答案：正确

136 220kV 贸易结算用电能计量装置属于Ⅰ类电能计量装置。（ ）

答案：错误

137 10kV 贸易结算用电能计量装置属于Ⅲ类电能计量装置。（ ）

答案：错误

【依据出处】电能计量装置技术管理规程（DL/T 448—2016）

138 低压居民新装（增容），实行同一地区可跨营业厅受理用电申请。（ ）

答案：正确

139 低压居民新装（增容），服务调度人员在两个工作日内完成资料审核，并将受理工单直接传递至相关班组，严禁层层派单。（ ）

答案：错误

140 各级供电营业厅均应受理各电压等级客户的用电申请。（ ）

答案：正确

141 受理客户用电申请后，同城异地营业厅应在 1 个工作日内将收集的客户报装资料传递至属地营业厅，实现“内转外不转”。（ ）

答案：正确

142 对于低压居民客户，可采取背书方式签订供用电合同。（ ）

答案：正确

143 对于低压居民客户，具备条件的，可通过手机 App、移动作业终端告知确认、电子签名等方式签订电子合同。（ ）

答案：正确

144 低压居民新装（增容）装表接电时限：对于无配套电网工程的低压居民客户，在正式受理用电申请后，1 个工作日内完成。（ ）

答案：错误

145 低压居民新装（增容）装表接电时限：对于有配套电网工程的低压居民客户，在受理用电申请后，7 个工作日内完成。（ ）

答案：错误

146 低压居民新装（增容）实行勘查装表“一岗制”作业。具备直接装表条件的，在勘查确定供电方案后，当场装表接电。（ ）

答案：正确

147 勘查现场时，如发现客户现场存在违约用电、窃电嫌疑等异常情况，勘查人员应做好记录，及时将有关情况报送相关责任部门，并暂缓办理该客户用电业务。（ ）

答案：正确

148 减容必须是整台或整组变压器的停止或更换小容量变压器用电。（ ）

答案：正确

149 受理“用户受电工程设计审查”时，应重点检查用户提交资料的完整性和有效性。（ ）

答案：正确

150 受电工程中间检查时，应查验施工企业、试验单位资质，重点检查涉及电网安全的隐蔽工程施工工艺、计量相关设备选型等内容。（ ）

答案：正确

151 暂停用电必须是整台或整组变压器停止。（ ）

答案：正确

152 当年内暂停累计期满六个月后，如需继续停用的，可申请减容，减容期限不受限制。( )

答案：正确

153 归档工作包括信息归档和资料归档。( )

答案：正确

154 更名一般只针对同一法人及自然人的名称的变更。( )

答案：正确

155 办理过户业务时，对于涉及电价优惠的用户，过户后不需重新认定。( )

答案：错误

156 “销户”采用营业厅受理和电子渠道受理（简称线下和线上）两种方式。通过线下和线上受理的申请，分别由营业厅受理人员和服务调度人员负责确认资料的有效性和完整性。( )

答案：错误

157 基本电价计费方式变更只适用变压器容量315kVA及以上的用户。( )

答案：错误

158 对按最大需量计费的两路及以上进线用户，各路进线分别计算最大需量，按照最大值计收基本电费。( )

答案：错误

159 改类—居民峰谷变更业务只适用于执行低压居民电价的用户。( )

答案：错误

160 按照持续优化营商环境提升供电服务水平两年行动计划要求，到2020年将实现大中型企业客户办电“最多跑一次”、小微企业客户办电“一次都不跑”。( )

答案：正确

161 对重要或有特殊负荷的用户，供电方案答复后，分别由营业厅受理人员和服务调度人员受理用户受电工程设计审查申请，接受相关设计文件和有关资料。( )

答案：错误

162 受理用户受电工程设计审查申请时，应重点检查用户提交资料的完整性和有效性。( )

答案：正确

163 暂停用电必须是整台或整组变压器停止。( )

答案：正确

164 基本电价计费方式变更周期为按月度变更。( )

答案：错误

四、简答题（共20题）

1 依据《国家电网有限公司业扩报装管理规则》，供电公司在受理客户竣工报验申请时，主要查验哪些资料?

答:（1）高压客户竣工报验申请表。

（2）设计、施工、试验单位资质证书复印件。

（3）工程竣工图及说明。

（4）电气试验及保护整定调试记录、主要设备的型式试验报告。

【依据出处】《国家电网有限公司业扩报装管理规则》（国家电网企管〔2019〕431号）

2 客户设备投运的安全危险点有哪些?

答:（1）多单位工作协调配合不到位，缺乏统一组织。

（2）投运手续不完整，客户工程未竣工检验或检验不合格即送电。

（3）工作现场清理不到位、临时措施未解除，未达到投运标准。

（4）双电源及自备应急电源与电网电源之间切换装置不可靠。

【依据出处】《营销业扩报装工作全过程安全危险点辨识与预控手册（试行）》（国家电网营销〔2011〕237号）

3 重要电力客户是如何分级的？

答：根据对供电可靠性的要求以及中断供电危害程度，重要电力客户可以分为特级、一级、二级重要电力客户和临时性重要电力客户。

【依据出处】《关于印发〈国家电网公司业扩报装工作规范（试行）〉和〈国家电网公司业扩供电方案编制导则〉的通知》（国家电网营销〔2010〕1247号）

4 竣工检验危险点有哪些？

答：（1）误碰带电设备触电；误入运行设备区域、客户生产危险区域触电。

（2）客户竣工报验资料和手续不全。

（3）多专业、多班组工作协调配合不到位，出现组织措施、技术措施缺失或不完整。

（4）客户工程未竣工检验或检验不合格即送电。

（5）现场安装设备与审核合格的设计图纸不符，私自改变接线方式或运行方式。

（6）现场通道照明不足，基建工地易发生高空落物，碰伤、扎伤、摔伤等意外。

【依据出处】《营销业扩报装工作全过程安全危险点辨识与预控手册（试行）》（国家电网营销〔2011〕237号）

5 《供电服务规范》中如何定义双电源？

答：分别来自两个不同变电站，或来自不同电源进线的同一变电站内两段母线为同一用户负荷供电的两路供电电源。

【依据出处】《供电服务规范》（GB/T 20583—2012）

6 《供电服务规范》规定，当用户向供电企业提出用电计量装置检验申请时应如何处理？

答：当用户向供电企业提出用电计量装置检验申请并交付验表费后，供电企业应当按有关规定进行检验，并将检验结果通知用户。如用电计量装置的误差在允许范围内，验表费不予退还；如误差超出允许范围，供电企业除退还验表费外，还应按有关规定退补电费。用户对检验结果有异议时，可向供电企业上级计量检定机构申请检定。

【依据出处】《供电服务规范》（GB/T 20583—2012）

7 《供电服务规范》规定，因用户违约用电、违章用电和拖欠电费，供电企业需对用户中止供电的，应当符合哪些要求？

答：（1）将停电的用户、原因、时间报本单位负责人批准。

（2）在停电前3~7天，将停电通知书送达用户，对重要用户的停电，还应将停电通知书报送同级电力管理部门。

（3）在停电前30min，将停电时间再通知用户一次，方可在通知规定时间实施停电。

【依据出处】《供电服务规范》（GB/T 20583—2012）

8 按照《供电营业规则》规定，应如何计算窃电量？

答：（1）在供电企业的供电设施上，擅自接线用电的，所窃电量按私接设备额定容量（kVA视同kW）乘以实际使用时间计算确定。

（2）以其他行为窃电的，所窃电量按计费电能表标定电流值（对装有限流器的按限流器整定电流值）所指的容量（kVA视同kW）乘以实际窃用的时间计算确定。

（3）窃电时间无法查明时，窃电日数至少以180天计算，每日窃电时间：电力用户按12h计算；照明用户按6h计算。

【依据出处】《供电营业规则》（1996年）

9 什么是保安负荷？

答：指用于保障用电场所人身与财产安全所需的电力负荷。一般认为，断电后会造成下列后果之一的，为保安负荷：

（1）直接引发人身伤亡的。

（2）使有毒、有害物溢出，造成环境大面积污染的。

（3）将引起爆炸或火灾的。

（4）将引起重大生产设备损坏的。

（5）将引起较大范围社会秩序混乱或在政治上产生严重影响的。

【依据出处】《关于印发〈国家电网公司业扩报装工作规范（试行）〉和〈国家电网公司业扩供电方案编制导则〉的通知》（国家电网营销〔2010〕1247号）

10 对高危及重要客户供电电源及自备应急电源配置情况开展专项排查的内容有哪些？

答：（1）现有高危及重要客户定级是否准确。

（2）供电电源配置与重要性等级是否匹配。

（3）是否配置自备应急电源。

（4）自备应急电源容量和启动时间是否满足需求。

（5）自备应急电源闭锁装置的运行状况。

（6）对供电电源及自备应急电源配置隐患问题是否做到"服务、通知、报告、督导"到位率100%。

【依据出处】《国家电网公司关于高危及重要客户用电安全管理工作的指导意见》（国家电网营销〔2016〕163号）

11 按照《国家电网公司关于高危及重要客户用电安全管理工作的指导意见》规定，高危重要用户的定级流程是什么？

答：（1）高危及重要客户名单应以政府主管部门批复准。

（2）各地市（地区、州、盟）供电企业每年应统一组织开展至少一次梳理，经省（自治区、直辖市）电力公司确认后，于每年10月底前将名单函报当地政府主管部门。

（3）各省（自治区、直辖市）电力公司应于每年12月底前汇总高危及重要客户名单及政府批复文件，报送国网营销部。

【依据出处】《国家电网公司关于高危及重要客户用电安全管理工作的指导意见》（国家电网营销〔2016〕163号）

12《重要电力用户供电电源及自备应急电源配置技术规范》中对重要负荷允许断电时间的技术要求是什么？

答：（1）重要负荷允许断电时间为毫秒级的，用户应选用满足相应技术条件的静态储能不间断电源或动态储能不间断电源，且采用在线运行的运行方式。

（2）重要负荷允许断电时间为秒级的，用户应选用满足相应技术条件的静态储能电源、快速自动启动发电机组等电源，且自备应急电源应具有自动切换功能。

（3）重要负荷允许断电时间为分钟级的，用户应选用满足相应技术条件的发电机组等电源，可采用手动方式启动自备发电机。

【依据出处】《重要电力用户供电电源及自备应急电源配置技术规范》（GB/T 29328—2018）

13《国家发展改革委办公厅关于完善两部制电价用户基本电价执行方式的通知》中关于暂停业务的时间和次数有何规定？

答：（1）电力用户申请暂停时间每次应不少于15日，每一日历年内累计不超过6个月，超过6个月的可由用户申请办理减容。

（2）减容期限不受时间限制。

【依据出处】《国家发展改革委办公厅关于完善两部制电价用户基本电价执行方式的通知》（发改办价格〔2016〕1583号）

14《国家发展改革委办公厅关于完善两部制电价用户基本电价执行方式的通知》中关于用户选择容量和需量计费方式的周期是如何规定的？

答：（1）基本电价按变压器容量或按最大需量计费，由用户选择。

（2）基本电价计费方式变更周期从现行按年调整为按季变更，电力用户可提前15个工作日向电网企业申请变更下一季度的基本电价计费方式。

【依据出处】《国家发展改革委办公厅关于完善两部制电价用户基本电价执行方式的通知》（发改办价格〔2016〕1583号）

15 《国家发展改革委办公厅关于完善两部制电价用户基本电价执行方式的通知》中关于用户需量值的变更是如何规定的？

答：（1）合同最大需量核定值变更周期从现行按半年调整为按月变更。

（2）电力用户可提前5个工作日向电网企业申请变更下一个月（抄表周期）的合同最大需量核定值。

【依据出处】《国家发展改革委办公厅关于完善两部制电价用户基本电价执行方式的通知》（发改办价格〔2016〕1583号）

16 在用户受电工程竣工验收中，对检验不合格或者发现用户受电设施存在故障隐患的，供电企业应如何处理？

答：对检验不合格或者发现用户受电设施存在故障隐患的，供电企业应当以书面形式一次性告知用户，并指导其制定有效的解决方案，待用户按有关规定改正后予以再次检验，直至合格。

【依据出处】《供电服务规范》（GB/T 20583—2012）

17 简述需要实行电力调度管理的客户范围。

答：（1）受电电压在10kV及以上的专线供电客户。

（2）有多电源供电、受电装置的容量较大且内部接线复杂的客户。

（3）有两回路及以上线路供电，并有并路倒闸操作的客户。

（4）有自备电厂并网的客户。

（5）重要电力客户或对供电质量有特殊要求的客户等。

【依据出处】《国家电网有限公司业扩报装管理规则》（国家电网企管〔2019〕431号）

18 简述业扩报装管理中"一口对外"原则的内涵。

答："一口对外"原则指健全高效的跨专业协同运作机制，营销部门统一受理客户用电申请，承办业扩报装具体业务，并对外答复客户；发展、财务、运检等部门按照职责分工和流程要求，完成相应工作内容；深化营销系统与相关专业系统集成应用和流程贯通，支撑客户需求、电网资源、配套电网工程建设、停（送）电计划、业务办理进程等跨专业信息实时共享和协同高效运作。

【依据出处】《国家电网有限公司业扩报装管理规则》（国家电网企管〔2019〕431号）

19 简述业扩报装管理中"三不指定"原则的内涵。

答："三不指定"原则指严格执行国家规范电力客户工程市场的相关规定，按照统一标准规范提供办电服务，严禁以任何形式指定设计、施工和设备材料供应单位，切实保障客户的知情权和自主选择权。

【依据出处】《国家电网有限公司业扩报装管理规则》（国家电网企管〔2019〕431号）

20 供用电合同在履行过程中发生争议的应当如何解决？

答：供用电合同在履行过程中发生争议的，应当在法定期限内，通过以下步骤和方式解决：

（1）双方自行协商解决。

（2）提请电力管理部门调解。

（3）供用电合同有明确的仲裁条款的，向约定的仲裁机构申请仲裁。

（4）供用电合同未约定仲裁或约定不明的，依法向人民法院提起诉讼。

（5）供用电合同争议经裁决后，对方拒不执行的，应及时申请法院强制执行。

【依据出处】《国家电网公司供用电合同管理细则》（国家电网企管〔2014〕1082号）

五、案例分析（共8题）

1 **【背景材料】**某机械厂于2018年9月1日到供电营业厅申请800kVA高压新装用电，客户填写了报装申请单，并递交了营业执照、政府核准文件、土地证的复印件，因客户未提供生产许可证等资料，受理员主动向客户提供了《用电业务办理缺件通知单》，暂缓办理客户申请。次日客户补齐资料后，受理员将该业务录入营销系统。9月10日供电部门客户经理组织运检、调控部门人员开展现场勘查，将接电点定于客户厂区围墙外50m处10kV开关站，并于9月12日将供电方案答复客户。客户委托设计单位完成设计后，将图纸送至供电营业窗口，受理人员查询发现客户专用变压器采集终端费用未交，遂告知客户需先缴清费用后方可办理后续业务。客户缴清费用后，供电部门按照“十项承诺”的时限，陆续组织开展了图纸审核、中间检查、竣工检验、合同签订等工作，在检验合格后通知计量人员装表，并完成送电工作。接电后一周，调控中心发现该客户所在线路电流超限额，立即联系运检部门安排停电计划进行负荷分流。

【问题】请分析此案例中供电部门存在哪些问题？应该如何改进？

【答案要点】存在问题：

（1）客户申请时提供了报装申请单、营业执照、政府核准文件、土地证资料，受理员因客户未提供生产许可证等资料而暂缓办理客户申请。

（2）客户经理未在受理申请后2个工作日内完成现场勘查。

（3）现场勘查人员未仔细分析接电点供电能力，且未对供电方案进行网上会签或会议审查，导致客户接电后供电能力不足。

（4）业务受理员因客户未交专用变压器终端费而拒绝受理图纸审核申请。

（5）客户经理在竣工检验合格后再安排装表，延长了业扩办理时限。

改进措施：

根据《进一步精简业扩手续、提高办电效率的工作意见》，供电部门应进行如下改进：

（1）高压客户申请时应实行“一证受理”。对于在申请阶段不能提供全部报装资料的，可在后续环节（合同或协议签订前）补充完善。

（2）客户经理应该在受理申请后2个工作日内完成现场勘查。

（3）10kV及以下容量原则直接开放，营销部门据此开展供电方案编制，确保方案的合理性。

（4）根据国家电网有限公司相关文件要求，并行处理营业收费与图纸审核、中间检查环节，在竣工报验前缴清业务费用即可。

（5）应在工程竣工检验环节同步完成配表装表工作。

【依据出处】《进一步精简业扩手续、提高办电效率的工作意见》（国家电网营销〔2015〕70号）、《供电营业规则》（1996年）

2 **【背景材料】**2017年6月，营销稽查人员发现某县公司38户高压客户送电后超过2个月无算费记录，高压用户首次抄表情况指标异常。查询SG186营销业务应用系统，这38户均注明为光伏用户，10kV高压供电、变压器容量为100~400kVA，采用高供低计计量方式，无算费记录最短69天、最长92天。经督促，某县公司核查后回复：此38户均为光伏扶贫项目用户，因装表人员不熟悉新业务，按照普通用户装表，造成上网电量与自用电量表计示数类型不统一，系统无法正常抄表算费。经过集中整改，目前已经解决此类问题，在7月对38户进行了补抄。

【问题】请对该异常原因分析并提出改进建议。

【答案要点】发生异常的原因主要有以下几点：

（1）不了解客户负荷性质，电能表接线有误。按照规定全额上网的10kV发电关口，可以安装一块上网电量计量表计，正向计量发电量、反向计量用电量（主要为变损电量和逆变器待机电量）。装表时应将逆变器侧视为电源侧、配网侧视为用电侧接线，若按照普通用电客户接线，则会出现所谓接反的情况，即正向反映用电量、反向反映发电量。

（2）在方案编制时，计量方式选择不准确。应按照高供高计方式计量，这样不论是否发电，均能公平计量变损及逆变器待机电量。

（3）市公司营销部对县公司新型营销业务办理的指导不力，未能规范开展光伏扶贫项目的运行管理。

【依据出处】《国家电网有限公司业扩报装管理规则》（国家电网企管〔2019〕431号）

3 **【背景材料】**某10kV客户扩建需增容。该客户联系供电企业大客户经理班长要求开展业扩勘查，班长当即通知在附近工作的李某、王某前往。到达现场后李某、王某二人即在客户电工带领下进入工作现场，并开展用户变配电所查勘工作。王某在查看现场设备时，因安全距离不足导致高压设备对人放电，发生触电事故。

【问题】请结合国家电网有限公司《营销业扩报装工作全过程防人身事故十二条措施（试行）》《营销业扩报装工作全过程安全危险点辨识与预控手册（试行）》，分析该次工作中暴露的安全风险问题以及应采取的防止事故发生的措施。

【答案要点】安全风险问题：

（1）工作无计划，临时动议安排工作（《营销业扩报装工作全过程安全危险点辨识与预控手册（试行）》1.1）。

（2）未对现场危险点、安全措施等情况进行了解。

（3）现场作业未按规定使用工作票（单）(《营销业扩报装工作全过程安全危险点辨识与预控手册（试行）》2.1)。

（4）查看带电设备时，安全措施不到位，安全距离无法保证（《营销业扩报装工作全过程安全危险点辨识与预控手册（试行）》8.3）。

（5）人员缺乏安全意识，安全风险防范意识差。

改进措施：

（1）严格业扩报装组织管理，严格工作计划的刚性管理，不临时动议安排工作。

（2）严格落实现场风险预控措施。依据《营销业扩报装工作全过程安全危险点辨识与预控手册（试行）》，根据工作内容和现场实际，认真做好现场风险点辨识与预控，做到对现场危险点、安全措施等情况清楚了解。

（3）严格执行工作票（单）制度，在高压供电客户的电气设备上作业必须填用工作票，严禁无票（单）作业。

（4）严格落实安全技术措施。在客户电气设备上从事相关工作，必须落实保证现场作业安全的技术措施（停电、验电、装设接地线、悬挂标识牌和安装遮栏等）。

（5）加强安全学习培训。以学习《电力安全工作规程》等安全规章制度为重点，结合专业实际开展案例教育、岗位培训，进一步提高营销人员安全意识、安全风险辨识能力和现场操作技能。

【依据出处】 国家电网有限公司《营销业扩报装工作全过程防人身事故十二条措施（试行）》《营销业扩报装工作全过程安全危险点辨识与预控手册（试行）》

4 **【背景材料】**某供电公司接客户申请对新安装的800kVA箱式变压器进行竣工检验。营销部门安排吕某带领验收人员吴某、李某、熊某和施工单位赵某等4人前往现场。到达现场后，吕某电话联系客户负责人，到现场协助竣工检验事宜。稍后，现场人员听见“哎呀”一声，便看到李某跪倒在箱式变压器高压计量柜前的地上，身上着火。经现场施救后送往医院，当天确诊死亡。经调查，该工程施工人员施工完毕并试验合格，应客户要求对箱式变压器进行临时搭火用电，仅向用户电工进行了告知。事故当天李某独自一人到箱式变压器高压计量柜处（工作地点），没有查验箱式变压器是否带电，强行打开具有带电闭锁功能的高压计量柜门，进行高压计量装置检查，触及计量装置10kV侧C相桩头。

【问题】请对上述事故进行原因分析。

【答案要点】发生事故的原因主要有以下几点：

（1）李某（死者）对客户设备运行状况不清楚，在未经许可且未认真检查设备是否带电（有带电显示装置）的情况下，强行打开高压计量柜门，造成人身触电，是事故的直接原因。

（2）设备未经竣工检验和管理部门批准，施工单位在用户要求下擅自将箱式变压器高压电缆搭火，造成设备在竣工检验前已带电，且未告知有关部门，是事故的主要原因之一。

（3）供电公司客竣工检验组织不力，现场未认真交待竣工检验有关注意事项，对检验人员疏于管理，是事故的主要原因之一。

（4）生产厂家装配的电磁锁产品质量较差，锁具强度不够，不能在设备带电时有效闭锁，是事故的次要原因。

【依据出处】《国家电网公司电力安全工作规程(配电部分)》

5 【背景材料】某煤矿企业于2010年3月17日到供电企业申请用电报装，报装容量为6300kVA，客户填写的用电设备清单上注明井下通风机、井下载人电梯、井下抽水泵等一级负荷用电设备容量为800kW。由于该煤矿地处农村，受供电条件限制（附近只有35kV电源），5月20日，供电企业答复的供电方案为拟定该客户为一级重要客户，从某变电站以35kV单电源单回路供电，配置1台6300kVA变压器受电，同时应配置1台1000kW容量的发电机作为自备应急电源。8月受电工程竣工后，该客户向政府安监部门申办安全生产许可证时，安监部门检查人员认为该煤矿供电电源配置不符合安全生产要求，客户随即向供电企业提出了质疑。

【问题】请分析上述案例供电企业工作人员存在哪些问题?

【答案要点】本事件违反以下规定：

（1）《国家电网有限公司供电服务“十项承诺”》第五条“供电方案答复期限：居民客户不超过3个工作日，低压电力客户不超过7个工作日，高压单电源客户不超过15个工作日，高压双电源客户不超过30个工作日。”

（2）《国家电网公司业扩供电方案编制导则》8.1.1.2“一级重要电力客户应采用双电源供电，二级重要电力客户应采用双电源或双回路供电。”

（3）《国家电网公司业扩供电方案编制导则》9.3.1“具有两回线路供电的一级负荷客户，其电气主接线的确定应符合下列要求：35kV电压等级应采用单母线分段或双母线接线。装设两台及以上变压器。”

暴露问题：

业扩报装流程各环节时限监控不到位。供电方案未按有关规定进行制定，造成不符合要求，给客户带来安全隐患和经济损失。

措施建议：

严格执行《国家电网公司业扩报装管理规定》及《国家电网有限公司供电服务“十项承诺”》等规定，本着客户至上的原则，严格控制各环节时限，提高工作效率。提高专业技术人员的业务知识和相关技能，岗位操作规范、熟练，具有合格的专业技术水平，使之能更好地为客户服务。

【依据出处】《关于印发〈国家电网公司业扩报装工作规范（试行）〉和〈国家电网公司业扩供电方案编制导则〉的通知》(国家电网营销〔2010〕1247号)

6 【背景材料】申请用电的某工厂，经确认为一级重要电力客户。由于受供电网络条件限制，当地供电公司回复的供电方案为单电源双回路供电，且在答复供电方案时，并未提醒客户应配备足够的自备应急电源及应急措施。经过5个月的试运行，该用户认为单电源双回路供电、同时未配备自备应急电源及应急措施，仅靠50kVA的不间断电源起不到避险作用，存在较大安全隐患，随即向供电公司反馈。

【问题】请分析上述案例暴露出哪些问题，应采取哪些措施?

【答案要点】暴露问题：

（1）供电服务人员业务素质不过硬，对客户用电性质认识不到位，未充分掌握一级重要电力客户对供电可靠性的要求。

（2）未履行对重要客户应配备足够的自备应急电源及应急措施的告知义务。

（3）在业扩审查等环节也未能及时提醒双电源配备方面存在的安全隐患。

（4）未认真履行重要客户供电方案会签审核制度。

措施建议：

（1）加强业务培训和学习，提高工作人员的业务水平。

（2）认真履行重要客户供电方案会签审核制度，严格执行规章制度，严把业务审核关，对工作差错严肃考核。

（3）告知用户增加应急措施。

（4）加快电网规划、建设。

【依据出处】《关于印发〈国家电网公司业扩报装工作规范（试行）〉和〈国家电网公司业扩供电方案编制导则〉的通知》(国家电网营销〔2010〕1247号)

7 【背景材料】某市新建中心血站（一级重要用户）向供电公司提出报装申请，计算负荷为580kW，其中一级负荷50kW。经客户经理勘察后，初步给出的意向方案为采用双电源供电。两路电源分别来自110kV梦溪变电站10kV梦东103线和梦元124线就近T接，电房内部设两台10kV进线总柜（可自动切换电源），设一台高压计量柜，设630kVA主变压器一台。高压母线采用单母线接线方式。配置50kW自备发电机一台。运行方式为一路主用，另一路热备用（全容量备用）。

（说明：梦溪变电站电源进线为单回。）

【问题】该供电方案中有哪些不符合相关规范规定的，应如何修改？

【答案要点】(1) 变压器总容量配置过小，考虑变压器经济运行，负载率应为70%~75%。580/0.75=773.3kVA，总配电变压器容量应约为800kVA（《国家电网公司业扩供电方案编制导则》7.1.2.2：在保证受电变压器不超载和安全运行的前提下，应同时考虑减少电网的无功损耗。一般客户的计算负荷宜等于变压器额定容量的70%~75%）。

(2) 变压器台数配置不足，至少应为2台（《国家电网公司业扩供电方案编制导则》9.3.1：一级重要用户10kV电压等级供电的应采用单母线分段接线，装设两台及以上变压器）。

(3) 母线接线方式不对，应为单母线分段（《国家电网公司业扩供电方案编制导则》9.3.1：一级重要用户10kV电压等级供电的应采用单母线分段接线，装设两台及以上变压器）。

(4) 计量方式不对，两路进线应分别计量，装设2台高压计量柜（《国家电网公司业扩供电方案编制导则》10.2.3：有两条及以上线路分别来自不同电源点或有多个受电点的客户，应分别装设电能计量装置）。

【依据出处】《关于印发〈国家电网公司业扩报装工作规范（试行）〉和〈国家电网公司业扩供电方案编制导则〉的通知》(国家电网营销〔2010〕1247号)

8 【背景材料】公司对某供电分公司的业务检查中发现，某大工业客户的受电变压器为一台，容量315kVA，由于变压器故障，该客户要求临时换一台容量为200kVA变压器，使用一个月，供电企业给该户办理了暂换手续。

【问题】通过以上案例，请分析：

(1) 该案例违反了哪些规定？

(2) 该案例暴露出供电企业存在哪些问题？

(3) 有哪些意见和建议？

【答案要点】

(1) 违规条款：

本次事件违反《供电营业规则》第三章第二十五条，暂换指客户运行中的受电变压器发生故障或计划检修，无相同容量变压器可以替代，需要临时更换大容量变压器代替运行的业务。

(2) 暴露问题：

1) 业务人员业务不强，业务术语使用错误。

2) 业扩报装业务审核把关不到位。

(3) 措施建议：

1) 加强业务培训，提高相关工作人员的业务水平。

2) 认真执行各项规章制度，严格业务审核。

3) 强化规章制度的落实工作，加大工作差错考核。

【依据出处】《供电营业规则》(1996年)

第三章 计量管理

一、单选题（共 122 题）

1 根据《电能计量装置安装接线规则》规定，稽查电能计量装置安装规范性时，二次回路中性线应采用（ ）线或采用专用编号电缆。

A. 黄色　　B. 黄绿色　　C. 白色　　D. 黑色

正确答案：D

【依据出处】《电能计量装置安装接线规则》（DL/T 825—2002）

2 根据《单相智能电能表型式规范》规定，单相智能表有功电能量显示单位为 kWh，显示位数为 8 位，（ ）。

A. 含 1 位小数　　B. 含 2 位小数　　C. 含 3 位小数　　D. 无

正确答案：B

【依据出处】《单相智能电能表型式规范》（Q/GDW 1355—2013）

3 根据《电能计量装置技术管理规程》规定，当现场检验电能表误差超过其准确度等级或电能表功能故障时应在（ ）内处理或更换。

A.3 个工作日　　B.3 天　　C.2 个工作日　　D.2 天

正确答案：A

【依据出处】《电能计量装置技术管理规程》（DL/T 448—2016）

4 根据《电能计量装置技术管理规程》规定，低压电流互感器从运行的第 20 年起，每年应抽取其总量的 1%~5% 进行后续检定，统计合格率应不小于（ ），否则，应加倍抽取和检定、统计其合格率，直至全部更换。

A.0.95　　B.0.96　　C.0.97　　D.0.98

正确答案：D

【依据出处】《电能计量装置技术管理规程》（DL/T 448—2016）

5 根据《电能计量装置技术管理规程》规定，电能计量装置中电压互感器的二次回路电压降应不大于其额定二次电压的（ ）。

A.0.2%　　B.0.5%　　C.0.75%　　D.0.1%

正确答案：A

【依据出处】《电能计量装置技术管理规程》（DL/T 448—2016）

6 根据《电能计量装置技术管理规程》规定，运行的电能表的时钟误差累计不得超过（ ）min，否则应进行校时或更换电能表。

A.5　　B.10　　C.15　　D.20

正确答案：B

【依据出处】《电能计量装置技术管理规程》（DL/T 448—2016）

7 根据《国家电网公司电能计量封印管理办法》规定，按照“分级管理、逐级考核”的原则，（ ）至少开展一次封印管理工作的监督、评价与考核。

A. 每半年　　B. 每年　　C. 每半月　　D. 每月

正确答案：B

【依据出处】《国家电网公司电能计量封印管理办法》[国网（营销 /4）275—2014]

8 根据《电力用户用电信息采集系统功能规范》规定，电压越限统计中，对电压监测点的电压按照（　　）进行分类分析，分类统计电压监测点的电压合格率、电压不平衡度等。

A. 计量装置类别　　B. 用户类别　　C. 电压等级　　D. 电能表类别

正确答案：C

【依据出处】《电力用户用电信息采集系统功能规范》（Q/GDW 1373—2013）

9 根据《国家电网公司电能计量故障、差错调查处理规定》规定，电能计量故障、差错分为设备故障和（　　）两大类。

A. 人为故障　　B. 设备损坏　　C. 人为差错　　D. 设备差错

正确答案：C

【依据出处】《国家电网公司电能计量故障、差错调查处理规定》[国网（营销/4）385—2014]

10 根据《国家电网公司电能计量故障、差错调查处理规定》规定，居民客户计量故障、差错处理到达现场时间：城区范围（　　）min。

A.30　　B.40　　C.45　　D.60

正确答案：C

【依据出处】《国家电网公司电能计量故障、差错调查处理规定》[国网（营销/4）385—2014]

11 根据《国家电网公司电能计量故障、差错调查处理规定》规定，居民客户计量故障、差错处理到达现场时间：农村地区（　　）min。

A.30　　B.45　　C.60　　D.90

正确答案：D

【依据出处】《国家电网公司电能计量故障、差错调查处理规定》[国网（营销/4）385—2014]

12 根据《国家电网公司电能计量故障、差错调查处理规定》规定，居民客户计量故障、差错处理到达现场时间：特别偏远地区（　　）。

A.45min　　B.60min　　C.90min　　D.2h

正确答案：D

【依据出处】《国家电网公司电能计量故障、差错调查处理规定》[国网（营销/4）385—2014]

13 根据《国家电网公司电能计量故障、差错调查处理规定》规定，地市、县供电企业管辖客户电能计量一般设备故障、障碍、一般人为差错、轻微人为差错应在（　　）向地市供电企业营销部（客户服务中心）汇报。

A. 立即　　B.12h 内　　C.24h 内　　D.32h 内

正确答案：C

【依据出处】《国家电网公司电能计量故障、差错调查处理规定》[国网（营销/4）385—2014]

14 根据《国家电网公司电能计量故障、差错调查处理规定》规定，调查组成立后应在（　　）日内报送《电能计量故障、差错调查报告书》。

A.10　　B.15　　C.30　　D.45

正确答案：D

【依据出处】《国家电网公司电能计量故障、差错调查处理规定》[国网（营销/4）385—2014]

15 根据《国家电网公司电能计量故障、差错调查处理规定》规定，电量损失每次 30 万 kWh 及以上为（　　）。

A. 重大设备故障　　B. 一般设备故障　　C. 轻微设备故障　　D. 障碍

正确答案：A

【依据出处】《国家电网公司电能计量故障、差错调查处理规定》[国网（营销/4）385—2014]

16 根据《国家电网公司电能计量故障、差错调查处理规定》规定，电量损失每次 30 万 kWh 以下、10 万 kWh 及以上为（　　）。

A. 一类故障　　B. 二类故障　　C. 三类故障　　D. 四类故障

正确答案：A

【依据出处】《国家电网公司电能计量故障、差错调查处理规定》[国网(营销/4)385—2014]

17 根据《国家电网公司电能计量故障、差错调查处理规定》规定，省公司管辖客户发生电能计量一般设备故障、障碍、一般人为差错、轻微人为差错，负责电能计量装置运维的供电企业应在（ ）h 内向省公司营销部汇报。

A.12　　B.24　　C.36　　D.48

正确答案：B

【依据出处】《国家电网公司电能计量故障、差错调查处理规定》[国网(营销/4)385—2014]

18 根据《国家电网公司电能计量故障、差错调查处理规定》规定，故障、差错电能计量装置更换后，地市（县）营销部（客户服务中心）计量人员应于（ ）内，在营销业务管理系统按规范的故障填报口径完成相关信息维护，涉及省公司计量中心检测业务范围内的计量故障信息应在 MDS 中及时维护。

A.2 日　　B.3 日　　C.2 个工作日　　D.3 个工作日

正确答案：C

【依据出处】《国家电网公司电能计量故障、差错调查处理规定》[国网(营销/4)385—2014]

19 根据《国家电网公司电能计量故障、差错调查处理规定》规定，国网营销部组织对各级单位故障、差错处理工作开展情况进行（ ）检查评价，公司各级单位按隶属关系对电能计量故障、差错进行（ ）考核。

A. 定期；定期　　B. 定期；逐级　　C. 随机；逐级　　D. 随机；定期

正确答案：B

【依据出处】《国家电网公司电能计量故障、差错调查处理规定》[国网(营销/4)385—2014]

20 根据《国家电网公司电能计量故障、差错调查处理规定》规定，省公司管辖客户发生电能计量重大设备故障、重大人为差错，负责电能计量装置运维的供电企业应（ ）向省公司营销部汇报。

A. 立即　　B.12h 内　　C.24h 内　　D.32h 内

正确答案：A

【依据出处】《国家电网公司电能计量故障、差错调查处理规定》[国网(营销/4)385—2014]

21 根据《国家电网公司电能计量故障、差错调查处理规定》规定，因工作人员失误造成差错电量每次 1 万 kWh 以下，但未造成电量或经济损失者，定为（ ）。

A. 重大人为差错　　B. 一般人为差错　　C. 轻微人为差错　　D. 普通人为差错

正确答案：C

【依据出处】《国家电网公司电能计量故障、差错调查处理规定》[国网(营销/4)385—2014]

22 根据《国网营销部关于印发电能表故障现象甄别和处置手册的通知》规定，对电能表故障发生原因的分类，最主要的故障因素是（ ）。

A. 工作质量　　B. 外部因素　　C. 不可抗力　　D. 设备质量

正确答案：D

【依据出处】《国网营销部关于印发电能表故障现象甄别和处置手册的通知》[营销计量〔2014〕42 号]

23 根据《国网营销部关于印发电能表故障现象甄别和处置手册的通知》规定，遇到个别故障无法在现场迅速查明并解决的，选择直接（ ）。

A. 换装新表　　B. 轮换新表　　C. 更换模块　　D. 加装中继器

正确答案：A

【依据出处】《国网营销部关于印发电能表故障现象甄别和处置手册的通知》(营销计量〔2014〕42 号)

24 根据《国网营销部关于印发电能表故障现象甄别和处置手册的通知》规定，遇到现场电能表运行故障时以“不妨碍电力客户正常用电，将影响降到最小”为原则，一般采取以下几种处置方法：遇到少量表计参数设置原因引起的故障，由厂家配合对电能表进行（ ）调整。

A. 拆回　　B. 现场参数　　C. 软件版本　　D. 数据

正确答案：B

【依据出处】《国网营销部关于印发电能表故障现象甄别和处置手册的通知》(营销计量〔2014〕42号)

25 根据《国网营销部关于印发电能表故障现象甄别和处置手册的通知》规定，智能电能表液晶上常显错误代码Err-02，是( )报警。

A.ESAM错误　B.时钟电池欠压　C.时钟错乱　D.计量异常

正确答案：A

【依据出处】《国网营销部关于印发电能表故障现象甄别和处置手册的通知》(营销计量〔2014〕42号)

26 根据《电力用户用电信息采集系统功能规范》规定，实现费控控制方式有(　)等几种形式。

A.主站实施费控、终端实施费控

B.主站实施费控、终端实施费控、电能表实施费控

C.终端实施费控、电能表实施费控

D.主站实施费控、电能表实施费控

正确答案：B

【依据出处】《电力用户用电信息采集系统功能规范》(Q/GDW 1373—2013)

27 根据《电能计量装置技术管理规程》规定，对S级电能表进行现场检验时，当负荷电流低于被检电能表标定电流的(　)或功率因数低于(　)时，不宜进行实负荷误差测定。

A.2%；0.5　B.2%；0.6　C.5%；0.5　D.5%；0.6

正确答案：C

【依据出处】《电能计量装置技术管理规程》(DL/T 448—2016)

28 根据《电力用户用电信息采集系统功能规范》规定，用电信息采集数据模型有(　)。

A.实时和当前数据、历史日数据、历史月数据、事件记录

B.实时和当前数据、历史日数据、历史月数据

C.实时和当前数据、历史数据、事件记录

D.历史日数据、历史月数据、事件记录

正确答案：A

【依据出处】《电力用户用电信息采集系统功能规范》(Q/GDW 1373—2013)

29 根据《国家电网公司电能计量故障、差错调查处理规定》规定，对造成电能计量差错超过(　)万kWh及以上者，应及时报告上级管理机构。

A.10　B.15　C.20　D.25

正确答案：A

【依据出处】《国家电网公司电能计量故障、差错调查处理规定》[国网(营销/4)385—2014]

30 根据《电力用户用电信息采集系统功能规范》规定，用电信息采集系统的采集方式有(　)。

A.定时自动采集、人工召测　B.人工召测、主动上报

C.定时自动采集、主动上报　D.定时自动采集、人工召测、主动上报

正确答案：D

【依据出处】《电力用户用电信息采集系统功能规范》(Q/GDW 1373—2013)

31 根据《电力用户用电信息采集系统功能规范》规定，用电信息采集系统主站的年可用率应不小于(　)。

A.99.7%　B.99.8%　C.99.9%　D.100%

正确答案：C

【依据出处】《电力用户用电信息采集系统功能规范》(Q/GDW 1373—2013)

32 根据《电力用户用电信息采集系统功能规范》规定，将用电容量在(　)kVA及以上的专用变压器用户，划分为大型专用变压器用户，属于A类。

A.100　B.200　C.315　D.400

正确答案：A

【依据出处】《电力用户用电信息采集系统功能规范》(Q/GDW 1373—2013)

33 根据《电力用户用电信息采集系统功能规范》规定，将用电容量在100kVA以下的专用变压器用户，划分为(　　)。

A. 大型专用变压器用户(A类)　　B. 中小型专用变压器用户(B类)

C. 三相一般工商业用户(C类)　　D. 单相一般工商业用户(D类)

正确答案：B

【依据出处】《电力用户用电信息采集系统功能规范》(Q/GDW 1373—2013)

34 根据《电力用户用电信息采集系统功能规范》规定，终端的年可用率应不小于(　　)。

A.99.5%　　B.99.6%　　C.99.7%　　D.99.8%

正确答案：A

【依据出处】《电力用户用电信息采集系统功能规范》(Q/GDW 1373—2013)

35 根据《电能计量装置技术管理规程》规定，(　　)类计量装置、计量单机容量(　　)MW及以上的发电机组上网贸易计算电量的电能计量装置和电网企业之间购销电量的(　　)及以上电能计量装置，宜配置型号、准确度等级相同的计量有功电量的主副两只电能表。

A. Ⅰ；100；110kV　　B. Ⅱ；200；110kV　　C. Ⅰ；200；220kV　　D. Ⅱ；100；110kV

正确答案：A

【依据出处】《电能计量装置技术管理规程》(DL/T 448—2016)

36 根据《电能计量装置技术管理规程》规定，35kV及以上电压互感器二次回路电压降，宜每(　　)检测一次。

A.1年　　B.2年　　C.6个月　　D.3个月

正确答案：B

【依据出处】《电能计量装置技术管理规程》(DL/T 448—2016)

37 根据《电能计量装置技术管理规程》规定，Ⅱ类计量装置配置的电能表互感器准确度等级不应低于(　　)。

A. 电能表有功0.2S，电压互感器0.2，电流互感器0.2S

B. 电能表有功0.5S，电压互感器0.2，电流互感器0.2S

C. 电能表有功0.5S，电压互感器0.5，电流互感器0.5S

D. 电能表有功0.2S，电压互感器0.5，电流互感器0.2S

正确答案：B

【依据出处】《电能计量装置技术管理规程》(DL/T 448—2016)

38 根据《电能计量装置技术管理规程》规定，Ⅳ类计量装置配置的电能表互感器准确度等级不应低于(　　)。

A. 电能表有功0.5S，电压互感器0.5，电流互感器0.5S

B. 电能表有功0.5S，电压互感器0.2，电流互感器0.2S

C. 电能表有功1.0S，电压互感器0.5，电流互感器0.5S

D. 电能表有功1.0S，电压互感器0.2，电流互感器0.2S

正确答案：C

【依据出处】《电能计量装置技术管理规程》(DL/T 448—2016)

39 根据《电能计量装置技术管理规程》规定，当现场检验互感器超差时，应查明原因，制定更换或改造计划并尽快实施，时间不得超过(　　)。

A.1个月　　B.3个月

C.6个月　　D.下一次主设备检修完成日期

正确答案：D

【依据出处】《电能计量装置技术管理规程》（DL/T 448—2016）

40 根据《电能计量装置技术管理规程》规定，电流互感器额定一次电流的确定，应保证其在正常运行中的实际负荷电流达到额定值的（　　）左右，至少应不小于（　　）。

A.60%；30%　　B.50%；33%　　C.80%；30%　　D.66%；33%

正确答案：A

【依据出处】《电能计量装置技术管理规程》（DL/T 448—2016）

41 根据《电能计量装置技术管理规程》规定，二次回路接入静止式电能表时，额定二次电流为5A的电流互感器额定二次负荷不宜超过（　　）VA，额定二次电流为1A的电流互感器额定二次负荷不应超过（　　）VA。

A.10；5　　B.15；5　　C.15；10　　D.30；10

正确答案：B

【依据出处】《电能计量装置技术管理规程》（DL/T 448—2016）

42 根据《电能计量装置通用设计规范》规定，稽查电能计量装置配置时，330kV以下电压等级电流互感器二次额定电流，应根据具体情况选择（　　）。

A.1A　　B.1.5A　　C.5A　　D.5A或1A

正确答案：D

【依据出处】《电能计量装置通用设计规范》（Q/GDW 10347—2016）

43 根据《电能计量装置技术管理规程》规定，为提高低负荷计量的准确性，应选用过载（　　）倍及以上的电能表。

A.6　　B.5　　C.12　　D.4

正确答案：D

【依据出处】《电能计量装置技术管理规程》（DL/T 448—2016）

44 根据《电能计量装置技术管理规程》规定，（　　）的电能计量装置属于Ⅰ类计量装置。

A.110kV贸易结算用　　B.220kV考核用

C.300MW发电机发电量　　D.月平均用电量500万kWh

正确答案：C

【依据出处】《电能计量装置技术管理规程》（DL/T 448—2016）

45 根据《电能计量装置技术管理规程》规定，运行中的电能计量装置应定期进行电能表现场检验，Ⅲ类电能计量装置宜每（　　）个月现场检验一次。

A.3　　B.6　　C.12　　D.24

正确答案：D

【依据出处】《电能计量装置技术管理规程》（DL/T 448—2016）

46 根据《电能计量装置技术管理规程》规定，运行中的电能计量装置应定期进行电能表现场检验，Ⅱ类电能计量装置宜每（　　）个月现场检验一次。

A.3　　B.6　　C.12　　D.24

正确答案：C

【依据出处】《电能计量装置技术管理规程》（DL/T 448—2016）

47 根据《电能计量装置技术管理规程》规定，运行中的电能计量装置应定期进行电能表现场检验，Ⅰ类电能计量装置宜每（　　）个月现场检验一次。

A.12　　B.6　　C.3　　D.1

正确答案：B

【依据出处】《电能计量装置技术管理规程》（DL/T 448—2016）

48 根据《电能计量装置技术管理规程》规定，运行中的电压、电流互感器应定期进行现场检验，高压电磁式电压、电流互感器宜每（　　）年现场检验一次。

A.2　　B.4　　C.8　　D.10

正确答案：D

【依据出处】《电能计量装置技术管理规程》（DL/T 448—2016）

49　根据《电能计量装置技术管理规程》规定，运行中的电压、电流互感器应定期进行现场检验，高压电容式电压宜每（　　）年现场检验一次。

A.2　　B.4　　C.8　　D.10

正确答案：B

【依据出处】《电能计量装置技术管理规程》（DL/T 448—2016）

50　根据《三相智能电能表型式规范》规定，有功电能脉冲指示灯颜色为（　　）。

A. 黄色　　B. 红色　　C. 蓝色　　D. 绿色

正确答案：B

【依据出处】《三相智能电能表型式规范》（Q/GDW 1356—2013）

51　根据《三相智能电能表型式规范》规定，负荷开关可采用内置或外置方式，当采用内置负荷开关时电能表最大电流不宜超过（　　）A 。

A.20　　B.30　　C.50　　D.60

正确答案：D

【依据出处】《三相智能电能表型式规范》（Q/GDW 1356—2013）

52　根据《电力用户用电信息采集系统功能规范》规定，（　　）是对接入公用电网的用户侧分布式能源系统进行监测与控制的设备。

A. 集中器　　B. 采集器

C. 专用变压器终端　　D. 分布式能源监控终端

正确答案：D

【依据出处】《电力用户用电信息采集系统功能规范》（Q/GDW 1373—2013）

53　根据《电力用户用电信息采集系统功能规范》规定，自动抄表管理中，根据采集任务的要求，自动采集系统内电力用户（　　）的数据，获得电费结算所需的用电计量数据和其他信息。

A. 采集终端　　B. 用电信息　　C. 正向有功用电量　　D. 电能表

正确答案：D

【依据出处】《电力用户用电信息采集系统功能规范》（Q/GDW 1373—2013）

54　根据《电力用户用电信息采集系统功能规范》规定，本地信道为宽带电力线载波的，要求一次采集成功率及周期采集成功率（日）分别为（　　）。

A. ≥ 93%，≥ 98%　　B. ≥ 98%，≥ 99.9%　　C. ≥ 90%，≥ 98%　　D. ≥ 99%，≥ 99.9%

正确答案：A

【依据出处】《电力用户用电信息采集系统功能规范》（Q/GDW 1373—2013）

55　根据《电力用户用电信息采集系统功能规范》规定，远程信道为无线公网的，要求一次采集成功率及周期采集成功率（日）分别为（　　）

A. ≥ 97%，≥ 99.5%　　B. ≥ 90%，≥ 98%　　C. ≥ 97%，≥ 99.8%　　D. ≥ 99%，≥ 99.9%

正确答案：C

【依据出处】《电力用户用电信息采集系统功能规范》（Q/GDW 1373—2013）

56　根据《电力用户用电信息采集系统功能规范》规定，系统（或设备）可靠性是指系统（或设备）在规定的条件和规定的时段内完成（　　）的能力，一般用平均无故障工作时间的小时数表示。

A. 特殊功能　　B. 基本功能　　C. 全部功能　　D. 预定功能

正确答案：D

【依据出处】《电力用户用电信息采集系统功能规范》（Q/GDW 1373—2013）

57 根据《电力用户用电信息采集系统功能规范》规定，电力用户用电信息采集系统本地信道为RS-485总线的，要求一次采集成功率及周期采集成功率（日）分别为（　　）。

A. ≥ 93%，≥ 98%　　B. ≥ 98%，≥ 99.9%　　C. ≥ 90%，≥ 98%　　D. ≥ 99%，≥ 99.9%

正确答案：B

【依据出处】《电力用户用电信息采集系统功能规范》（Q/GDW 1373—2013）

58 根据《电力用户用电信息采集系统功能规范》规定，电力用户用电信息采集系统根据不同业务对采集数据的要求，编制（　　）。

A. 采集工作单　　B. 自动采集任务　　C. 采集任务　　D. 采集工作

正确答案：B

【依据出处】《电力用户用电信息采集系统功能规范》（Q/GDW 1373—2013）

59 根据《电力用户用电信息采集系统功能规范》规定，集中抄表终端是对低压用户用电信息进行采集的设备，包括（　　）。

A. 集中器、采集器　　B. 集中器

C. 采集器　　D. 集中器、采集器、采集模块

正确答案：A

【依据出处】《电力用户用电信息采集系统功能规范》（Q/GDW 1373—2013）

60 根据《电力用户用电信息采集系统功能规范》规定，数据合理性检查提供采集数据完整性、正确性的检查和分析手段，发现异常数据或数据不完整时自动进行补采，补采成功时可以自动修复异常数据；提供数据异常事件记录和告警功能；对于补采不成功的异常数据不予自动修复，并限制其发布，保证原始数据的（　　）和真实性。

A. 可靠性　　B. 唯一性　　C. 准确性　　D. 完整性

正确答案：B

【依据出处】《电力用户用电信息采集系统功能规范》（Q/GDW 1373—2013）

61 根据《电力用户用电信息采集系统功能规范》规定，专用变压器采集终端是对专用变压器的用户用电信息进行采集的设备，可以实现电能表数据的采集、电能计量设备工况和供电电能质量监测以及（　　）的监控。

A. 客户用电负荷　　B. 客户电能量

C. 客户用电负荷和电能量　　D. 客户用电信息

正确答案：C

【依据出处】《电力用户用电信息采集系统功能规范》（Q/GDW 1373—2013）

62 根据《电力用户用电信息采集系统型式规范　第1部分：专变采集终端型式规范》规定，Ⅲ型专用变压器采集终端是（　　）壁挂式终端。

A. 小型　　B. 中型　　C. 大型　　D. 特大型

正确答案：A

【依据出处】《电力用户用电信息采集系统型式规范　第1部分：专变采集终端型式规范》（Q/GDW 1375.1—2013）

63 根据《电力用户用电信息采集系统技术规范　第2部分：集中抄表终端技术规范》规定，集中器应能按要求对采集数据进行分类存储，如日冻结数据、抄表日冻结数据、曲线数据、历史月数据等。曲线冻结数据密度由主站设置，最小冻结时间间隔为（　　）h。

A.0.5　　B.1　　C.1.5　　D.2

正确答案：B

【依据出处】《电力用户用电信息采集系统技术规范　第2部分：集中抄表终端技术规范》（Q/GDW 1374.2—2013）

64 根据《电力用户用电信息采集系统技术规范　第2部分：集中抄表终端技术规范》规定，集中

器应能保存最近（　　）条事件记录。

A.100　　B.300　　C.500　　D.1000

正确答案：C

【依据出处】《电力用户用电信息采集系统技术规范　第 2 部分：集中抄表终端技术规范》（Q/GDW 1374.2—2013）

65 根据《电力用户用电信息采集系统技术规范　第 2 部分：集中抄表终端技术规范》规定，集中器在供电电源中断后，应有措施至少保证与主站通信（　　）次并正常工作（　　）min。

A.1；1　　B.3；3　　C.3；1　　D.1；3

正确答案：C

【依据出处】《电力用户用电信息采集系统技术规范　第 2 部分：集中抄表终端技术规范》（Q/GDW 1374.2—2013）

66 根据《电力用户用电信息采集系统型式规范　第 1 部分：专变采集终端型式规范》规定，GPRS 终端正常上线时，在屏幕上应显示（　　）字符。

A.“G”　　B.“C”　　C.“S”　　D.“L”

正确答案：A

【依据出处】《电力用户用电信息采集系统型式规范　第 1 部分：专变采集终端型式规范》（Q/GDW 1375.1—2013）

67 根据《电力用户用电信息采集系统型式规范　第 1 部分：专变采集终端型式规范》规定，专用变压器终端在按键查询显示模式下，可通过按键操作进行翻屏，显示所有未被屏蔽的内容。停止按键（　　）min 后，终端恢复原显示模式。

A.0.5　　B.1　　C.3　　D.5

正确答案：B

【依据出处】《电力用户用电信息采集系统型式规范　第 1 部分：专变采集终端型式规范》（Q/GDW 1375.1—2013）

68 根据《电力用户用电信息采集系统型式规范　第 1 部分：专变采集终端型式规范》规定，型号标识为 FK 字样的Ⅲ型专用变压器采集终端有（　　）路控制输出端子。

A.1　　B.2　　C.3　　D.4

正确答案：B

【依据出处】《电力用户用电信息采集系统型式规范　第 1 部分：专变采集终端型式规范》（Q/GDW 1375.1—2013）

69 根据《国家电网公司用电信息采集系统运行维护管理办法》规定，对于停电执行失败的任务，运维人员接到工单后，应于（　　）个工作日内进行消缺。

A.1　　B.3　　C.5　　D.7

正确答案：B

【依据出处】《国家电网公司用电信息采集系统运行维护管理办法》［国网（营销/4）278—2018］

70 根据《国家电网公司用电信息采集系统运行维护管理办法》规定，复电及电费下发执行失败的任务，应于（　　）h 内派发业务处理工单。

A.1　　B.2　　C.3　　D.4

正确答案：B

【依据出处】《国家电网公司用电信息采集系统运行维护管理办法》［国网（营销/4）278—2018］

71 根据《国家电网公司用电信息采集系统运行维护管理办法》规定，对于复电及电费下发执行失败的任务，运维人员接到工单后，应于（　　）h 内到达现场。

A.2　　B.8　　C.12　　D.24

正确答案：B

【依据出处】《国家电网公司用电信息采集系统运行维护管理办法》[国网（营销/4）278—2018]

72 根据《国家电网公司用电信息采集系统运行维护管理办法》规定，对于台区同期线损异常业务，运维人员接到工单后，应于（ ）个工作日内到达现场，（ ）个工作日内反馈结果。

A.1；2　　B.2；3

C.1；3　　D.2；4

正确答案：B

【依据出处】《国家电网公司用电信息采集系统运行维护管理办法》[国网（营销/4）278—2018]

73 根据《国家电网公司用电信息采集系统运行维护管理办法》规定，对主站档案信息或参数错误、召测不稳定、通信故障、采集及计量设备故障、采集数据项缺失、终端及电能表时钟错误等故障进行监控，开展故障原因分析，应于（ ）h内派发工单。

A.6　　B.7　　C.8　　D.9

正确答案：C

【依据出处】《国家电网公司用电信息采集系统运行维护管理办法》[国网（营销/4）278—2018]

74 根据《国家电网公司用电信息采集系统运行维护管理办法》规定，低压用户连续（ ）天以上采集异常时，地市、县供电企业运行监控人员进行故障分析后，应于8h内派发工单。

A.1　　B.2　　C.3　　D.7

正确答案：C

【依据出处】《国家电网公司用电信息采集系统运行维护管理办法》[国网（营销/4）278—2018]

75 根据《国家电网公司用电信息采集系统运行维护管理办法》规定，采集系统主站运行状态的评估工作应根据公司采集系统主站软件功能标准化设计要求、用电信息采集系统日常运行监控数据和系统运行情况评估，每年至少开展（ ）次。

A.1　　B.2　　C.3　　D.4

正确答案：A

【依据出处】《国家电网公司用电信息采集系统运行维护管理办法》[国网（营销/4）278—2018]

76 根据《国家电网公司用电信息采集终端质量监督管理办法》规定，按中标批次（以省公司为单位，同一供应商一次中标的同类型采集终端为一个中标批次）进行评价，产品巡视（监造）有任一项内容不满足要求，均判定为不合格，限期（ ）天整改，若整改延期，定为二类质量问题。

A.2　　B.3　　C.4　　D.5

正确答案：B

【依据出处】《国家电网公司用电信息采集终端质量监督管理办法》[国网（营销/4）279—2017]

77 根据《国家电网公司用电信息采集终端质量监督管理办法》规定，按中标批次进行评价，产品巡视（监造）有任一项内容不满足要求，均判定为不合格，限期3天整改，若整改延期，定为（ ）类质量问题。

A. 二　　B. 三　　C. 三　　D. 二

正确答案：A

【依据出处】《国家电网公司用电信息采集终端质量监督管理办法》[国网（营销/4）279—2017]

78 根据《国家电网公司用电信息采集终端质量监督管理办法》规定，供货前样品对比对出现未经书面确认的不一致，即判定中标批次不合格，限期（ ）天整改，若整改延期或仍有不一致，定为二类质量问题。

A.3　　B.5　　C.15　　D.30

正确答案：D

【依据出处】《国家电网公司用电信息采集终端质量监督管理办法》[国网（营销/4）279—2017]

79 根据《国家电网公司用电信息采集终端质量监督管理办法》规定，供应商质量评价应坚持

（　　），评价标准、流程按程序予以公开，质量监督结果予以反馈。

A. 统一流程　　B. 统一程序　　C. 统一标准　　D. 统一要求

正确答案：C

【依据出处】《国家电网公司用电信息采集终端质量监督管理办法》[国网（营销 /4）279—2017]

80 根据《国家电网公司用电信息采集终端质量监督管理办法》规定，采集终端到货验收环节关键指标主要包括（　　）和全检验收合格率。

A. 试验项目　　B. 中标批次合格率　　C. 到货批次不合格率　　D. 运行终端可靠率

正确答案：C

【依据出处】《国家电网公司用电信息采集终端质量监督管理办法》[国网（营销 /4）279—2017]

81 根据《国家电网公司用电信息采集终端质量监督管理办法》规定，供货前全性能试验项目应与（　　）项目一致。

A. 招标前全性能试验　　B. 到货后全性能试验　　C. 到货后抽检试验　　D. 全检验收试验

正确答案：A

【依据出处】《国家电网公司用电信息采集终端质量监督管理办法》[国网（营销 /4）279—2017]

82 根据《国家电网公司用电信息采集终端质量监督管理办法》规定，供货前质量监督指对中标供应商在供货前产品生产期间的质量监督，包括供货前（　　）、产品巡视、生产前适应性检查等工作。

A. 技术联络会　　B. 技术审查　　C. 产品检查　　D. 产品检验

正确答案：A

【依据出处】《国家电网公司用电信息采集终端质量监督管理办法》[国网（营销 /4）279—2017]

83 《国家电网公司用电信息采集终端质量监督管理办法》规定，采集终端到货批次不合格率大于或等于（　　），定为三类质量问题；大于或等于（　　），定为四类质量问题。

A.10%；20%　　B.20%；40%　　C.30%；40%　　D.40%；50%

正确答案：B

【依据出处】《国家电网公司用电信息采集终端质量监督管理办法》[国网（营销 /4）279—2017]

84 根据《国家电网公司用电信息采集终端质量监督管理办法》规定，稽查人员在稽查过程中发现供应商某一供货批次采集终端产品由于生产能力、制造工艺、元器件质量、软件程序缺陷、测试试验等环节的原因导致批量质量隐患，对公司正常经营管理活动和生产秩序造成一定不良影响。上述采集终端质量监督评价应属于第（　　）类质量问题。

A. 一　　B. 二　　C. 三　　D. 四

正确答案：B

【依据出处】《国家电网公司用电信息采集终端质量监督管理办法》[国网（营销 /4）279—2017]

85 根据《国家电网公司用电信息采集终端质量监督管理办法》规定，下列指标不是采集终端投入运行环节关键指标的是（　　）。

A. 运行终端分批故障率　　B. 运行终端分类故障率

C. 运行终端批次不合格率　　D. 运行终端采集成功率

正确答案：D

【依据出处】《国家电网公司用电信息采集终端质量监督管理办法》[国网（营销 /4）279—2017]

86 根据《国家电网公司用电信息采集终端质量监督管理办法》规定，用电信息采集终端中标批次合格率、到货批次不合格率、全检验收合格率的统计周期是在公司系统定期滚动累进统计，按（　　）报送。

A. 周　　B. 月　　C. 季度　　D.100 天

正确答案：B

【依据出处】《国家电网公司用电信息采集终端质量监督管理办法》[国网（营销 /4）279—2017]

87 根据《国网营销部关于印发用电信息采集故障现象甄别和处置手册的》规定，（ ）是指采集终端出现漏报、错报或频繁上报重要事件的现象。

A. 事件异常上报　　B. 事件主动上报

C. 主站召测终端事件　　D. 终端告警事件上报

正确答案：A

【依据出处】《国网营销部关于印发用电信息采集故障现象甄别和处置手册的》（营销计量〔2015〕33号）

88 根据《国网营销部关于印发用电信息采集故障现象甄别和处置手册的》规定，检查采集终端远程通信模块接口输出的电压，应为（ ）V。

A.3.8~4.2　　B.3.8~6.0　　C.3.0~4.2　　D.3.8~5

正确答案：A

【依据出处】《国网营销部关于印发用电信息采集故障现象甄别和处置手册的》（营销计量〔2015〕33号）

89 根据《国网营销部关于印发用电信息采集故障现象甄别和处置手册的》规定，用电信息采集典型故障可归纳为（ ）大类常见故障现象。

A.6　　B.7　　C.8　　D.9

正确答案：A

【依据出处】《国网营销部关于印发用电信息采集故障现象甄别和处置手册的》（营销计量〔2015〕33号）

90 根据《中华人民共和国计量法》规定，国家计量检定规程的统一代号是（ ）。

A.JJG　　B.JJF　　C.GB　　D.DL

正确答案：A

【依据出处】《中华人民共和国计量法》

91 根据《中华人民共和国计量法》规定，计量监督人员违法失职，情节严重的，依照（ ）有关规定追究（ ）；情节轻微的，给予（ ）。

A.《中华人民共和国刑法》；刑事责任；行政处分

B.《中华人民共和国计量法》；法律责任；行政处分

C.《中华人民共和国计量法》；经济处罚；警告

D.《中华人民共和国刑法》；刑事责任；警告

正确答案：A

【依据出处】《中华人民共和国计量法》

92 在任意三相电路中（ ）。

A. 三个相电压的相量和必为零　　B. 三个线电压的相量和必为零

C. 三个线电流的相量和必为零　　D. 三个相电流的相量和必为零

正确答案：B

【依据出处】《电工基础》

93 根据《中华人民共和国计量法》规定，密度单位中文名称叙述正确的是（ ）。

A. 千克每立方米　　B. 千克每三次方米　　C. 千克 / 立方米　　D. 千克（米）

正确答案：A

【依据出处】《中华人民共和国计量法》

94 根据《中华人民共和国计量法》规定，实行强制检定的工作计量器具的目录和管理办法，由（ ）制定。

A. 国务院　　B. 省级地方人民政府

C. 市级地方人民政府　　D. 县级地方人民政府

正确答案：A

【依据出处】《中华人民共和国计量法》

95 根据《中华人民共和国计量法》规定，县级以上地方人民政府计量行政部门根据本地区的需要，建立社会公用计量标准器具，经（　　）人民政府计量行政部门主持考核合格后使用。

A. 省级　　B. 同级　　C. 上级　　D. 市级

正确答案：C

【依据出处】《中华人民共和国计量法》

96 根据《中华人民共和国计量法》规定，因计量器具（　　）所引起的纠纷，简称计量纠纷。

A. 精确度　　B. 准确度　　C. 精密度　　D. 精准度

正确答案：B

【依据出处】《中华人民共和国计量法》

97 根据《电能计量装置通用设计规范》规定，稽查户外式计量箱或户外式配电计量综合箱（JP 柜）的底部安装高度时，应符合规范要求，不宜低于（　　）m。

A.1　　B.1.2　　C.1.5　　D.2.0

正确答案：C

【依据出处】《电能计量装置通用设计规范》（Q/GDW 10347—2016）

98 根据《智能电能表功能规范》规定，智能电能表轮显和键显功能项最多可设置（　）项。

A.96　　B.99　　C.60　　D.100

正确答案：B

【依据出处】《智能电能表功能规范》（Q/GDW 1354—2013）

99 根据《电能计量装置通用设计规范》规定，稽查经电流互感器接入的电能表的配置时，其额定电流不宜超过电流互感器额定二次电流的 30%，其最大电流宜为电流互感器额定二次电流的（　）。

A.1　　B.1.1　　C.1.2　　D.1.5

正确答案：C

【依据出处】《电能计量装置通用设计规范》（Q/GDW 10347—2016）

100 对拆回的封印处理的稽查，应符合《国家电网公司电能计量封印管理办法》规定，封印应妥善保管，（　）。

A. 自行丢弃处理　　B. 统一上交后集中销毁

C. 留存本单位，保留至少 1 年　　D. 留存本单位，保留至少 2 年

正确答案：B

【依据出处】《国家电网公司电能计量封印管理办法》[国网（营销 /4）275—2014]

101 根据《国家电网公司电能计量封印管理办法》规定，封印使用人员在安装使用封印时应按照（　　）的原则。

A. 谁使用、谁负责　　B. 谁领用、谁安装　　C. 谁安装、谁负责　　D. 谁使用、谁安装

正确答案：A

【依据出处】《国家电网公司电能计量封印管理办法》[国网（营销 /4）275—2014]

102 根据《国家电网公司电能计量封印管理办法》规定，稽查室内检定过程中检定封与被加封计量设备时，查看其绑定信息应录入（　　）。

A. 计量生产调度平台（MDS 系统）　　B. 营销业务应用系统

C. 营销稽查系统　　D. 用电信息采集系统

正确答案：A

【依据出处】《国家电网公司电能计量封印管理办法》[国网（营销 /4）275—2014]

103 根据《国家电网公司电能计量封印管理办法》规定，稽查现场运行电能计量装置时，查看封印

信息应录入（　　）。

A. 计量生产调度平台（MDS 系统）　B. 营销业务应用系统
C. 营销稽查系统　D. 用电信息采集系统

正确答案：B

【依据出处】《国家电网公司电能计量封印管理办法》[国网（营销/4）275—2014]

104 根据《国家电网公司用电信息采集系统运行维护管理办法》规定，采集设备也应纳入计量资产（　　）管理。

A. 日常　B. 全寿命周期　C. 全寿命　D. 周期

正确答案：B

【依据出处】《国家电网公司用电信息采集系统运行维护管理办法》[国网（营销/4）278—2018]

105 根据《国家电网公司用电信息采集系统运行维护管理办法》规定，采集系统运行指标监控主要包括每（　　）监控本单位采集成功率等运行指标，分析采集失败原因并派发工单。

A. 月　B. 旬　C. 周　D. 日

正确答案：D

【依据出处】《国家电网公司用电信息采集系统运行维护管理办法》[国网（营销/4）278—2018]

106 根据《国家电网公司用电信息采集系统运行维护管理办法》规定，厂站采集终端、专用变压器采集终端、集中抄表终端（集中器、采集器）、农排费控终端、回路状态巡检仪、高压及台区考核电能表，巡视周期不超过（　　）。

A.2 个月　B.4 个月　C.6 个月　D.12 个月

正确答案：C

【依据出处】《国家电网公司用电信息采集系统运行维护管理办法》[国网（营销/4）278—2018]

107 根据《国家电网公司用电信息采集系统运行维护管理办法》规定，抄表数据应用管理，主要包括应定期对远程采集的数据进行现场复核，专用变压器用户复核周期不超过（　　）。

A.2 个月　B.4 个月　C.6 个月　D.12 个月

正确答案：C

【依据出处】《国家电网公司用电信息采集系统运行维护管理办法》[国网（营销/4）278—2018]

108 根据《国家电网公司用电信息采集系统运行维护管理办法》规定，当发现单个专用变压器用户、公用变压器考核表连续一天以上、低压用户连续三天以上采集异常时，地市、县供电企业运行监控人员进行故障分析后，应于（　　）h 内派发工单。

A.4　B.8　C.12　D.24

正确答案：B

【依据出处】《国家电网公司用电信息采集系统运行维护管理办法》[国网（营销/4）278—2018]

109 根据《国家电网公司用电信息采集系统运行维护管理办法》规定，计量在线监测，通过对（　　）中的电能计量数据、运行工况数据和事件记录等数据进行比对、统计分析。

A. 专用变压器终端　B. 集中器
C. 采集器　D. 电能表和采集终端

正确答案：D

【依据出处】《国家电网公司用电信息采集系统运行维护管理办法》[国网（营销/4）278—2018]

110 根据《国家电网公司用电信息采集系统运行维护管理办法》规定，通信接口转换器、通信模块、低压电能表、低压互感器、计量箱巡视周期不超过（　　）个月。

A.2　B.4　C.6　D.12

正确答案：D

【依据出处】《国家电网公司用电信息采集系统运行维护管理办法》[国网（营销/4）278—2018]

111 根据《国家电网公司用电信息采集系统运行维护管理办法》规定，现场各类采集设备安装应严格执行公司（ ）作业要求。

A. 规范化 B. 程序化 C. 标准化 D. 制度化

正确答案：C

【依据出处】《国家电网公司用电信息采集系统运行维护管理办法》[国网（营销 /4）278—2018]

112 根据《国家电网公司用电信息采集系统运行维护管理办法》规定，营销系统档案信息变更后，应于（ ）个工作日内同步至采集系统。

A.1 B.2 C.3 D.4

正确答案：A

【依据出处】《国家电网公司用电信息采集系统运行维护管理办法》[国网（营销 /4）278—2018]

113 根据《国家电网公司用电信息采集系统运行维护管理办法》规定，用电信息采集系统抄表数据应用时应定期对远程采集的数据进行现场复核，专用变压器用户复核周期不超过 3 个月，低压用户复核周期不超过（ ）个月。

A.3 B.6 C.9 D.12

正确答案：D

【依据出处】《国家电网公司用电信息采集系统运行维护管理办法》[国网（营销 /4）278—2018]

114 根据《国家电网公司用电信息采集系统运行维护管理办法》规定，运维单位开展远程通信信道故障抢修处理时间不得超过（ ）h。

A.8 B.12 C.24 D.36

正确答案：C

【依据出处】《国家电网公司用电信息采集系统运行维护管理办法》[国网（营销 /4）278—2018]

115 根据《国家电网公司用电信息采集系统运行维护管理办法》规定，对运维故障处理或采集设备调试监控的任务之一，（ ）跟踪故障处理或调试中的业务流程，跟踪流程中存在的问题，对超期故障处理或调试流程进行分析，并派发业务处理工单。

A. 每日 B. 每两天 C. 每三天 D. 每周

正确答案：A

【依据出处】《国家电网公司用电信息采集系统运行维护管理办法》[国网（营销 /4）278—2018]

116 根据《国家电网公司用电信息采集终端质量监督管理办法》规定，采集终端某一到货批次全检验收试验合格率大于或等于（ ），即评定为该批次合格。

A.0.97 B.0.975 C.0.98 D.0.985

正确答案：D

【依据出处】《国家电网公司用电信息采集终端质量监督管理办法》[国网（营销 /4）279—2017]

117 根据《国家电网公司用电信息采集终端质量监督管理办法》规定，中标批次合格率低于（ ），定为三类质量问题。

A.0.9 B.0.92 C.0.95 D.0.98

正确答案：A

【依据出处】《国家电网公司用电信息采集终端质量监督管理办法》[国网（营销 /4）279—2017]

118 根据《国家电网公司电能表质量管控办法》规定，拆回的电能表应在表库至少存放（ ），便于客户备查或客户提出异议时进行复核。

A.1 个抄表或电费结算周期 B.2 个抄表或电费结算周期

C.1 年 D.2 年

正确答案：A

【依据出处】《国家电网公司电能表质量管控办法》[国网（营销 /4）380—2014]

119 根据《智能电能表功能规范》规定，电能表清零操作应作为事件（ ），应有防止非授权人操作的安全措施。

A. 记录一年 B. 记录两年 C. 记录五年 D. 永久记录

正确答案：D

【依据出处】《智能电能表功能规范》（Q/GDW 1354—2013）

120 根据《国网营销部关于印发〈用电信息采集故障现象甄别和处置手册〉的通知》规定，数据采集失败是指（ ）的数据信息的现象。

A. 采集系统主站无法成功获取采集终端 B. 采集终端无法成功获取电能表

C. 采集系统主站无法成功获取采集终端或电能表 D. 采集系统主站无法成功获取电能表

正确答案：C

【依据出处】《国网营销部关于印发〈用电信息采集故障现象甄别和处置手册〉的通知》（营销计量〔2015〕33号）

121 根据《电能计量装置技术管理规程》规定，V类电能计量装置是指（ ）。

A.380V~10kV 电能计量装置 B.220V 单相电能计量装置

C.10kV~220kV 考核用电计量装置 D.220kV~500kV 考核用电计量装置

正确答案：B

【依据出处】《电能计量装置技术管理规程》（DL/T 448—2016）

122 当三相电压、电流完全对称，B相电压断线时，三相三线电能表所计量的有功电能是实际有功电能的（ ）倍。

A.1 B.0.5 C.0.33 D.0.1

正确答案：B

【依据出处】《电能计量装置技术管理规程》（DL/T 448—2016）

二、多选题（共48题）

1 根据《电能计量装置技术管理规程》规定，稽查Ⅰ类电能计量装置、计量单机容量100MW及以上发电机组上网贸易结算电量的电能计量装置和电网企业之间购销电量的110kV及以上的电能计量装置，宜配置（ ）相同的计量有功电量的主副两只电能表。

A. 规格 B. 型号 C. 准确度等级 D. 制造厂

正确答案：BC

【依据出处】《电能计量装置技术管理规程》（DL/T 448—2016）

2 根据《电能计量装置技术管理规程》规定，对电能计量器具订货验收规范性稽查，验收内容应包括（ ）、铭牌、安装尺寸、辅助部件以及功能和技术指标测试等。

A. 装箱单 B. 出厂检验报告（合格证）

C. 使用说明书 D. 外观结构

正确答案：ABC

【依据出处】《电能计量装置技术管理规程》（DL/T 448—2016）

3 根据《电能计量装置技术管理规程》规定，（ ）进行电能量结算、考核的计量点简称关口计量点。

A. 电网企业之间 B. 电网企业与发电企业之间

C. 供电企业之间 D. 供电企业与客户之间

正确答案：ABC

【依据出处】《电能计量装置技术管理规程》（DL/T 448—2016）

4 根据《电能计量装置技术管理规程》规定，稽查电能计量印证的领用发放，应只限于电能计量技术机构内从事计量管理、（ ）的人员，领取的计量印证应与其所从事的工作相适应。其他人员严禁领用。

A. 检定　　B. 更换　　C. 现场校验　　D. 安装

正确答案：ABCD

【依据出处】《电能计量装置技术管理规程》（DL/T 448—2016）

5 根据《电能计量装置技术管理规程》规定，计量印证主要包括（　　）。

A. 检定证书　　B. 不合格通知书　　C. 检定合格标记　　D. 校准证书

正确答案：ABCD

【依据出处】《电能计量装置技术管理规程》（DL/T 448—2016）

6 根据《电能计量装置技术管理规程》规定，电能表运行质量检验负荷点及其误差的测定，COSθ=1.0 时运行质量检验负荷点为（　　）。

A.I　　B.I_{max}　　C.0.2I　　D.0.1I

正确答案：ABD

【依据出处】《电能计量装置技术管理规程》（DL/T 448—2016）

7 根据《多功能电能表通信协议》规定，多功能电能表由测量单元和数据处理单元等组成，除计量有功 / 无功电能外，还具有分时、测量需量等功能，并能（　　）数据。

A. 显示　　B. 存储　　C. 输出　　D. 分析

正确答案：ABC

【依据出处】《多功能电能表通信协议》（DL/T 645—2007）

8 根据《多功能电能表通信协议》规定，对正向、反向有功电能进行（　　）组合运算得出的有功电能，单位为 kWh。

A. 加　　B. 减　　C. 乘　　D. 除

正确答案：AB

【依据出处】《多功能电能表通信协议》（DL/T 645—2007）

9 根据《电能计量装置安装接线规则》规定，电能表安装接线图包括（　　）。

A. 盘面布置图　　B. 二次安装接线图

C. 用于简单二次回路的安装原理接线图　　D. 设备原理图

正确答案：ABC

【依据出处】《电能计量装置安装接线规则》（DL/T 825—2002）

10 根据《电能计量装置安装接线规则》规定，电能计量装置竣工验收包括（　　）、计量回路的绝缘性能检查等项目。

A. 电能表的安装、接线　　B. 互感器的合成误差测试

C. 电压互感器二次压降的测试　　D. 综合误差的计算

正确答案：ABCD

【依据出处】《电能计量装置安装接线规则》（DL/T 825—2002）

11 根据《电能计量装置通用设计规范》规定，稽查采集终端安装场所的规范性，应选择（　　）的场所。

A. 具备通信条件　　B. 方便安装　　C. 易于维护　　D. 交通便利

正确答案：ABC

【依据出处】《电能计量装置通用设计规范》（Q/GDW 10347—2016）

12 根据《电能计量装置通用设计规范》规定，数字化电能表是对（　　）的数字量进行计量的电能计量设备。

A. 电压　　B. 电流　　C. 功率　　D. 功率因素

正确答案：AB

【依据出处】《电能计量装置通用设计规范》（Q/GDW 10347—2016）

13 根据《智能电能表功能规范》规定，下列关于智能电能表电能计量功能的描述正确的有（　　）。

A. 具有正向、反向有功电能和四象限无功电能计量功能，并可以据此设置组合有功和组合无功电能

B. 四象限无功电能除能分别记录、显示外，还可通过软件编程，实现组合无功 1 和组合无功 2 的计算、记录、显示

C. 采用各费率或各时段电能量算术加的方式计算总电能量

D. 具有计量分相有功电能功能，采用各分相电能量算术加的方式计算总电能量

正确答案：AB

【依据出处】《智能电能表功能规范》(Q/GDW 1354—2013)

14 根据《智能电能表功能规范》规定，属于三相智能电能表报警事件的有（　　）。

A. 失压　　B. 逆相序　　C. 电池欠压　　D. 时段切换

正确答案：ABC

【依据出处】《智能电能表功能规范》(Q/GDW 1354—2013)

15 根据《智能电能表功能规范》规定，智能电能表是具有（　　）、自动控制、信息交互等功能的电能表。

A. 电能量计量　　B. 信息存储及处理　　C. 声光报警　　D. 实时监测

正确答案：ABD

【依据出处】《智能电能表功能规范》(Q/GDW 1354—2013)

16 根据《智能电能表功能规范》规定，下列关于电能表费控功能的描述正确的有（　　）。

A. 电能表处于允许合闸状态，需由人工本地恢复供电

B. 在保证安全的情况下，可通过虚拟介质对电能表内的用电参数进行设置

C. 远程费控电能表应能够支持远程直接合闸与远程允许合闸

D. 本地费控电能表可通过固态介质对电能表内的用电参数进行设置

正确答案：ABCD

【依据出处】《智能电能表功能规范》(Q/GDW 1354—2013)

17 根据《智能电能表功能规范》规定，下列关于智能电能表需量测量功能的描述正确的有（　　）。

A. 总的最大需量测量应连续进行，各费率时段最大需量的测量应在相应的费率时段内完整的测量周期内进行

B. 需量周期默认值为 15min、滑差时间默认值为 5min

C. 在不完整的需量周期内，不应做最大需量的记录

D. 智能电能表能存储 12 个结算日最大需量数据

正确答案：ACD

【依据出处】《智能电能表功能规范》(Q/GDW 1354—2013)

18 根据《国家电网公司电能计量封印管理办法》规定，电能计量封印按照使用用途、使用场合和权限，分为（　　）、用电检查封、管理封。

A. 出厂封　　B. 检定封　　C. 安装维护封　　D. 现场检验封

正确答案：ABCD

【依据出处】《国家电网公司电能计量封印管理办法》[国网（营销/4）275—2014]

19 根据《国家电网公司电能计量封印管理办法》规定，电能计量封印应按使用场合分为实验室检定（测）和现场使用两类，其中现场使用的电能计量封印按持有人分为（　　）等电能计量封印。

A. 现场检验人员　　B. 装表接电人员　　C. 采集运维人员　　D. 用电检查人员

正确答案：ABCD

【依据出处】《国家电网公司电能计量封印管理办法》[国网（营销/4）275—2014]

20 根据《国家电网公司电能计量封印管理办法》规定，电能计量封印是指具有唯一编码、（ ）等功能，用来防止未授权的人员非法开启电能计量装置或确保电能计量装置不被无意开启，且具有法定效力的一次性使用的专用标识物体。

A. 自锁　B. 防窃电　C. 防撬　D. 防伪

正确答案：ACD

【依据出处】《国家电网公司电能计量封印管理办法》[国网（营销/4）275—2014]

21 根据《国家电网公司电能计量封印管理办法》规定，稽查封印使用人的范围，应是只限于从事计量检定、（ ）、装表接电等专业人员，而且不允许跨区域、超越职责范围使用。

A. 采集运维　B. 优质服务　C. 用电检查　D. 抄表核算

正确答案：AC

【依据出处】《国家电网公司电能计量封印管理办法》[国网（营销/4）275—2014]

22 根据《国家电网公司电能计量封印管理办法》规定，计量封印分为（ ）。

A. 卡扣式封印　B. 穿线式封印　C. 压接式封印　D. 电子式封印

正确答案：ABD

【依据出处】《国家电网公司电能计量封印管理办法》[国网（营销/4）275—2014]

23 根据《国家电网公司用电信息采集系统运行维护管理办法》规定，采集系统现场设备的常规巡视应结合（ ）等工作同步开展。

A. 用电检查　B. 周期性核抄　C. 现场检验　D. 采集运维

正确答案：ABCD

【依据出处】《国家电网公司用电信息采集系统运行维护管理办法》[国网（营销/4）278—2018]

24 根据《国家电网公司用电信息采集系统运行维护管理办法》规定，采集系统运行监控主要任务包括采集系统主站运行性能监控、（ ）、计量在线监测、各项业务应用情况监控等。

A. 采集系统运行指标监控　B. 采集数据质量监控

C. 采集系统故障监控　D. 采集系统采集指标监控

正确答案：ABC

【依据出处】《国家电网公司用电信息采集系统运行维护管理办法》[国网（营销/4）278—2018]

25 根据《国家电网公司用电信息采集系统运行维护管理办法》规定，当发现终端在线率低于（ ）、采集成功率低于90%、采集系统主站故障等大范围采集异常时应立即分析，并将故障现象逐级上报至省计量中心。

A. 终端在线率低于80%　B. 采集成功率低于90%

C. 采集系统主站故障　D. 采集数据正常率低于98%

正确答案：ABC

【依据出处】《国家电网公司用电信息采集系统运行维护管理办法》[国网（营销/4）278—2018]

26 根据《国家电网公司用电信息采集系统运行维护管理办法》规定，计量在线监测主要对计量设备异常进行监控分析，判断计量设备是否存在（ ）、时钟异常、接线异常、费控异常、停电事件异常等。

A. 电量异常　B. 负荷异常　C. 电压电流异常　D. 异常用电

正确答案：ABCD

【依据出处】《国家电网公司用电信息采集系统运行维护管理办法》[国网（营销/4）278—2018]

27 根据《电能计量装置技术管理规程》规定，运行中的电能计量装置应定期进行电能表现场检验，要求有（ ）。

A. Ⅰ类电能计量装置宜每6个月现场检验一次　B. Ⅱ类电能计量装置宜每12个月现场检验一次

C. Ⅱ类电能计量装置宜每18个月现场检验一次　D. Ⅲ类电能计量装置宜每24个月现场检验一次

正确答案：ABD

【依据出处】《电能计量装置技术管理规程》（DL/T 448—2016）

28 根据《国家电网公司电能计量故障、差错调查处理规定》规定，电能计量一般设备故障分为（　　）。

A. 一类故障　　B. 二类故障　　C. 三类故障　　D. 四类故障

正确答案：ABC

【依据出处】《国家电网公司电能计量故障、差错调查处理规定》[国网（营销 /4）385—2014]

29 根据《国家电网公司电能计量故障、差错调查处理规定》规定，因人为责任原因造成（　　）之一的，属二类差错。

A. 设备损坏直接经济损失每次 10 万元以下、3 万元及以上

B. 设备损坏直接经济损失每次 3 万元以下、0.5 万元及以上

C. 电量损失每次 10 万 kWh 以下、1 万 kWh 及以上

D. 差错电量每次 500 万 kWh 以下、100 万 kWh 及以上

正确答案：BCD

【依据出处】《国家电网公司电能计量故障、差错调查处理规定》[国网（营销 /4）385—2014]

30 根据《国家电网公司电能计量故障、差错调查处理规定》规定，因人为责任原因造成（　　）之一的，属一类差错。

A. Ⅰ类电能计量装置电量损失每次 200 万 kWh 及以上

B. Ⅱ类及以下电能计量装置电量损失每次 30 万 kWh 及以上

C. 设备损坏直接经济损失每次 3 万元及以上、10 万元以下

D. 差错电量每次 500 万 kWh 及以上、1500 万 kWh 以下

正确答案：CD

【依据出处】《国家电网公司电能计量故障、差错调查处理规定》[国网（营销 /4）385—2014]

31 根据《国家电网公司电能计量故障、差错调查处理规定》规定，因人为责任原因造成（　　）之一的，属三类差错。

A. 设备损坏直接经济损失每次 0.5 万元以下、0.2 万元及以上

B. 电量损失每次 10 万 kWh 以下、1 万 kWh 及以上

C. 电量损失每次 1 万 kWh 以下、0.5 万 kWh 及以上

D. 差错电量每次 100 万 kWh 以下、10 万 kWh 及以上

正确答案：ACD

【依据出处】《国家电网公司电能计量故障、差错调查处理规定》[国网（营销 /4）385—2014]

32 根据《国家电网公司电能计量故障、差错调查处理规定》规定，电能计量故障、差错按其（　　）及造成的影响大小，设备故障分为重大设备故障、一般设备故障、障碍。

A. 性质　　B. 差错时间　　C. 差错电量　　D. 经济损失

正确答案：ACD

【依据出处】《国家电网公司电能计量故障、差错调查处理规定》[国网（营销 /4）385—2014]

33 根据《国家电网公司电能计量故障、差错调查处理规定》规定，电能计量故障、差错分为设备故障和人为差错两大类。按其性质、差错电量、经济损失及造成的影响大小，人为差错分为（　　）。

A. 特重大人为差错　　B. 重大人为差错　　C. 一般人为差错　　D. 轻微人为差错

正确答案：BCD

【依据出处】《国家电网公司电能计量故障、差错调查处理规定》[国网（营销 /4）385—2014]

34 根据《国家电网公司电能计量故障、差错调查处理规定》规定，电能计量故障、差错分为设备故障和人为差错两大类。按其性质、差错电量、经济损失及造成的影响大小，设备故障分为（　　）。

A. 重大设备故障　　B. 一般设备故障　　C. 障碍　　D. 轻微故障

正确答案：ABC

【依据出处】《国家电网公司电能计量故障、差错调查处理规定》[国网（营销/4）385—2014]

35 根据《国家电网公司电能计量故障、差错调查处理规定》规定，一般人为差错分为（　　）。

A. 一类差错　B. 二类差错　C. 三类差错　D. 四类差错

正确答案：ABCD

【依据出处】《国家电网公司电能计量故障、差错调查处理规定》[国网（营销/4）385—2014]

36 根据《国网营销部关于印发电能表故障现象甄别和处置手册的通知》规定，电能表故障分为（　　）。

A. 工作质量　B. 外部因素　C. 不可抗力　D. 设备质量

正确答案：ABCD

【依据出处】《国网营销部关于印发电能表故障现象甄别和处置手册的通知》（营销计量〔2014〕42号）

37 根据《电能计量装置技术管理规程》规定，（　　）的电能计量装置属于Ⅲ类计量装置。

A.10kV 贸易结算用　B.35kV 贸易结算用

C.110kV 考核用　D.80MW 发电机发电量

正确答案：ABCD

【依据出处】《电能计量装置技术管理规程》（DL/T 448—2016）

38 根据《电能计量装置技术管理规程》规定，（　　）的电能计量装置属于Ⅱ类计量装置。

A.110kV 贸易结算用　B.500kV 考核用

C.200MW 发电机发电量　D. 变压器容量为 2000kVA 的高压计费用户

正确答案：AC

【依据出处】《电能计量装置技术管理规程》（DL/T 448—2016）

39 根据《电能计量装置技术管理规程》规定，新投运或改造后的（　　）类电能计量装置应在带负荷运行一个月内进行首次电能表现场检验。

A. Ⅰ　B. Ⅱ　C. Ⅲ　D. Ⅳ

正确答案：ABC

【依据出处】《电能计量装置技术管理规程》（DL/T 448—2016）

40 根据《三相智能电能表型式规范》规定，电能表到货后，由国家电网有限公司省级计量中心按照相关标准规定的抽样方法进行抽样和抽样验收试验，出现（　　）之一者则判定验收不合格。

A. 未经招标方有效书面确认，出现元器件不符、工艺简化、软件改动等情况

B. 试验中，依据本标准试验出现样品中任意一只任意一项不合格

C. 样品出现任一项 A 类不合格即判定该批样品不合格

D. 发现有 3 只及以上样品存在因生产工艺 . 元器件等同一原因引起的质量隐患问题

正确答案：ACD

【依据出处】《三相智能电能表型式规范》（Q/GDW 1356—2013）

41 根据《三相智能电能表型式规范》规定，单相智能电能表可通过（　　）等通信介质对电能表进行编程，并具备编程防护措施。

A. 调制型红外　B.RS485　C. 载波　D. 微功率无线

正确答案：ABCD

【依据出处】《三相智能电能表型式规范》（Q/GDW 1356—2013）

42 根据《电力用户用电信息采集系统功能规范》规定，电力用户用电信息采集系统对于采用（　　）接入电力信息网的安全防护，对接入必须制定严格的安全隔离措施。

A.GPRS 无线公网　B.230MHz 无线专网　C.CDMA 无线公网　D. 有线网

正确答案：AC

【依据出处】《电力用户用电信息采集系统功能规范》（Q/GDW 1373—2013）

43 根据《电力用户用电信息采集系统功能规范》规定，系统的主要采集方式有（　　）。

A. 定时自动采集　B. 人工召测　C. 主动上报　D. 按命令上报

正确答案：ABC

【依据出处】《电力用户用电信息采集系统功能规范》（Q/GDW 1373—2013）

44 根据《国家电网公司电能表质量监督管理办法》规定，属于工作质量故障类型的有（　　）。

A. 参数设置不正确　B. 接线错误　C. 潜动　D. 谐波

正确答案：AB

【依据出处】《国家电网公司电能表质量监督管理办法》[国网（营销/4）274—2014]

45 根据《国家电网公司用电信息采集系统运行维护管理办法》规定，用电信息采集系统运行维护对象主要包括（　　）。

A. 采集档案　B. 采集系统主站　C. 通信信道　D. 现场设备

正确答案：BCD

【依据出处】《国家电网公司用电信息采集系统运行维护管理办法》[国网（营销/4）278—2018]

46 根据《国家电网公司用电信息采集系统运行维护管理办法》规定，采集系统运行监控是对采集系统整体运行情况进行监督管控，主要任务包括（　　）等。

A. 采集系统主站运行性能监控　B. 采集系统运行指标监控

C. 采集数据质量监控、采集系统故障监控　D. 计量在线监测、各项业务应用情况监控

正确答案：ABCD

【依据出处】《国家电网公司用电信息采集系统运行维护管理办法》[国网（营销/4）278—2018]

47 根据《国家电网公司用电信息采集终端质量监督管理办法》规定，到货验收质量监督内容应包括（　　），试验项目及试验方法按公司技术标准执行。

A. 到货后样品比对　B. 抽样验收试验

C. 到货后全部产品外观检查　D. 全检验收试验

正确答案：ABD

【依据出处】《国家电网公司用电信息采集终端质量监督管理办法》[国网（营销/4）279—2017]

48 根据《国网营销部关于印发电能表故障现象甄别和处置手册的通知》规定，电能表黑屏故障形式主要有（　　）。

A. 变压器或供电回路元器件故障

B. 电能表液晶显示屏故障

C. 轮显按键无反应

D. 程序设计存在缺陷导致下 MCU 死机

E. 电能表不计量

正确答案：AD

【依据出处】《国网营销部关于印发电能表故障现象甄别和处置手册的通知》（营销计量〔2014〕42号）

三、判断题（共118题）

1 根据《国家电网公司用电信息采集系统运行维护管理办法》规定，采集设备不应纳入计量资产全寿命周期管理。（　　）

答案：错误

【依据出处】《国家电网公司用电信息采集系统运行维护管理办法》[国网（营销/4）278-2018]

2 根据《集中抄表终端（集中器、采集器）装拆及验收标准化作业指导书》规定，安装集中抄表终端时，应检查电能计量装置运行状况是否正常，发现问题当即进行检查处理，必要时对现场进行拍照取证。（　　）

答案：错误

【依据出处】《集中抄表终端（集中器、采集器）装拆及验收标准化作业指导书》（Q/GDW/ZY 1020—2013）

3　根据《电力用户用电信息采集系统技术规范　第 2 部分：集中抄表终端技术规范》规定，采集器是用于采集多个电能表电能信息，并可与集中器交换数据的设备。(　　)

答案：正确

【依据出处】《电力用户用电信息采集系统技术规范　第 2 部分：集中抄表终端技术规范》（Q/GDW 1374.2—2013）

4　根据《国网营销部关于印发〈用电信息采集故障现象甄别和处置手册〉的通知》规定，采集数据时有时无是指采集数据不完整、无采集数据、采集数据不连续的现象。(　　)

答案：正确

【依据出处】《国网营销部关于印发〈用电信息采集故障现象甄别和处置手册〉的通知》（营销计量〔2015〕33 号）

5　根据《国家电网公司用电信息采集系统运行维护管理办法》规定，采集数据质量监控，当发现批量数据质量异常时，应立即上报，由省营销部立即组织异常排查处理工作。(　　)

答案：错误

【依据出处】《国家电网公司用电信息采集系统运行维护管理办法》[国网（营销 /4）278—2018]

6　根据《国家电网公司用电信息采集系统运行维护管理办法》规定，采集数据质量监控主要包括每日跟踪分析本单位采集系统数据质量情况及相关数据异常情况，根据数据异常项和各类告警信息，分析判断异常原因并派发工单。(　　)

答案：正确

【依据出处】《国家电网公司用电信息采集系统运行维护管理办法》[国网（营销 /4）278—2018]

7　根据《国家电网公司用电信息采集系统运行维护管理办法》规定，采集数据质量监控包括对下级单位处理不及时的数据质量问题派发督办工单。(　　)

答案：正确

【依据出处】《国家电网公司用电信息采集系统运行维护管理办法》[国网（营销 /4）278—2018]

8　根据《国家电网公司用电信息采集系统建设管理办法》规定，采集系统建设的总体目标是实现对公司经营区域内电力用户的“全费控、全覆盖、全采集”。(　　)

答案：正确

【依据出处】《国家电网公司用电信息采集系统运行维护管理办法》[国网（营销 /4）278—2018]

9　根据《国家电网公司用电信息采集系统运行维护管理办法》规定，采集系统运行维护技术考核指标至少应包括采集系统月均采集成功率。(　　)

答案：错误

【依据出处】《国家电网公司用电信息采集系统运行维护管理办法》[国网（营销 /4）278—2018]

10　根据《国家电网公司用电信息采集终端质量监督管理办法》规定，采集终端报废前质量监督规范性的稽查内容包括提交报废申请、报废前技术鉴定、履行报废手续等工作的稽查。(　　)

答案：正确

【依据出处】《国家电网公司用电信息采集终端质量监督管理办法》[国网（营销 /4）279—2017]

11　根据《国家电网公司用电信息采集终端质量监督管理办法》规定，采集终端某一到货批次全检验收试验合格率大于或等于 98.5%，不能评定为该批次合格。(　　)

答案：错误

【依据出处】《国家电网公司用电信息采集终端质量监督管理办法》[国网（营销 /4）279—2017]

12　根据《国家电网公司用电信息采集终端质量监督管理办法》规定，采集终端招标前质量监督检测试验结果应录入国网计量生产调度平台（SG-MDS 系统）。(　　)

答案：正确

【依据出处】《国家电网公司用电信息采集终端质量监督管理办法》[国网（营销/4）279—2017]

13 根据《国家电网公司用电信息采集系统运行维护管理办法》规定，抄表数据应用管理主要包括应定期对远程采集的数据进行现场复核，专用变压器用户复核周期不超过3个月。（ ）

答案：错误

【依据出处】《国家电网公司用电信息采集系统运行维护管理办法》[国网（营销/4）278—2018]

14 根据《国家电网公司用电信息采集系统运行维护管理办法》规定，当采集终端出现故障，运维人员接到工单后，应于1个工作日内到达现场，2个工作日内反馈结果。（ ）

答案：错误

【依据出处】《国家电网公司用电信息采集系统运行维护管理办法》[国网（营销/4）278—2018]

15 根据《电能计量装置技术管理规程》规定，当二次回路负荷超过互感器额定二次负荷或二次回路电压降超差时应及时查明原因，并在15天内处理。（ ）

答案：错误

【依据出处】《电能计量装置技术管理规程》（DL/T 448—2016）

16 根据《国家电网公司用电信息采集系统运行维护管理办法》规定，当发现单个专用变压器用户、公用变压器考核表连续一天以上采集异常时，地市、县供电企业运行监控人员进行故障分析后，应于8h内派发工单。（ ）

答案：正确

【依据出处】《国家电网公司用电信息采集系统运行维护管理办法》[国网（营销/4）278—2018]

17 根据《国家电网公司用电信息采集系统运行维护管理办法》规定，当发现低压用户连续3天以上采集异常时，地市、县供电企业运行监控人员进行故障分析后，应于24h内派发工单。（ ）

答案：错误

【依据出处】《国家电网公司用电信息采集系统运行维护管理办法》[国网（营销/4）278—2018]

18 根据《电能计量装置技术管理规程》规定，低压供电，计算负荷电流为60A及以上时，宜采用经电流互感器接入电能表的接线方式。（ ）

答案：错误

【依据出处】《电能计量装置技术管理规程》（DL/T 448—2016）

19 根据《电能计量装置技术管理规程》规定，低压供电，计算负荷电流为60A以下时，宜采用直接接入电能表的接线方式。（ ）

答案：错误

【依据出处】《电能计量装置技术管理规程》（DL/T 448—2016）

20 根据《国家电网公司用电信息采集系统运行维护管理办法》规定，低压用户日采集成功率是指统计周期内，用电信息采集主站系统24h内成功采集低压用户数占应采集的低压用户总数的比率，月、季、年统计日平均值。（ ）

答案：正确

【依据出处】《国家电网公司用电信息采集系统运行维护管理办法》[国网（营销/4）278—2018]

21 根据《国网营销部关于印发电能表故障现象甄别和处置手册的通知》规定，电能表数据异常是指电能表内存储数据发生突变，如电量、参数或其他重要数据发生清零或者错乱。（ ）

答案：正确

【依据出处】《国网营销部关于印发电能表故障现象甄别和处置手册的通知》（营销计量〔2014〕42号）

22 根据《电能计量装置技术管理规程》规定，电能计量装置应能接入电能信息采集与管理系统。（ ）

答案：正确

【依据出处】《电能计量装置技术管理规程》（DL/T 448—2016）

23 根据《电能计量装置通用设计规范》规定，电能计量装置中电压互感器二次回路电压降应不大

于其额定二次电压的 0.2%。(　　)

答案：正确

【依据出处】《电能计量装置通用设计规范》(Q/GDW 10347—2016)

24　根据《用电信息采集系统采集运维闭环管理功能模块标准化设计》规定，对 SIM 卡使用规范性稽查包括 SIM 卡发放时的资产状态应为“库存”状态。(　　)

答案：正确

【依据出处】《用电信息采集系统采集运维闭环管理功能模块标准化设计》

25　根据《国家电网公司电能计量故障、差错调查处理规定》规定，对计量故障、差错的稽查结果判定，当差错电量每次 10 万 kWh 以下、1 万 kWh 及以上，自发现之时起，未在 72h 内恢复正常计量或在 15 个工作日内未在营销业务应用系统中完成电量更正的，为三类一般人为差错。(　　)

答案：错误

【依据出处】《国家电网公司电能计量故障、差错调查处理规定》[国网(营销/4)385—2014]

26　根据《国家电网公司用电信息采集系统运行维护管理办法》规定，对于复电及电费下发执行失败的任务，运维人员接到工单后，应于 12h 内到达现场，1 个工作日内进行消缺。(　　)

答案：错误

【依据出处】根据《国家电网公司用电信息采集系统运行维护管理办法》[国网(营销/4)278—2018]

27　根据《国家电网公司用电信息采集系统运行维护管理办法》规定，对于高压及台区考核电能表采集失败，运维人员接到工单后，应于 2 个工作日内到达现场，3 个工作日内反馈结果。(　　)

答案：错误

【依据出处】根据《国家电网公司用电信息采集系统运行维护管理办法》[国网(营销/4)278—2018]

28　根据《国家电网公司用电信息采集系统运行维护管理办法》规定，对于台区同期线损异常业务，运维人员接到工单后，应于 2 个工作日内到达现场，3 个工作日内反馈结果。(　　)

答案：正确

【依据出处】根据《国家电网公司用电信息采集系统运行维护管理办法》[国网(营销/4)278—2018]

29　根据《电能计量装置安装接线规则》规定，二次回路接好后，应进行接线正确性检查。(　　)

答案：正确

【依据出处】《电能计量装置安装接线规则》(DL/T 825—2002)

30　根据《电能计量装置安装接线规则》规定，非计量用电流互感器可采用星型(或不完全星型)接线方式。(　　)

答案：正确

【依据出处】《电能计量装置安装接线规则》(DL/T 825—2002)

31　根据《电能计量装置技术管理规程》规定，高压电压、电流互感器每 5 年现场检验一次。(　　)

答案：错误

【依据出处】《电能计量装置技术管理规程》(DL/T 448—2016)

32　根据《国家电网公司用电信息采集系统运行维护管理办法》规定，各级供电企业应认真落实“管业务必须管安全”的要求，做好采集系统运维现场作业和网络信息的安全保障。(　　)

答案：正确

【依据出处】根据《国家电网公司用电信息采集系统运行维护管理办法》[国网(营销/4)278—2018]

33　根据《国家电网公司用电信息采集系统运行维护管理办法》规定，各级供电企业应依托采集系统主站计量在线监测功能，开展采集及计量异常分析、监控、派工、处理、评价的全过程闭环管理。(　　)

答案：错误

【依据出处】根据《国家电网公司用电信息采集系统运行维护管理办法》[国网(营销/4)278—2018]

34 根据《电能计量装置技术管理规程》规定，35kV以上贸易结算用电能计量装置的电压互感器二次回路，不应装设隔离开关辅助接点，也不可装设空气开关。(　　)

答案：错误

【依据出处】《电能计量装置技术管理规程》(DL/T 448—2016)

35 根据《电能计量装置技术管理规程》规定，500kV及以上考核用计量装置属于Ⅰ类电能计量装置。(　　)

答案：正确

【依据出处】《电能计量装置技术管理规程》(DL/T 448—2016)

36 根据《电能计量装置技术管理规程》规定，Ⅰ类电能计量装置、计量单机容量100MW及以上发电机组上网贸易结算电量的电能计量装置和电网企业之间购销电量的110kV及以上的电能计量装置，宜配置型号、准确度等级相同的计量有功电量的主副两只电能表。(　　)

答案：正确

【依据出处】《电能计量装置技术管理规程》(DL/T 448—2016)

37 根据《电能计量装置技术管理规程》规定，电流互感器额定一次电流的确定，应保证其在正常运行中的实际负荷电流达到额定值的60%左右，至少应不小于20%。否则，应选用高动热稳定电流互感器，以减小变比。(　　)

答案：错误

【依据出处】《电能计量装置技术管理规程》(DL/T 448—2016)

38 根据《电能计量装置技术管理规程》规定，二次回路接入静止式电能表时，电压互感器额定二次负荷不宜超过15VA。(　　)

答案：错误

【依据出处】《电能计量装置技术管理规程》(DL/T 448—2016)

39 根据《电能计量装置技术管理规程》规定，接入非中性点绝缘系统的电压互感器，宜采用Yy0方式接线，其一次侧接地方式和系统接地方式相一致。(　　)

答案：错误

【依据出处】《电能计量装置技术管理规程》(DL/T 448—2016)

40 根据《电能计量装置技术管理规程》规定，经互感器接入的贸易结算用电能计量装置应按计量点配置电能计量专用电压、电流互感器或专用二次绕组，只要不影响正确计量，可以接入仪表等二次设备。(　　)

答案：错误

【依据出处】《电能计量装置技术管理规程》(DL/T 448—2016)

41 根据《电能计量装置技术管理规程》规定，现场检验用标准仪器至少应比被检品高两个准确度等级，其他指示仪表的准确度等级应不低于0.5级，其量限及测试功能应配置合理。(　　)

答案：正确

【依据出处】《电能计量装置技术管理规程》(DL/T 448—2016)

42 根据《电能计量装置技术管理规程》规定，新投运或改造后的Ⅰ、Ⅱ、Ⅲ类电能计量装置应在带负荷运行15天内进行首次电能表现场检验。(　　)

答案：错误

【依据出处】《电能计量装置技术管理规程》(DL/T 448—2016)

43 根据《电能计量装置技术管理规程》规定，运行中Ⅰ类电能计量装置宜每3个月现场检验一次。(　　)

答案：错误

【依据出处】《电能计量装置技术管理规程》(DL/T 448—2016)

44 根据《国家电网公司电能计量故障、差错调查处理规定》规定，故障、差错责任确定后，应

本着实事求是和“四不放过”的原则，按照人事管理权限对故障、差错责任单位和人员提出处罚意见。(　　)

答案：正确

【依据出处】根据《国家电网公司电能计量故障、差错调查处理规定》[国网（营销/4）385—2014]

45 根据《电能计量装置技术管理规程》规定，互感器二次回路的连接导线应采用铝质单芯绝缘线。(　　)

答案：错误

【依据出处】《电能计量装置技术管理规程》(DL/T 448—2016)

46 根据《电能计量装置安装接线规则》规定，稽查电能计量装置安装规范性时，查看二次回路中性线应只采用黑色线一种。(　　)

答案：错误

【依据出处】《电能计量装置安装接线规则》(DL/T 825—2002)

47 根据《国家电网公司电能计量封印管理办法》规定，稽查室内检定过程规范性，应查看检定封与被加封计量设备的绑定信息、现场运行电能计量装置的封印信息，录入了营销业务应用系统，并实现封印的跟踪查询和统计分析。(　　)

答案：错误

【依据出处】《国家电网公司电能计量封印管理办法》[国网（营销/4）275—2014]

48 根据《国家电网公司用电信息采集系统建设管理办法》规定，稽查台区采集安装标准化验收工作，应查看是否遵循安装一片、调试一片、采集一片、应用一片的原则。(　　)

答案：错误

【依据出处】《国家电网公司用电信息采集系统建设管理办法》[国网（营销/4）383—2014]

49 根据《电能计量装置技术管理规程》规定，接入中性点绝缘系统的电压互感器，35kV以下的宜采用Yy方式接线。(　　)

答案：错误

【依据出处】《电能计量装置技术管理规程》(DL/T 448—2016)

50 根据《国家电网公司电能计量故障、差错调查处理规定》规定，居民客户计量故障、差错处理到达现场时间：城区范围45min、农村地区1h，特别偏远地区2h。(　　)

答案：错误

【依据出处】《国家电网公司电能计量故障、差错调查处理规定》[国网（营销/4）385—2014]

51 根据《国网营销部关于印发〈用电信息采集故障现象甄别和处置手册〉的通知》规定，数据采集失败是指采集终端无法成功获取电能表的数据信息的现象。(　　)

答案：错误

【依据出处】《国网营销部关于印发〈用电信息采集故障现象甄别和处置手册〉的通知》(营销计量〔2015〕33号)

52 根据《国家电网公司用电信息采集系统运行维护管理办法》规定，现场设备运维对象包括厂站采集终端、专用变压器采集终端、低压集中抄表终端（集中器）、采集器及电能表、本地通信信道。(　　)

答案：正确

【依据出处】《国家电网公司用电信息采集系统运行维护管理办法》[国网（营销/4）278—2018]

53 根据《国家电网公司用电信息采集系统运行维护管理办法》规定，现场设备运维内容不包括现场设备巡视。(　　)

答案：错误

【依据出处】《国家电网公司用电信息采集系统运行维护管理办法》[国网（营销/4）278—2018]

54 根据《国家电网公司用电信息采集系统运行维护管理办法》规定，营销系统档案信息变更后，

应于 1 个工作日内同步至采集系统。(　　)

答案：正确

【依据出处】《国家电网公司用电信息采集系统运行维护管理办法》[国网(营销 /4) 278—2018]

55 根据《国家电网公司计量工作管理规定》规定，应加强计量标准装置的运行、维护管理，发现异常及时排查，并将有关情况报上一级计量管理部门。(　　)

答案：错误

【依据出处】《国家电网公司计量工作管理规定》[国网(营销 /3) 388—2014]

56 根据《国网营销部关于印发〈用电信息采集故障现象甄别和处置手册〉的通知》规定，用电信息采集故障是指由采集终端、电能表失去或降低其规定功能等造成数据采集异常的现象。(　　)

答案：错误

【依据出处】《国网营销部关于印发〈用电信息采集故障现象甄别和处置手册〉的通知》(营销计量〔2015〕33 号)

57 根据《电力用户用电信息采集系统功能规范》规定，与用电信息采集终端设备有电气连接的设备有电能表、互感器、跳闸开关等。(　　)

答案：正确

【依据出处】《电力用户用电信息采集系统功能规范》(Q/GDW 1373—2013)

58 根据《国家电网公司用电信息采集终端质量监督管理办法》规定，运行采集终端批次不合格率大于或等于 10%，定为三类质量问题；大于或等于 30%，定为四类质量问题。(　　)

答案：正确

【依据出处】《国家电网公司用电信息采集终端质量监督管理办法》[国网(营销 /4) 279—2017]

59 根据《电能计量装置技术管理规程》规定，运行中的低压电流互感器，宜在电能表更换时进行变比、二次回路及其负荷的检查。(　　)

答案：正确

【依据出处】《电能计量装置技术管理规程》(DL/T 448—2016)

60 根据《国家电网公司用电信息采集系统运行维护管理办法》规定，运维故障处理或采集设备调试的监控主要包括每日跟踪故障处理或调试中的业务流程，跟踪流程中存在的问题，对超期故障处理或调试流程进行分析，并派发业务处理工单；对下级单位处理不及时的流程派发督办工单。(　　)

答案：正确

【依据出处】《国家电网公司用电信息采集系统运行维护管理办法》[国网(营销 /4) 278—2018]

61 根据《国家电网公司用电信息采集系统运行维护管理办法》规定，运维人员接到采集器、通信接口转换器故障工单后，应于 2 个工作日内到达现场，3 个工作日内反馈结果。(　　)

答案：正确

【依据出处】《国家电网公司用电信息采集系统运行维护管理办法》[国网(营销 /4) 278—2018]

62 根据《国家电网公司用电信息采集终端质量监督管理办法》规定，在到货后样品比对、软件比对和抽样验收试验合格后，按计划开展全检验收试验，对全部到货产品按批次抽样进行试验验收。(　　)

答案：错误

【依据出处】《国家电网公司用电信息采集终端质量监督管理办法》[国网(营销 /4) 279—2017]

63 根据《国家电网公司用电信息采集终端质量监督管理办法》规定，在进行到货批次不合格率统计时，整改前和整改后的批次数按两个批次计算。(　　)

答案：正确

【依据出处】《国家电网公司用电信息采集终端质量监督管理办法》[国网(营销 /4) 279—2017]

64 根据《国家电网公司用电信息采集系统时钟管理办法》规定，在运行环节，采集系统主站对偏差大于 1min 但小于 5min 的采集终端直接进行远程校时。(　　)

答案：正确

【依据出处】《国家电网公司用电信息采集系统时钟管理办法》[国网（营销/4）384—2014]

65 根据《国网营销部关于印发〈用电信息采集故障现象甄别和处置手册〉的通知》规定，终端、电能表时钟与主站时钟偏差会造成日冻结数据采集失败，通过主站召测终端、电能表时钟，核对时钟是否正确。(　　)

答案：正确

【依据出处】《国网营销部关于印发〈用电信息采集故障现象甄别和处置手册〉的通知》(营销计量〔2015〕33号)

66 根据《国家电网公司用电信息采集终端质量监督管理办法》规定，产品巡视（监造）有任一项内容不满足要求，均判定为不合格，限期3天整改，若整改延期，定为二类质量问题。(　　)

答案：正确

【依据出处】《国家电网公司用电信息采集终端质量监督管理办法》[国网（营销/4）279—2017]

67 根据《智能电能表功能规范》规定，通信时，电能表的计量性能、存储的计量数据和参数不应受到影响。(　　)

答案：错误

【依据出处】《智能电能表功能规范》(Q/GDW 1354—2013)

68 根据《国网营销部关于印发用电信息采集故障现象甄别和处置手册的》规定，采集故障现象分类有终端离线、终端频繁登录主站、数据采集失败、采集数据时有时无、数据采集错误、事件上报异常。(　　)

答案：正确

【依据出处】《国网营销部关于印发用电信息采集故障现象甄别和处置手册的》(营销计量〔2015〕33号)

69 根据《国家电网公司用电信息采集系统运行维护管理办法》规定，采集系统故障监控主要对通信及现场设备采集故障进行分析监控，对故障问题派发业务处理工单。(　　)

答案：错误

【依据出处】《国家电网公司用电信息采集系统运行维护管理办法》[国网（营销/4）278—2018]

70 根据《国家电网公司用电信息采集系统运行维护管理办法》规定，采集系统运行指标监控主要包括每日监控本单位采集成功率等运行指标，分析采集失败原因并派发工单。(　　)

答案：正确

【依据出处】《国家电网公司用电信息采集系统运行维护管理办法》[国网（营销/4）278—2018]

71 根据《国家电网公司用电信息采集系统运行维护管理办法》规定，采集系统主站运行性能监控时，对发现的异常问题进行初步分析，应于1h内派发工单。(　　)

答案：错误

【依据出处】《国家电网公司用电信息采集系统运行维护管理办法》[国网（营销/4）278—2018]

72 根据《国家电网公司用电信息采集系统运行维护管理办法》规定，采集业务应用情况监控主要包括每日跟踪采集业务应用情况及相关指标，并积极配合各业务应用部门对应用中发现的问题进行处理。(　　)

答案：正确

【依据出处】《国家电网公司用电信息采集系统运行维护管理办法》[国网（营销/4）278—2018]

73 采集终端可以同时抄读不同协议的电能表。(　　)

答案：正确

74 根据《国家电网公司用电信息采集终端质量监督管理办法》规定，采集终端质量监督评价结论分为五类质量问题。(　　)

答案：错误

【依据出处】《国家电网公司用电信息采集终端质量监督管理办法》[国网（营销/4）279—2017]

75 根据《电能计量装置技术管理规程》规定，待安装的电能计量器具应经依法取得计量授权的电力企业电能计量技术机构检定合格。(　　)

答案：正确

【依据出处】《电能计量装置技术管理规程》(DL/T 448—2016)

76 根据《智能电能表功能规范》规定，单相电能表供电电压低于电能表工作电压，此种工况称为掉电。(　　)

答案：错误

【依据出处】《智能电能表功能规范》(Q/GDW 1354—2013)

77 根据《三相智能电能表型式规范》规定，单相智能电能表准确度等级为有功 2 级。(　　)

答案：正确

【依据出处】《三相智能电能表型式规范》(Q/GDW 1356—2013)

78 根据《国家电网公司用电信息采集系统运行维护管理办法》规定，当发现终端在线率低于 85%、采集成功率低于 90%、采集系统主站故障等大范围采集异常时应立即分析，并将故障现象逐级上报至省计量中心。(　　)

答案：正确

【依据出处】《国家电网公司用电信息采集系统运行维护管理办法》[国网(营销/4)278—2018]

79 根据《电能计量装置技术管理规程》规定，电能表、互感器的检定原始记录应完整、可靠地保存。(　　)

答案：正确

【依据出处】《电能计量装置技术管理规程》(DL/T 448—2016)

80 根据《电能计量装置技术管理规程》规定，电能表、互感器库房应保持干燥、整洁，具有防尘、防潮、防盐雾和预防其他腐蚀性气体的措施。(　　)

答案：正确

【依据出处】《电能计量装置技术管理规程》(DL/T 448—2016)

81 根据《国家电网公司电能计量故障、差错调查处理规定》规定，电能计量故障、差错分为设备故障和人为差错两大类。(　　)

答案：正确

【依据出处】《国家电网公司电能计量故障、差错调查处理规定》[国网(营销/4)385—2014]

82 根据《电能计量装置技术管理规程》规定，电能计量器具每一资产应有唯一的资产编号。(　　)

答案：正确

【依据出处】《电能计量装置技术管理规程》(DL/T 448—2016)

83 根据《电能计量装置技术管理规程》规定，电能计量器具配送装卸过程宜采用自动化或专用机械设备，轻拿轻放，避免碰撞和抛掷。(　　)

答案：正确

【依据出处】《电能计量装置技术管理规程》(DL/T 448—2016)

84 根据《电能计量装置技术管理规程》规定，电能计量器具应区分不同状态(待验收、待检、待装、暂存、停用、待报废等)分区放置，并应有明确的分区线和标识。(　　)

答案：错误

【依据出处】《电能计量装置技术管理规程》(DL/T 448—2016)

85 根据《电能计量装置技术管理规程》规定，电能计量装置安装完工后宜测量、记录并保存电能表和互感器所处位置的三维地理信息数据，应填写竣工单，整理有关的原始技术资料，做好验收交接准备。(　　)

答案：正确

【依据出处】《电能计量装置技术管理规程》(DL/T 448—2016)

86 根据《电能计量装置技术管理规程》规定，电能计量装置的安装应严格按照施工设计或电力用户供电方案进行。( )

答案：错误

【依据出处】《电能计量装置技术管理规程》(DL/T 448—2016)

87 根据《电能计量装置技术管理规程》规定，电能计量装置设计方案的组织审查机构应出具电能计量装置设计审查意见，并经各方代表签字确认。( )

答案：正确

【依据出处】《电能计量装置技术管理规程》(DL/T 448—2016)

88 根据《电能计量装置技术管理规程》规定，电能计量装置施封或拆（启）封时，电力客户应在场并在工作单上签字确认。( )

答案：正确

【依据出处】《电能计量装置技术管理规程》(DL/T 448—2016)

89 根据《电能计量装置技术管理规程》规定，电能计量装置投运前的技术资料验收包含电能表及电压、电流互感器的安装使用说明书、出厂检验报告，电能计量技术机构的检验报告。( )

答案：错误

【依据出处】《电能计量装置技术管理规程》(DL/T 448—2016)

90 根据《电能计量装置技术管理规程》规定，电能计量装置投运前的技术资料验收包含电能计量柜（箱、屏）安装使用说明书、出厂检验报告。( )

答案：正确

【依据出处】《电能计量装置技术管理规程》(DL/T 448—2016)

91 根据《电能计量装置技术管理规程》规定，电能计量装置投运前的技术资料验收包含电能计量装置计量方式原理图，一、二次接线图，施工设计图和施工变更资料、竣工图。( )

答案：正确

【依据出处】《电能计量装置技术管理规程》(DL/T 448—2016)

92 根据《电能计量装置技术管理规程》规定，电能计量装置投运前的技术资料验收包含电能信息采集终端的使用说明书、出厂检验报告、合格证，电能计量技术机构的检验报告。( )

答案：正确

【依据出处】《电能计量装置技术管理规程》(DL/T 448—2016)

93 根据《电能计量装置技术管理规程》规定，电能计量装置投运前的技术资料验收包含二次回路导线或电缆型号、规格及长度资料。( )

答案：正确

【依据出处】《电能计量装置技术管理规程》(DL/T 448—2016)

94 根据《电能计量装置技术管理规程》规定，电能计量装置投运前应进行全面验收。( )

答案：正确

【依据出处】《电能计量装置技术管理规程》(DL/T 448—2016)

95 根据《电能计量装置技术管理规程》规定，电能计量装置现场核查内容包含安装工艺及其质量，应符合有关技术规范的要求。( )

答案：正确

【依据出处】《电能计量装置技术管理规程》(DL/T 448—2016)

96 根据《电能计量装置技术管理规程》规定，电能计量装置现场核查内容包含产品外观质量，无明显瑕疵即可。( )

答案：错误

【依据出处】《电能计量装置技术管理规程》(DL/T 448—2016)

97 根据《电能计量装置技术管理规程》规定，电能计量装置现场核查内容包含电能表、互感器及其二次回路接线实况，应和竣工图一致。(　　)

答案：正确

【依据出处】《电能计量装置技术管理规程》(DL/T 448—2016)

98 根据《电能计量装置通用设计规范》规定，电能计量装置现场稽查时，户外式组合互感器进线侧应加装避雷器、断路器或跌落式熔断器，客户侧总开关进线处应加装避雷器。(　　)

答案：错误

【依据出处】《电能计量装置通用设计规范》(Q/GDW 10347—2016)

99 根据《电能计量装置技术管理规程》规定，电能计量装置验收不合格的电能计量装置由验收人员出具整改建议意见书即可。(　　)

答案：错误

【依据出处】《电能计量装置技术管理规程》(DL/T 448—2016)

100 根据《电能计量装置技术管理规程》规定，电能计量装置验收试验内容包含电流、电压互感器现场检验。(　　)

答案：正确

【依据出处】《电能计量装置技术管理规程》(DL/T 448—2016)

101 根据《电能计量装置技术管理规程》规定，电能计量装置验收试验内容包含接线正确性检查。(　　)

答案：正确

【依据出处】《电能计量装置技术管理规程》(DL/T 448—2016)

102 根据《电能计量装置技术管理规程》规定，电能计量资产出入库宜遵循先入先出的原则，库存周期不宜超过6个月。(　　)

答案：正确

【依据出处】《电能计量装置技术管理规程》(DL/T 448—2016)

103 根据《国家电网公司用电信息采集终端质量监督管理办法》规定，采集终端运行状态下的质量监督包括终端隐患排查，故障分析及处理、软件升级等。(　　)

答案：正确

【依据出处】《国家电网公司用电信息采集终端质量监督管理办法》[国网(营销/4)279—2017]

104 根据《国家电网公司用电信息采集终端质量监督管理办法》规定，采集终端质量监督指标评价结果仅应用于对省公司的工作考核中。(　　)

答案：错误

【依据出处】《国家电网公司用电信息采集终端质量监督管理办法》[国网(营销/4)279—2017]

105 根据《国家电网公司用电信息采集终端质量监督管理办法》规定，当发现运行中采集终端发生故障时，应对故障采集终端进行故障诊断，将故障情况录入营销业务应用系统，将故障现象和处置结果录入省级计量生产调度平台(MDS系统)。(　　)

答案：错误

【依据出处】《国家电网公司用电信息采集终端质量监督管理办法》[国网(营销/4)279—2017]

106 根据《电能计量装置技术管理规程》规定，购置的电能计量器具和与之配套的电能信息采集终端应由电能计量技术机构负责验收。(　　)

答案：正确

【依据出处】《电能计量装置技术管理规程》(DL/T 448—2016)

107 根据《电力用户用电信息采集系统功能规范》规定，用电信息采集系统的模糊查询响应时间应小于15s。(　　)

答案：正确

【依据出处】《电力用户用电信息采集系统功能规范》(Q/GDW 1373—2013)

108 根据《电力用户用电信息采集系统功能规范》规定，用电信息采集终端是对各信息采集点用电信息采集的设备，简称采集终端。( )

答案：正确

【依据出处】《电力用户用电信息采集系统功能规范》(Q/GDW 1373—2013)

109 根据《电能计量装置技术管理规程》规定，V类电能计量装置是指低压供电的电力用户计费用电能计量装置。( )

答案：错误

【依据出处】《电能计量装置技术管理规程》(DL/T 448—2016)

110 安装电能表时，要按照“先进后出、先相后零、从右到左”的原则进行接线。( )

答案：错误

111 安装在用户处的电能计量装置，由用户负责保护封印完好，装置本身不受损坏或丢失。( )

答案：正确

112 根据《国家电网公司电能计量封印管理办法》规定，地市、县供电企业运维检修人员在完成辖区内电能计量装置应急抢修工作后，应及时通知地市、县供电企业营销部(客户服务中心)计量人员到现场对电能计量装置施封。( )

答案：正确

【依据出处】《国家电网公司电能计量封印管理办法》[国网(营销/4)275—2014]

113 根据《国家电网公司电能表质量监督管理办法》规定，运行表分批故障率大于或等于2%，定为二类质量问题。( )

答案：错误

【依据出处】《国家电网公司电能表质量监督管理办法》[国网(营销/4)274—2014]

114 根据《国家电网公司电能计量封印管理办法》规定，电子式封印的安装位置应包括Ⅰ、Ⅱ、Ⅲ、Ⅳ电能计量装置及重点关注客户；V类电能计量装置由各级供电企业根据自身购置能力和需要自行确定。( )

答案：错误

【依据出处】《国家电网公司电能计量封印管理办法》[国网(营销/4)275—2014]

115 根据《国家电网公司电能计量故障、差错调查处理规定》规定，一般人为差错分为一类差错、二类差错、三类差错和四类差错。( )

答案：正确

【依据出处】《国家电网公司电能计量故障、差错调查处理规定》[国网(营销/4)385—2014]

116 根据《国家电网公司电能计量故障、差错调查处理规定》规定，按其性质、差错电量、经济损失及造成的影响大小，设备故障分为重大设备故障、一般设备故障、障碍。( )

答案：正确

【依据出处】《国家电网公司电能计量故障、差错调查处理规定》[国网(营销/4)385—2014]

117 根据《国网营销部关于印发电能表故障现象甄别和处置手册的通知》规定，安装时，电能表之间应有足够的间隔，并远离电源进线等可能是电流汇集的导线。( )

答案：正确

【依据出处】《国网营销部关于印发电能表故障现象甄别和处置手册的通知》(营销计量〔2014〕42号)

118 根据《国家电网公司电能计量故障、差错调查处理规定》规定，故障处理后，现场信息记录应详细、准确，电能表、计量箱封印等更换前后，应在工单上记录相关信息并拍照取证，并请客户确认和签字。( )

答案：正确

【依据出处】《国家电网公司电能计量故障、差错调查处理规定》[国网(营销/4)385—2014]

四、简答题（共 11 题）

1 根据《电力用户用电信息采集系统功能规范》规定，集中器的定义是什么？

答：集中器是指收集各采集器或电能表的数据，并进行处理储存，同时能和主站或手持设备进行数据交换的设备。

【依据出处】《电力用户用电信息采集系统功能规范》（Q/GDW 1373—2013）

2 根据《国家电网公司用电信息采集系统运行维护管理办法》规定，采集系统运行监控主要任务包括哪些？

答：采集系统运行监控是对采集系统整体运行情况进行监督管控，主要任务包括采集系统主站运行性能监控、采集系统运行指标监控、采集数据质量监控、采集系统故障监控、计量在线监测、各项业务应用情况监控等。

【依据出处】《国家电网公司用电信息采集系统运行维护管理办法》[国网（营销/4）278—2018]

3 根据《电力用户用电信息采集系统功能规范》规定，电力用户用电信息采集系统的功能有哪些？

答：电力用户用电信息采集系统是对电力用户的用电信息进行采集、处理和实时监控的系统，实现用电信息的自动采集、计量异常监测、电能质量监测、用电分析和管理、相关信息发布、分布式能源监控、智能用电设备的信息交互等功能。

【依据出处】《电力用户用电信息采集系统功能规范》（Q/GDW 1373—2013）

4 根据《电能计量装置技术管理规程》规定，电流互感器的作用是什么？

答：电流互感器的作用是为避免测量仪表和工作人员与高压回路直接接触，保证人员和设备的安全；使测量仪表小型化、标准化，利用电流互感器扩大表计的测量范围，提高仪表测量的准确度。

【依据出处】《电能计量装置技术管理规程》（DL/T 448—2016）

5 根据《电能计量装置通用设计规范》规定，电能计量装置的定义是什么？

答：电能计量装置指由各种类型的电能表或与计量用电压、电流互感器（或专用二次绕组）及其二次回路相连接组成的用于计量电能的装置，包括成套的电能计量柜（箱、屏）。

【依据出处】《电能计量装置通用设计规范》（Q/GDW 10347—2016）

6 根据《国家电网公司电能计量故障、差错调查处理规定》规定，哪些情况构成一般设备故障的三类故障？

答：（1）设备损坏直接经济损失每次 0.5 万元以下、0.2 万元及以上。

（2）电量损失每次 1 万 kWh 以下、0.5 万 kWh 及以上。

（3）差错电量每次 100 万 kWh 以下、10 万 kWh 及以上。

【依据出处】《国家电网公司电能计量故障、差错调查处理规定》[国网（营销/4）385—2014]

7 根据《国家电网公司电能计量故障、差错调查处理规定》规定，什么是“四不放过”？

答：电能计量故障、差错的调查处理必须以事实为依据，坚持“实事求是、尊重科学、公正合理”的原则，做到故障（差错）原因未查清不放过，责任人员未处理不放过、整改措施未落实不放过、有关人员未受到教育不放过（简称“四不放过”）。

【依据出处】《国家电网公司电能计量故障、差错调查处理规定》[国网（营销/4）385—2014]

8 根据《电能计量装置技术管理规程》规定，电能表现场检验的周期如何划分？

答：应作如下划分：

（1）新投运或改造后的Ⅰ、Ⅱ、Ⅲ、Ⅳ类高压电能计量装置应在带负荷运行 1 个月内进行首次电能表现场检验。

（2）运行中的电能计量装置应定期进行电能表现场检验：Ⅰ类电能表宜每 6 个月现场检验一次，Ⅱ类电能表宜每 12 个月现场检验一次，Ⅲ类电能表宜每 24 个月现场检验一次。

【依据出处】《电能计量装置技术管理规程》（DL/T 448—2016）

9　根据《国家电网公司电能计量故障、差错调查处理规定》规定，电能计量故障、差错分为哪几类？

答：电能计量故障、差错分为设备故障和人为差错两大类。按其性质、差错电量、经济损失及造成的影响大小，设备故障分为重大设备故障、一般设备故障、障碍；人为差错分为重大人为差错、一般人为差错、轻微人为差错。

【依据出处】《国家电网公司电能计量故障、差错调查处理规定》[国网（营销/4）385—2014]

10　根据《国家电网公司电能计量封印管理办法》规定，封印按照使用用途、使用场合和权限，分为哪五种？

答：封印按照使用用途、使用场合和权限，分为出厂封、检定封、安装维护封、现场检验封、用电检查封五种。

【依据出处】《国家电网公司电能计量封印管理办法》[国网（营销/4）275—2014]

11　根据《国家电网公司电能计量故障、差错调查处理规定》规定，哪些情况属于重大人为差错？

答：（1）Ⅰ类电能计量装置电量损失每次 250 万 kWh 及以上。

（2）Ⅱ类及以下电能计量装置电量损失每次 30 万 kWh 及以上。

（3）设备损坏直接经济损失每次 10 万元及以上。

（4）差错电量每次 1500 万 kWh 及以上。

（5）差错电量每次 1500 万 kWh 以下、500 万 kWh 及以上，自发现之时起，未在 72h 内恢复正常计量或在 20 个工作日内未在营销业务应用系统中完成电量更正。

【依据出处】《国家电网公司电能计量故障、差错调查处理规定》[国网（营销/4）385—2014]

五、案例分析（共 14 题）

1　**【背景材料】**供电公司稽查人员在用电信息采集系统中查询日数据，发现某一台区时常会出现零星的表计某天停走的现象（经核实有负荷），以某块表计（用户号 01667029）为例说明。现象如下：通过主站查询某月 27 日、28 日底码均为 6332.5 和 6332.5，29 日底码为 6353.8，主站召测集中器中的日冻结与主站查询一致，通过主站透抄发现 27 日的底码为 6332.5，28 日的底码为 6343.4，29 日底码为 6353.8。运维人员通过主站排查原因发现，该表计的时钟偏慢 30min，集中器时钟未有偏差，主站查询到集中器在 27 日、28 日及 29 日抄读该表计冻结的时间分别为 00:45、00:15 及 00:38（说明：该表计具备日冻结能力，且冻结有时标）。

【问题】（1）试述用电信息采集系统中查询日冻结、召测日冻结和透抄日冻结区别。

（2）试详细分析本案例中采集系统中表计出现 28 日停走的原因。依据《国家电网公司用电信息采集系统时钟管理办法》，简述对该表计时钟校时要求。

【答案要点】

（1）用电信息采集系统中查询日冻结是从报表里查询到的数据，召测日冻结是抄终端里存的冻结的数据，两者查到的结果一样，渠道不同；透抄日冻结是抄电能表里的冻结数据。

（2）原因分析：

1）从案例中可以分析出表计出现 28 日停走的现象，用采系统采集该表 27 日与 28 日冻结值相同，经过透抄表计的冻结底码可以看出 28 日表计有走字，出现采集与表真实存冻结不一致，通过案例材料可以判断该表计不属于计量故障，属于采集故障。对比可以发现，27 日、28 日及 29 日抄读该表计冻结的时间分别为 00:45、00:15 及 00:38，而电能表时钟比集中器时钟慢 30min，正常情况下，集中器在零点开始抄表冻结，一般先抄考核表后抄户表。对于表计来说 27 日、28 日及 29 日抄读该表计冻结的时间分别为 00:15、上一日 23:45 及 00:13，可以发现 28 日集中器抄表的时候，表计时间还在 27 日 23:45，此时未生成 28 日零点冻结，然而集中器存在未判断时标直接抄上一日冻结的问题。

2）该表计的时钟偏慢 30min。

表计时钟校时要求：

1）对时钟偏差大于 5min 的电能表，用现场维护终端对其现场校时前，应先用标准时钟源对现场维护终端校时，再对电能表校时。

2）校时时刻应避免在每日零点、整点时刻附近，避免影响电能表数据冻结。

【依据出处】《电力用户用电信息采集系统功能规范》（Q/GDW 1373—2013）、《国家电网公司用电信息采集系统时钟管理办法》[国网（营销 4）384—2014]

2 **【背景材料】**稽查人员对公司计量部门进行采集运维稽查时，统计 5 月采集运维闭环工单共 80 张，5 月 31 日完成闭环工单 75 张，6 月 1—3 日完成 5 月闭环工单 4 张。

【问题】请根据上述稽查结果分析该公司的闭环工单完成率是否达标，并写出相关规定条款。

【答案要点】

（1）闭环工单完成率计算公式：

（统计周期产生并完成工单完成数 + 统计周期产生且统计周期结束后 3 天完成的工单数）/ 工单总数 ×100%；

5 月闭环工单完成率 =（75+4）/80×100%=98.75%。

（2）根据《国家电网公司用电信息采集系统运行维护管理办法》的要求，闭环工单完成率的目标为 98%，该公司的闭环工单完成率已达标。

【依据出处】《国家电网公司用电信息采集系统运行维护管理办法》[国网（营销 /4）278—2018]

3 **【背景材料】**某省计量中心在对中标厂商的采集终端进行供货前全性能试验时，发现检测台体故障，该省计量中心立即与台体厂商沟通进行维修，试验人员对抽样采集终端抽取了 6 只作为全性能试验样本，并进行封样处理。全性能试验共进行 3 次，自抽样之日起 60 个工作日内完成工作。

【问题】请分析以上做法违反了什么规定？

【答案要点】

（1）违反《国家电网公司用电信息采集终端质量监督管理办法》第三十一条的规定，采集终端质量监督工作中应严谨、规范地开展样品抽取、比对以及各项检测工作，不得改变样品抽取、封样的形式和数量，不得改变样品比对的内容，不得更改、增加或减少试验的内容和项目，保证样品比对、试验的一致性、科学性和公正性。

（2）违反《国家电网公司用电信息采集终端质量监督管理办法》第十四条的规定，供货前全性能试验项目应从供应商已生产的小批量（采集终端 100 只以上，最大不超过该中标批次的 3%；采集器 1000 只以上，最大不超过该中标批次的 3%）产品中抽取 8 只作为全性能试验样本，并进行封样处理，其中抽取 1 只用于样品比对、1 只用于主站联调。供货前全性能试验应在 40 个工作日内完成。供货前全性能试验最多进行 2 次。

【依据出处】《国家电网公司用电信息采集终端质量监督管理办法》[国网（营销 /4）279—2017]

4 **【背景材料】**某供电公司稽查人员于 2016 年 7 月 8 日发现，某专用变压器用户 2 —5 月的月用电量一直为 2.1 万 ~2.8 万 kWh，6 月用电量突然增大到 9.2 万 kWh。经在营销业务系统查询，该户在 2016 年 2 月 1 日报停 1000kVA 和 315kVA 变压器各一台，现运行容量为 400kVA。检查计量在线监测系统，发现 7 月 1 日系统已生成异常记录。稽查人员于 7 月 8 日当即下发督办传票，采集运维人员姜某 7 月 9 日在接到督办传票后未办理工作票立即与工作班成员王某一同前往现场进行核查。到达用户现场快接近中午，在用户相关负责人的邀请下在外用餐。餐后，工作班成员王某因故前往别处，姜某一人进入现场戴上绝缘手套打开表箱，发现电能表、联合接线盒和专用变压器终端外观、封印均无损坏，随后在关柜门时自己因穿短袖上衣胳膊不慎被柜门螺丝划伤。经现场核查和了解用户情况后，发现用户 5 月有订单，在 6 月 3 日将已经办理暂停的两台变压器私自启用，1000kVA 变压器用作车间生产使用，315kVA 变压器用作旁边小区施工使用。姜某在拍照取证后，对用户私自启用的变压器进行了停电处理，并将情况报告给单位相关负责人 [基本电费按 26 元 /（kVA·月）计算]。

【问题】工作人员在工作过程中有哪些不妥之处？用户是否有违约用电情况？如有怎么计算违约电费？

【答案要点】工作人员不妥之处：

（1）姜某和王某违反“十不准”，接受用户宴请。

（2）姜某和王某违反《电力安全工作规程》，未办理工作票工作。

（3）姜某违反《电力安全工作规程》，单人操作，无监护人；未穿长袖棉质工作服；工作前未验电。

（4）姜某违反《供电营业规则》相关规定，发现违约用电进行停电。

（5）姜某现场检查未核对电能表参数、表号地址等是否与工作单一致。

（6）采集主站监控人员未及时派发工作单。

用户违约情况：

（1）违反《供电营业规则》相关规定，擅自启用供电企业已封存1000kVA和315kVA变压器。

（2）违反《供电营业规则》相关规定，私自将315kVA变压器向外转供电。

违约电费的计算：

（1）擅自启封：1315kVA×26元/（kVA·月）×35/30月 ×2倍=79776元。

（2）擅自供出：315kVA×500元/kVA=157500元。

【依据出处】《国家电网公司用电信息采集系统运行维护管理办法》[国网（营销/4）278—2018]、《供电营业规则》

5 **【背景材料】**营销稽查人员通过营销稽查监控发现某米厂，在某年10月、11月用电量增减值超过稽查系统月阈值（27000kWh）。随即调阅SG186系统档案，发现该客户从事大米加工行业，连续3个月电量分别为10月31800kWh、11月4200kWh、12月4320kWh。大米加工是季节性用电，一般在下半年从事大米加工，所以电量应持续增长，但该客户月用电量不增反减。用电检查人员于当年12月18日到该户检查，经了解该企业白天从事烘干稻谷，晚上再进行碾磨稻谷加工成大米。检查该户计量装置自抄表日期至检查时发生电量2600kWh，但电能表显示C相电流开路报警，进一步检查发现联合接线盒C相电流端子烧坏。

【问题】请分析上述稽查案例产生原因、暴露问题及违反条款。

【答案要点】

产生原因：该客户当月电量异常减少的原因为C相欠流造成计量回路中C相开路，从而导致计量不准，电量减少。

暴露问题：

（1）抄表人员未对该户用电量突增或突减情况进行逐月分析，未了解其企业生产变化情况；在抄表中未注意到计量装置上的欠流报警信息。

（2）电费核算人员未对客户用电量波动的原因做到及时分析，未去考证客户电量波动的原因。

违反条款：

（1）违反《国家电网公司电费抄核收工作规范》二十一条：（二）抄表时，应认真核对客户电能表箱位、表位、表号、倍率等信息，检查电能计量装置运行是否正常，封印是否完好；（三）发现客户电量异常、违约用电或窃电嫌疑、表计故障、有信息（卡）无表、有表无信息（卡）等异常情况，做好现场记录，提出异常报告并及时上报处理。

（2）违反《国家电网公司电费抄核收工作规范》第二十三条：抄表数据应及时进行复核。发现电量突变或分时段数据不平衡等异常情况，应立即进行现场核实；确有异常时，应提出异常报告并及时处理。

【依据出处】《国家电网公司电费抄核收管理规则》[国网（营销/3）273—2014]

6 **【背景材料】**稽查人员通过用电信息采集系统，发现某高供高计专用变压器用户电压实时数据：U_{ab}=17.6V，U_{cb}=101.4V，初步判断A相电压失压。查阅历史数据，发现失压时间为3月24—28日，共持续4天。稽查人员组织相关人员现场核查发现，该客户电房运行了仅半年时间，现场测量电压与采集系统中召测数据一致。然后检查高压计量柜，发现有蛇进入高压计量柜，造成A相熔丝烧断导致A相失压，在更换电压互感器A相熔丝后，再测量电压、电流，现场电压数据恢复为U_{ab}=101.9V，U_{cb}=102V，A相计量电压恢复正常。

【问题】请根据上述稽查案例写出原因分析、整改方案和防范措施。

【答案要点】原因分析：

（1）项目验收人员责任心不强，对验收项目把关不严，未对客户工程的防护措施落实到位进行认真检查，落实整改。

（2）用电检查人员对客户电房下厂检查督促把关不严，对电房防小动物措施未进行认真检查和落实整改。

（3）计量人员没有加强计量异常在线监测，导致计量异常发生了4天没有被发现。

整改方案：

（1）用电检查人员指导督促客户完成电房防小动物封堵工作。

（2）计算追补电费：用电检查人员4月1日与用户取得联系，该户同意现场完成整改后，依照3月13—24日平均功率因数0.955，追补3月24—28日峰电量899kWh、平电量753kWh、谷电量805kWh，并追补对应电费。

【依据出处】《国家电网公司电能计量故障、差错调查处理规定》[国网（营销/4）385—2014]

7 **【背景材料】**某年10月中旬，稽查人员在稽查监控系统异常数据时发现，某用户电能计量装置首检未完成。稽查人员首先在SG186系统内查阅该户档案，该专用变压器用户为Ⅲ类计量装置，表计类型为三相三线电能表，于9月9日新装投运。稽查人员与计量业务班人员对该户进行现场稽查，现场表计与系统内表计资产一致。稽查人员通过SG186查看该户首检流程发现，该户于9月22日由业务员A发起首检流程，后因该业务员公休，首检流程无人跟踪，而负责该业务的业务员B无法查询到未检定的计划。

【问题】请分析上述稽查案例产生原因、暴露问题及违反条款。

【答案要点】

产生原因：

首检业务流程由不同的人员发起，导致日常负责该业务的业务员无法查询到未检定的计划所以未完成首检。

暴露问题：

（1）计量工作管理不到位，对业务办理质量未能有效监管。

（2）公司业务人员营销工号管理不严格，权限划分不合理，计量业务人员工作职责不清。

（3）工作人员责任心不强，对发起的流程没有形成闭环跟踪。

违反条款：

违反《电能计量装置技术管理规程》8.3：新装或投运改造后的Ⅰ、Ⅱ、Ⅲ类电能计量装置应在带负荷运行一个月内进行首次电能表现场检验。

【依据出处】《电能计量装置技术管理规程》（DL/T 448—2016）

8 **【背景材料】**某大工业用户，合同容量315kVA，实行分时电价。稽查人员发现2016年6月结算电量中峰、平、谷时段用电量分别为2677、4385、9659kWh，峰时段与平时段用电量明显偏少。稽查人员初步怀疑客户存在违约用电行为，决定组织用电检查人开展调查。首先稽查人员向客户了解近期生产情况，该公司执行日班生产制，夜间不生产。经现场检查计量柜，封印完好。检查6月1日冻结示值与抄表结算示值一致，排除违约用电、窃电、抄表错误行为。但发现电能表显示时间比实际时间慢了7个多小时。稽查人员随即在用电信息采集系统检查，发现自5月7日起，系统即产生电能表时钟超差记录，采集系统没有进行自动对时，采集运维人员也没有发现并进行处理。经过判断，该用户因电能表时钟异常导致分时电费计收错误。

【问题】请分析上述稽查案例暴露问题、整改及防范措施。

【答案要点】

暴露问题：

（1）采集运维人员未及时在系统中发现时钟异常情况，并及时消除缺陷。

（2）用电检查人员周期检查不到位，没有发现时钟异常情况。

（3）抄表人员未履行岗位职责，抄表过程中没有核对电能表时钟，对于客户用电量变化不加以分析。

（4）电费复核人员对峰平谷电量波动异常情况没有分析，未发现客户电费突变的情况。

整改与防范措施：

（1）加强采集运维管理，严格执行《国家电网公司用电信息采集系统运行维护管理办法》，应安排专人定期对系统开展计量在线监测工作，及时发现和处理各类异常。

（2）抄表人员、用电检查人员应明确工作职责，尤其对执行分时电价的客户，认真核对峰谷时段，准确抄录各时段电量，并核对各时段表计数据的合理性。

（3）电费复核人员要加强数据的分析工作，认真分析电费数据的合理性，对有疑问的数据，要认真分析问题的成因，形成工单及时处理。

【依据出处】《国家电网公司用电信息采集系统运行维护管理办法》[国网（营销/4）278—2018]、《国家电网公司电费抄核收管理规则》[国网（营销/3）273—2014]

9 **【背景材料】**2013年10月9日，稽查人员通过用电信息采集系统发现某非工业客户在2013年7月28日和29日连续三次C相电压失压报警，计量人员没有发现并进行检查处理。稽查人员根据报警信息，查询了用户近期的电量情况，发现自2013年8月起，客户的用电量明显减少。根据系统中电能表96点电压曲线数据，从7月27日起，电能表C相电压只有46V，稽查人员初步判断为计量装置故障或窃电所引起。稽查人员协同用电检查人员对该户进行现场检查，发现客户的计量柜门、联合接线盒和电能表封印均无异常，排除窃电嫌疑。根据现场电能表显示屏提示，电能表C相失压，用电检查员打开联合接线盒发现C相电压线烧断，因此造成用户用电量减少的情况。由于客户总计量容量较大，导致3个月累积电量达到365200kWh。

【问题】请分析上述稽查案例暴露问题、整改及防范措施。

【答案要点】

暴露问题：

（1）采集运维人员对用电信息采集系统异常报警监控不到位，系统连续三次C相电压缺相报警均未发现，错失及早处理故障的良机，是造成少计电量逐步积累，事故扩大的主要原因。

（2）抄表人员岗位职责落实不到位，没有发现电能表C相失压，未对电量突减提出异议并进行现场复核。

（3）电费核算人员对用电量异常的客户没有引起足够重视，没有对电量突减的原因进行认真分析。

整改与防范措施：

（1）严格执行《国家电网公司用电信息采集系统运行维护管理办法》，落实用电信息采集系统计量异常监控机制，安排专人负责系统计量异常在线监测工作，发现异常时及时通知相关人员现场检查处理。

（2）抄表人员应严格落实抄表工作职责，加强现场抄表管理，发现计量装置异常运行情况，应及时通知计量人员处理，将故障消灭在萌芽状态。

（3）电费复核人员应加强抄表数据分析，对电量波动异常的用户应实时分析原因，做好相关记录；对于抄表数据有疑问者，及时通知相关人员现场检查。

【依据出处】《国家电网公司用电信息采集系统运行维护管理办法》[国网（营销/4）278—2018]、《国家电网公司电费抄核收管理规则》[国网（营销/3）273—2014]

10 **【背景材料】**2016年8月稽查监控系统异常数据显示某用户电能计量装置周检超期。稽查人员首先在SG186系统内调取资料，通过查询发现该用户为某供电所专用变压器用户，电能表接线方式为三相三线，属Ⅲ类计量装置用户。稽查人员组织业务人员现场核实用户变压器、电能表、互感器等信息，均与SG186系统内一致。稽查人员对周检情况进行了核查。原电能表状态由“运行”变为“已报废”，故在5月周检计划中无法对该户原电能表进行周检，导致出现电能表周检超期。

【问题】请分析其出现问题的原因，并提出防范措施。

【答案要点】

原因分析：

（1）计量人员责任心不强，未及时分析周检无法完成的原因并进行处理。

（2）计量人员业务不熟练，对因业务换表未能按计划完成周检的电能表，未在系统内作“清理拆除设备计划”完成同步。

防范措施：

（1）加强电能计量管理，严格按照《电能计量装置技术管理规程》开展计量检验工作。

（2）结合用户计量器具周检等具体流程，开展操作人员业务技能培训，提高业务水平。

11 某专用变压器客户，其三相负荷对称，TV 变比为 10kV/100V，TA 变比为 50A/5A。2018 年 5 月 11 日，上级单位在计量工作检查中发现 2017 年 10 月 25 日某县区公司工作人员在对该客户电能表进行轮换时，未将 C 相电流短接片打开，导致计量异常，于是下达整改通知单。2018 年 5 月 15 日工作人员到现场恢复正常计量，并追回少计电量。故障运行期间差错电量约 1140000kWh。

【问题】在此案例中工作人员存在哪些差错？属于几类差错？

【答案要点】

（1）此案例中工作人员存在以下差错：

1）工作人员未按照《高压电能计量装置装拆标准化作业指导书》第 7 条安装检查要求“检查联合接线盒内连接片位置，确保正确”执行，是导致计量差错产生的直接原因。

2）该专用变压器客户从电能表轮换到发现问题超过了 6 个月，违反了《国家电网公司用电信息采集系统运行维护管理办法》第六十条“抄表数据应用管理，主要包括应定期对远程采集的数据进行现场复核，专用变压器用户复核周期不超过 6 个月，低压用户复核周期不超过 1 年。周期复核的同时应完成设备巡视和设备时钟检查工作”规定。

3）该客户的差错电量约 1140000kWh，超过了 100 万 kWh，但追回了少计电量，挽回了电量损失；工作人员从故障发现到恢复计量超过了 72h，违反了《国家电网公司电能计量故障、差错调查处理规定》人为差错的分类“差错电量每次 500 万 kWh 以下、100 万 kWh 及以上，自发现之时起，未在 72h 内恢复正常计量或在 20 个工作日内未在营销业务应用系统中完成电量更正”的规定。

（2）该工作人员工作差错属于一般人为差错的一类差错。

【依据出处】《高压电能计量装置装拆标准化作业指导书》（Q/GDW/ZY 1015—2013）、《国家电网公司用电信息采集系统运行维护管理办法》[国网（营销/4）278—2018]、《国家电网公司电能计量故障．差错调查处理规定》[国网（营销/4）385—2014]

12 **【背景材料】**2017 年 12 月营销稽查监控系统显示某用户现执行分时电价，但该户系统档案中电价与电能表类型不匹配。稽查人员查询 SG186 系统发现，此客户电能表的资产类型为“电子式—有功表”，和分时电价是不匹配的，但其状态为“拆回待退”。再次核查该户业务流程后发现，2017 年 9 月发起过计量装置故障的业务流程。工作人员达到现场后发现原表计没有问题，是“电子式—多功能”表，具备执行分时电价功能，不需要更换，于是在系统内将流程在装表接电环节强制终止，因系统流程完成了配表的环节，导致原表状态被变更为“拆回待退”状态，但业务终止后，相关业务人员并未与资产管理人员联系，恢复原表在系统中的状态和更正电能表的资产类型。

【问题】请分析上述案例异常产生原因、整改结果及防范措施。

【答案要点】

原因分析：

（1）业务人员责任心不强，未能切实遵守《电能计量装置管理规程》《国家电网公司直接接入式电能计量装置故障处理标准化作业指导书》和《国网营销部关于印发〈用电信息采集故障现象甄别和处置手册〉的通知》的相关工作规定。未经现场核实就发起计量装置故障流程，在现场核实确认不需配表换表后，未按照正常的操作规则操作，而是直接终止了流程。业务人员终止流程后，未与资产管理人员取得联系，恢复因终止流程造成的表计状态，造成系统中表计资产状态与实际不符。

（2）系统管理人员责任心不强，对终止流程的审核不够严谨，没有对终止流程中涉及的相关数据进行分析，更正错误数据。

（3）资产管理人员未能切实遵守《电能计量装置管理规程》的相关工作规定，接到业务人员退回的表计，未能关注复核终止流程中的原表计信息。

整改结果：

在系统内恢复该表状态为“运行”，并更正电能表类型，使其与现场一致。

防范措施：

（1）加强业务流程规范化操作的管理，避免各种不严谨操作带来的异常结果。

（2）梳理并整改系统中电能表类型与现场不一致等类似错误数据。

【依据出处】《电能计量装置技术管理规程》（DL/T 448—2016）、《国家电网公司直接接入式电能计量装置故障处理标准化作业指导书》（Q/GDW/ZY 1023—2013）、《国网营销部关于印发用电信息采集故障现象甄别和处置手册的》（营销计量〔2015〕33 号）

13 **【背景材料】**稽查人员通过计量在线监测系统发现，某户 2018 年 2 月 25 日正向有功采集指数为 0.12，而反向有功指数为 739.4，存在明显异常。稽查人员对照 SG186 系统发现，该户 2018 年 1 月和 2 月的结算电量都为零，而 2017 年 12 月前均有结算电量。同时发现，该户在 2017 年 12 月有换表流程，稽查人员根据换表前后用电量对比，初步判断该户电能表反接。稽查人员组织用电检查人员、计量人员现场核实该户电能表及采集接入情况，确认换表人员将电能表进出线接反。

【问题】请分析上述案例异常产生原因、整改结果及防范措施。

【答案要点】

原因分析：

（1）未能切实遵守《国家电网公司计量标准化作业指导书》的相关工作规定。装表人员工作责任心不强，业务水平不高，导致电能表接反。

（2）未能切实遵守《国家电网公司电费抄核收管理规则》的相关工作规定。抄表人员对抄表的重要性认识不足，工作存在随意性，对换表后电量波动较大的用户未能发现异常并现场核实，导致少收用户电费。进而影响到用户当月功率因数、基本电费、变压器损耗等电量电费的准确性和台区线损的正确性，甚至可能会影响到电费回收，易产生电费纠纷。同时管理部门抄表管理不到位，对抄表工作流程缺乏有效的监督管理机制。

整改结果：

（1）按照现场实际情况，与用户协商，发起临时抄表计划，补收用户反向电量电费。

（2）用户交清电费后，发起计量装置故障流程，将用户原接线错误表计更换。

（3）对装表、抄表责任人按照计量装置管理考核办法，进行绩效考核。

防范措施：

（1）提高装表人员责任心，严把工程质量验收关，减少差错发生。

（2）深化采集系统计量装置异常模块的应用，发现问题并及时处理。

（3）计量、抄表及营业部门联合对新装换表用户进行数据跟踪，新装换表业务结束后，及时进行数据召测和异常排查整改。

【依据出处】《国家电网公司计量标准化作业指导书》（Q/GDW/ZY 1017—2013）、《国家电网公司高压电能计量装置故障处理标准化作业指导书》（Q/GDW/ZY 1021—2013）、《国家电网公司电费抄核收管理规则》[国网（营销 /3）273—2014]

14 **【背景材料】**某混凝土有限公司月均正常电量约 20000kWh，稽查电费时发现，该户 1—5 月电量偏少，3 月电量仅 5400kWh，月用电量突减。稽查人员与客户联系后得知该户春节期间放假，春节后已恢复正常用电，会同用电检查人员进行现场检查，发现该客户计量装置完好，计量联合接线盒正确，10kV 线路裸露部分无绕越计量装置搭接痕迹，确定该客户无窃电行为；随后对计量回路进行测量时发现电压互感器 10kV 侧 A 相高压熔管烧坏。判定该客户电量异常减少原因为 10kV 侧电压互感器 A 相高压熔管烧坏后造成计量回路中 A 相失压，导致计量不准，电量减少。

【问题】请分析上述案例异常产生原因、整改结果及防范措施。

【答案要点】

原因分析：

（1）用电检查人员未有效利用用电信息采集系统判断异常电量，未及时关注客户用电电量异常情况。

（2）现场抄表人员对客户生产变化情况不了解，未及时发现客户连续多月用电量突变情况。

（3）核算人员未认真做好对电量电费审核环节同比、环比大电量的分析复核工作，未及时询问抄表人员和未向用电检查人员及时反馈电量异常情况。

整改结果：

根据《供电营业规则》第五章第八十一条：电压互感器保险熔断的，按规定计算方法计算值补收相应电量的电费；无法计算的，以用户正常月份用电量为基准，按正常月与故障月的差额补收相应电量的电费，补收时间按抄表记录或按失压自动记录仪记录确定。根据相位图测算：更正系数 K=1.732。与客户沟通协商，对客户少计电量 38285kWh 进行追补，追补电费 24190.59 元。

防范措施：

（1）规范抄表、核算人员岗位职责，加强工作责任心教育。抄表人员要关注客户用电情况，及时追踪异常电量用户；电费审核人员要加强数据分析，重点关注电量异常波动的客户。

（2）加强用电检查管理，对用户用电情况进行监测、检查，及时发现并处理出现的失压、失流等异常问题，并将整改落实到位，形成常态闭环管理机制。

【依据出处】《国家电网公司电费抄核收管理规则》[国网（营销3）273—2014]、《供电营业规则》（1996年）

第四章　电费电价

一、单选题（共 164 题）

1　根据《营销稽查监控系统主题规则清单》规定，执行分时电价的用户，其电能表类型不允许是（　　）。

A. 复费率表　　B. 有功表　　C. 智能表　　D. 多功能表

正确答案：B

【依据出处】《营销稽查监控系统主题规则清单》（营销工作〔2019〕7 号）

2　根据《营销稽查监控系统主题规则清单》规定，分时电价执行异常稽查中，计量点容量 100kVA 以上的执行一般工商业、大工业电价的用户中，不能排除的行业类别是（　　）。

A. 综合零售　　B. 自来水的生产和供应

C. 广播电视传输服务　　D. 谷物磨制

正确答案：D

【依据出处】《营销稽查监控系统主题规则清单》（营销工作〔2019〕7 号）

3　根据《安徽省销售电价说明》规定，低于 100kVA 的用户中，下列用户可以选择执行分时电价的是（　　）。

A. 零售商店　　B. 桑拿房　　C. 浴场　　D. 网吧

正确答案：A

【依据出处】《安徽省销售电价说明》（皖价商〔2014〕149 号）

4　下列用户中，容量在 100kVA 以上不执行分时电价可判断为异常的是（　　）。

A. 电气化铁路牵引站　　B. 高耗能用户

C. 集中式电动汽车充换电设施　　D. 自来水厂

正确答案：C

【依据出处】《安徽省销售电价说明》（皖价商〔2014〕149 号）

5　根据《营销稽查监控系统主题规则清单》规定，执行非居民分时电价的用户，其电能表应当至少有（　　）种示数类型。

A.2　　B.3　　C.4　　D.5

正确答案：C

【依据出处】《营销稽查监控系统主题规则清单》（营销工作〔2019〕7 号）

6　根据《营销稽查监控系统主题规则清单》规定，执行非居民分时电价的用户无峰示数类型或连续（　　）个月结算有功总电量不为 0、峰电量为 0，即可判断为异常。

A.3　　B.4　　C.5　　D.6

正确答案：A

【依据出处】《营销稽查监控系统主题规则清单》（营销工作〔2019〕7 号）

7　根据《营销稽查监控系统主题规则清单》规定，下列用户应执行功率因数考核的是（　　）。

A. 计量点性质为考核　　B. 用电分类为考核　　C. 用电分类为居民　　D. 大工业用户

正确答案：D

【依据出处】《营销稽查监控系统主题规则清单》（营销工作〔2019〕7 号）

8　根据《营销稽查监控系统主题规则清单》规定，下列用户不应执行功率因数考核的是（　　）。

A. 高等教育学校　　B.100kVA 的农业生产用户

C.1600kVA 的农业排灌用户　　D.160kVA 的电动汽车充电站

正确答案：A

【依据出处】《营销稽查监控系统主题规则清单》(营销工作〔2019〕7号)

9　根据《安徽省销售电价说明》规定，下列用户中功率因数调整电费执行标准为0.85的是(　　)。

A.100kVA 农业生产用户　　B.500kVA 公立医院

C.200kVA 普通工业用户　　D.3200kVA 电力排灌站

正确答案：B

【依据出处】《安徽省销售电价说明》(皖价商〔2014〕149号)

10　根据《营销稽查监控系统主题规则清单》规定，100kVA 及以上的非居民用户中，电能表示数类型不能缺少(　　)。

A. 有功(总)　　B. 有功(峰)　　C. 有功(平)　　D. 无功(总)

正确答案：D

【依据出处】《营销稽查监控系统主题规则清单》(营销工作〔2019〕7号)

11　根据《营销稽查监控系统主题规则清单》规定，下列情况可判断为变损执行异常的是(　　)。

A. 用户无抄见电量，有铁损电量

B. 用户电压小于1kV 计收变损

C. 用户有抄见电量、无铜铁损损电量

D. 用户计量点为高供低计，有结算电量无变损电量

正确答案：B

【依据出处】《营销稽查监控系统主题规则清单》(营销工作〔2019〕7号)

12　根据《营销稽查监控系统主题规则清单》规定，在两部制电价执行异常稽查主题中，下列合同容量大于315kVA 的用户中，不执行两部制电价可以认定为异常的是(　　)。

A. 发电企业　　B. 电动汽车充换电设施

C. 自来水厂　　D. 暂停后低于315kVA 的用户

正确答案：C

【依据出处】《营销稽查监控系统主题规则清单》(营销工作〔2019〕7号)、《安徽省销售电价说明》(皖价商〔2014〕149号)

13　根据《营销稽查监控系统主题规则清单》规定，在两部制电价执行异常稽查主题中，下列可认定为异常的是(　　)。

A. 用户用电类别为非居照明，执行两部制电价

B. 用户用电类别不是大工业，执行两部制电价

C. 商业用户运行容量大于315kVA，执行两部制电价

D. 用户基本电费计算方式为按合约需量，其电能表无最大需量示值

正确答案：D

【依据出处】《营销稽查监控系统主题规则清单》(营销工作〔2019〕7号)

14　根据《安徽省物价局转发国家发展改革委办公厅关于完善两部制电价用户基本电价执行方式的通知》规定，按最大需量执行基本电费的用户中，其最大需量合约值不得小于(　　)。

A. 运行容量的40%　　B. 合同容量的40%

C. 运行容量的30%　　D. 合同容量的45%

正确答案：A

【依据出处】《安徽省物价局转发国家发展改革委办公厅关于完善两部制电价用户基本电价执行方式的通知》(皖价商〔2016〕142号)

15　根据《营销稽查监控系统主题规则清单》规定，下列需量执行异常稽查主题中，可不认定为异

常的是（　　）。

A. 执行两部制无需量示数类型或需量未抄

B. 基本电费按合约需量计收，需量核定值小于运行变压器和高压电动机总容量的40%

C. 基本电费按需量计收，两路及以上进线同时供电，基本电费按各路进线最大需量累加计算

D. 营销系统发行电费最大需量值与采集不一致

正确答案：C

【依据出处】《营销稽查监控系统主题规则清单》（营销工作〔2019〕7号）

16 根据《营销稽查监控系统主题规则清单》规定，拆表指数准确性稽查主题中，营销系统换表流程将电能表拆除日期的营销系统示度和采集系统拆表日期的采集冻结示度进行比对，示数差值大于（　　）时认定为异常。

A.1　　B.10　　C.20　　D.50

正确答案：A

【依据出处】《营销稽查监控系统主题规则清单》（营销工作〔2019〕7号）

17 根据《营销稽查监控系统主题规则清单》规定，手工抄表准确性稽查主题中，抄核流程远采集抄用户因采集召测数据不成功而采用手工抄表的用户，比对抄表日期营销系统的抄表指数与采集系统营销抄表日期的采集冻结示度，低压示数差异值大于（　　）时认定为异常。

A.10　　B.20　　C.30　　D.50

正确答案：B

【依据出处】《营销稽查监控系统主题规则清单》（营销工作〔2019〕7号）

18 根据《营销稽查监控系统主题规则清单》规定，手工抄表准确性稽查主题中，抄核流程远采集抄用户因采集召测数据不成功而采用手工抄表的用户，比对抄表日期营销系统的抄表指数与采集系统营销抄表日期的采集冻结示度，高压示数差异值大于（　　）时认定为异常。

A.10　　B.50　　C.100　　D.150

正确答案：C

【依据出处】《营销稽查监控系统主题规则清单》（营销工作〔2019〕7号）

19 根据《营销稽查监控系统主题规则清单》规定，长期未抄表稽查主题中，低压居民用户（　　）天内无电费发行认定为异常。

A.31　　B.62　　C.90　　D.180

正确答案：D

【依据出处】《营销稽查监控系统主题规则清单》（营销工作〔2019〕7号）

20 根据《营销稽查监控系统主题规则清单》规定，长期未抄表稽查主题中，低压非居民用户（　　）天内无电费发行认定为异常。

A.31　　B.62　　C.90　　D.180

正确答案：C

【依据出处】《营销稽查监控系统主题规则清单》（营销工作〔2019〕7号）

21 根据《营销稽查监控系统主题规则清单》规定，长期未抄表稽查主题中，高压用户（　　）天内无电费发行认定为异常。

A.31　　B.62　　C.90　　D.180

正确答案：B

【依据出处】《营销稽查监控系统主题规则清单》（营销工作〔2019〕7号）

22 根据《营销稽查监控系统主题规则清单》规定，抄表例日异常稽查主题中，可不认定为异常的情况是（　　）。

A. 高压用户未按所在抄表段例日抄表

B. 抄表段为“每月多次抄表”的高压客户，实际抄表日期仅与其中一个例日相同

C. 高压用户实际抄表日期比所在抄表段抄表例日晚 3 天

D. 抄表段为“每月多次抄表”的高压客户，实际抄表日期与例日不相同

正确答案：B

【依据出处】《营销稽查监控系统主题规则清单》(营销工作〔2019〕7 号)

23 根据《营销稽查监控系统主题规则清单》规定，高压客户实际抄表日期与用户所在抄表段抄表例日比较，前后（　　）天内可认定为正常。

A.4　　B.3　　C.2　　D.1

正确答案：C

【依据出处】《营销稽查监控系统主题规则清单》(营销工作〔2019〕7 号)

24 根据《营销稽查监控系统主题规则清单》规定，非政策性退补异常主题稽查中，可排除的流程不包括（　　）。

A. 计量装置故障触发的退补　　B. 退补低保（五保）户电量

C. 退补居民阶梯差额　　D. 计量差错退补

正确答案：D

【依据出处】《营销稽查监控系统主题规则清单》(营销工作〔2019〕7 号)

25 根据《营销稽查监控系统主题规则清单》规定，非政策性退补异常主题稽查中，按规则排除后的流程中，可不判定为异常的是（　　）。

A. 高压用户退 50000kWh 电量　　B. 高压用户补 50000 元电费

C. 低压用户补 5000kWh 电量　　D. 低压用户退 5000 元电费

正确答案：A

【依据出处】《营销稽查监控系统主题规则清单》(营销工作〔2019〕7 号)

26 根据《营销稽查监控系统主题规则清单》规定，解款及时性稽查主题中，下列情况可以认定为异常的是（　　）。

A. 统计日期当天坐收收费、结算方式为现金，当天未解款

B. 统计日期前一日坐收收费、结算方式为现金，24 小时内未解款

C. 统计日期当日坐收收费、结算方式为进账单，当日内未解款

D. 统计日期前一日坐收收费、结算方式为进账单，24 小时内未解款

正确答案：B

【依据出处】《营销稽查监控系统主题规则清单》(营销工作〔2019〕7 号)

27 根据《营销稽查监控系统主题规则清单》规定，在途资金超长稽查主题主要针对收费日期在（　　）天前当天收费、统计日期未发送财务的明细。

A.20　　B.25　　C.26　　D.30

正确答案：C

【依据出处】《营销稽查监控系统主题规则清单》(营销工作〔2019〕7 号)

28 根据《营销稽查监控系统主题规则清单》规定，预存异常稽查主题中，下列情况可以判断为疑似异常的是（　　）。

A. 低压居民用户预存余额 3000 元　　B. 低压非居民用户预存余额 4000 元

C. 高压用户预存余额 80000 元　　D. 高压用户预存余额 150000

正确答案：D

【依据出处】《营销稽查监控系统主题规则清单》(营销工作〔2019〕7 号)

29 根据《营销稽查监控系统主题规则清单》规定，修正电量异常稽查主题中，下列情况可根据规则可判断为异常的是（　　）。

A. 修正 +6000kWh　　B. 修正 +10000kWh　　C. 修正 -5000kWh　　D. 修正 -8000kWh

正确答案：B

【依据出处】《营销稽查监控系统主题规则清单》(营销工作〔2019〕7号)

30 根据《营销稽查监控系统主题规则清单》规定，暂停超期稽查主题中，主要包括的异常不包括(　　)。

A. 单次暂停超期　　B. 累计暂停超期

C. 启用时间不超过15日　　D. 暂停启用间隔小于15天

正确答案：C

【依据出处】《营销稽查监控系统主题规则清单》(营销工作〔2019〕7号)

31 根据《营销稽查监控系统主题规则清单》规定，暂停启用间隔异常稽查中，暂停启用当天计算的规则是(　　)。

A. 暂停当天算，启用当天不算　　B. 暂停当天和启用当天均算

C. 暂停当天不算，启用当天算　　D. 暂停当天和启用当天都不算

正确答案：C

【依据出处】《营销稽查监控系统主题规则清单》(营销工作〔2019〕7号)

32 根据《营销稽查监控系统主题规则清单》规定，正确核算电费是用电营业部门进行(　　)的重要工作环节。

A. 质量检查　　B. 差错分析　　C. 负荷管理　　D. 电力销售

正确答案：D

【依据出处】《营销稽查监控系统主题规则清单》(营销工作〔2019〕7号)

33 某用户原先从事面粉加工，现增加小麦种植业务，则其执行电价方式为(　　)。

A. 执行工商业电价

B. 执行农业生产电价

C. 按用电类别分别装表执行工商业和农业生产电价

D. 主计量点执行商业电价，子计量点按定比执行农业生产电价

正确答案：C

【依据出处】《安徽省销售电价说明》(皖价商〔2014〕149号)

34 根据《供电营业规则》，在核查减容业务办理质量时，减少用电容量的期限，应根据客户所提出的申请确定，但最短期限不得少于(　　)个月。

A.3　　B.6　　C.9　　D.12

正确答案：B

【依据出处】《供电营业规则》

35 根据《功率因数调整电费办法》规定，在对功率因数调整电费的稽查时，160kVA以上的工业客户、装有带负荷调整装置的高压电力客户和3200kVA及以上高压供电电力排灌站，功率因数按(　　)标准考核。

A.0.9　　B.0.85　　C.0.75　　D.0.8

正确答案：B

【依据出处】《功率因数调整电费办法》(水电财字〔1983〕215号)

36 根据《功率因数调整电费办法》规定，在对功率因数调整电费的稽查时，100~160kVA(kW)的工业客户、100kVA(kW)及以上的非工业客户和电力排灌站、大工业客户未划归电业部门直接管理的趸售客户，功率因素按(　　)标准考核。

A.0.9　　B.0.85　　C.0.75　　D.0.8

正确答案：B

【依据出处】《功率因数调整电费办法》(水电财字〔1983〕215号)

37 根据《供电营业规则》规定，供电企业应在用户每一个受电点内按不同(　　)，分别安装用电

计量装置。每个受电点作为用户的一个计费单位。

A. 用电设备　　B. 负荷属性　　C. 电价类别　　D. 电力负荷

正确答案：C

【依据出处】《供电营业规则》(1996 年)

38 根据《供电营业规则》规定，在用户受电点内难以按电价类别分别装设用电计量装置时，可装设总的用电计量装置，然后按其不同电价类别的用电设备容量的比例或实际可能的用电量，确定不同电价类别用电量的比例或定量进行分算，分别计价。供电企业（　　）至少对上述比例或定量核定一次，用户不得拒绝。

A.1 个月　　B.3 个月　　C. 半年　　D. 每年

正确答案：D

【依据出处】《供电营业规则》(1996 年)

39 根据《供电营业规则》规定，在用户受电点内难以按电价类别分别装设用电计量装置采取定比定量方式结算的，稽查系统应增加（　　）方面的稽查内容。

A. 定比定量核定周期不应大于 1 年　　B. 定比定量核定周期不应大于半年

C. 定比定量核定周期不应大于 3 个月　　D. 定比定量核定周期不应大于 1 个月

正确答案：A

【依据出处】《供电营业规则》(1996 年)

40 根据《供电营业规则》规定，当用电计量装置不安装在产权分界处时，线路与变压器损耗的有功与无功电量均须由（　　）负担。

A. 用电客户　　B. 产权所有者　　C. 供电企业　　D. 供用电双方

正确答案：B

【依据出处】《供电营业规则》(1996 年)

41 基本电费是指按客户的（　　）或最大需量与基本电价计算的电费。

A. 有功功率　　B. 用电容量　　C. 用电设备　　D. 用电变压器

正确答案：B

【依据出处】《安徽省销售电价说明》(皖价商〔2014〕149 号)

42 根据《供电营业规则》规定，居民用户拖欠电费，电费违约金按当年欠费总额（　　）计算。

A.1‰　　B.2‰　　C.3‰　　D.4‰

正确答案：A

【依据出处】《供电营业规则》(1996 年)

43 根据《供电营业规则》规定，除居民用电户外其他用户，当年所欠电费违约金按（　　）计算。

A.1‰　　B.2‰　　C.3‰　　D.4‰

正确答案：B

【依据出处】《供电营业规则》(1996 年)

44 根据《安徽省销售电价说明》规定，销售电价按用电类别分（　　）制定。

A. 时间　　B. 季节　　C. 容量　　D. 电压等级

正确答案：D

【依据出处】《安徽省销售电价说明》(皖价商〔2014〕149 号)

45 最大需量以（　　）min 内平均最大负荷记录值为标准。不通过专用变压器接用的高压电动机，其最大需量应另加该高压电动机的容量。

A.5　　B.10　　C.15　　D.25

正确答案：C

【依据出处】《安徽省销售电价说明》(皖价商〔2014〕149 号)

46 根据《安徽省销售电价说明》规定，按合同最大需量方式计算基本电费时，当抄见最大需量大于供电企业核准数 1.05 倍时，其超出部分按（ ）倍收取。

A.1 B.2 C.3 D.4

正确答案：B

【依据出处】《安徽省销售电价说明》（皖价商〔2014〕149 号）

47 变压器运行中产生的不变损耗是指变压器（ ）的电能损耗。

A. 绕组 B. 铁芯 C. 绕组和铁芯 D. 变压器油

正确答案：B

【依据出处】《安徽省销售电价说明》（皖价商〔2014〕149 号）

48 变压器运行中与负荷有关的短路损耗称为（ ）。

A. 铁损 B. 铜损 C. 线损 D. 变损

正确答案：B

【依据出处】《安徽省销售电价说明》（皖价商〔2014〕149 号）

49 根据《安徽省销售电价说明》规定，160kVA 以上的高压供电工业用户，功率因数执行标准为（ ）。

A.0.8 B.0.85 C.0.9 D.0.95

正确答案：C

【依据出处】《安徽省销售电价说明》（皖价商〔2014〕149 号）

50 根据《安徽省销售电价说明》规定，100kVA（kW）及以上的农业排灌，功率因数执行标准为（ ）。

A.0.8 B.0.85 C.0.9 D.0.95

正确答案：B

【依据出处】《安徽省销售电价说明》（皖价商〔2014〕149 号）

51 根据《安徽省销售电价说明》规定，农业排灌用电应稽查 100kVA（kW）及以上用户功率因数执行标准是（ ）。

A.0.8 B.0.85 C.0.9 D.0.95

正确答案：B

【依据出处】《安徽省销售电价说明》（皖价商〔2014〕149 号）

52 根据《安徽省销售电价说明》规定，高压供电工业用户，功率因数执行 0.9，应稽查用户的用电容量是否大于（ ）kVA。

A.160 B.315 C.200 D.100

正确答案：A

【依据出处】《安徽省销售电价说明》（皖价商〔2014〕149 号）

53 根据《关于居民生活用电试行阶梯电价的通知》规定，居民第一档电量为每户每月（ ）kWh 以内。

A.160 B.180 C.280 D.350

正确答案：B

【依据出处】《关于居民生活用电试行阶梯电价的通知》（皖价商〔2012〕121 号）

54 根据《关于居民生活用电试行阶梯电价的通知》规定，我省居民阶梯电价以（ ）为计费周期，月度滚动使用。

A. 一月 B. 一季度 C. 一周 D. 一年

正确答案：D

【依据出处】《关于居民生活用电试行阶梯电价的通知》（皖价商〔2012〕121 号）

55 根据《关于居民生活用电试行阶梯电价的通知》规定，安徽省居民用户阶梯电价相关政策规定，未实行“一户一表”的合表居民家庭用户和执行居民生活用电电价的非居民用户（如学校等），暂不执行居民阶梯电价，电价每 kWh 提高（　　）分。

A.1　　B.2　　C.3　　D.4

正确答案：B

【依据出处】《关于居民生活用电试行阶梯电价的通知》（皖价商〔2012〕121 号）

56　根据《省物价局省民政厅省电力公司关于做好城乡“低保户”和农村“五保户”免费用电基数兑现工作的通知》规定，安徽省“两户”免费用电基数为每户每月（　　）kWh。

A.5　　B.10　　C.15　　D.20

正确答案：B

【依据出处】《省物价局省民政厅省电力公司关于做好城乡“低保户”和农村“五保户”免费用电基数兑现工作的通知》（皖价商〔2013〕49 号）

57　根据《安徽省物价局转发国家发展改革委关于电动汽车用电价格政策有关问题的通知》《国家发改委关于创新和完善促进绿色发展价格机制的意见》规定，电动汽车充电电费按国家和省价格部门有关规定执行。对向电网经营企业直接报装接电的经营性集中式充换电设施用电，执行大工业用电价格，2025 年底前，免收（　　）。

A. 政府基金附加　　B. 峰谷分时电费　　C. 功率因素调整电费　　D. 基本电费

正确答案：D

【依据出处】《安徽省物价局转发国家发展改革委关于电动汽车用电价格政策有关问题的通知》（皖价商〔2014〕103 号）、《国家发改委关于创新和完善促进绿色发展价格机制的意见》（发改价格规〔2018〕943 号）

58　根据《国家发改委关于创新和完善促进绿色发展价格机制的意见》规定，2025 年底前免收基本电费的用电不包括（　　）。

A. 污水处理企业用电　　B. 电动汽车集中式充换电设施用电

C. 蓄冷（热）用电　　D. 港口岸电运营商用电

正确答案：C

【依据出处】《国家发改委关于创新和完善促进绿色发展价格机制的意见》（发改价格规〔2018〕943 号）

59　根据《安徽省电力市场电量结算规则》规定，电力市场交易的市场主体结算是通过（　　）完成的。

A. 国家电网有限公司　　B. 省公司　　C. 市公司　　D. 县公司

正确答案：B

【依据出处】《安徽省电力市场电量结算规则》（皖电力交易〔2018〕1 号）

60　根据《安徽省电力市场电量结算规则》规定，省电力公司按照（　　）段目录电价与直接交易购电价格（包括直接交易电价、输配电价和政府性基金及附加）的价差返还差额电费。

A. 总　　B. 峰　　C. 平　　D. 谷

正确答案：C

【依据出处】《安徽省电力市场电量结算规则》（皖电力交易〔2018〕1 号）

61　根据《安徽省电力公司电量电费计算规则（试行）》规定，315kVA 的变压器铜损率系数是（　　）。

A.5‰　　B.10‰　　C.15‰　　D.20‰

正确答案：C

【依据出处】《安徽省电力公司电量电费计算规则（试行）》（皖电营销〔2005〕733 号）

62　根据《安徽省电力公司电量电费计算规则（试行）》规定，备用的变压器（含直接接用的高压电动机）属冷备用状态，未经供电企业加封的变压器，（　　）计费容量。

A. 应计入　　B. 不应计入　　C. 可计入　　D. 可不计入

正确答案：A

【依据出处】《安徽省电力公司电量电费计算规则（试行）》（皖电营销〔2005〕733号）

63 根据《安徽省电力公司电量电费计算规则（试行）》规定，用户申请基本电费按合同需量值收取，合同需量值最少为受电变压器总容量的（　　）。

A.0.1　　B.0.2　　C.0.3　　D.0.4

正确答案：D

【依据出处】《安徽省电力公司电量电费计算规则（试行）》（皖电营销〔2005〕733号）

64 根据《安徽省电力公司电量电费计算规则（试行）》规定，某厂采用10kV双电源供电，平时一备（冷备用）一用，基本电费按需量收取，月底抄表一路最大需量为750kW，另一路为650kW，则当月基本电费按（　　）kW标准结算基本电费。

A.750　　B.650　　C.1400　　D.700

正确答案：A

【依据出处】《安徽省电力公司电量电费计算规则（试行）》（皖电营销〔2005〕733号）

65 某工业客户400kVA、500kVA变压器各1台，其中400kVA变压器办理暂停，该户若申请按需量计算基本电费，申报的核定最大需量值不应小于（　　）kW。

A.360　　B.250　　C.200　　D.500

正确答案：C

【依据出处】《安徽省物价局转发国家发展改革委办公厅关于完善两部制电价用户基本电价执行方式的通知》（皖价商〔2016〕142号）

66 根据《安徽省电力公司电量电费计算规则（试行）》规定，某大工业客户装有1000kVA变压器2台，根据合同供电企业按最大需量对该户计收基本电费，核准的最大需量为1800kW，该户2018年2月最大需量表读数为1900kW。则其当月基本电费为（　　）元。

A.40000　　B.54000　　C.72000　　D.72800

正确答案：D

【依据出处】《安徽省电力公司电量电费计算规则（试行）》（皖电营销〔2005〕733号）

67 某大工业客户2018年6月新装2台1000kVA变压器，刚过半年因减产需减容一台变压器，则该客户每月基本电费应按（　　）kVA收取。

A.2000　　B.1000　　C.1500　　D.3000

正确答案：B

【依据出处】《安徽省物价局转发国家发展改革委办公厅关于完善两部制电价用户基本电价执行方式的通知》（皖价商〔2016〕142号）

68 根据《安徽省电力公司电量电费计算规则（试行）》规定，甲、乙两厂的设备容量均为560kVA，某月甲厂用电量20万kWh，乙厂用电量为8万kWh，基本电价为30元/kVA，电度电价为0.6542元/kWh，两厂月平均电价相比较（　　）。

A. 甲大于乙　　B. 甲小于乙　　C. 甲、乙相等　　D. 无法比较

正确答案：B

【依据出处】《安徽省电力公司电量电费计算规则（试行）》（皖电营销〔2005〕733号）

69 根据《安徽省电力公司电量电费计算规则（试行）》规定，大工业用户受电变压器容量1000kVA，采用高供高计计量方式，6月有功电量80000kWh，无功电量60000kvar，该户本月平均功率因数为（　　）。

A.0.8　　B.0.75　　C.0.78　　D.0.9

正确答案：A

【依据出处】《安徽省电力公司电量电费计算规则（试行）》（皖电营销〔2005〕733 号）

70 安徽省居民用户低谷时间段用电量占全天用电量（　　）以上时，选择执行分时电价的，可减少电费支出。

A.11%　　B.15%　　C.20%　　D.25%

正确答案：A

【依据出处】《安徽省销售电价说明》（皖价商〔2014〕149 号）

71 根据《国家发展改革委关于安徽省峰谷分时电价实施办法的批复》规定，下列时间段属于安徽省非居民用户分时电价峰段的是（　　）。

A.8:00—9:00　　B.12:00—17:00　　C.17:00—22:00　　D.22:00—次日 8:00

正确答案：C

【依据出处】国家发展改革委关于安徽省峰谷分时电价实施办法的批复（发改价格〔2004〕512 号）

72 根据《国家发展改革委关于安徽省峰谷分时电价实施办法的批复》规定，安徽省执行居民分时电价分为（　　）个时间段。

A.1　　B.2　　C.3　　D.4

正确答案：B

【依据出处】国家发展改革委关于安徽省峰谷分时电价实施办法的批复（发改价格〔2004〕512 号）

73 根据《安徽省蓄热式电锅炉、蓄冷式空调用电管理办法（暂行）》规定，执行蓄热式电锅炉、蓄冷式空调电价的用户，其使用的蓄热式电锅炉、蓄冷式空调容量必须在（　　）kW 及以上。

A.50　　B.100　　C.200　　D.315

正确答案：A

【依据出处】《安徽省蓄热式电锅炉、蓄冷式空调用电管理办法（暂行）》（皖电营销〔2007〕297 号）

74 根据《安徽省电力市场电量结算规则》规定，售电公司应每月向省公司提供其代理用户返还差额电费的分配方案。分配方案返还代理用户的差额电费应占代理用户当月差额电费总额的（　　）以上。

A.0.7　　B.0.8　　C.0.9　　D.0.99

正确答案：C

【依据出处】《安徽省电力市场电量结算规则》（皖电力交易〔2018〕1 号）

75 根据《国家发展改革委关于 2018 年光伏发电项目价格政策的通知》规定，2018 年 1 月 1 日之后投运的光伏电站标杆上网电价，Ⅲ类资源区标杆上网电价调整为（　　）元 /kWh。

A.0.55　　B.0.65　　C.0.75　　D.0.85

正确答案：C

【依据出处】《国家发展改革委关于 2018 年光伏发电项目价格政策的通知》（发改价规格〔2017〕2196 号）

76 根据《国家发展改革委关于 2018 年光伏发电项目价格政策的通知》规定，自 2019 年起，纳入财政补贴年度规模管理的光伏发电项目全部按（　　）执行对应的标杆电价。

A. 备案时间　　B. 投运时间　　C. 开工时间　　D. 发电时间

正确答案：B

【依据出处】《国家发展改革委关于 2018 年光伏发电项目价格政策的通知》（发改价规格〔2017〕2196 号）

77 根据《国家发展改革委关于 2018 年光伏发电项目价格政策的通知》规定，2018 年 1 月 1 日之后投运的、采用（　　）模式的分布式光伏发电项目，全电量度电补贴标准降低 0.05 元。

A. 全部上网　　B. 全部自用　　C. 自发自用余电上网　　D. 全部并网

正确答案：C

【依据出处】《国家发展改革委关于 2018 年光伏发电项目价格政策的通知》（发改价规格〔2017〕2196 号）

78 根据《国家发展改革委关于 2018 年光伏发电项目价格政策的通知》规定，村级光伏扶贫电站（0.5MW 及以下）标杆电价、户用分布式光伏，自发自用余电上网，度电补贴标准为（　　）元 /kWh。

A.0.37　　B.0.42　　C.0.3844　　D.0.3693

正确答案：B

【依据出处】《国家发展改革委关于 2018 年光伏发电项目价格政策的通知》（发改价规格〔2017〕2196 号）

79 根据《国家电网公司分布式电源项目并网服务管理规范》规定，分布式电源是指位于用户附近，所发电能就地利用，以 10kV 及以下电压等级接入电网，且单个并网点总装机容量不超过（　　）MW 的发电项目。

A.5　　B.6　　C.7　　D.8

正确答案：B

【依据出处】《国家电网公司分布式电源项目并网服务管理规范》（国家电网营销〔2014〕174 号）

80 根据《2018 年光伏发电有关事项的通知》规定，自发文之日起，新投运的、采用“自发自用、余电上网”模式的分布式光伏发电项目，补贴标准调整为（　　）元 /kWh（含税）。

A.0.32　　B.0.37　　C.0.42　　D.0.47

正确答案：A

【依据出处】 2018 年光伏发电有关事项的通知（发改能源〔2018〕823 号）

81 根据《国家电网有限公司电费抄核收管理办法》规定，对实行远程自动采集抄表方式的电力客户，应（　　）安排现场核抄。

A. 定期　　B. 每年　　C. 每季度　　D. 每半年

正确答案：A

【依据出处】《国家电网有限公司电费抄核收管理办法》[国网（营销 /3）273—2019]

82 根据《国家电网有限公司电费抄核收管理办法》规定，应设在同一抄表段的用户情况不包括（　　）。

A. 共用变压器的电力客户　　B. 存在转供电关系的电力客户

C. 同一电源点的电力客户　　D. 发用电关联的电力客户

正确答案：C

【依据出处】《国家电网有限公司电费抄核收管理办法》[国网（营销 /3）273—2019]

83 根据《国家电网有限公司电费抄核收管理办法》规定，采集未覆盖区域，现场抄表作业人员应定期轮换抄表区域，同一抄表作业人员对同一抄表段的抄表时间最长不得超过（　　）年。

A.5　　B.3　　C.1　　D.2

正确答案：B

【依据出处】《国家电网有限公司电费抄核收管理办法》[国网（营销 /3）273—2019]

84 根据《国家电网有限公司电费抄核收管理办法》规定，对高压新装电力客户应在接电后的当月完成采集建设调试并在客户归档后第（　　）个抄表周期进行首次远程自动化抄表。

A.1　　B.2　　C.3　　D.4

正确答案：A

【依据出处】《国家电网有限公司电费抄核收管理办法》[国网（营销 /3）273—2019]

85 根据《国家电网有限公司电费抄核收管理办法》规定，应重点针对连续（　　）个抄表周期的零度表通过远程召测分析，对于分析异常的应及时消缺处理，无法确认的异常应到现场核实后处理。

A.1　　B.2　　C.3　　D.4

正确答案：C

【依据出处】《国家电网有限公司电费抄核收管理办法》[国网（营销 /3）273—2019]

86 根据《国家电网公司电费抄核收管理规则》规定，电费收取应做到日清（　　）结，收费人员每日将现金交款单、银行进账单、当日电费汇总表交电费账务人员。

A. 日　　B. 周　　C. 月　　D. 年

正确答案：A

【依据出处】《国家电网有限公司电费抄核收管理办法》[国网（营销/3）273—2019]

87 根据《国家电网有限公司电费抄核收管理办法》规定，客户实交电费金额大于客户应交电费金额时，作（　　）处理。

A. 退费　　B. 预收电费　　C. 电费　　D. 违约金

正确答案：B

【依据出处】《国家电网有限公司电费抄核收管理办法》[国网（营销/3）273—2019]

88 根据《国家电网公司电费抄核收管理规则》规定，严格按照国家规定的程序对欠费客户实施停电措施。停电通知书须按规定履行审批程序，在停电前（　　）天内送达客户，可采取客户签收或公证等方式送达。

A.7　　B.8　　C.9　　D.10

正确答案：A

【依据出处】《国家电网有限公司电费抄核收管理办法》[国网（营销/3）273—2019]

89 根据《国家电网公司电费抄核收管理规则》规定，对重要客户的停电，应将停电通知书报送（　　）。在停电前通过录音电话等方式再通知电力客户，方可在通知规定时间实施停电。

A. 上级应急管理部门　　B. 上级电力管理部门

C. 同级电力管理部门　　D. 同级应急管理部门

正确答案：C

【依据出处】《国家电网有限公司电费抄核收管理办法》[国网（营销/3）273—2019]

90 根据《国家电网公司电费抄核收管理规则》规定，客户申请开具电费增值税发票的，经审核其提供的税务登记证副本及复印件、银行开户名称、开户银行和账号等资料无误后，从（　　）起给予开具电费增值税发票。

A. 申请当月　　B. 次月　　C. 年初起　　D. 去年起

正确答案：A

【依据出处】《国家电网有限公司电费抄核收管理办法》[国网（营销/3）273—2019]

91 根据《国家发改委办公厅关于完善两部制电价用户基本电价执行方式的通知》规定，基本电价计费方式用户申请可按（　　）变更。

A. 周　　B. 月　　C. 季　　D. 年

正确答案：C

【依据出处】《安徽省物价局转发国家发展改革委办公厅关于完善两部制电价用户基本电价执行方式的通知》（皖价商〔2016〕142号）

92 根据《安徽省物价局转发国家发展改革委办公厅关于完善两部制电价用户基本电价执行方式的通知》规定，电力用户可提前（　　）个工作日向电网企业申请变更下一季度基本电价计费方式。

A.5　　B.7　　C.10　　D.15

正确答案：D

【依据出处】《安徽省物价局转发国家发展改革委办公厅关于完善两部制电价用户基本电价执行方式的通知》（皖价商〔2016〕142号）

93 根据《安徽省物价局转发国家发展改革委办公厅关于完善两部制电价用户基本电价执行方式的通知》规定，按最大需量方式计收基本电费的用户，合同最大需量核定值根据用户申请可按（　　）变更。

A. 周　　B. 月　　C. 年　　D. 季

正确答案：B

【依据出处】《安徽省物价局转发国家发展改革委办公厅关于完善两部制电价用户基本电价执行方式的

通知》(皖价商〔2016〕142 号)

94 根据《安徽省物价局转发国家发展改革委办公厅关于完善两部制电价用户基本电价执行方式的通知》规定，按最大需量方式计收基本电费的用户，合同最大需量核定值根据用户申请可按月变更。用户可提前（ ）个工作日向电网企业申请变更下一个自然月的合同最大需量核定值。

A.4　　B.5　　C.6　　D.7

正确答案：B

【依据出处】《安徽省物价局转发国家发展改革委办公厅关于完善两部制电价用户基本电价执行方式的通知》(皖价商〔2016〕142 号)

95 根据《安徽省物价局转发国家发展改革委办公厅关于完善两部制电价用户基本电价执行方式的通知》规定，对暂停期满或每一日历年累计暂停用电时间超过 6 个月的，电网企业应提前（ ）个工作日通知用户办理暂停延期或减容。

A.5　　B.7　　C.10　　D.15

正确答案：A

【依据出处】《安徽省物价局转发国家发展改革委办公厅关于完善两部制电价用户基本电价执行方式的通知》(皖价商〔2016〕142 号)

96 根据《安徽省物价局关于进一步完善峰谷分时电价政策的通知》规定，2018 年 1 月 1 日起，安徽省高峰时段电价上浮幅度及 7—9 月上浮幅度分别调整为（ ）。

A.53%、63%　　B.55%、65%　　C.53%、65%　　D.55%、63%

正确答案：A

【依据出处】《安徽省物价局关于进一步完善峰谷分时电价政策的通知》(皖价商〔2017〕158 号)

97 根据《关于“西气东输”压气站压气用电执行电价类别的通知》规定，“西气东输”压气站压气用电变压器容量在 315kVA 及以上的用户执行（ ）价格。

A. 非工业　　B. 普通工业　　C. 大工业　　D. 农业生产

正确答案：C

【依据出处】《关于“西气东输”压气站压气用电执行电价类别的通知》(国家电网财〔2012〕1261 号)

98 根据安徽省相关电价文件，关于烤烟用电价格，对省内皖南、皖北等烟叶产区农烤烟用电按（ ）价格执行。

A. 非工业　　B. 普通工业　　C. 大工业　　D. 农业生产

正确答案：D

【依据出处】《安徽省物价局关于烤烟用电执行农业生产用电价格的通知》(国家电网财〔2012〕1261 号)

99 315kVA 及以上的原一般工商业用户可自愿选择执行合并后的单一制或两部制目录电价，作为稽查主题，此类用户计费方式一经选择后，（ ）内保持不变。

A. 一季度　　B. 半年　　C.1 年　　D.2 年

正确答案：C

【依据出处】《安徽省物价局转发国家发展改革委关于降低一般工商业电价有关事项的通知》(皖价商〔2018〕59 号)

100 根据《国家发展改革委关于电网企业增值税税率调整相应降低一般工商业电价的通知》规定，自 2019 年 4 月 1 日起，电力行业增值税税率调整为（ ）。

A.17%　　B.16%　　C.15%　　D.14%

正确答案：D

【依据出处】《国家发展改革委关于电网企业增值税税率调整相应降低一般工商业电价的通知》(发改价格〔2019〕559 号)

101 根据《国家发展改革委关于电网企业增值税税率调整相应降低一般工商业电价的通知》规定，

自 2019 年 4 月 1 日起，电力行业增值税税率调整为（　　）。

A.0.17　　B.0.16　　C.0.15　　D.0.13

正确答案：D

【依据出处】《国家发展改革委关于电网企业增值税税率调整相应降低一般工商业电价的通知》（发改价格〔2019〕559 号）

102 2019 年 4 月 1 日—2020 年 12 月 31 日，安徽省随电价征收的（　　）暂停收取。

A. 可再生能源附加　　B. 大中型水库移民后期扶持资金

C. 小型水库移民后期扶持资金　　D. 城市附加费

正确答案：C

【依据出处】 安徽省发展改革委关于电网企业增值税税率调整及暂停征收小型水库移民后期扶持资金相应降低工商业电价的通知（皖发改价格〔2019〕229 号）

103 根据《安徽省物价局关于“低保户”和“五保户”免费用电基数兑现的补充通知》规定，按照免费用地基数和第一档居民电价标准，应稽查“两户”每户每月兑现返还电费是否为（　　）元。

A.5.65　　B.5.653　　C.5.953　　D.3.153

正确答案：A

【依据出处】《安徽省物价局关于“低保户”和“五保户”免费用电基数兑现的补充通知》（皖价商〔2013〕75 号）

104 根据《安徽省物价局关于“低保户”和“五保户”免费用电基数兑现的补充通知》规定，两户返还兑现，应稽查兑现周期是否按（　　）兑现一次。

A. 旬　　B. 月　　C. 季　　D. 年

正确答案：C

【依据出处】《安徽省物价局关于“低保户”和“五保户”免费用电基数兑现的补充通知》（皖价商〔2013〕75 号）

105 根据《国家电网公司电费抄核收管理规则》规定，35kV 及以上电压等级客户抄表时间应安排在月末 24 点，其他高压客户抄表时间应安排在每月（　　）日以后。

A.20　　B.22　　C.24　　D.25

正确答案：D

【依据出处】《国家电网有限公司电费抄核收管理办法》[国网（营销 /3）273—2019]

106 根据《国家电网公司电费抄核收管理规则》规定，新装客户应在归档（　　）编入抄表段；注销客户应在下一抄表计划发起前撤出抄表段。

A.1 个工作日内　　B.5 个工作日内　　C. 当月　　D. 次月

正确答案：C

【依据出处】《国家电网有限公司电费抄核收管理办法》[国网（营销 /3）273—2019]

107 根据《国家电网公司电费抄核收管理规则》规定，应重点针对连续三个抄表周期的零度表通过（　　），对于分析异常的应及时消缺处理，无法确认的异常应到现场核实后处理。

A. 远程召测分析　　B. 现场查看分析　　C. 现场抄读分析　　D. 主站处理分析

正确答案：A

【依据出处】《国家电网有限公司电费抄核收管理办法》[国网（营销 /3）273—2019]

108 根据《国家电网公司电费抄核收管理规则》规定，实行分次划拨电费的，每月电费划拨次数一般不少于（　　）次，月末统一抄表后结算。

A.1　　B.2　　C.3　　D.4

正确答案：C

【依据出处】《国家电网有限公司电费抄核收管理办法》[国网（营销 /3）273—2019]

109 根据《国家电网公司电费抄核收管理规则》规定，高压新装电力客户应在接电后的当月完成采集建设调试并在客户归档后（　　）进行首次远程自动化抄表。

A. 一周内　B. 第一个抄表周期　C. 次月　D. 当月

正确答案：B

【依据出处】《国家电网有限公司电费抄核收管理办法》[国网（营销 /3）273—2019]

110 根据《国家电网公司电费抄核收管理规则》规定，客户申请开具电费增值税发票，从申请（　　）起给予开具电费增值税发票。

A. 当月　B. 当年　C. 次月　D. 次年

正确答案：A

【依据出处】《国家电网有限公司电费抄核收管理办法》[国网（营销 /3）273—2019]

111 根据《安徽省电力市场交易主体准入退出实施细则》规定，市场主体退出后，（　　）年内不得重新进入市场。

A.1　B.2　C.3　D.4

正确答案：C

【依据出处】《安徽省电力市场交易主体准入退出实施细则》（皖能源电力〔2016〕78 号）

112 根据《安徽省物价局关于废止皖价服〔2010〕69 号文件的通知》规定，用电容量 100kVA 以上的商业零售企业，2018 年（　　）起取消暂缓实行峰谷分时电价的政策。

A.10 月 1 日　B.9 月 1 日　C.7 月 1 日　D.8 月 1 日

正确答案：D

【依据出处】《安徽省物价局关于废止皖价服〔2010〕69 号文件的通知》（皖价服函〔2018〕1 号）

113 根据《功率因数调整电费办法》规定，某高压供电工业用户，受电变压器容量为 160kVA，应执行功率因数标准为（　）。

A.0.90　B.0.85　C.0.80　D.0.9

正确答案：B

【依据出处】《功率因数调整电费办法》（水电财字〔1983〕215 号）

114 电流互感器二次侧（　　）。

A. 不许开路　B. 不许短路　C. 允许开路　D. 都不对

正确答案：A

115 根据《安徽省物价局关于进一步明确农业生产用电价格有关事项的通知》规定，农产品初加工用电执行农业生产电价，农产品初加工不包括（　　）。

A. 农产品大批包装用电　B. 蔬菜清洗和挑选

C. 新鲜烟叶初烤用电　D. 秸秆板材加工用电

正确答案：D

【依据出处】 安徽省物价局关于进一步明确农业生产用电价格有关事项的通知（皖价商〔2018〕89 号）

116 电价执行异常稽查主题中，下列用户中执行两部制电价属于异常的是（　　）。

A.500kVA 的超市　B.1000kVA 的医院

C.2000kVA 的奶牛养殖场　D.315kVA 的面粉厂

正确答案：C

【依据出处】 安徽省物价局关于进一步明确农业生产用电价格有关事项的通知（皖价商〔2018〕89 号）

117 根据《安徽省物价局关于进一步明确农业生产用电价格有关事项的通知》规定，电价执行异常稽查主题中，下列用户中应执行农业生产电价的是（　　）。

A. 水果剥皮、分类用电　B. 蔬菜食品加工用电

C. 面粉加工用电　D. 牲畜屠宰用电

正确答案：A

【依据出处】 安徽省物价局关于进一步明确农业生产用电价格有关事项的通知（皖价商〔2018〕89 号）

118 根据《安徽省物价局关于进一步明确农业生产用电价格有关事项的通知》规定，315kVA 及以上的农林牧渔及农产品初加工用电，应当执行（　　）电价。

A. 大工业　　B. 单一制工商业　　C. 农业生产　　D. 农业排灌

正确答案：C

【依据出处】 安徽省物价局关于进一步明确农业生产用电价格有关事项的通知（皖价商〔2018〕89 号）

119 根据《营销稽查监控系统主题规则清单》规定，农排电量异常稽查主题中，系统判断连续（　　）个月每月电量大于零的用户为异常。

A.3　　B.6　　C.9　　D.12

正确答案：B

【依据出处】《营销稽查监控系统主题规则清单》（营销工作〔2019〕7 号）

120 根据《安徽省物价局关于进一步明确农业生产用电价格有关事项的通知》规定，电价执行异常稽查主题中，下列涉及畜牧业的用电中，不可执行农业生产电价的是（　　）。

A. 非经营性饲料加工　　B. 畜禽产品加工　　C. 养殖场照明用电　　D. 孵化用电

正确答案：B

【依据出处】 安徽省物价局关于进一步明确农业生产用电价格有关事项的通知（皖价商〔2018〕89 号）

121 根据《安徽省物价局关于进一步明确农业生产用电价格有关事项的通知》规定，容量 315kVA 的农村地区经批准建设的规划范围内的农村饮水安全工程自来水厂用电应当执行（　　）电价。

A. 农业排灌　　B. 两部制工商业　　C. 单一制工商业　　D. 农业生产

正确答案：D

【依据出处】 安徽省物价局关于进一步明确农业生产用电价格有关事项的通知（皖价商〔2018〕89 号）

122 根据《安徽省销售电价说明》规定，容量为 200kVA 的乡镇卫生院，其功率因数考核标准应当执行（　　）。

A. 不考核　　B.0.8　　C.0.85　　D.0.9

正确答案：C

【依据出处】《安徽省销售电价说明》（皖价商〔2014〕149 号）

123 根据《安徽省人民政府关于基层医药卫生体制综合改革试点的实施意见》规定，电价执行异常稽查主题中，针对实行人员、业务、药械、财务一体化管理的乡镇卫生院所属行政村卫生室，应当执行（　　）电价。

A. 合表居民生活　　B. 享受居民生活　　C. 农业生产　　D. 单一制工商业

正确答案：B

【依据出处】《安徽省人民政府关于基层医药卫生体制综合改革试点的实施意见》（皖政〔2010〕66 号）

124 根据《安徽省销售电价说明》规定，315kVA 及以上的铁路信号用电，应当执行（　　）电价。

A. 非居照明　　B. 享受居民生活　　C. 大工业　　D. 商业

正确答案：C

【依据出处】《安徽省销售电价说明》（皖价商〔2014〕149 号）

125 根据《安徽省销售电价说明》规定，分时电价执行异常稽查主题中，下列用户中执行了分时电价可认定为异常的是（　　）。

A. 低压 60kW 的蓄热式电锅炉用户　　B. 低压 120kW 的浴场用电

C. 高压 315kVA 的电解铝用电　　D. 低压 15kW 饭店用电

正确答案：C

【依据出处】《安徽省销售电价说明》（皖价商〔2014〕149 号）

126 根据《安徽省物价局转发国家发展改革委办公厅关于完善两部制电价用户基本电价执行方式的

通知》规定，用户在每一日历年内，申请暂停次数不受限制，但每次不得少于（　　）天。

A.15　B.20　C.30　D.10

正确答案：A

【依据出处】《安徽省物价局转发国家发展改革委办公厅关于完善两部制电价用户基本电价执行方式的通知》（皖价商〔2016〕142号）

127 根据《安徽省销售电价说明》规定，按变压器容量计收基本电费的用户，因欠费被停电也没到供电企业办理手续时，其基本电费（　　）。

A. 停电期间不收　B. 停电期间收一半　C. 停电期间不扣减　D. 不确定

正确答案：C

【依据出处】《安徽省销售电价说明》（皖价商〔2014〕149号）

128 抄表器可以取代原有的（　　）。

A. 抄表日志　B. 收费日志　C. 抄表卡片　D. 收费通知单

正确答案：C

【依据出处】《安徽省销售电价说明》（皖价商〔2014〕149号）

129 根据《安徽省销售电价说明》规定，对新装的大工业用户，在计算基本电费时，均（　　）。

A. 按日计收　B. 按月计收　C. 按10天一计　D. 按15天一计

正确答案：A

【依据出处】《安徽省销售电价说明》（皖价商〔2014〕149号）

130 根据《供电营业规则》规定，窃电者除应按所窃电量补交电费外，还应承担补交电费（　　）倍的违约使用电费。

A.3　B.4　C.5　D.6

正确答案：A

【依据出处】《供电营业规则》

131 根据《安徽省物价局转发国家发展改革委关于降低一般工商业电价有关事项的通知》规定，现行安徽省销售电价分类不包括（　　）。

A. 工商业及其他　B. 居民生活用电　C. 农业生产用电　D. 大工业用电

正确答案：D

【依据出处】《安徽省物价局转发国家发展改革委关于降低一般工商业电价有关事项的通知》（皖价商〔2018〕59号）

132 根据《安徽省销售电价说明》规定，销售电价实行峰谷分时电价，（　　）月不实行季节性峰谷分时电价。

A.6　B.7　C.8　D.9

正确答案：A

【依据出处】《安徽省销售电价说明》（皖价商〔2014〕149号）

133 根据《安徽省物价局转发国家发展改革委关于电动汽车用电价格政策有关问题的通知》规定，居民住宅小区、执行居民电价的非居民用户中设置的充电设施用电，在居民合表用户电价基础上，平段每kWh上浮（　　）元。

A.0.03　B.0.05　C.0.25　D.0.3

正确答案：A

【依据出处】《安徽省物价局转发国家发展改革委关于电动汽车用电价格政策有关问题的通知》（皖价商〔2014〕102号）

134 根据《安徽省物价局转发国家发展改革委关于电动汽车用电价格政策有关问题的通知》规定，居民住宅小区、执行居民电价的非居民用户中设置的充电设施用电，在居民合表用户电价基础上，低谷每

kWh 下浮（　　）元。

A.0.03　　B.0.05　　C.0.25　　D.0.3

正确答案：C

【依据出处】《安徽省物价局转发国家发展改革委关于电动汽车用电价格政策有关问题的通知》（皖价商〔2014〕102 号）

135 根据《安徽省物价局转发国家发展改革委关于电动汽车用电价格政策有关问题的通知》规定，居民住宅小区、执行居民电价的非居民用户中设置的充电设施用电，在（　　）电价基础上，每 kWh 平段上浮 0.03 元，低谷下浮 0.25 元。

A. 一户一表居民生活　　B. 合表居民生活　　C. 一般工商业　　D. 农业生产

正确答案：B

【依据出处】《安徽省物价局转发国家发展改革委关于电动汽车用电价格政策有关问题的通知》（皖价商〔2014〕102 号）

136 《安徽省物价局关于利用地源热泵运行装置执行电价问题的函》中所指热泵类别包括（　　）。

A. 空气热泵　　B. 地源热泵　　C. 化学热泵　　D. 光源热泵

正确答案：B

【依据出处】《安徽省物价局关于利用地源热泵运行装置执行电价问题的函》（皖价商〔2015〕130 号）

137 根据《安徽省电力市场电量结算规则》规定，电力市场交易中的直接交易电力用户包括（　　）。

A. 发电企业　　B. 电力用户　　C. 售电公司代理用户　　D. 售电公司

正确答案：C

【依据出处】《安徽省电力市场电量结算规则》（皖电力交易〔2018〕1 号）

138 根据《安徽省电力市场电量结算规则》规定，电力市场化交易中所说的市场主体不包括（　　）。

A. 发电企业　　B. 售电公司　　C. 直接交易客户　　D. 政府部门

正确答案：D

【依据出处】《安徽省电力市场电量结算规则》（皖电力交易〔2018〕1 号）

139 根据《安徽省电力市场电量结算规则》规定，直接交易电力用户按目录电价执行国家规定的峰谷分时电价和（　　）标准。

A. 季节性电价　　B. 惩罚性电价　　C. 功率因数调整电费　　D. 基本电价

正确答案：C

【依据出处】《安徽省电力市场电量结算规则》（皖电力交易〔2018〕1 号）

140 根据《安徽省电力市场电量结算规则》规定，安徽省电力公司按照平段目录电价与直接交易电价、（　　）政府性基金及附加的价差返还差额电费。

A. 销售电价　　B. 市场交易电价　　C. 输配电价　　D. 发电电价

正确答案：C

【依据出处】《安徽省电力市场电量结算规则》（皖电力交易〔2018〕1 号）

141 安徽省销售电价中，（　　）电价不包含国家重大水利工程基金代征费用。

A. 居民生活　　B. 农业生产　　C. 农业排灌　　D. 贫困县农排

正确答案：D

【依据出处】《安徽省物价局转发国家发展改革委关于降低一般工商业电价有关事项的通知》（皖价商〔2018〕59 号）

142 安徽省销售电价中，（　　）电价不包含可再生能源附件代征费用。

A. 居民生活　　B. 单一制工商业　　C. 两部制工商业　　D. 一般工商业

正确答案：A

【依据出处】《安徽省物价局转发国家发展改革委关于降低一般工商业电价有关事项的通知》(皖价商〔2018〕59号)

143 根据《国家发展改革委关于降低一般工商业电价有关事项的通知》规定，商业综合体等经营者应按照国家规定的（　　）向租户收取电费。

A. 交易电价　B. 销售电价　C. 输配电价　D. 平均电价

正确答案：B

【依据出处】《安徽省物价局转发国家发展改革委关于降低一般工商业电价有关事项的通知》(皖价商〔2018〕59号)

144 根据《国家发展改革委关于降低一般工商业电价有关事项的通知》规定，商业综合体等经营者在向租户转供电过程中，相关公用设施及损耗不得通过（　　）解决。

A. 租金　B. 物业费　C. 服务费　D. 提高电价

正确答案：D

【依据出处】《安徽省物价局转发国家发展改革委关于降低一般工商业电价有关事项的通知》(皖价商〔2018〕59号)

145 根据《安徽省物价局转发国家发展改革委办公厅关于完善两部制电价用户基本电价执行方式的通知》规定，下列关于电力用户申请暂停和减容的相关规定的说法正确的是（　　）。

A. 暂停后仍按原电价执行方式计收基本电费

B. 暂停后达不到两部制电价执行标准的，改为执行相应用电类别电价

C. 暂停后选择最大需量方式执行基本电费的，仍按合同容量申报

D. 用户暂停期满逾期未办理减容等业务的，可从期满之日起按暂停后的容量计收基本电费

正确答案：B

【依据出处】《安徽省物价局转发国家发展改革委办公厅关于完善两部制电价用户基本电价执行方式的通知》(皖价商〔2016〕142号)

146 用电容量1000kVA的港口仓储、货物装卸用电，应执行（　　）电价。

A. 大工业用电非分时　B. 一般工商业非分时　C. 大工业用电分时　D. 一般工商业分时

正确答案：D

【依据出处】《安徽省物价局关于安徽省合肥港国际集装箱码头有限公司用电价格的函》(皖价商函〔2018〕14号)

147 用电容量15kW，安装在居民小区中的经营性电动汽车充换电设施用电，应当执行（　　）电价。

A. 合表居民生活分时　B. 合表居民生活非分时

C. 单一制工商业分时　D. 单一制工商业非分时

正确答案：A

【依据出处】《国家发改委关于执行电动汽车用电价格政策有关问题的通知》(发改价格〔2014〕1668号)

148 100kVA及以上商业零售企业，可自愿选择执行行业平均电价或峰谷分时电价，行业平均电价在一般工商业平段电价基础上上浮（　　）分执行。

A.3.25　B.4.75　C.5.48　D.6.28

正确答案：C

【依据出处】《安徽省物价局关于明确商业零售企业电价政策的函》(皖价商函〔2018〕238号)

149 用电容量20kVA，安装在高校内的经营性电动汽车充电桩，应执行（　　）电价。

A. 合表居民生活分时　B. 合表居民生活非分时

C. 单一制工商业分时　D. 单一制工商业非分时

正确答案：A

【依据出处】《国家发改委关于执行电动汽车用电价格政策有关问题的通知》(发改价格〔2014〕

1668 号）

150 用电容量 20kW，安装在市政府内，用于公务用车充电的充电桩，应当执行（　　）电价。

A. 合表居民生活分时　　B. 合表居民生活非分时

C. 单一制工商业分时　　D. 单一制工商业非分时

正确答案：C

【依据出处】《国家发改委关于执行电动汽车用电价格政策有关问题的通知》（发改价格〔2014〕1668 号）

151 根据《国家发改委关于创新和完善促进绿色发展价格机制的意见》规定，向电网经营企业直接报装接电的经营性集中式充换电设施，应执行大工业电价，（　　）年底前免收基本电费。

A.2020　　B.2025　　C.2030　　D.2035

正确答案：B

【依据出处】《国家发改委关于创新和完善促进绿色发展价格机制的意见》（发改价格规〔2018〕943 号）

152 张先生建了一个鱼塘，开展渔业养殖，同时对外提供垂钓、餐饮等农家乐服务，应执行电价为（　　）。

A. 分别装表计量，执行农业生产和一般工商业电价

B. 执行农业生产电价

C. 执行一般工商业电价

D. 按定量执行农业生产和一般工商业电价

正确答案：A

【依据出处】《安徽省物价局关于进一步明确农业生产用电价格有关事项的通知》（皖价商〔2018〕89 号）

153 可执行农业生产电价的秸秆初加工用电不包括对秸秆的（　　）用电。

A. 切割　　B. 粉碎　　C. 打捆　　D. 板材制作

正确答案：D

【依据出处】《安徽省物价局关于进一步明确农业生产用电价格有关事项的通知》（皖价商〔2018〕89 号）

154 可执行农业生产电价的水果初加工用电不包括对水果的（　　）用电。

A. 清洗　　B. 剥皮　　C. 榨汁　　D. 分类

正确答案：C

【依据出处】《安徽省物价局关于进一步明确农业生产用电价格有关事项的通知》（皖价商〔2018〕89 号）

155 可执行农业生产电价的茶叶初加工用电不包括对茶树鲜叶、嫩芽的（　　）用电。

A. 杀青　　B. 发酵　　C. 揉捻　　D. 干燥

正确答案：B

【依据出处】《安徽省物价局关于进一步明确农业生产用电价格有关事项的通知》（皖价商〔2018〕89 号）

156 容量 315kVA 的养殖场、养殖小区的畜禽等养殖污染防治设施运营用电，应当执行电价为（　　）。

A. 单一制工商业电价　　B. 两部制工商业电价

C. 两部制工商业电度电价，免收基本电费　　D. 农业生产电价

正确答案：D

【依据出处】《安徽省物价局关于进一步明确农业生产用电价格有关事项的通知》（皖价商〔2018〕89 号）

157 根据《安徽省电力市场电量结算规则》规定，直接交易电力用户按目录电价执行国家规定的（ ）和功率因数考核标准。

A. 代征电价 B. 惩罚性电价 C. 峰谷分时电价 D. 基本电价

正确答案：C

【依据出处】《安徽省电力市场电量结算规则》（皖电力交易〔2018〕1号）

158 电能销售的价格叫电价，其组成部分不包括电力部门的（ ）。

A. 损耗 B. 成本 C. 利润 D. 税收

正确答案：A

【依据出处】《安徽省电力市场电量结算规则》（皖电力交易〔2018〕1号）

159 根据《安徽省物价局转发国家发展改革委办公厅关于完善两部制电价用户基本电价执行方式的通知》规定，用户申请减容最低不得小于6个月，下列关于最长期限的规定描述错误的是（ ）。

A. 减容期限最长不受限制 B. 减容不满两年的，按减容恢复办理

C. 减容超过两年的按新装办理 D. 减容最长不得超过两年

正确答案：D

【依据出处】《安徽省物价局转发国家发展改革委办公厅关于完善两部制电价用户基本电价执行方式的通知》（皖价商〔2016〕142号）

160 根据《安徽省销售电价说明》规定，销售电价实行峰谷分时电价，（ ）月实行季节性峰谷分时电价。

A.1 B.2 C.6 D.7

正确答案：D

【依据出处】《安徽省销售电价说明》（皖价商〔2014〕149号）

161 根据《国家电网公司电费抄核收管理规则》规定，电费回收风险防范方面，可推行“购电制”、分次结算、可变现资产抵押等措施的用户不包括（ ）。

A.“两高一剩”电力用户 B. 临时用电用户

C. 有欠费历史的居民客户 D. 有关停并转风险的电力客户

正确答案：C

【依据出处】《国家电网有限公司电费抄核收管理办法》[国网（营销/3）273—2019]

162 根据《物价局关于明确宗教活动场所用电价格有关问题的函》规定，执行居民生活用电类非居民价格的宗教活动场所应是经县级及以上人民政府宗教事务部门登记的寺庙、宫观、清真寺、教堂内等场所用电，不包括（ ）。

A. 食堂 B. 浴室

C. 宿舍 D. 举办宗教活动的场所

正确答案：D

【依据出处】《物价局关于明确宗教活动场所用电价格有关问题的函》（皖价商〔2014〕153号）

163 根据《安徽省销售电价说明》规定，对100kV以下的商业企业，（ ）可执行峰谷分时电价。

A. 桑拿 B. 饭店 C. 歌舞厅 D. 网吧

正确答案：B

【依据出处】《安徽省销售电价说明》（皖价商〔2014〕149号）

164 根据《安徽省销售电价说明》规定，100kVA及以上一般工商业用户，（ ）不执行或暂缓执行分时电价可稽查为异常。

A. 城市供水用电 B. 农村地区广播、发射、转播、监测台用电

C. 电动汽车充电桩 D. 超市

正确答案：C

【依据出处】《安徽省销售电价说明》（皖价商〔2014〕149号）

二、多选题（共 75 题）

1 根据《安徽省销售电价说明》规定，销售电价实行（　　）。

A. 政府定价　B. 供电公司　C. 统一政策　D. 分级管理

正确答案：ACD

【依据出处】《安徽省销售电价说明》（皖价商〔2014〕149 号）

2 根据《安徽省销售电价说明》规定，现行安徽省销售电价分类为（　　）三类。

A. 工商业及其他　B. 居民生活用电　C. 农业生产用电　D. 大工业用电

正确答案：ABC

【依据出处】《安徽省销售电价说明》（皖价商〔2014〕149 号）

3 根据《安徽省销售电价说明》规定，销售电价实行峰谷分时电价，每年（　　）月实行季节性峰谷分时电价。随电价征收的各项政府性基金及附加、差别电价加价等不参与分时电价调整。

A.6　B.7　C.8　D.9

正确答案：BCD

【依据出处】《安徽省销售电价说明》（皖价商〔2014〕149 号）

4 《安徽省物价局关于利用地源热泵运行装置执行电价问题的函》中所指热泵类别为（　　）。

A. 空气热泵　B. 地源热泵　C. 水源热泵　D. 光源热泵

正确答案：BC

【依据出处】《安徽省物价局关于利用地源热泵运行装置执行电价问题的函》（皖价商〔2015〕130 号）

5 根据《国家电网公司电费抄核收管理规则》规定，严格按规定的抄表周期和抄表例日准确抄录客户用电计量装置记录的数据。严禁违章抄表作业，不得（　　）。

A. 估抄　B. 漏抄　C. 代抄　D. 假抄

正确答案：ABC

【依据出处】《国家电网公司电费抄核收管理规则》[国网（营销/3）273—2014]

6 根据《国家电网公司电费抄核收管理规则》规定，对（　　）的客户，应根据电费回收风险程度，实行每月多次抄表，并按国家有关规定或合同约定实行预收或分次结算电费。

A. 用电量较大　B. 临时用电

C. 租赁经营　D. 交纳电费信用等级较低

正确答案：ABCD

【依据出处】《国家电网公司电费抄核收管理规则》[国网（营销/3）273—2014]

7 根据《国家电网公司电费抄核收管理规则》规定，抄读非居民客户电能表分时指数时，应稽核分时指数是否缺（　　）指数。

A. 总　B. 峰　C. 平　D. 谷

正确答案：ABD

【依据出处】《国家电网公司电费抄核收管理规则》[国网（营销/3）273—2014]

8 根据《安徽省销售电价说明》规定，下列电价中不包含地方水库移民后期扶持资金附加的有（　　）。

A. 居民生活　B. 农业生产

C. 一般工商业及其他　D. 大农业

正确答案：AB

【依据出处】《安徽省销售电价说明》（皖价商〔2014〕149 号）

9 根据《安徽省销售电价说明》规定，安徽省执行非居民分时电价的平段为7个小时，包含（ ）。

A.8:00—9:00　B.12:00—17:00　C.9:00—12:00　D.22:00—23:00

正确答案：ABD

【依据出处】《安徽省销售电价说明》（皖价商〔2014〕149号）

10 根据《转发国家发展改革委关于提高华东电网电价的通知》规定，自2008年7月1日起，安徽省将（ ）用电合并为一般工商业用电。

A. 非普工业　B. 商业　C. 非居民照明　D. 居民生活用电

正确答案：ABC

【依据出处】《转发国家发展改革委关于提高华东电网电价的通知》（皖价商〔2008〕107号）

11 根据《安徽省销售电价说明》规定，大工业用户的电费由（ ）组成。

A. 基本电费　B. 电度电费　C. 功率因数调整电费　D. 代征费

正确答案：ABC

【依据出处】《安徽省销售电价说明》（皖价商〔2014〕149号）

12 根据《安徽省销售电价说明》规定，按照变损计算标准，变损电量可以用（ ）来计算。

A. 查表法　B. 公式法　C. 协议值　D. 比例值

正确答案：ABC

【依据出处】《安徽省销售电价说明》（皖价商〔2014〕149号）

13 根据《国家电网公司电费抄核收管理规则》规定，预购电协议的内容应包括（ ）等。

A. 购电方式　B. 跳闸方式　C. 预警电量　D. 违约责任

正确答案：ABCD

【依据出处】《国家电网公司电费抄核收管理规则》[国网（营销/3）273—2014]

14 根据《国家电网公司电费抄核收管理规则》规定，抄核收工作“三率”是指（ ）。

A. 实抄率　B. 估抄率　C. 电费差错率　D. 电费回收率

正确答案：ACD

【依据出处】《国家电网公司电费抄核收管理规则》[国网（营销/3）273—2014]

15 根据《安徽省电力市场电量结算规则》规定，直接交易购电价格包括（ ）。

A. 市场交易价格　B. 电网输配电价　C. 目录电价　D. 政府性基金附加

正确答案：ABD

【依据出处】《安徽省电力市场电量结算规则》

16 根据《国家电网公司分布式电源项目并网服务管理规范》规定，按照电能消纳方式，分布式电源项目分为（ ）。

A. 全部上网　B. 全部自用　C. 自发自用余电上网　D. 全部并网

正确答案：ABC

【依据出处】《国家电网公司分布式电源项目并网服务管理规范》

17 根据《安徽省销售电价说明》规定，执行蓄热式电锅炉、蓄冷式空调电价的用户，应稽查（ ）。

A. 用户设备容量在50kW及以上　B. 用户设备容量在50kW及以下

C. 应执行分时电价　D. 不执行分时电价

正确答案：AC

【依据出处】《安徽省销售电价说明》（皖价商〔2014〕149号）

18 根据《安徽省销售电价说明》规定，住宅小区执行享受类居民电价用户，应稽查用户用电性质、(　　)等非经营性用电。

A. 小区公共照明　B. 消防　C. 二次供水　D. 物业办公

正确答案：ABC

【依据出处】《安徽省销售电价说明》(皖价商〔2014〕149号)

19 根据《安徽省物价局转发国家发展改革委关于降低一般工商业电价有关事项的通知》规定，2018年4月1日，安徽省(　　)统一合并为工商业及其他用电类别。

A. 大工业用电类别　B. 一般工商业用电类别

C. 普通工业用电类别　D. 一般工商业及其他用电类别

正确答案：AD

【依据出处】《安徽省物价局转发国家发展改革委关于降低一般工商业电价有关事项的通知》(皖价商〔2018〕59号)

20 根据《安徽省物价局关于进一步明确农业生产用电价格有关事项的通知》，对茶树鲜叶和嫩芽进行(　　)等简单加工的毛茶制备用电，执行农业生产用电。

A. 分装　B. 杀青　C. 揉捻　D. 干燥

正确答案：BCD

【依据出处】《安徽省物价局关于进一步明确农业生产用电价格有关事项的通知》(皖价商〔2018〕89号)

21 根据《安徽省物价局关于加强贫困县农业排灌和抗灾用电价格管理的函》规定，(　　)指标合并使用，统称农业抗灾用电。

A. 农业排灌用电　B. 贫困县农业排灌用电　C. 防汛抗灾　D. 农业抗灾

正确答案：BD

【依据出处】《安徽省物价局关于加强贫困县农业排灌和抗灾用电价格管理的函》

22 根据《安徽省物价局关于加强贫困县农业排灌和抗灾用电价格管理的函》规定，下列关于农业抗灾用电指标兑现的说法正确的有(　　)。

A. 农业抗灾用电指标原则上在年内兑现完毕

B. 因指标下达时间晚导致年内无法兑现，经所在地价格主管部门审核后，未兑现部分电量可滚动到下年使用，剩余指标可以折成现金兑现

C. 下达的某排灌单位农业抗灾用电指标大于该单位年实际用电量，以下达指标用电量进行兑现

D. 非排灌站以外的其他用电户，一律不得按贫困县农业排灌电价结算

正确答案：AD

【依据出处】《安徽省物价局关于加强贫困县农业排灌和抗灾用电价格管理的函》

23 根据《安徽省销售电价说明》规定，电价按电力生产经营环节分为(　　)。

A. 上网电价　B. 政府性基金　C. 输配电价　D. 销售电价

正确答案：ACD

【依据出处】《安徽省销售电价说明》(皖价商〔2014〕149号)

24 根据《安徽省销售电价说明》规定，制定销售电价的原则是(　　)。

A. 坚持公平负担　B. 有效调节电力需求

C. 兼顾公共政策目标　D. 建立与上网电价联动的机制

正确答案：ABCD

【依据出处】《安徽省销售电价说明》(皖价商〔2014〕149号)

25 根据《安徽省销售电价说明》规定，销售电价由(　　)构成。

A. 购电成本　B. 输配电价　C. 政府性基金　D. 上网电价

正确答案：ABC

【依据出处】《安徽省销售电价说明》（皖价商〔2014〕149号）

26 根据《安徽省销售电价说明》规定，政府性基金指按照（ ）批准，随售电量征收的基金及附加。

A. 政府部门　　B. 国家有关法律

C. 行政法规规定　　D. 经国务院以及国务院授权部门

正确答案：BCD

【依据出处】《安徽省销售电价说明》（皖价商〔2014〕149号）

27 根据《安徽省销售电价说明》规定，下列说法正确的有（ ）。

A. 城乡居民社区居民委员会工作场所执行居民生活电价

B. 徽风报刊亭用电执行非居民照明电价

C. 实行一体化管理的行政村卫生室用电执行非居民照明电价

D. 农村地区公共图书馆、文化馆、博物馆、美术馆、纪念馆、乡镇综合文化站等实行免费开放的公益性文化单位用电执行居民生活电价

正确答案：AD

【依据出处】《安徽省销售电价说明》（皖价商〔2014〕149号）

28 根据《安徽省销售电价说明》规定，容量在315kVA及以上执行大工业电价的铁路包括（ ）。

A. 地下铁路　　B. 城市铁路　　C. 电气化铁路　　D. 火车站

正确答案：ABC

【依据出处】《安徽省销售电价说明》（皖价商〔2014〕149号）

29 根据《安徽省物价局关于商业零售企业执行行业平均电价的函》规定，自2019年1月1日起，安徽省用电容量100kVA及以上的商业零售企业，可自愿选择执行行业（ ）。

A. 工商业及其他电价　　B. 平均电价　　C. 非峰谷分时电价　　D. 峰谷分时电价

正确答案：CD

【依据出处】《安徽省物价局关于商业零售企业执行行业平均电价的函》（皖价商函〔2018〕238号）

30 根据《安徽省物价局关于商业零售企业执行行业平均电价的函》规定，下列关于商业零售企业行业平均电价执行的说法错误的有（ ）。

A. 计费方式一经确定，连续12个月内保持不变

B. 计费方式一经确定，连续6个月内保持不变

C. 暂按安徽省一般工商业（单一制）平段目录电价基础上每kWh加价5.48分执行；峰谷分时电价按照安徽省现行规定执行

D. 暂按安徽省一般工商业（单一制）平段目录电价基础上每kWh加价5.84分执行；峰谷分时电价按照安徽省现行规定执行

正确答案：AC

【依据出处】《安徽省物价局关于商业零售企业执行行业平均电价的函》（皖价商函〔2018〕239号）

31 根据《安徽省物价局关于商业零售企业执行行业平均电价的函》规定，下列零售业属于商业零售业的有（ ）。

A. 食品、饮料机烟草制品专门零售　　B. 医药级医疗器材专门零售

C. 五金、家具及室内装饰材料专门零售　　D. 文化、体育用品及器材专门零售

正确答案：ABCD

【依据出处】《安徽省物价局关于商业零售企业执行行业平均电价的函》（皖价商函〔2018〕239号）

32 《安徽省物价局关于调整电价有关问题的通知》中关于电热锅炉、冰（水）蓄冷空调用电价格说法正确的有（ ）。

A. 在一般工商业及其他用电基础上：7、8、9月每kWh下浮0.5039元，其他月份每kWh下浮0.4737元

B. 在一般工商业及其他用电基础上：7、8、9 月每 kWh 下浮元 0.5039，其他月份每 kWh 下浮 0.4738 元

C. 平段每 kWh 下浮 0.307 元

D. 低谷每 kWh 下浮 0.1828 元

正确答案：ACD

【依据出处】《安徽省物价局关于调整电价有关问题的通知》（皖价商〔2016〕82 号）

33 根据《安徽省销售电价说明》规定，电价管理主要职能包括（ ）等。

A. 定价成本监审　　B. 价格核定

C. 价格调整　　D. 价格执行监督检查

正确答案：ABCD

【依据出处】《安徽省销售电价说明》（皖价商〔2014〕149 号）

34 根据《安徽省电力市场电量结算规则》规定，电力直接交易的市场交易主体包括（ ）等。

A. 发电企业　　B. 电力用户　　C. 售电公司　　D. 电网企业

正确答案：ABC

【依据出处】《安徽省电力市场电量结算规则》

35 根据《安徽省电力市场电量结算规则》规定，参与电力直接交易的市场主体可通过（ ）等市场化方式开展电力交易。

A. 双边交易　　B. 双边谈判　　C. 集中交易　　D. 集中议价

正确答案：AC

【依据出处】《安徽省电力市场电量结算规则》

36 根据《安徽省电力市场电量结算规则》规定，在电力直接交易市场，电网企业拥有（ ）运营权，并承担供电营业区保底供电服务。

A. 输电网　　B. 变电网　　C. 用电网　　D. 配电网

正确答案：AD

【依据出处】《安徽省电力市场电量结算规则》

37 根据《安徽省电力市场电量结算规则》规定，符合准入条件、履行（ ）程序的市场主体可参与电力直接交易。

A. 承诺　　B. 公示　　C. 注册　　D. 备案

正确答案：ABCD

【依据出处】《安徽省电力市场电量结算规则》

38 根据《安徽省电力市场电量结算规则》规定，准入参与电力直接交易的发电企业有（ ）。

A. 符合国家基本建设审批程序和产业政策，单位能耗、环保达标排放的单机容量 30 万 kW 以上的省调发电企业，取得发电类的电力业务许可证

B. 公平承担发电企业社会责任，承担政府性基金、政策性交叉补贴，并足额支付系统备用费的单机容量 20 万 kW 及以上的自备电厂

C. 符合国家基本建设审批程序和产业政策，单位能耗、环保达标排放的单机容量 30 万 kW 及以上的省调发电企业，取得发电类的电力业务许可证

D. 公平承担发电企业社会责任，承担政府性基金、政策性交叉补贴，并足额支付系统备用费的单机容量 30 万 kW 及以上的自备电厂

正确答案：CD

【依据出处】《安徽省电力市场电量结算规则》

39 根据《安徽省电力市场电量结算规则》规定，下列关于电力客户参与电力直接交易准入条件的描述错误的有（ ）。

A. 电压等级 10kV 及以上、年用电量 100 万 kWh 及以上（或近一个月用电量超过 10 万 kWh），执行大

工业和一般工商业电价，在电网企业独立开户、单独计量的企业

B. 电压等级 10kV 及以上、年用电量 100 万 kWh 及以上（或近三个月月均用电量超过 10 万 kWh），在电网企业独立开户、单独计量的企业

C. 电压等级 10kV 及以上、年用电量 100 万 kWh 及以上（或近三个月月均用电量超过 10 万 kWh），执行大工业和一般工商业电价，在电网企业独立开户、单独计量的企业

D. 电压等级 10kV 及以上、年用电量 100 万 kWh 及以上（或近三个月月均用电量超过 10 万 kWh），执行工商业及其他电价，在电网企业独立开户、单独计量的企业

正确答案： AB

【依据出处】《安徽省电力市场电量结算规则》

40 根据《安徽省电力市场电量结算规则》规定，执行（　　）的电力用户不得参与电力直接交易。

A. 阶梯电价　B. 差别性电价　C. 惩罚性电价　D. 行业平均电价

正确答案： ABC

【依据出处】《安徽省电力市场电量结算规则》

41 根据《财政部关于对分布式光伏发电自发自用电量免征收政府性基金有关问题的通知》规定，分布式光伏发电自发自用电量免收可再生能源电价附加、（　　）等政府性基金。

A. 国家重大水利工程建设基金　B. 大中型水库移民后期扶持基金

C. 地方型水库移民后期扶持基金　D. 农网还贷资金

正确答案： ABD

【依据出处】《财政部关于对分布式光伏发电自发自用电量免征收政府性基金有关问题的通知》（财综〔2013〕103 号）

42 根据《国家电网公司电费抄核收管理规则》规定，（　　）和上缴电费这四道工序统称为电费管理。

A. 统计　B. 抄表　C. 核算　D. 收费

正确答案： BCD

【依据出处】《国家电网公司电费抄核收管理规则》[国网（营销/3）273—2014]

43 根据《供电营业规则》规定，对（　　）等非永久性用电，可供给临时电源。

A. 基建工地　B. 居民用户　C. 农田水利　D. 市政建设

正确答案： ACD

【依据出处】《供电营业规则》（1996 年）

44 根据《国家电网公司电费抄核收管理规则》规定，对（　　）完成情况的分析称营销分析。

A. 售电量　B. 售电收入　C. 供电量　D. 售电均价

正确答案： ABCD

【依据出处】《国家电网公司电费抄核收管理规则》[国网（营销/3）273—2014]

45 根据《国家电网公司电费抄核收管理规则》规定，开展营业普查的目的是（　　）。

A. 加强营业管理　B. 降低线损　C. 提高效益　D. 促进发展

正确答案： ABCD

【依据出处】《国家电网公司电费抄核收管理规则》[国网（营销/3）273—2014]

46 根据《供电营业规则》规定，供电企业与电力用户一般应签订供用电合同，明确双方的（　　）。

A. 要求　B. 权利　C. 义务　D. 责任

正确答案： BCD

【依据出处】《供电营业规则》（1996 年）

47 根据《国家电网公司电费抄核收管理规则》规定，抄表器可使抄表员的（　　）有较大的提高。

A. 抄表速度　　B. 文化水平　　C. 准确程度　　D. 抄表技能

正确答案：AC

【依据出处】《国家电网公司电费抄核收管理规则》[国网（营销/3）273—2014]

48 根据《国家电网公司电费抄核收管理规则》规定，抄表工作“三定”是指（　　）。

A. 定抄表员　　B. 定抄表时间　　C. 定抄表区段　　D. 定抄表方法

正确答案：ABC

【依据出处】《国家电网公司电费抄核收管理规则》[国网（营销/3）273—2014]

49 根据《安徽省销售电价说明》规定，现行电价制度是由（　　）等内容组成，并对不同性质的用电规定不同的价格。

A. 电价种类　　B. 经济责任　　C. 计价方式　　D. 电压等级

正确答案：ACD

【依据出处】《安徽省销售电价说明》（皖价商〔2014〕149号）

50 根据《中华人民共和国电力法》规定，国家实行（　　）电价。

A. 分类　　B. 大工业　　C. 非普工业　　D. 分时

正确答案：AD

【依据出处】《中华人民共和国电力法》（2018年）

51 根据《供电营业规则》规定，供电企业不得委托（　　）用户向其他用户转供电。

A. 国防军工　　B. 临时用电　　C. 双回路　　D. 有自备发电机

正确答案：AB

【依据出处】《供电营业规则》（1996年）

52 根据《供电营业规则》规定，有（　　）情形的，不经批准即可对用户中止供电，但事后应报告本单位负责人。

A. 不可抗力或紧急避险

B. 对危害供用电安全，扰乱供用电秩序，拒绝检查者

C. 受电装置经检验不合格，在指定期间未改善者

D. 确有窃电行为

正确答案：AD

【依据出处】《供电营业规则》（1996年）

53 根据《供电营业规则》规定，降低线路损耗的技术措施有（　　）。

A. 用电普查　　B. 配电网技术改造

C. 管理创新　　D. 提高电网功率因数

正确答案：BD

【依据出处】《供电营业规则》（1996年）

54 根据《供电营业规则》规定，下列停电行为中需将停电时间按有关规定通知用电人的有（　　）。

A. 计划检修停电　　B. 因客户盗窃电能停电

C. 计划停（限）电　　D. 欠费催收停电

正确答案：ACD

【依据出处】《供电营业规则》（1996年）

55 根据《国家电网公司电费抄核收管理规则》规定，抄表周期不能随意调整是因为（　　）。

A. 抄表周期变化会影响线损的正确计算

B. 抄表周期变化会影响功率因数、基本电费、变压器损耗的正确计算

C. 若遇电价调整，会引起电费纠纷

D. 调整抄表周期会影响电费回收

正确答案：ABCD

【**依据出处**】《国家电网公司电费抄核收管理规则》[国网（营销/3）273—2014]

56 根据《国家电网公司电费抄核收管理规则》规定，抄表发现有（　　）异常情况，必须汇报处理。

A. 电能表烧坏、倒走、故障、潜动以及电能表时走时停、卡字卡盘等异常情况

B. 用户锁门

C. 窃电

D. 互感器及回路故障

正确答案：ACD

【**依据出处**】《国家电网公司电费抄核收管理规则》[国网（营销/3）273—2014]

57 根据《国家电网公司电费抄核收管理规则》规定，营业普查中对互感器直观检查的重点有（　　）。

A. 检查互感器铭牌参数是否与客户手册（档案）相

B. 检查变比选择是否正确恰当

C. 检查互感器实际接线

D. 检查互感器的实际运行状况

正确答案：ABCD

【**依据出处**】《国家电网公司电费抄核收管理规则》[国网（营销/3）273—2014]

58 根据《供电营业规则》规定，属于一类用电客户的有（　　）。

A. 中断供电将造成人身伤亡者

B. 中断供电将造成环境严重污染者

C. 中断供电将造成重要设备损坏，连续生产过程长期不能恢复者

D. 中断供电将在政治上造成重大影响者

正确答案：ABCD

【**依据出处**】《供电营业规则》

59 根据《国家电网公司电费抄核收管理规则》规定，轻度质量事故导致的经济损失差错为（　　）。

A.20kWh＜电量＜500kWh　　B.10元＜电费＜100元

C.10kWh＜电量＜500kWh　　D.20元＜电费＜100元

正确答案：AB

【**依据出处**】《国家电网公司电费抄核收管理规则》[国网（营销/3）273—2014]

60 根据《国家电网公司电费抄核收管理规则》规定，自动抄表系统主要由采集客户电能表电量信息的（　　）等组成。

A. 采集终端　　B. 集中器　　C. 信息通道　　D. 主站设备

正确答案：ABCD

【**依据出处**】《国家电网公司电费抄核收管理规则》[国网（营销/3）273—2014]

61 根据《安徽省销售电价说明》规定，应执行非居民照明电价的有（　　）。

A. 大工业客户生产照明用电　　B. 非工业和普通工业客户中的生产照明用电

C. 大工业客户办公、厂区照明用电　　D. 市政路灯

正确答案：BCD

【**依据出处**】《安徽省销售电价说明》（皖价商〔2014〕149号）

62 根据《安徽省销售电价说明》规定，应执行一般工商业电价的有（ ）。

A. 宾馆 B. 食品加工 C. 医院 D. 加油站

正确答案：ABCD

【依据出处】《安徽省销售电价说明》（皖价商〔2014〕149号）

63 根据《安徽省销售电价说明》规定，下列属于免征农网还贷资金范围的有（ ）。

A. 农业排灌 B. 农业救灾 C. 居民生活 D. 煤炭生产企业

正确答案：AB

【依据出处】《安徽省销售电价说明》（皖价商〔2014〕149号）

64 根据《安徽省销售电价说明》规定，分时电价的优越性有（ ）。

A. 分时电价充分发挥了价格的杠杆作用 B. 调整负荷、缓和高峰期间的电力供需矛盾

C. 能够挖掘发、供电设备潜力起着很大作用 D. 达到了成本合理分摊的目的

正确答案：ABCD

【依据出处】《安徽省销售电价说明》（皖价商〔2014〕149号）

65 根据《安徽省销售电价说明》规定，下列属于免征可再生能源电价附加范围的有（ ）。

A. 大工业用电 B. 居民生活用电 C. 商业用电 D. 农业生产用电

正确答案：BD

【依据出处】《安徽省销售电价说明》（皖价商〔2014〕149号）

66 根据《安徽省销售电价说明》规定，下列关于功率因数执行说法错误的有（ ）。

A. 所有用电容量在100kVA及以上的用户均参与功率因数考核

B.100kVA及以上的农业排灌用电，功率因数执行标准为0.80

C.160kVA及以上的高压供电工业用户，功率因数执行标准为0.90

D.315kVA及以上的商业用户，功率因数执行标准为0.90

正确答案：ABCD

【依据出处】《安徽省销售电价说明》（皖价商〔2014〕149号）

67 根据《安徽省销售电价说明》规定，（ ）路灯用电按居民生活用电价格执行。

A. 小区 B. 农村 C. 乡镇城区 D. 国道

正确答案：AB

【依据出处】《安徽省销售电价说明》（皖价商〔2014〕149号）、《安徽省物价局关于明确农村路灯照明用电价格的函》（皖价商〔2014〕191号）

68 根据《安徽省销售电价说明》规定，下列用电应执行大工业电价的有（ ）。

A. 受电变压器（含不通过受电变压器的高压电动机）容量在315kVA及以上的石油加压站生产用电

B. 受电变压器（含不通过受电变压器的高压电动机）容量在315kVA及以上的商场照明、空调用电

C. 受电变压器（含不通过受电变压器的高压电动机）容量在315kVA及以上的污水处理生产用电

D. 受电变压器（含不通过受电变压器的高压电动机）容量在315kVA及以上的发电企业因启动调试等原因向电网购买的电量

正确答案：ACD

【依据出处】《安徽省销售电价说明》（皖价商〔2014〕149号）

69 根据《安徽省销售电价说明》规定，（ ）情形下，客户的基本电费仍然需要计收。

A. 事故停电、检修停电、计划限电

B. 客户拖欠电费停电

C. 客户窃电中止供电

D. 客户用于调整功率因数的设备，如电容器、调相机等

正确答案：ABC

【依据出处】《安徽省销售电价说明》（皖价商〔2014〕149号）

70 根据《安徽省物价局转发国家发展改革委办公厅关于完善两部制电价用户基本电价执行方式的通知》规定，基本电费按最大需量方式计收，下列说法错误的有（ ）。

A. 按最大需量方式计收基本电费的用户，合同最大需量核定值应按季变更

B. 电力用户实际最大需量超过合同确定值 105% 时，超过 105% 部分的基本电费加一倍收取

C. 用户申请最大需量核定值可以低于变压器容量和高压电动机容量总和的 40%

D. 对最大需量计收的两路及以上进线用户，各路进线分别计算最大需量，取实际最大需量较大一路计收基本电费

正确答案：ACD

【依据出处】《安徽省物价局转发国家发展改革委办公厅关于完善两部制电价用户基本电价执行方式的通知》（皖价商〔2016〕142 号）

71 根据《安徽省物价局转发国家发展改革委办公厅关于完善两部制电价用户基本电价执行方式的通知》规定，下列关于两部制电价用户的说法正确的有（ ）。

A. 两部制电价用户，一个日历年内办理暂停次数不能超过 2 次

B. 两部制电价用户，一个日历年办理暂停次数不限，但每次暂停时间应不少于 15 天

C. 两部制电价用户办理暂停后若用电容量达不到 315kVA，仍执行大工业电价

D. 对一个日历年内累计暂停用电时间超过六个月的两部制电价用户，变压器是否恢复均应计收基本电费

正确答案：BD

【依据出处】《安徽省物价局转发国家发展改革委办公厅关于完善两部制电价用户基本电价执行方式的通知》（皖价商〔2016〕142 号）

72 根据《安徽省物价局转发国家发展改革委办公厅关于完善两部制电价用户基本电价执行方式的通知》规定，从 2018 年 1 月 1 日起，安徽省峰谷分时电价的峰段上浮幅度调整为（ ）。

A.7—9 月为 63%　　B. 除 7—9 月，其他月份为 53%

C.7—9 月为 65%　　D. 除 7—9 月，其他月份为 55%

正确答案：AB

【依据出处】《安徽省物价局关于进一步完善峰谷分时电价政策的通知》（皖价商〔2017〕158 号）

73 根据《安徽省物价局关于明确宗教活动场所用电价格有关问题的函》规定，宗教活动场所、（ ）用电执行居民生活电价。

A. 食堂　　B. 举办宗教活动场所

C. 供游客参观、购物场所　　D. 浴室

正确答案：AD

【依据出处】《安徽省物价局关于明确宗教活动场所用电价格有关问题的函》（皖价商函〔2014〕153 号）

74 根据《安徽省销售电价说明》规定，住宅小区、（ ）用电执行居民生活电价。

A. 二次供水水泵加压　　B. 小区路灯照明　　C. 电梯　　D. 物业办公室

正确答案：ABC

【依据出处】《安徽省销售电价说明》（皖价商〔2014〕149 号）

75 根据《安徽省物价局转发国家发展改革委关于降低一般工商业电价有关事项的通知》规定，下列说法错误的有（ ）。

A. 所有原一般工商业用户都可自愿选择执行合并后的单一制或两部制电价

B. 符合规定的一般工商业用户选择执行两部制电价后，一年内保持不变

C.100kVA 及以上的一般工商业用户可自愿选择执行行业平均电价

D.315kVA 及以上的原一般工商业用户可自愿选择执行合并后的单一制或两部制电价

正确答案：AC

【依据出处】《安徽省物价局转发国家发展改革委关于降低一般工商业电价有关事项的通知》(皖价商〔2018〕59号)

三、判断题(共124题)

1 根据《关于印发安徽省电力直接交易规则及安徽省电力市场主体准入退出实施细则的通知》规定，电压等级35kV及以上、年用电量100万kWh及以上，执行大工业和一般工商业电价，在电网企业独立开户、单独计量的企业，均可参加直接交易。( )

答案：错误

【依据出处】《关于印发安徽省电力直接交易规则及安徽省电力市场主体准入退出实施细则的通知》(皖能源电力〔2016〕78号)

2 根据《安徽省物价局关于印发安徽省销售电价说明的通知》规定，当用电计量装置不安装在产权分界处时，变压器损耗的有功与无功电量由产权所有者负担，线路的有功与无功电量由供电企业负担。( )

答案：错误

【依据出处】《安徽省物价局关于印发安徽省销售电价说明的通知》(皖价商〔2014〕149号)

3 根据《关于居民生活用电试行阶梯电价的通知》规定，自2011年7月1日起，安徽省对居民生活用电试行阶梯电价。( )

答案：错误

【依据出处】《关于居民生活用电试行阶梯电价的通知》(皖价商函〔2012〕121号)

4 根据《关于居民生活用电试行阶梯电价的通知》规定，安徽省居民阶梯电价分档标准，第一档电量为每户每月180kWh以内；第二档电量为每户每月181~420kWh；第三档电量为每户每月420kWh以上。( )

答案：错误

【依据出处】《关于居民生活用电试行阶梯电价的通知》(皖价商函〔2012〕121号)

5 根据《关于印发安徽省电力直接交易规则及安徽省电力市场主体准入退出实施细则的通知》规定，参与直接交易的电力用户，不再执行国家规定的峰谷分时电价政策和功率因数调整电费标准。( )

答案：错误

【依据出处】《关于印发安徽省电力直接交易规则及安徽省电力市场主体准入退出实施细则的通知》(皖能源电力〔2016〕78号)

6 根据《国网营销部关于印发落实国家降低一般工商业电价营销实施方案的通知》规定，315kVA及以上的大工业用户，可自愿选择工商业及其他(单一制)或工商业及其他(两部制)电价。( )

答案：错误

【依据出处】《国网营销部关于印发落实国家降低一般工商业电价营销实施方案的通知》(营销营业〔2018〕23号)

7 根据《国网营销部关于印发落实国家降低一般工商业电价营销实施方案的通知》规定，315kVA及以上的一般工商业用户，可自愿选择工商业及其他(单一制)或工商业及其他(两部制)电价。( )

答案：正确

【依据出处】《国网营销部关于印发落实国家降低一般工商业电价营销实施方案的通知》(营销营业〔2018〕23号)

8 根据《安徽省物价局关于进一步明确农业生产用电价格有关事项的通知》规定，受电变压器容量在315kVA及以上，符合国家、省政府扶持政策的种植业、养殖业生产性用电，执行农业生产电价，需经省物价局批准。( )

答案：错误

【依据出处】《安徽省物价局关于进一步明确农业生产用电价格有关事项的通知》(皖价商〔2018〕

89号）

9 根据《安徽省物价局关于进一步明确农业生产用电价格有关事项的通知》规定，直接以农、林、牧、渔产品为原料进行的谷物磨制，执行农业生产电价。（ ）

答案：错误

【依据出处】《安徽省物价局关于进一步明确农业生产用电价格有关事项的通知》（皖价商〔2018〕89号）

10 根据《安徽省物价局关于商业零售企业执行行业平均电价的函》规定，自2019年1月1日起，安徽省用电容量100kVA及以上的商业企业，可自愿选择执行行业平均电价或峰谷分时电价。（ ）

答案：错误

【依据出处】《安徽省物价局关于商业零售企业执行行业平均电价的函》（皖价商函〔2018〕238号）

11 根据《安徽省物价局关于商业零售企业执行行业平均电价的函》规定，自2019年1月1日起，商业零售企业行业平均电价暂按安徽省一般工商业（单一制）平段目录电价基础上每kWh加价5.48分执行。（ ）

答案：正确

【依据出处】《安徽省物价局关于商业零售企业执行行业平均电价的函》（皖价商函〔2018〕238号）

12 依据《国家发展改革委关于电动汽车用电价格政策有关问题的通知》规定，除向电网经营企业直接报装接电的经营性集中式充换电设施用电外，其他充电设施按其所在场所执行分类目录电价。（ ）

答案：正确

【依据出处】《国家发展改革委关于电动汽车用电价格政策有关问题的通知》（发改价格〔2014〕1668号）

13 根据《功率因数调整电费办法》规定，某一执行居民生活用电价格的学校，其变压器容量为100kVA，其功率因数考核标准执行0.85。（ ）

答案：错误

【依据出处】《功率因数调整电费办法》

14 根据《国家电网公司电费抄核收工作规范》规定，电费资金实行多户管理，可以存入其他银行账户后，再转存入电费账户。（ ）

答案：错误

【依据出处】《国家电网公司电费抄核收工作规范》

15 根据《国家电网公司电费抄核收管理规则》规定，收取的电费由各收费员自己负责每日解款工作并落实保安措施，确保解款安全。（ ）

答案：错误

【依据出处】《国家电网公司电费抄核收管理规则》[国网（营销/3）273—2014]

16 根据《国家电网公司电费抄核收管理规则》规定，当日解款后收取的现金及支票按财务制度存入专用保险箱，于次日解交银行。（ ）

答案：正确

【依据出处】《国家电网公司电费抄核收管理规则》[国网（营销/3）273—2014]

17 根据《国家电网公司电费抄核收管理规则》规定，实收员在当日解款前发现错收电费的，可由当日原收费人员进行全额冲正处理，并记录冲正原因，收回并作废原发票。（ ）

答案：正确

【依据出处】《国家电网公司电费抄核收管理规则》[国网（营销/3）273—2014]

18 根据《国家电网公司电费抄核收管理规则》规定，抄表员应认真核对抄见读数和抄见电量，如有漏抄或数据有疑问，应及时进行补抄或现场核对。（ ）

答案：正确

【依据出处】《国家电网公司电费抄核收管理规则》[国网（营销/3）273—2014]

19 根据《国家电网公司电费抄核收管理规则》规定，抄表员应定期轮换抄表区域，同一抄表员对同一抄表段的抄表时间最长不得超过三年。(　　)

答案：错误

【依据出处】《国家电网公司电费抄核收管理规则》[国网(营销/3)273—2014]

20 根据《国家电网公司电费抄核收管理规则》规定，当抄表例日无法正确抄录数据时，应在2日内进行现场补抄，并立即报相应部门进行消缺处理。(　　)

答案：错误

【依据出处】《国家电网公司电费抄核收管理规则》[国网(营销/3)273—2014]

21 根据《国家电网公司电费抄核收管理规则》规定，安装了多功能电能表并按最大需量计算基本电费的客户，抄表时间必须与表内设定的抄表日同步。(　　)

答案：正确

【依据出处】《国家电网公司电费抄核收管理规则》[国网(营销/3)273—2014]

22 根据《安徽省物价局关于村级卫生室用电暂按居民生活用电价格执行的函》规定，对安徽省新医改后实行一体化管理的行政村卫生室用电，暂按居民生活用电价格执行。(　　)

答案：正确

【依据出处】《安徽省物价局关于村级卫生室用电暂按居民生活用电价格执行的函》

23 根据《安徽省物价局关于降低工商业单一制电价有关事项的通知》规定，农业排灌用电应按农业生产电价减农网还贷资金后执行。(　　)

答案：正确

【依据出处】《安徽省物价局关于降低工商业单一制电价有关事项的通知》(皖价商〔2018〕103号)

24 根据《安徽省物价局关于明确宗教活动场所用电价格有关问题的函》规定，举办宗教活动的场所用电，执行居民生活用电价格。(　　)

答案：错误

【依据出处】《安徽省物价局关于明确宗教活动场所用电价格有关问题的函》(皖价商函〔2014〕153号)

25 根据《安徽省物价局关于印发安徽省销售电价说明的通知》规定，各类用电原则上应分线分表计量，不具备分线分表计量条件的，可采用定量或定比方式分别计收电费，但每2年应至少核对一次。(　　)

答案：错误

【依据出处】《安徽省物价局关于印发安徽省销售电价说明的通知》(皖价商〔2014〕149号)

26 根据《安徽省物价局关于印发安徽省销售电价说明的通知》规定，驾驶、语言培训学校，执行居民生活用电价格。(　　)

答案：错误

【依据出处】《安徽省物价局关于印发安徽省销售电价说明的通知》(皖价商〔2014〕149号)

27 根据《安徽省物价局关于印发安徽省销售电价说明的通知》规定，城乡家庭住宅小区内的门卫、车库、二次供水等非经营性用电，应执行一般工商业电价。(　　)

答案：错误

【依据出处】《安徽省物价局关于印发安徽省销售电价说明的通知》(皖价商〔2014〕149号)

28 根据《安徽省物价局关于印发安徽省销售电价说明的通知》规定，经国家有关部门批准举办的职业高中、技工学校等中等职业学校，应执行居民生活用电价格。(　　)

答案：正确

29 根据《安徽省物价局关于印发安徽省销售电价说明的通知》规定，经国家有关部门批准，公民个人举办的民办幼儿园，应执行一般工商业电价。(　　)

答案：错误

【依据出处】《安徽省物价局关于印发安徽省销售电价说明的通知》(皖价商〔2014〕149号)

30 根据《安徽省物价局关于印发安徽省销售电价说明的通知》规定，农村地区公共图书馆、文化馆等实行免费开放的公益性文化单位用电，执行居民生活用电价格。( )

答案：正确

【依据出处】《安徽省物价局关于印发安徽省销售电价说明的通知》(皖价商〔2014〕149号)

31 根据《安徽省物价局关于印发安徽省销售电价说明的通知》规定，受电变压器容量在315kVA及以上的电子计算中心，应执行一般工商业电价。( )

答案：错误

32 根据《安徽省物价局关于印发安徽省销售电价说明的通知》规定，发电企业因启动调试等原因向电网购买的电量，执行大工业两部制电价。( )

答案：错误

【依据出处】《安徽省物价局关于印发安徽省销售电价说明的通知》(皖价商〔2014〕149号)

33 根据《安徽省物价局关于印发安徽省销售电价说明的通知》规定，凡以自备变压器受电的用户，基本电费可按变压器容量计算。不通过专用变压器接用的高压电动机，不计算基本电费。( )

答案：错误

【依据出处】《安徽省物价局关于印发安徽省销售电价说明的通知》(皖价商〔2014〕149号)

34 根据《安徽省物价局关于印发安徽省销售电价说明的通知》规定，因检修停电、计划限电造成的停电，应扣减基本电费。( )

答案：错误

【依据出处】《安徽省物价局关于印发安徽省销售电价说明的通知》(皖价商〔2014〕149号)

35 根据《安徽省物价局关于加强贫困县农业排灌和抗灾用电价格管理的函》规定，农业抗灾电量指标以外的农排电量，执行农业生产电价。( )

答案：错误

【依据出处】《安徽省物价局关于加强贫困县农业排灌和抗灾用电价格管理的函》(皖价商函〔2013〕174号)

36 根据《安徽省物价局关于加强贫困县农业排灌和抗灾用电价格管理的函》规定，非排灌站以外的其他用电户，一律不得按贫困县农业排灌电价结算。( )

答案：正确

【依据出处】《安徽省物价局关于加强贫困县农业排灌和抗灾用电价格管理的函》(皖价商函〔2013〕174号)

37 根据《安徽省物价局关于加强贫困县农业排灌和抗灾用电价格管理的函》规定，农业抗灾用电指标兑现，因指标下达时间晚导致年内无法兑现的，经用户申请后，未兑现部分电量可滚动到下一年使用。( )

答案：错误

【依据出处】《安徽省物价局关于加强贫困县农业排灌和抗灾用电价格管理的函》(皖价商函〔2013〕174号)

38 根据《安徽省物价局关于加强贫困县农业排灌和抗灾用电价格管理的函》规定，农业抗灾用电指标兑现，下达的某排灌单位农业抗灾用电指标大于该单位年实际用电量，以下达的指标电量进行兑现。( )

答案：错误

【依据出处】《安徽省物价局关于加强贫困县农业排灌和抗灾用电价格管理的函》(皖价商函〔2013〕174号)

39 根据《安徽省物价局关于加强贫困县农业排灌和抗灾用电价格管理的函》规定，农业抗灾电量

指标，可以兑现给排灌站以外的其他用电户。(　　)

答案：错误

【依据出处】《安徽省物价局关于加强贫困县农业排灌和抗灾用电价格管理的函》(皖价商函〔2013〕174号)

40 根据《安徽省物价局关于明确农村路灯照明用电价格的函》规定，建制镇(含县城关镇)规划区以外的农村路灯照明用电，按居民生活用电价格执行。(　　)

答案：正确

【依据出处】《安徽省物价局关于明确农村路灯照明用电价格的函》(皖价商函〔2014〕191号)

41 根据《安徽省物价局关于印发安徽省销售电价说明的通知》规定，对有两路及以上进线的用户，同时使用时，应分别计算最大需量，不论抄见最大需量是否同时出现，均累加计收基本电费。(　　)

答案：正确

【依据出处】《安徽省物价局关于印发安徽省销售电价说明的通知》(皖价商〔2014〕149号)

42 根据《安徽省物价局关于印发安徽省销售电价说明的通知》规定，对有两路及以上进线的用户，互为备用的，应选择最大需量数值较大的一路计收基本电费。(　　)

答案：正确

【依据出处】《安徽省物价局关于印发安徽省销售电价说明的通知》(皖价商〔2014〕149号)

43 根据《安徽省物价局关于印发安徽省销售电价说明的通知》规定，用电容量100kVA以下的歌舞厅、网吧，可按年选择执行分时或单一电价，一旦确定，一年内不予更改。(　　)

答案：错误

【依据出处】《安徽省物价局关于印发安徽省销售电价说明的通知》(皖价商〔2014〕149号)

44 根据《安徽省物价局关于印发安徽省销售电价说明的通知》规定，160kVA的普通工业用户，功率因数执行标准为0.90。(　　)

答案：错误

【依据出处】《安徽省物价局关于印发安徽省销售电价说明的通知》(皖价商〔2014〕149号)

45 根据《安徽省物价局关于印发安徽省销售电价说明的通知》规定，1000kVA的商业用户，功率因数执行标准为0.90。(　　)

答案：错误

【依据出处】《安徽省物价局关于印发安徽省销售电价说明的通知》(皖价商〔2014〕149号)

46 根据《安徽省物价局关于印发安徽省销售电价说明的通知》规定，160kVA的非居民用户，功率因数执行标准为0.85。(　　)

答案：正确

【依据出处】《安徽省物价局关于印发安徽省销售电价说明的通知》(皖价商〔2014〕149号)

47 根据《安徽省物价局关于印发安徽省销售电价说明的通知》规定，发电企业因启动调试等原因向电网购买的电量，不执行功率因数考核。(　　)

答案：错误

【依据出处】《安徽省物价局关于印发安徽省销售电价说明的通知》(皖价商〔2014〕149号)

48 根据《安徽省物价局关于印发安徽省销售电价说明的通知》规定，对有两路及以上进线的用户，正常时互为备用，应按其两路最大需量的平均值计收基本电费。(　　)

答案：错误

【依据出处】《安徽省物价局关于印发安徽省销售电价说明的通知》(皖价商〔2014〕149号)

49 根据《安徽省物价局关于印发安徽省销售电价说明的通知》规定，变压器容量在315kVA及以上的用电客户应执行两部制电价。(　　)

答案：错误

【依据出处】《安徽省物价局关于印发安徽省销售电价说明的通知》(皖价商〔2014〕149号)

50 根据《安徽省物价局关于印发安徽省销售电价说明的通知》规定，容量在100kVA（或kW）及以上的用户都执行功率因数调整电费。（　　）

答案：错误

【依据出处】《安徽省物价局关于印发安徽省销售电价说明的通知》（皖价商〔2014〕149号）

51 根据《安徽省物价局关于印发安徽省销售电价说明的通知》规定，大工业用户含有居民生活等其他用电分类时，其对应的用电容量、需量在计算基本电费时不予扣除。（　　）

答案：正确

【依据出处】《安徽省物价局关于印发安徽省销售电价说明的通知》（皖价商〔2014〕149号）

52 根据《安徽省物价局关于印发安徽省销售电价说明的通知》规定，随电价征收的基金附加参与峰谷分时电价浮动调整。（　　）

答案：错误

【依据出处】《安徽省物价局关于印发安徽省销售电价说明的通知》（皖价商〔2014〕149号）

53 根据《安徽省物价局关于印发安徽省销售电价说明的通知》规定，安徽省执行分时电价的居民用户在每年7、8、9月实行季节性电价。（　　）

答案：错误

【依据出处】《安徽省物价局关于印发安徽省销售电价说明的通知》（皖价商〔2014〕149号）

54 根据《安徽省物价局关于印发安徽省销售电价说明的通知》规定，安徽省执行分时电价的非居民用户在每年7、8、9月实行季节性电价。（　　）

答案：正确

【依据出处】《安徽省物价局关于印发安徽省销售电价说明的通知》（皖价商〔2014〕149号）

55 根据《安徽省物价局关于印发安徽省销售电价说明的通知》规定，受电容量在100kVA及以上的一般工商业用户按自愿申请原则执行分时电价。（　　）

答案：错误

【依据出处】《安徽省物价局关于印发安徽省销售电价说明的通知》（皖价商〔2014〕149号）

56 根据《安徽省物价局关于印发安徽省销售电价说明的通知》规定，高耗能淘汰类企业不执行分时电价。（　　）

答案：正确

【依据出处】《安徽省物价局关于印发安徽省销售电价说明的通知》（皖价商〔2014〕149号）

57 根据《安徽省物价局关于印发安徽省销售电价说明的通知》规定，福利机构兴办的第三产业及社会福利企业的用电执行居民生活电价。（　　）

答案：错误

【依据出处】《安徽省物价局关于印发安徽省销售电价说明的通知》（皖价商〔2014〕149号）

58 根据《安徽省物价局关于印发安徽省销售电价说明的通知》规定，以变压器容量计算基本电费的用户，属热备用状态的或未经加封的变压器，如不使用就不计收基本电费。（　　）

答案：错误

【依据出处】《安徽省物价局关于印发安徽省销售电价说明的通知》（皖价商〔2014〕149号）

59 根据《安徽省物价局关于印发安徽省销售电价说明的通知》规定，用户申请的最大需量低于变压器容量（视同）和高压电动机容量总和时，应按容量总和的40%核定最大需量。（　　）

答案：正确

【依据出处】《安徽省物价局关于印发安徽省销售电价说明的通知》（皖价商〔2014〕149号）

60 根据《安徽省物价局转发国家发展改革委关于电动汽车用电价格政策有关问题的通知》规定，对向电网经营企业直接报装接电的经营性集中式充换电设施用电，执行大工业两部制电价。（　　）

答案：错误

【依据出处】《安徽省物价局转发国家发展改革委关于电动汽车用电价格政策有关问题的通知》（皖价

商〔2014〕102号）

61 根据《安徽省物价局转发国家发展改革委关于电动汽车用电价格政策有关问题的通知》规定，居民住宅小区内的电动汽车充换电设施用电，执行一般工商业用电价格。（ ）

答案：错误

【依据出处】《安徽省物价局转发国家发展改革委关于电动汽车用电价格政策有关问题的通知》（皖价商〔2014〕102号）

62 根据《安徽省物价局转发国家发展改革委关于电动汽车用电价格政策有关问题的通知》规定，党政机关、企事业单位中设置的电动汽车充换电设施用电执行一般工商业用电价格。（ ）

答案：正确

【依据出处】《安徽省物价局转发国家发展改革委关于电动汽车用电价格政策有关问题的通知》（皖价商〔2014〕102号）

63 根据《安徽省物价局转发国家发展改革委关于降低一般工商业电价有关事项的通知》规定，315kVA及以上的原一般工商用户可选择执行合并后的两部制目录电价。（ ）

答案：正确

【依据出处】《安徽省物价局转发国家发展改革委关于降低一般工商业电价有关事项的通知》（皖价商〔2018〕59号）

64 根据《国家发展改革委办公厅关于明确铁路电价有关政策的复函》规定，电气化铁路新开线路联调联试期间，申请最大需量暂不受变压器与高压电动机容量综合的40%最低限制，按实际需求确定。联调联试期最长不超过5个月。（ ）

答案：正确

【依据出处】《国家发展改革委办公厅关于明确铁路电价有关政策的复函》（发改办价格〔2017〕1717号）

65 根据《供电营业规则》规定，在公用供电设施未达到的地区，为解决客户的用电困难，有供电能力的单位可向其附近的客户转供电力。（ ）

答案：错误

【依据出处】《供电营业规则》（1996年）

66 根据《供电营业规则》规定，客户保安电源可自己提供。（ ）

答案：正确

【依据出处】《供电营业规则》（1996年）

67 根据《国家电网公司电费抄核收管理规则》规定，采用手工抄表、抄表机抄表、自动抄表不同抄表方式的客户不可混编在一个抄表段。（ ）

答案：正确

【依据出处】《国家电网公司电费抄核收管理规则》[国网（营销/3）273—2014]

68 根据《国家电网公司电费抄核收管理规则》规定，抄表例日的确定不需考虑线损统计的准确性。（ ）

答案：错误

【依据出处】《国家电网公司电费抄核收管理规则》[国网（营销/3）273—2014]

69 根据《国家电网公司电费抄核收管理规则》规定，抄表例日的确定需考虑电费回收的因素。（ ）

答案：正确

【依据出处】《国家电网公司电费抄核收管理规则》[国网（营销/3）273—2014]

70 根据《国家电网公司电费抄核收管理规则》规定，抄表例日一经确定不得擅自变更，如需调整抄表例日的，必须上报审批。（ ）

答案：正确

【依据出处】《国家电网公司电费抄核收管理规则》[国网(营销/3)273—2014]

71 根据《国家电网公司电费抄核收管理规则》规定，抄表前应对分时表时钟显示情况进行检查。( )

答案：正确

【依据出处】《国家电网公司电费抄核收管理规则》[国网(营销/3)273—2014]

72 根据《供电营业规则》规定，用户在供电企业规定的期限内未交清电费时，应承担电费滞纳的违约责任。除居民用户外的其余用户，每日按照欠费总额的2‰计算。( )

答案：错误

【依据出处】《供电营业规则》

73 根据《关于居民生活用电试行阶梯电价的通知》规定，安徽省城乡贫困户家庭每户每月设置10kWh免费用电基数。( )

答案：错误

【依据出处】《关于居民生活用电试行阶梯电价的通知》(皖价商函〔2012〕121号)

74 根据《关于居民生活用电试行阶梯电价的通知》规定，安徽省居民阶梯电价执行范围为省级电网供电区域内实行“一户一表”和未实行“一户一表”的合表居民家庭用户。( )

答案：错误

【依据出处】《关于居民生活用电试行阶梯电价的通知》(皖价商函〔2012〕121号)

75 根据《关于居民生活用电试行阶梯电价的通知》规定，未实行“一户一表”的合表居民家庭用户和执行居民生活用电价格的非居民用户，暂不执行居民阶梯电价，电价每kWh提高2分。( )

答案：正确

【依据出处】《关于居民生活用电试行阶梯电价的通知》(皖价商函〔2012〕121号)

76 根据《关于居民生活用电试行阶梯电价的通知》规定，安徽省居民阶梯电量以一个年度为计量周期，月度滚动使用。( )

答案：正确

【依据出处】《关于居民生活用电试行阶梯电价的通知》(皖价商函〔2012〕121号)

77 根据《关于取消临时接电费和明确自备电厂有关收费政策的通知》规定，自2017年12月1日起，临时用电的电力用户不再缴纳临时接电费。( )

答案：正确

【依据出处】《关于取消临时接电费和明确自备电厂有关收费政策的通知》(发改办价格〔2017〕1895号)

78 根据《国家发展改革委办公厅关于完善两部制电价用户基本电价执行方式的通知》规定，减容(暂停)后容量达不到实施两部制电价规定容量标准的，应改为相应用电类别单一制电价计费，并执行相应的分类电价标准。( )

答案：正确

【依据出处】《国家发展改革委办公厅关于完善两部制电价用户基本电价执行方式的通知》(发改办价格〔2016〕1583号)

79 根据《国家发展改革委办公厅关于完善两部制电价用户基本电价执行方式的通知》规定，减容(暂停)设备自设备加封之日起，减容(暂停)部分基本电费按一半收取。( )

答案：错误

【依据出处】《国家发展改革委办公厅关于完善两部制电价用户基本电价执行方式的通知》(发改办价格〔2016〕1583号)

80 根据《国家发展改革委办公厅关于完善两部制电价用户基本电价执行方式的通知》规定，电力用户(含新装、增容用户)可根据用电需求变化情况，提前5个工作日向电网企业申请减容、暂停、减容

恢复、暂停恢复用电。(　　)

答案：正确

【依据出处】《国家发展改革委办公厅关于完善两部制电价用户基本电价执行方式的通知》(发改办价格〔2016〕1583号)

81 根据《国家电网公司电费抄核收管理规则》规定，停电计划实行分级审批制度，经审批后方可进行停电流程。对重要客户的停电，应将停电通知书报送同级电力管理部门。(　　)

答案：正确

【依据出处】《国家电网公司电费抄核收管理规则》[国网(营销/3)273—2014]

82 根据《国家电网公司电费抄核收管理规则》规定，因银行代扣电费出现错误产生滞纳金，可以减免。(　　)

答案：正确

【依据出处】《国家电网公司电费抄核收管理规则》[国网(营销/3)273—2014]

83 根据《国家电网公司电费抄核收管理规则》规定，对作废发票，须各联齐全，每联均应加盖“作废”印章，并与发票存根一起保存完好，不得丢失或私自销毁。(　　)

答案：正确

【依据出处】《国家电网公司电费抄核收管理规则》[国网(营销/3)273—2014]

84 根据《国家电网公司关于贯彻落实完善两部制电价用户基本电价执行方式的通知》规定，用户在每一日历年内，可申请全部(含不通过受电变压器的高压电动机)或部分用电容量的暂时停止用电两次。(　　)

答案：错误

【依据出处】《国家电网公司关于贯彻落实完善两部制电价用户基本电价执行方式的通知》(国家电网财〔2016〕633号)

85 根据《国家电网公司关于贯彻落实完善两部制电价用户基本电价执行方式的通知》规定，最大需量计费应以电网企业与电力用户合同确定的最大需量值为依据，用户实际最大需量超过合同确定值时，超过部分的基本电费加一倍收取；未超过合同确定值的，按合同确定值收取。(　　)

答案：错误

【依据出处】《国家电网公司关于贯彻落实完善两部制电价用户基本电价执行方式的通知》(国家电网财〔2016〕633号)

86 根据《国家电网公司关于贯彻落实完善两部制电价用户基本电价执行方式的通知》规定，用户减少用电容量的期限，应根据用户所提出的申请确定，但最短期限不得少于6个月，最长期限不得超过2年。(　　)

答案：错误

【依据出处】《国家电网公司关于贯彻落实完善两部制电价用户基本电价执行方式的通知》(国家电网财〔2016〕633号)

87 根据《国家电网公司关于加强自备电厂管理的通知》规定，安徽省自备电厂自发自用电量政府性基金征收，已明确开征的是重大水利工程建设基金和可再生能源发展基金。(　　)

答案：正确

【依据出处】《国家电网公司关于加强自备电厂管理的通知》(国家电网财〔2013〕1450号)

88 根据《国家电网公司关于做好售电公司、市场交易用户供电服务工作的通知》，售电公司不可受用户委托代为办理用电报装业务。(　　)

答案：错误

【依据出处】《国家电网公司关于做好售电公司、市场交易用户供电服务工作的通知》

89 根据《国家发展改革委办公厅关于完善两部制电价用户基本电价执行方式的通知》规定，自

2016 年 7 月 1 日起，基本电价计费方式变更周期为按年调整。(　　)

答案：错误

【依据出处】《国家发展改革委办公厅关于完善两部制电价用户基本电价执行方式的通知》(发改办价格〔2016〕1583 号)

90 根据《国家发展改革委办公厅关于完善两部制电价用户基本电价执行方式的通知》规定，减容(暂停)后容量达不到实施两部制电价规定容量标准的，应执行大工业两部制电价，但减收相应容量的基本电费。(　　)

答案：错误

【依据出处】《国家发展改革委办公厅关于完善两部制电价用户基本电价执行方式的通知》(发改办价格〔2016〕1583 号)

91 根据《国家发展改革委办公厅关于完善两部制电价用户基本电价执行方式的通知》规定，减容(暂停)后执行最大需量计量方式的，合同最大需量按照减容(暂停)后总容量申报。(　　)

答案：正确

【依据出处】《国家发展改革委办公厅关于完善两部制电价用户基本电价执行方式的通知》(发改办价格〔2016〕1583 号)

92 根据《国网安徽省电力公司关于进一步强化营销服务投诉热点问题专业化管理的通知》规定，可以以催费通知代替欠费停电通知，对需实施停电催费的客户，应按规定提前 7 天将停电通知送达客户，并至少一次当面走访客户，开展交费情况调查。(　　)

答案：错误

【依据出处】《国网安徽省电力公司关于进一步强化营销服务投诉热点问题专业化管理的通知》(电营销工作〔2015〕157 号)

93 根据《国网营销部关于印发落实国家降低一般工商业电价营销实施方案的通知》规定，按实际最大需量收取基本电费的，抄见最大需量低于变压器容量和不通过变压器接入的高压电动机容量综合的 40% 的，按抄见的实际最大需量收取基本电费。(　　)

答案：错误

【依据出处】《国网营销部关于印发落实国家降低一般工商业电价营销实施方案的通知》(营销营业〔2018〕23 号)

94 根据《国网营销部关于印发落实国家降低一般工商业电价营销实施方案的通知》规定，按实际最大需量收取基本电费的，抄见最大需量值超过容量综合 40% 的，按实际抄见最大需量值计收。(　　)

答案：正确

【依据出处】《国网营销部关于印发落实国家降低一般工商业电价营销实施方案的通知》(营销营业〔2018〕23 号)

95 根据《关于发布安徽省居民供用电合同示范文本的通知》规定，根据供用电合同中“用户在交纳电费时应先冲抵到期电费债务”的约定，用户应先缴纳电费欠费后再缴纳违约金。(　　)

答案：正确

【依据出处】《关于发布安徽省居民供用电合同示范文本的通知》(工商合字〔2016〕131 号)

96 根据《安徽省物价局关于印发安徽省销售电价说明的通知》第十条，备用的变压器(含直接接用的高压电动机)，不收基本电费。(　　)

答案：错误

【依据出处】《安徽省物价局关于印发安徽省销售电价说明的通知》(皖价商〔2014〕149 号)

97 根据《安徽省物价局关于印发安徽省销售电价说明的通知》第七条，城乡居民家庭住宅小区内的门卫应执行非居民照明电价。(　　)

答案：错误

【依据出处】《安徽省物价局关于印发安徽省销售电价说明的通知》(皖价商〔2014〕149 号)

98 根据《安徽省物价局关于印发安徽省销售电价说明的通知》第七条，经县级及以上人民政府宗教事务部门登记的寺院、宫观、清真寺、教堂等宗教活动场所执行居民用电价格。（ ）

答案： 错误

【依据出处】《安徽省物价局关于印发安徽省销售电价说明的通知》（皖价商〔2014〕149号）

99 根据《安徽省物价局关于印发安徽省销售电价说明的通知》第七条，社会组织和公民个人举办的公办、民办学校执行居民用电价格。（ ）

答案： 错误

【依据出处】《安徽省物价局关于印发安徽省销售电价说明的通知》（皖价商〔2014〕149号）

100 根据《安徽省物价局关于印发安徽省销售电价说明的通知》第七条，现行安徽省销售电价分类为居民生活用电、农业生产用电、大工业用电、商业及其他用电四类。（ ）

答案： 错误

【依据出处】《安徽省物价局关于印发安徽省销售电价说明的通知》（皖价商〔2014〕149号）

101 根据《安徽省物价局关于印发安徽省销售电价说明的通知》第七条，执行居民生活用电价格的监狱监房生活用电指监狱监房生活用电，包括看守所、拘留所等政府机关附属机构用电。（ ）

答案： 错误

【依据出处】《安徽省物价局关于印发安徽省销售电价说明的通知》（皖价商〔2014〕149号）

102 根据《安徽省物价局关于印发安徽省销售电价说明的通知》第七条，执行居民生活用电价格的社会福利场所生活用电指由国家、社会组织和公民个人举办的，为老年人、残疾人、孤儿、弃婴提供养护、康复、托管等服务场所的生活用电。（ ）

答案： 错误

【依据出处】《安徽省物价局关于印发安徽省销售电价说明的通知》（皖价商〔2014〕149号）

103 根据《安徽省物价局关于印发安徽省销售电价说明的通知》第七条，执行农业生产用电价格的农村饮水安全工程运行用电指农村饮水安全工程运行用电。（ ）

答案： 错误

【依据出处】《安徽省物价局关于印发安徽省销售电价说明的通知》（皖价商〔2014〕149号）

104 根据《安徽省物价局关于印发安徽省销售电价说明的通知》第七条，自来水、工业实验、电子计算中心、垃圾处理、污水处理生产用电，执行大工业用电。（ ）

答案： 错误

【依据出处】《安徽省物价局关于印发安徽省销售电价说明的通知》（皖价商〔2014〕149号）

105 根据《国家电网公司电费抄核收管理规则》第十四条，严禁违章抄表作业，确因特殊情况不能按期抄表的，可以估抄。（ ）

答案： 错误

【依据出处】《国家电网公司电费抄核收管理规则》[国网（营销/3）273—2014]

106 根据《国家电网公司电费抄核收管理规则》第十七条，抄表例日可根据需要自行变更，但例日变更时，应事前告知相关客户。（ ）

答案： 错误

【依据出处】《国家电网公司电费抄核收管理规则》[国网（营销/3）273—2014]

107 根据《国家电网公司电费抄核收管理规则》第三十三条，电费核算与收费岗位可以相互兼岗。（ ）

答案： 错误

【依据出处】《国家电网公司电费抄核收管理规则》[国网（营销/3）273—2014]

108 根据《国家电网公司电费抄核收管理规则》第二十二条，采用远程自动抄表方式的，当抄表例日无法正确抄录数据时，应在抄表次日安排现场补抄。（ ）

答案： 错误

【依据出处】《国家电网公司电费抄核收管理规则》[国网(营销/3)273—2014]

109 根据《国家电网公司电费抄核收管理规则》第二十二条，对远程自动抄表异常客户现场核抄时，如现场抄见读数与远程获取读数不一致，以远程抄见读数为准。( )

答案：错误

【依据出处】《国家电网公司电费抄核收管理规则》[国网(营销/3)273—2014]

110《关于居民生活用电试行阶梯电价的通知》中对“一户一表”中“户”的描述为居民用户以家庭为单位，一个家庭为一“户”。( )

答案：错误

【依据出处】《关于居民生活用电试行阶梯电价的通知》(皖价商〔2012〕121号)

111 根据《关于居民生活用电试行阶梯电价有关问题的补充通知》规定，安徽省居民阶梯电价以一个年度为计费周期，月度滚动使用。( )

答案：正确

【依据出处】《关于居民生活用电试行阶梯电价有关问题的补充通知》(皖价商〔2012〕147号)

112 根据《关于居民生活用电试行阶梯电价的通知》规定，居民阶梯电价第三档电量电价在第二档基础上每kWh加价0.3元。( )

答案：错误

【依据出处】《关于居民生活用电试行阶梯电价的通知》(皖价商〔2012〕121号)

113 根据《安徽省物价局关于印发安徽省销售电价说明的通知》第七条，受电变压器(含不通过受电变压器的高压电动机)容量在315kVA以下，经批准建设的规划范围内农村饮水安全工程运行用电执行农业生产电价。( )

答案：正确

【依据出处】《安徽省物价局关于印发安徽省销售电价说明的通知》(皖价商〔2014〕149号)

114 根据《国家电网公司电费抄核收管理规则》第十六条，对实行远程自动抄表方式的客户，应定期安排现场核抄，核抄周期由各单位根据实际需要确定，10kV及以上客户现场核抄周期应不超过6个月；0.4kV及以下客户现场核抄周期应不超过12个月。( )

答案：正确

【依据出处】《国家电网公司电费抄核收管理规则》[国网(营销/3)273—2014]

115 根据《国家电网公司电费抄核收管理规则》第二十一条，抄表时，应认真核对客户电能表箱位、表位、表号、倍率等信息，检查电能计量装置运行是否正常，封印是否完好。( )

答案：正确

【依据出处】《国家电网公司电费抄核收管理规则》[国网(营销/3)273—2014]

116 根据《国家电网公司电费抄核收管理规则》第三十五条，电费收取应做到日清日结，收费人员每日将现金交款单、银行进账单、当日电费汇总表交电费账务人员。( )

答案：正确

【依据出处】《国家电网公司电费抄核收管理规则》[国网(营销/3)273—2014]

117 根据《智能交费业务规范(试行)》规定，当可用电费余额达到停电阈值时，发起停电业务流程根据协议约定，可选择自动停电或审批停电两种不同的方式。( )

答案：正确

【依据出处】《智能交费业务规范(试行)》(国家电网营销〔2017〕236号)

118 根据《国网营销部关于印发电能替代工作规则的通知》规定，现阶段电能替代推广主要领域有居民采暖领域、生产制造领域、交通运输领域、电力供应与消费领域。( )

答案：正确

【依据出处】《国网营销部关于印发电能替代工作规则的通知》(营销市场〔2017〕17号)

119 根据《国网营销部关于印发电能替代工作规则的通知》规定，营业厅窗口人员受理电能替代项目业扩报装业务时，在项目申请单上注明“电能替代项目”，客户经理现场查勘进行确认，拟定供电方案，纳入业扩报装“绿色通道”管理。(　　)

答案：正确

【依据出处】《国网营销部关于印发电能替代工作规则的通知》(营销市场〔2017〕17号)

120 根据《安徽省物价局关于印发安徽省销售电价说明的通知》规定，“新东方烹饪学校”应执行享受居民类电价。(　　)

答案：错误

【依据出处】《安徽省物价局关于印发安徽省销售电价说明的通知》(皖价商〔2014〕149号)

121 根据《安徽省物价局关于印发安徽省销售电价说明的通知》规定，城乡居民社区居民委员会工作场所应执行一般工商业电价。(　　)

答案：错误

【依据出处】《安徽省物价局关于印发安徽省销售电价说明的通知》(皖价商〔2014〕149号)

122 根据《安徽省物价局关于印发安徽省销售电价说明的通知》规定，商业门面房不能执行分时电价。(　　)

答案：错误

【依据出处】《安徽省物价局关于印发安徽省销售电价说明的通知》(皖价商〔2014〕149号)

123 根据《安徽省物价局关于印发安徽省销售电价说明的通知》规定，受电变压器容量在315kVA及以上，符合国家、省政府扶持政策的种植业、养殖业生产性用电，可执行农业生产电价。(　　)

答案：错误

【依据出处】《安徽省物价局关于印发安徽省销售电价说明的通知》(皖价商〔2014〕149号)

124 根据《转发“西气东输”压气站压气用电执行电价类别的通知》规定，“西气东输”压气站压气用电，变压器容量在315kVA及以上的用户，执行一般工商业用电价格。(　　)

答案：错误

【依据出处】《转发“西气东输”压气站压气用电执行电价类别的通知》(营销工作〔2013〕7号)

四、简答题(共26题)

1 年末变更抄表时间稽查主题主要有哪些内容?

答：主要稽查所有高压客户年末电费结算表计示数与抄表例日采集系统表计示数不一致情况，是否存在少计或多计当月售电量情况。

【依据出处】《国家电网公司电费抄核收管理规则》[国网(营销/3)273—2014]

2 根据《国家发展改革委、国家电监会关于坚决贯彻执行差别电价政策禁止自行出台优惠电价的通知》规定，高耗能客户执行地方优惠电价稽查主题主要有哪些内容?

答：按照要求稽查电解铝、铁合金、电石、烧碱、水泥、钢铁、黄磷、锌冶炼8个高耗能行业电价，是否存在执行地方出台优惠电价情况。

【依据出处】《国家发展改革委、国家电监会关于坚决贯彻执行差别电价政策禁止自行出台优惠电价的通知》(发改价格〔2007〕773号)

3 根据《国家电网公司电费抄核收管理规则》规定，设置“虚拟户”稽查主题主要检查哪些内容?

答：稽查营销业务应用系统所有客户是否存在“电费虚拟户”；是否存在“电费虚拟户”预存资金转入转出，为真实用电客户临时交纳电费情况；是否存在“无计量、无规律发行电量电费”等特征的“电量虚拟户”；是否存在“电量虚拟户”发行电量，调节收入线损情况。

【依据出处】《国家电网公司电费抄核收管理规则》[国网(营销/3)273—2014]

4 根据《国家电网公司电费抄核收管理规则》规定，非关联户“预收互转”稽查主题主要检查哪些内容?

答：稽查营销业务应用系统所有非关联客户“户间余额结转”行为，是否存在以其他客户预交电费冲抵欠费客户应收电费情况。

【依据出处】《国家电网公司电费抄核收管理规则》[国网（营销/3）273—2014]

5 根据《省物价局省民政厅省电力公司关于做好城乡“低保户”和农村“五保户”免费用电基数兑现工作的通知》规定，哪些用户满足“两户”条件？

答：“低保户”是指家庭人均收入低于市低保标准的居（村）民，享受国家最低生活保障补助的家庭。“五保户”是指《农村五保供养工作条例》中五保供养对象，主要包括村民中符合条件的残疾人和未成年人，五保对象指农村中无劳动能力、无生活来源、无法定赡养抚养义务人或虽有法定赡养抚养义务人，但无赡养抚养能力的老年人，残疾人和未成年人。

【依据出处】《省物价局省民政厅省电力公司关于做好城乡“低保户”和农村“五保户”免费用电基数兑现工作的通知》

6 根据《安徽省电力市场电量结算规则》规定，购电主体（含自购电用户和售电公司）购电量结算顺序是什么？

答：购电主体（含自购电用户和售电公司）购电量结算顺序依次为：月度直接交易合同电量、年度直接交易合同电量、按目录电价结算电量。

【依据出处】《安徽省电力市场电量结算规则》

7 根据《供电营业规则》规定，某专用变压器用户变压器系统显示已办理停运但有电量发生，作为稽查人员该如何做？

答：作为稽查人员，首先应去到现场核实，确定造成此种情况的原因。出现此类情况可能性有两个：一是客户未办理启用，私自启用暂停的变压器用电；二是客户已申请启用，且现场供电公司工作人员已恢复现场变压器，但电力营销人员未走暂停恢复流程。若现场确定是第一种，则安排用电检查人员进行违约处理；若是第二种，则补走相应流程，并进行变损电量追补。

【依据出处】《供电营业规则》（1996年）

8 根据《国家电网公司电费抄核收管理办法》规定，抄表段设置应遵循什么原则？

答：抄表段设置应遵循抄表效率最高的原则，综合考虑电力客户类型、抄表周期、抄表例日、地理分布、便于线损管理等因素。

【依据出处】《国家电网公司电费抄核收管理办法》

9 根据《国家电网公司电费抄核收管理办法》规定，抄表应遵循什么原则？

答：严格按规定的抄表周期和抄表例日对电力客户进行抄表。抄表数据原则上必须是抄表例日当日0时用电计量装置冻结数据。应严格通过远程自动化抄录用电计量装置记录的数据，严禁违章抄表作业，不得估抄、漏抄、错抄。具备条件的省公司可以分步建立所有电力客户或部分重要电力客户的全省抄表集中模式，不断提升公司的集约化、精益化管理水平。

【依据出处】《国家电网公司电费抄核收管理办法》

10 根据《国家电网有限公司关于进一步加强营销稽查监控工作的通知》规定，应从哪些线索着手组织开展专项稽查？

答：紧密围绕重点工作推进、营业普查、巡视审计、客户投诉等方面线索，全方位、多维度挖掘突出问题，应用好各类营销信息平台，精准锁定重点稽查对象，组织开展线上线下一体化专项稽查。

【依据出处】《国家电网有限公司关于进一步加强营销稽查监控工作的通知》（国家电网营销〔2019〕123号）

11 根据《国家电网公司电费抄核收管理规则》规定，稽查抄表作业有哪些注意事项？

答：严格按规定的抄表周期和抄表例日准确抄录客户用电计量装置记录的数据，严禁违章抄表作业，不得估抄、漏抄、代抄。确因特殊情况不能按期抄表的，应及时采取补抄措施。

【依据出处】《国家电网公司电费抄核收管理规则》[国网（营销/3）273—2014]

12 根据《国家电网公司电费抄核收管理规则》对实行远程自动抄表方式的客户，现场核抄周期应稽查什么？

答： 对实行远程自动抄表方式的客户，应定期安排现场核抄，核抄周期由各单位根据实际需要确定，1kV及以上客户现场核抄周期应不超过6个月；0.4kV及以下客户现场核抄周期应不超过12个月。

【依据出处】《国家电网公司电费抄核收管理规则》[国网（营销/3）273—2014]

13 根据《国家电网公司电费抄核收管理规则》规定，哪些客户的抄表例日应安排在同一天？

答： 对同一台区的客户、同一供电线路的专用变压器客户、同一户号有多个计量点的客户、存在转供关系的客户，抄表例日应安排在同一天。

【依据出处】《国家电网公司电费抄核收管理规则》[国网（营销/3）273—2014]

14 根据《国家电网公司电费抄核收管理规则》规定，抄表段设置应遵循哪些原则？

答： 抄表段设置应遵循抄表效率最高的原则，综合考虑客户类型、抄表周期、抄表例日、地理分布、便于线损管理等因素。

（1）同一抄表段内的电力客户的抄表周期、抄表例日应相同。

（2）抄表段一经设置，应相对固定。调整抄表段应不影响相关客户正常的电费计算。新建、调整、注销抄表段，须履行审批手续。

（3）新装客户应在归档后3个工作日内编入抄表段；注销客户应在下一抄表计划发起前撤出抄表段。

【依据出处】《国家电网公司电费抄核收管理规则》[国网（营销/3）273—2014]

15 根据《国家电网公司电费抄核收管理规则》，对新装用电客户、变更用电客户、电能计量装置参数变化的客户应如何进行电费核算？

答： 对新装用电客户、变更用电客户、电能计量装置参数变化的客户，其业务流程处理完毕后的首次电量电费计算，应进行逐户审核。对电量明显异常及各类特殊供电方式（如多电源、转供电等）的客户应重点审核。

【依据出处】《国家电网公司电费抄核收管理规则》[国网（营销/3）273—2014]

16 根据《国家电网公司电费抄核收管理规则》规定，在电价政策调整、数据编码变更、营销业务应用系统软件修改、营销业务应用系统故障等事件发生后应做哪些核算工作？

答： 在电价政策调整、数据编码变更、营销业务应用系统软件修改、营销业务应用系统故障等事件发生后，应对电量电费进行试算，并对各电价类别、各电压等级的客户重点抽查审核。

【依据出处】《国家电网公司电费抄核收管理规则》[国网（营销/3）273—2014]

17 根据《国家电网公司电费抄核收管理规则》规定，对电费通知单内容应稽查哪些方面？

答： 通知单内容包括本期电量电费信息、交费方式、交费时间、交费地点、服务电话及网站等。鼓励以电子方式将电量电费信息告知客户，实施前应征得客户同意。

【依据出处】《国家电网公司电费抄核收管理规则》[国网（营销/3）273—2014]

18 根据《国家电网公司电费抄核收管理规则》规定，电费收取应注意哪些事项？

答： 根据《国家电网公司电费抄核收管理规则》第三十五条，电费收取应做到日清日结，收费人员每日将现金交款单、银行进账单、当日电费汇总表交电费账务人员。

（1）每日收取的现金及支票应当日解交银行。由专人负责每日解款工作并落实保安措施，确保解款安全。当日解款后收取的现金及支票按财务制度存入专用保险箱，于次日解交银行。

（2）收取现金时，应当面点清并验明真伪。收取支票时，应仔细检查票面金额、日期及印鉴等是否清晰正确。

（3）客户实交电费金额大于客户应交电费金额时，作预收电费处理。

【依据出处】《国家电网公司电费抄核收管理规则》[国网（营销/3）273—2014]

19 根据《国家电网公司电费抄核收管理规则》规定，对（预）购电交费方式结算应稽查哪些内容？

答： 采用（预）购电交费方式的，应与客户签订（预）购电协议，明确双方权利和义务。协议内容应包括购电方式、预警方式、跳闸方式、联系方式、违约责任等。

【依据出处】《国家电网公司电费抄核收管理规则》[国网(营销/3)273—2014]

20 根据《国家电网公司电费抄核收管理规则》规定，对远程费控业务方式结算应稽查哪些内容?

答：采用远程费控业务方式的，应根据平等自愿原则，与客户协商签订协议，条款中应包括电费测算规则、测算频度，预警阈值、停电阈值，预警、取消预警及通知方式，停电、复电及通知方式，通知方式变更，有关责任及免责条款等内容。

【依据出处】《国家电网公司电费抄核收管理规则》[国网(营销/3)273—2014]

21 根据《国家电网公司电费抄核收管理规则》规定，哪些客户可采用走收方式收费?

答：确因地区偏远等原因造成客户交费困难的，可采取现场收费(走收)方式。收费前应确定客户清单，领取电费票据，备足找零现金。到达现场收费时，收费人员应出示工作证件，注意做好人身、资金的安全工作。收费时，应仔细核对客户信息与电费发票是否一致，告知客户电费金额及收费明细，避免发生错收。严格按电费发票金额收费，不得打白条收费。

【依据出处】《国家电网公司电费抄核收管理规则》[国网(营销/3)273—2014]

22 根据《国家电网公司电费抄核收管理规则》规定，欠费客户实施停电措施需稽查哪些内容?

答：严格按照国家规定的程序对欠费客户实施停电措施。停电通知书须按规定履行审批程序，在停电前3～7天内送达客户，可采取客户签收或公证等方式送达。对重要客户的停电，应将停电通知书报送同级电力管理部门。在停电前30min，将停电时间再通知客户一次，方可在通知规定时间实施停电。

【依据出处】《国家电网公司电费抄核收管理规则》[国网(营销/3)273—2014]

23 根据《国家电网公司电费抄核收管理规则》规定，停电通知书应稽查哪些内容?

答：停电通知书应由专人审核、专档管理。停电通知书内容应包括催交电费次数、欠费金额及违约金、停电原因等。

【依据出处】《国家电网公司电费抄核收管理规则》[国网(营销/3)273—2014]

24 根据《国家电网公司电费抄核收管理规则》规定，严格执行电费违约金制度需做到哪几点?

答：严格执行电费违约金制度，不得随意减免电费违约金，不得用电费违约金冲抵电费实收。

【依据出处】《国家电网公司电费抄核收管理规则》[国网(营销/3)273—2014]

25 根据《国家电网公司电费抄核收管理规则》规定，稽查时应注意哪些原因引起的电费违约金可免收?

答：有下列原因引起的电费违约金，可经审批同意后实施电费违约金免收：

(1)供电营业人员抄表差错或电费计算出现错误影响客户按时缴纳电费。

(2)银行代扣电费出现错误或超时影响客户按时缴纳电费。

(3)因营销业务应用系统客户档案资料不完整或错误，影响客户按时缴纳电费。

(4)因营销业务应用系统或网络发生故障时影响客户正常缴纳电费。

【依据出处】《国家电网公司电费抄核收管理规则》[国网(营销/3)273—2014]

26 根据《国家电网公司电费抄核收管理规则》规定，电费抄核收工作开展质量管控和稽查监督的意义是什么?

答：加强电费抄核收工作管理。建立电费抄核收工作监督、评价与考核制度，对电费抄核收工作开展质量管控和稽查监督，对工作质量和指标完成情况进行评价考核，对电量电费、电费收取、报表等差错追究责任，确保工作质量可控在控，不发生重大电费安全责任事故。

【依据出处】《国家电网公司电费抄核收管理规则》[国网(营销/3)273—2014]

五、案例分析(共10题)

1 【背景材料】某商业客户称在没有接到停电催缴通知的情况下，于2015年10月17日11:00被断电，使其无法正常营业，导致损失6000元，要求供电公司赔偿。供电公司向其提供了依法催费停电的证据：催费人员在2015年8月2日电话通知用电客户朱某(该商业客户的房东)，明确提出电费金额为42731.79元，缴费的期限至2015年8月31日的电话录音；房东朱某签收的2015年8月10日、20日、31

日下达的催缴电费通知书和限期缴费通知书副联，2015 年 10 月 8 日给朱某下达的将在 2015 年 10 月 17 日 11:00 停电的通知副联；2015 年 10 月 17 日 10:00，通知朱某做好停电的相应准备。供电公司进行的催费、停电都是按法定程序进行的，该商业客户是与房东朱某之间发生的供用电关系，与供电公司无关。最终，经过供电公司耐心细致地解释，该客户收回原先的无理要求，缴清了所欠电费 42731.79 元，电费违约金 1495 元。

【问题】请评析这一案例中供电公司应如何避免纠纷。

【答案要点】

（1）供电公司催费人员应依法按照规定的程序进行催费，同时要注意保存催费、通知停电的相关证据。本案中，某商业客户最终放弃原先的无理要求，并缴清电费和违约金，主要原因是供电公司向其出示大量的证据，有力地证明了供电公司是依法进行了通知和停电的，造成的损失与供电公司的行为没有因果关系。

（2）目前营业用房租赁现象非常普遍，且租赁人一般不直接和供电公司签订供用电合同，而是和出租人（房东）发生供用电关系。实践中，由于房东不及时缴费导致停电造成租赁人损失的事件时有发生，供电公司营销人员要注意到这个现象，在催费过程中，要力求通知到实际的用电人，尽量避免供用电双方的损失，减少纠纷。

【依据出处】《国家电网公司电费抄核收管理规则》[国网（营销 /3）273—2014]

2 **【背景材料】**某稽查员，对用电检查查处的违约用电进行检查时发现，某企业私自将办公用电接用在了大工业上，经用电检查人员查处后按使用日期进行差额补收电费 1367.52 元，并进行两倍差额电费 2735.04 元的处罚，账务人员据此做如下账务处理：根据差额电费直接做应收电费 1367.52 元，并将用户承担的两倍差额电费 2735.04 元的处罚也做在应收账款中。

【问题】请分析上述案例违反了什么规定，并对账务处理中的不妥处进行分析更正。

【答案要点】

（1）本次事件违反以下规定：根据规定对用户承担的两倍差额电费属违约使用电费，应做在营业外收入中。

（2）从账务角度来看，补收差额电费的实质是将错账更正。宜采用红字更正法，具体操作为将原电费发票作废，开具正确的追补电费发票和两倍的违约使用电费发票。违约使用电费按照补收两倍差额电费在营业外收入会计科目账中处理。

3 **【背景材料】**营销稽查员对居民电价执行进行核查时发现，某供电所存在大量的小区路灯、消防、电梯等用电执行了居民阶梯电价，稽查人员联系供电所用电检查人员，用电检查人员反映这些用户都是居民阶梯电价执行前制定的，当时电价选择是正确的，因为数量太多于是就没有去维护调整，且供电公司不吃亏，客户也没反映。

【问题】请根据文件规定分析上述案例异常产生的原因、暴露的问题及违反条款。

【答案要点】根据《关于居民生活用电试行阶梯电价的通知》第二项第二条，未实行“一户一表”的合表居民家庭用户和执行居民生活用电价格的非居民用户，暂不执行居民阶梯电价，电价每 kWh 提高 2 分。此类异常发生的原因是居民阶梯电价试行后，该供电所没有及时梳理原享受执行居民电价的非居民客户，及时发起改类流程进行电价变更。

暴露问题：基层人员对居民电价执行重要性、严肃性认识不够，同时管理部分对基层工作质量考核监管不到位。

【依据出处】《关于居民生活用电试行阶梯电价的通知》（皖价商〔2012〕121 号）

4 **【背景材料】**某居民客户与某供电公司“一元钱”官司案：2007 年 2 月 5 日上午，某居民客户家中突然停电，家人回家后打电话到供电公司查询才得知是欠费停电。该居民以供电部门未书面通知客户，停电违反程序并致使冰箱内食品腐烂变质造成损失 50 元为由，将该供电公司告上法院，索赔 1 元钱及承担诉讼费。2007 年 3 月 1 日，法院一审判决，供电公司此停电行为不符合程序，某居民客户获赔 1 元钱。

【问题】请分析上述案例涉及的规定，并分析供电企业应如何规范自身行为。

【答案要点】

（1）违反规定：法院审理的依据是《供电营业规则》第六十七条第二、三项，即供电部门在停电前 3～7 天内，应将停电通知书送达用户，在停电前 30min，将停电时间再通知用户一次，方可在通知规定时间实施停电。同时《中华人民共和国电力法》第五十九条第二项明确规定，未事先通知用户中断供电，给用户造成损失的，应当依法承担赔偿责任。

（2）供电企业正确做法：索赔一元钱，客户要的只是一个说法。在公众法律意识普遍提高的外部环境下，供电企业必须严格执行操作程序，实行规范化管理。

【依据出处】《国家电网公司电费抄核收管理规则》[国网（营销/3）273—2014]

5 **【背景材料】**某私营业主 2007 年 8 月 9 日，在供电公司申请新装 30kVA 用电容量，用于经营饭店，供电公司员工在看过申请信息后，即在用电行业中选定农业服务业，电价类别选为农业生产，为客户办理了用电的相关手续并送电，后在 2010 年营业稽查中发现了该户的电价执行差错，进行了修改，并追补差价电费 2.1 万元，客户提出异议，拒绝缴纳差额电费。

【问题】根据该案例情况，试分析客户是否应当承担差额电费？请分析上述案例违反了什么规定，并对账务处理中不妥处进行分析更正。

【答案要点】客户应当承担差额电费。客户和供电公司双方签订了合法的供电合同，合同中明确规定客户应按照电价管理部门批准的电价和用电计量装置的记录，定期向用电人结算电费。根据客户的用电性质，按照物价局的文件规定，应执行商业用电电价，实际执行的是农业生产电价，故应该补齐差额电费。但是由于定价错误是供电公司造成的，客户只承担差额部分电费，不承担违约责任。

6 **【背景材料】**某用户向营业所反映：半年来家中一直没缴过电费，也无人送达电费通知。经核实，发现该用户小区在半年前进行了集抄改造，现场智能电能表止码为 857kWh。通过采集系统对该表进行远抄，系统获取的电能表示数为 1，后经计量中心检测发现该表通信模块存在故障。

【问题】请分析事件供电方违反的规定。

【答案要点】本次事件违反规定：《国家电网公司电费抄核收工作规范》第二十条，远程抄表时，应定期与客户端用电计量装置记录的有关用电计费数据进行现场核对。

（1）在采用远程抄表方式后的 3 个抄表周期内，应每月进行现场核对抄表。发现数据异常，立即报职责部门进行处理。

（2）正常运行后，至少每 3 个抄表周期与现场计费电能表记录数据进行一次现场核对。对连续 2 个抄表周期出现抄表数据为零的客户，应抽取不少于 20% 的客户进行现场核实。

【依据出处】《国家电网公司电费抄核收管理规则》[国网（营销/3）273—2014]

7 **【背景材料】**某客户来电投诉某供电公司，客户表示自家正常用电，经系统查询，8、9 月客户抄表的电量显示为 0，客户表示非常不满，要求供电公司相关部门尽快核实处理并尽快给客户合理解释。经现场核实，客户反映自家电能表所在表箱被隔壁经营户广告遮挡，供电公司新换抄表人员未能找到表箱没有抄表，10 月电量过多，由于客户自营小宾馆收入少，一次缴纳电费过多造成经济上有压力，故对供电公司进行投诉。

【问题】请分析产生上述投诉的原因，并说明违反的规定。

【答案要点】原因：本案中，抄表员轮换时未做好交接，新抄表员责任心不强是造成该投诉的主要原因。

违反规定：该案例中，抄表员违反了《国家电网公司电费抄核收管理规则》中关于抄表管理的相关规定：

（1）严格按规定的抄表周期和抄表例日准确抄录客户用电计量装置记录的数据。严禁违章抄表作业，不得估抄、漏抄、代抄。确因特殊情况不能按期抄表的，应及时采取补抄措施。

（2）采用现场抄表方式的，抄表员应到达现场，使用抄表卡或抄表机逐户对客户端用电计量装置记录的有关用电计量计费数据进行抄录。

（3）因客户原因未能如期抄表时，应通知客户待期补抄并按合同约定或有关规定计收电费。抄表员应设法在下一抄表日到来前完成补抄。

案例中，抄表员无法完成抄表应要求原抄表员带认表位，因时间紧迫无法在当期完成抄录，应致电客户说明原因在下一个抄表周期补录。

【依据出处】《国家电网公司电费抄核收管理规则》[国网（营销/3）273—2014]

8 【背景材料】经稽查人员现场核实发现，某供电公司存在人为修改用电信息采集系统所采集指数的现象（现场指数 213.33，SG186 营销系统内为 189），且对于采集不成功的客户没有明确现场核实人员，不能及时将现场电能表示数录入营销系统，存在漏抄的风险。

【问题】请分析产生上述问题的原因，并说明违反的规定。

【答案要点】本案中，暴露出部分抄催人员为完成电费回收任务，随意改动抄表指数的行为。体现了该人员电费风险意识薄弱的问题。

案例中，抄表员违反了《国家电网公司电费抄核收管理规则》第十四条中“任何单位和个人不得减免应收电费”的规定。供电公司应对存在政策、经济风险的用电客户应逐户建立风险防控预案，最大程度防范电费回收风险。

【依据出处】《国家电网公司电费抄核收管理规则》[国网（营销/3）273—2014]

9 【背景材料】稽查主题：低压居民零电量连续时间 6 个月以上。

主题描述：通过营销稽查监控系统筛选出低压居民零电量连续时间 6 个月以上客户 129 户。该区域为拆迁现场，客户表箱、计量装置已经被拆除，但未走销户流程，营销业务应用系统中显示这些客户均为正常用电户，无欠费，经查计量装拆记录和入库记录，均未显示用户表计已拆除，从而形成长期零电量用户。

稽查依据：根据《国家电网有限公司电费抄核收管理办法》第二十六条，抄表例日 3 天前由采集运维人员进行采集质量检查，对发现采集失败的应在 2 天内完成现场消缺。

稽查步骤：通过营销稽查系统的异常明细，首先在 SG186 系统中梳理零电量用户情况；其次，组织人员对异常用户进行现场核查；最后，在系统内再次查找相关抄表计划、销户流程情况，并还原经过，写出稽查结果。

【问题】分析造成该现象的原因及风险，并提出意见和建议。

【答案要点】

原因分析：

（1）对拆迁区域用电管理不到位，未建立相应的沟通协调机制。城市开发拆迁中用户方或拆迁方擅自拆除计量装置，抄表人员未及时发现或已发现而不认为是自己责任，所以未上报，导致异常用户未能得到及时处置。

（2）未能对长期零电量用户引起重视并及时安排，未能深入现场排查异常，未能定期清理系统冗余用户。

风险分析：

（1）漏计电费风险。因表计丢失，造成最后的销户电费无法计入系统。

（2）线损异常风险。因未按周期抄表，加之拆表月电量与实际电量不符造成该台区线损波动，影响线损计算。

应对措施：

（1）要求各基层单位逐月对超过 6 个月的零电量用户进行分析、核查、分类、上报，由营销各级检查人员及稽查人员先后签字确认，保证清查数据的准确性。

（2）将零电量用户的核查工作作为一项常态的营销基础管理工作，杜绝因计量装置损毁或丢失等原因造成的电量、电费损失。

（3）加强拆迁区域的用电管理，跟踪拆迁进展情况，做好跟进应对措施防范安全风险和经营风险。

（4）加强用电宣传与拆迁主管的沟通，杜绝擅自拆表的行为。要求拆迁用户主动销户结清电费。

（5）加强营业普查工作力度，将长期零度户作为重点普查内容纳入普查项目，安排专人负责。

【依据出处】《国家电网公司电费抄核收管理规则》[国网(营销/3)273—2014]、《国家电网有限公司电费抄核收管理办法》

10 【背景材料】稽查主题：功率因素执行异常。

主题描述：2016年7月，某农业一级站用户，合同容量100kVA及以上且用电类别为农业生产用电，功率因素考核标准执行0.85，功率因素执行异常。

稽查依据：《安徽省销售电价说明》第三章第六条，100kVA（kW）及以上的农业用电，功率因数执行标准为0.80。

稽查步骤：首先通过稽查监控系统筛选疑似数据；其次通过SG186系统查阅该户相关流程、工单及电费清单；最后，根据核查需要，到客户侧现场稽查客户的实际用电类型。

【问题】请分析造成功率因素执行异常的原因以及造成的风，并提出意见和建议。

【答案要点】

原因分析：

（1）业务人员对功率因数考核标准适用范围未搞清楚。

（2）系统流程录入信息不准确。

（3）核算人员未能及时发现功率因素执行异常情况。

（4）业扩人员业务技能薄弱。

风险分析：

（1）电费错误风险。用户功率因数执行标准为0.80，错误执行0.85，造成客户自行启用，电费结算时会造成漏计变损或基本电费的情况。

（2）电费回收风险。用户功率因数执行错误，多收客户电费可能导致客户以此拒交当月电费，从而进一步导致不能及时进行电费回收。

（3）服务投诉风险。客户对错误功率因数不认可，易引发投诉。

应对措施：

（1）对错误月份的功率因素进行手工算费，并进行退补。

（2）加强业扩方案质量管理，做好业务流程中业扩档信息填写规范管理及相关审核，层层把关。

（3）提高业务人员的业务能力，加强电费电价相关知识学习及培训，避免此类问题重复出现。

（4）提高核算人员责任心，对高压用户的审核应做到逐户细心查找异常。

【依据出处】《关于颁发〈功率因数调整电费办法〉的通知》(水电财字第215号)、《安徽省销售电价说明》(皖价商〔2014〕149号)

第五章　客户服务

一、单选题（共 53 题）

1　根据《国家电网公司供电服务质量标准》规定，95598 客服代表应在振铃（　　）声（12s）内接听，使用标准欢迎语。

A.1　　B.2　　C.3　　D.4

正确答案：C

【依据出处】《国家电网公司供电服务质量标准》（国家电网企管〔2014〕1466 号）

2　根据《国家电网公司供电客户服务提供标准》规定，供电营业柜台应配有（　　）标志牌。

A. 营业中　　B. 休息中　　C. 设备维修中　　D. 暂停服务

正确答案：D

【依据出处】《国家电网公司供电客户服务提供标准》（国家电网企管〔2014〕1466 号）

3　根据《国家电网公司供电客户服务提供标准》规定，下列属于 C 级供电营业厅必须配备的服务设施及用品的是（　　）。

A. 自助缴费终端　　B. 排队机　　C. 平板电视　　D.POS 机

正确答案：D

【依据出处】《国家电网公司供电客户服务提供标准》（国家电网企管〔2014〕1466 号）

4　根据《国家电网公司供电客户服务提供标准》规定，B 级厅（　　）应具备大专及以上学历，达到普通话水平测试三级及以上水平。

A. 营业厅主管　　B. 业务受理员　　C. 收费员　　D. 引导员

正确答案：A

【依据出处】《国家电网公司供电客户服务提供标准》（国家电网企管〔2014〕1466 号）

5　根据《国家电网公司供电服务规范》规定，当有特殊情况必须暂时停办业务时，应列示（　　）标牌。

A. 暂停服务　　B. 暂停办理　　C. 休息　　D. 因故暂停

正确答案：A

【依据出处】《国家电网公司供电服务规范》（国家电网生〔2003〕477 号）

6　根据《国家电网公司供电服务规范》规定，与客户交接钱物时，下列行为举止错误的是（　　）。

A. 轻拿轻放　　B. 唱收唱付　　C. 不抛不丢　　D. 拒收硬币

正确答案：D

【依据出处】《国家电网公司供电服务规范》（国家电网生〔2003〕477 号）

7　根据《国家电网公司供电客户服务提供标准》规定，（　　）一般设置在面向大厅主要入口的位置，其受理台应为半开式。

A. 业务办理区　　B. 收费区　　C. 业务待办区　　D. 引导区

正确答案：A

【依据出处】《国家电网公司供电客户服务提供标准》（国家电网企管〔2014〕1466 号）

8　根据《中华人民共和国电力法》规定，县级以上地方人民政府及其经济综合主管部门在安排用电指标时，应当保证农业和农村用电的适当比例，（　　）不在优先保证用电范围。

A. 农村排涝用电　　B. 农民生活用电

C. 抗旱用电　　D. 农业季节性生产用电

正确答案：B

【依据出处】《中华人民共和国电力法》（2018 年）

9 根据《电力供应与使用条例（2016 修订）》规定，因供电设施计划检修需要停电时，供电企业应当提前（　　）天通知用户或者进行公告。

A.3　　B.5　　C.7　　D.10

正确答案：C

【依据出处】《电力供应与使用条例（2016 修订）》（中华人民共和国国务院令第 666 号）

10 根据《中华人民共和国电力法》规定，用户对供电企业中断供电有异议的，可以向（　　）投诉。

A. 供电企业　　B. 电力管理部门　　C. 能源局　　D. 国务院

正确答案：B

【依据出处】《中华人民共和国电力法》（2018 年）

11 根据《电力供应与使用条例（2016 修订）》规定，因供电设施临时检修需要停止供电时，供电企业应当提前（　　）h 通知重要用户。

A.12　　B.24　　C.36　　D.48

正确答案：B

【依据出处】《电力供应与使用条例（2016 修订）》（中华人民共和国国务院令第 666 号）

12 根据《电力供应与使用条例（2016 修订）》规定，安装在客户处的用电计量装置，由（　　）负责保护。

A. 供电企业　　B. 电力管理部门

C. 用户　　D. 供电企业与客户协商确定

正确答案：C

【依据出处】《电力供应与使用条例（2016 修订）》（中华人民共和国国务院令第 666 号）

13 根据《电力供应与使用条例（2016 修订）》规定，逾期未交付电费的，自逾期之日起计算超过（　　）日，经催交仍未交付电费的，供电企业可以按照国家规定的程序停止供电。

A.15　　B.30　　C.45　　D.60

正确答案：B

【依据出处】《电力供应与使用条例（2016 修订）》（中华人民共和国国务院令第 666 号）

14 根据《电力供应与使用条例（2016 修订）》规定，抗旱用电应付的电费应当由（　　）交付电费。

A. 地方人民政府　　B. 用户　　C. 供电企业　　D. 国家

正确答案：B

【依据出处】《电力供应与使用条例（2016 修订）》（中华人民共和国国务院令第 666 号）

15 某 220V 供电的居民客户，家中电热水器在一次因供电企业责任发生的运行事故中损坏，经供电企业指定的检修单位检定，认为不可修复。此电器已购买 7 年，原价 1000 元，按照《居民用户家用电器损坏处理办法》规定应赔偿（　　）元。

A.100　　B.600　　C.800　　D.1000

正确答案：A

【依据出处】《居民用户家用电器损坏处理办法》（电力工业部令第 7 号）

16 根据《居民用户家用电器损坏处理办法》规定，供电企业在接到居民用户家用电器损坏投诉后，应在（　　）h 内派专员赴现场进行调查、核实。

A.8　　B.12　　C.24　　D.48

正确答案：C

【依据出处】《居民用户家用电器损坏处理办法》（电力工业部令第 7 号）

17 根据《居民用户家用电器损坏处理办法》规定，居民家用电器从损坏之日起超过（ ）日，受害居民用户未向供电企业投诉并提出索赔要求的，供电企业不再负责其赔偿。

A.3　　B.5　　C.7　　D.15

正确答案：C

【依据出处】《居民用户家用电器损坏处理办法》（电力工业部令第7号）

18 根据《居民用户家用电器损坏处理办法》规定，电视机、音响等电子类家用电器的平均使用年限为（ ）年。

A.5　　B.15　　C.10　　D.8

正确答案：C

【依据出处】《居民用户家用电器损坏处理办法》（电力工业部令第7号）

19 根据《居民用户家用电器损坏处理办法》规定，对不可修复的家用电器，使用时间以（ ）为准开始计算。

A. 检测日期　　B. 出厂日期　　C. 发货票开具日期　　D. 实际到货日期

正确答案：C

【依据出处】《居民用户家用电器损坏处理办法》（电力工业部令第7号）

20 根据《居民用户家用电器损坏处理办法》规定，电光源类家用电器的平均使用年限为（ ）年。

A.2　　B.5　　C.10　　D.12

正确答案：A

【依据出处】《居民用户家用电器损坏处理办法》（电力工业部令第7号）

21 根据《居民用户家用电器损坏处理办法》规定，电子类家用电器的平均使用年限为（ ）年。

A.2　　B.5　　C.10　　D.12

正确答案：C

【依据出处】《居民用户家用电器损坏处理办法》（电力工业部令第7号）

22 根据《居民用户家用电器损坏处理办法》规定，电机类家用电器的平均使用年限为（ ）年。

A.2　　B.5　　C.10　　D.12

正确答案：D

【依据出处】《居民用户家用电器损坏处理办法》（电力工业部令第7号）

23 根据《居民用户家用电器损坏处理办法》规定，对不可修复的家用电器，其购买时间在（ ）个月及以内的，按原购货发票价，供电企业全额予以赔偿。

A.3　　B.6　　C.7　　D.15

正确答案：B

【依据出处】《居民用户家用电器损坏处理办法》（电力工业部令第7号）

24 根据《居民用户家用电器损坏处理办法》规定，下列情况供电企业不承担赔偿责任的是（ ）。

A. 供电企业负责运行维护的220/380V供电线路上，由于供电企业的责任发生相线与中性线接错造成居民家用电器损坏的

B. 供电企业认定居民用户家用电器的损坏是不可抗力原因引起的

C. 从家用电器损坏之日起，超过七日，受害居民用户未向供电企业投诉并提出索赔要求的

D. 供电企业负责运行维护的220/380V供电线路上，由于供电企业的责任发生发生中性线断线的

正确答案：C

【依据出处】《居民用户家用电器损坏处理办法》（电力工业部令第7号）

25 根据《国家电网公司供电服务规范》规定，供电设施因计划检修需要停电时，应提前7天将（ ）进行公告，并通知重要客户。

A. 停电区域、停电时间和恢复供电的时间
B. 停电区域、停电线路和恢复供电的时间
C. 停电区域、线路、停电时间
D. 停电区域、线路、停电时间和恢复供电的时间

正确答案：D

【依据出处】《国家电网公司供电服务规范》（国家电网生〔2003〕477号）

26 根据《国家电网公司供电客户服务提供标准》规定，代办机构的（ ）主要包括电费收取、欠费查询。

A. 服务功能 B. 服务方式 C. 服务性能 D. 服务内容

正确答案：A

【依据出处】《国家电网公司供电客户服务提供标准》（国家电网企管〔2014〕1466号）

27 《国家电网公司供电客户服务提供标准》（国家电网企管〔2014〕1466号）编制坚持（ ）原则。

A. 客户需求、普遍适用、统一实用、继承发展
B. 客户需求、普遍适用、统一实效、持续发展
C. 客户需求、普遍适用、统一实效、继承发展
D. 客户需求、普遍适合、统一实效、继承发展

正确答案：C

【依据出处】《国家电网公司供电客户服务提供标准》（国家电网企管〔2014〕1466号）

28 根据《国家电网公司供电服务规范》规定，供电企业应公布（ ）、服务项目、服务范围、服务程序、收费标准和收费依据，接受社会与客户的监督。

A. 服务承诺 B. 服务细则 C. 服务规范 D. 服务准则

正确答案：A

【依据出处】《国家电网公司供电服务规范》（国家电网生〔2003〕477号）

29 根据《国家电网公司供电服务规范》规定，"95598"客户服务热线功能包含停电信息公告、电力故障报修、（ ）、用电信息查询、咨询、业务受理等。

A. 服务规范投诉 B. 服务态度投诉 C. 服务质量投诉 D. 服务流程投诉

正确答案：C

【依据出处】《国家电网公司供电服务规范》（国家电网生〔2003〕477号）

30 《国家电网公司供电服务规范》是坚持"（ ）"的服务宗旨，认真贯彻"优质、方便、规范、真诚"的供电服务方针制订的。

A. 人民电业为人民 B. 人民电力为人民 C. 人民供电为人民 D. 人民电气为人民

正确答案：A

【依据出处】《国家电网公司供电服务规范》（国家电网生〔2003〕477号）

31 根据《国家电网公司供电服务规范》规定，供电公司工作人员对客户的咨询、投诉等不推诿，不拒绝，不搪塞，（ ）地给予解答。

A. 随时、耐心、准确
B. 及时、耐心、准确
C. 随时、诚心、准确
D. 及时、诚心、准确

正确答案：B

【依据出处】《国家电网公司供电服务规范》（国家电网生〔2003〕477号）

32 根据《国家电网公司供电服务规范》规定，供电公司工作人员在工作期间使用规范化文明用语，提倡使用（ ）。

A. 专业术语 B. 方言 C. 普通话 D. 口语化语言

正确答案：C

【依据出处】《国家电网公司供电服务规范》（国家电网生〔2003〕477号）

33 根据《国家电网公司供电服务规范》规定，供电公司应从（ ）出发，合理设置供电服务营业网点或满足基本业务需要的代办点，并保证服务质量。

A. 优质服务　　B. 便民服务　　C. 方便客户　　D. 供电企业

正确答案：C

【依据出处】《国家电网公司供电服务规范》（国家电网生〔2003〕477号）

34 根据《国家电网公司供电服务规范》规定，供电公司应根据国家有关法律法规，本着平等、自愿、诚实信用的原则，以（ ）形式明确供电企业与客户双方的权利和义务。

A. 合同　　B. 口头约定　　C. 书面　　D. 法律

正确答案：A

【依据出处】《国家电网公司供电服务规范》（国家电网生〔2003〕477号）

35 根据《国家电网公司供电服务规范》规定，供电公司应根据国家有关法律法规，明确供电企业与客户双方的权利和义务，明确（ ），维护双方的合法权益。

A. 产权责任分界点　　B. 双方责任　　C. 供电公司责任　　D. 客户责任

正确答案：A

【依据出处】《国家电网公司供电服务规范》（国家电网生〔2003〕477号）

36 根据《国家电网公司供电服务规范》规定，供电公司应严格执行（ ）规定的电费电价政策及业务收费标准。

A. 财管单位　　B. 物价部门　　C. 供电企业　　D. 国家

正确答案：D

【依据出处】《国家电网公司供电服务规范》（国家电网生〔2003〕477号）

37 根据《国家电网公司供电服务规范》规定，供电公司应严禁利用各种方式和手段变相（ ）收费范围。

A. 提高　　B. 扩大　　C. 缩小　　D. 降低

正确答案：B

【依据出处】《国家电网公司供电服务规范》（国家电网生〔2003〕477号）

38 根据《国家电网公司供电服务规范》规定，供电公司应严禁利用各种方式和手段变相（ ）收费标准。

A. 缩小　　B. 提高　　C. 扩大　　D. 降低

正确答案：B

【依据出处】《国家电网公司供电服务规范》（国家电网生〔2003〕477号）

39 根据《国家电网公司供电服务规范》规定，供电公司应聘请供电服务质量监督员，（ ）召开客户座谈会并走访客户，听取客户意见，改进供电服务工作。

A. 随时　　B. 定期　　C. 不定期　　D. 约时

正确答案：B

【依据出处】《国家电网公司供电服务规范》（国家电网生〔2003〕477号）

40 根据《国家电网公司供电服务规范》规定，在电力系统正常状况下，客户受电端的供电电压允许偏差：220V单相供电的，为额定值的（ ）。

A.+10%，-7%　　B.+10%，-10%　　C.+7%，-7%　　D.+7%，-10%

正确答案：D

【依据出处】《国家电网公司供电服务规范》（国家电网生〔2003〕477号）

41 根据《国家电网公司供电服务规范》规定，城市居民客户端电压合格率不低于（ ）。

A.95%　　B.90%　　C.85%　　D.80%

正确答案：A

【依据出处】《国家电网公司供电服务规范》（国家电网生〔2003〕477号）

42 根据《国家电网公司供电服务规范》规定，农网居民客户端电压合格率不低于（ ）。

A.90% B.85% C.80% D.75%

正确答案：A

【依据出处】《国家电网公司供电服务规范》（国家电网生〔2003〕477号）

43 根据《国家电网公司供电服务规范》规定，供电公司受理居民客户申请用电后，（ ）个工作日内送电。

A.2 B.3 C.5 D.4

正确答案：C

【依据出处】《国家电网公司供电服务规范》（国家电网生〔2003〕477号）

44 根据《国家电网公司供电服务规范》规定，其他客户在受电装置验收合格并签订供用电合同后，（ ）个工作日内送电。

A.7 B.6 C.5 D.4

正确答案：C

【依据出处】《国家电网公司供电服务规范》（国家电网生〔2003〕477号）

45 根据《国家电网公司供电服务规范》规定，供电公司接到报修电话后，故障抢修人员到达故障现场的时限：城区（ ）min、农村90min、边远地区2h，特殊边远地区根据实际情况合理确定。

A.45 B.40 C.35 D.30

正确答案：A

【依据出处】《国家电网公司供电服务规范》（国家电网生〔2003〕477号）

46 根据《国家电网公司供电服务规范》规定，供电公司接到报修电话后，故障抢修人员到达故障现场的时限：城区45min、农村（ ）min、边远地区2h，特殊边远地区根据实际情况合理确定。

A.90 B.60 C.45 D.50

正确答案：A

【依据出处】《国家电网公司供电服务规范》（国家电网生〔2003〕477号）

47 根据《国家电网公司供电服务规范》规定，供电公司接到客户投诉或举报时，应向客户致谢，详细记录具体情况后，立即转递相关部门或领导处理，投诉在（ ）天内答复。

A.5 B.7 C.10 D.6

正确答案：A

【依据出处】《国家电网公司供电服务规范》（国家电网生〔2003〕477号）

48 根据《国家电网公司供电服务规范》规定，供电公司接到客户投诉或举报时，应向客户致谢，详细记录具体情况后，立即转递相关部门或领导处理，举报在（ ）天内答复。

A.7 B.8 C.9 D.10

正确答案：D

【依据出处】《国家电网公司供电服务规范》（国家电网生〔2003〕477号）

49 根据《国家电网公司供电服务质量标准》规定，受理客户服务申请后，电器损坏核损业务（ ）h内到达现场。

A.12 B.24 C.48 D.72

正确答案：B

【依据出处】《国家电网公司供电服务质量标准》（国家电网企管〔2014〕1466号）

50 根据《国家电网公司供电服务质量标准》规定，受理客户服务申请后，电能表异常业务（ ）个工作日内处理。

A.6 B.5 C.7 D.8

正确答案：B

【依据出处】《国家电网公司供电服务质量标准》（国家电网企管〔2014〕1466号）

51 根据《供电服务规范》规定，供电企业对执行两部制电价用户以及执行功率因数调整电费用户的抄表周期一般不宜大于（　　）。

A.2个月　　B.1个月　　C.15天　　D.10天

正确答案：B

【依据出处】《供电服务规范》（GB/T 28583—2012）

52 根据《供电服务规范》规定，供电企业应当向用户提供不少于（　　）种可供选择的交纳电费方式。

A.2　　B.3　　C.4　　D.5

正确答案：A

【依据出处】《供电服务规范》（GB/T 28583—2012）

53 根据《供电服务规范》规定，供电服务热线应当具备录音功能，电话录音至少应当保留（　　）个月。

A.1　　B.3　　C.5　　D.7

正确答案：B

【依据出处】《供电服务规范》（GB/T 28583—2012）

二、多选题（共68题）

1 根据《国家电网公司供电服务质量标准》规定，供电营业厅应准确公示（　　）、电价和收费标准。

A. 服务承诺　　B. 服务项目　　C. 业务办理流程　　D. 投诉监督电话

正确答案：ABCD

【依据出处】《国家电网公司供电服务质量标准》（国家电网企管〔2014〕1466号）

2 根据《国家电网公司供电客户服务提供标准》规定，供电营业厅的服务网络应覆盖公司的供电区域，其布设应综合考虑所服务的（　　），合理设置。

A. 客户类型　　B. 客户数量

C. 服务半径　　D. 当地客户的用电习惯

正确答案：ABC

【依据出处】《国家电网公司供电客户服务提供标准》（国家电网企管〔2014〕1466号）

3 根据《国家电网公司供电客户服务提供标准》规定，供电营业厅功能分区包括（　　）。

A. 业务待办区　　B. 展示区　　C. 洽谈区　　D. 引导区

正确答案：ABCD

【依据出处】《国家电网公司供电客户服务提供标准》（国家电网企管〔2014〕1466号）

4 根据《国家电网公司供电服务质量标准》规定，客户信息更新服务人员有（　　）。

A. 业务受理员　　B.95598客服代表　　C. 校表人员　　D. 抢修人员

正确答案：AB

【依据出处】《国家电网公司供电服务质量标准》（国家电网企管〔2014〕1466号）

5 根据《国家电网公司供电客户服务提供标准》规定，供电营业厅的服务功能中“业务办理”指受理各类用电业务，包括（　　）。

A. 客户新装、增容及变更用电申请　　B. 咨询、投诉、举报和建议

C. 充值卡销售、表卡售换　　D. 故障报修

正确答案：ABD

【依据出处】《国家电网公司供电客户服务提供标准》（国家电网企管〔2014〕1466号）

6 根据《国家电网公司供电客户服务提供标准》规定，D级营业厅（单一功能收费厅）的服务方式

包括（　　）。

A. 面对面　　B. 书面留言　　C. 电话　　D. 客户自助

正确答案：ABD

【依据出处】《国家电网公司供电客户服务提供标准》（国家电网企管〔2014〕1466号）

7 根据《国家电网公司供电客户服务提供标准》规定，（　　）供电营业厅应设置于县级及以上城市。

A.A级　　B.B级　　C.C级　　D.D级

正确答案：AB

【依据出处】《国家电网公司供电客户服务提供标准》（国家电网企管〔2014〕1466号）

8 根据《国家电网公司供电客户服务提供标准》规定，下列关于供电营业厅设置的描述错误的有（　　）。

A.A级厅为地区中心营业厅兼本地区供电服务人员的实训基地，设置于地级及以上城市，每个地区范围内最多只能设置1个

B.B级厅为区县中心营业厅，设置于县级及以上城市，每个区县范围内最多只能设置1个

C.C级厅为区县的非中心营业厅，可视当地服务需求，设置于城市区域、郊区，乡镇

D.D级厅为单一功能收费厅，可视当地服务需求，设置于城市区域、郊区，乡镇

正确答案：AD

【依据出处】《国家电网公司供电客户服务提供标准》（国家电网企管〔2014〕1466号）

9 根据《国家电网公司供电客户服务提供标准》规定，下列属于供电营业厅“收费”服务功能的有（　　）。

A. 表卡售换　　B. 收费标准及依据　　C. 临时接电费用收取　　D. 充值卡销售

正确答案：AD

【依据出处】《国家电网公司供电客户服务提供标准》（国家电网企管〔2014〕1466号）

10 根据《国家电网公司供电客户服务提供标准》规定，供电营业厅共有7个功能分区，（　　）供电营业厅必须具备所有的功能分区。

A.A级　　B.B级　　C.C级　　D.D级

正确答案：AB

【依据出处】《国家电网公司供电客户服务提供标准》（国家电网企管〔2014〕1466号）

11 根据《居民用户家用电器损坏处理办法》规定，损坏的家用电器经（　　）的检修单位检定，认为可以修复的，由供电企业承担被损坏元件的修复责任。

A. 电力管理部门指定　　B. 供电企业指定　　C. 电器厂家指定　　D. 供用电双方认可

正确答案：BD

【依据出处】《居民用户家用电器损坏处理办法》（电力工业部令第7号）

12 根据《居民用户家用电器损坏处理办法》规定，对损坏家用电器的修复，供电企业承担被损坏元件的修复责任。下列关于修复的描述正确的有（　　）。

A. 尽可能以新型号、规格的新元件修复

B. 尽可能以原型号、规格的新元件修复

C. 无新型号、规格的新元件可供修复时，可采用原型号、规格的新元件修复

D. 无原型号、规格的新元件可供修复时，可采用相同功能的新元件替代

正确答案：BD

【依据出处】《居民用户家用电器损坏处理办法》（电力工业部令第7号）

13 根据《居民用户家用电器损坏处理办法》规定，修复所发生的元件（　　）均由供电企业负担。

A. 购置费　　B. 检测费　　C. 修理费　　D. 其他费用

正确答案：ABC

【依据出处】《居民用户家用电器损坏处理办法》（电力工业部令第 7 号）

14 根据《居民用户家用电器损坏处理办法》规定，下列说法错误的有（　　）。

A. 从家用电器损坏之日起，超过七个工作日未投诉索赔的，供电企业不再负责其赔偿

B. 对无法提供购货发票的，不予修复或赔偿

C. 白炽灯的使用年限为 2 年

D. 由于电力运行事故的原因出现 3 户及以上家用电器同时损坏时，供电企业才能受理索赔

正确答案：ABD

【依据出处】《居民用户家用电器损坏处理办法》（电力工业部令第 7 号）

15 根据《居民用户家用电器损坏处理办法》规定，对不可修复的家用电器，下列说法正确的有（　　）。

A. 其购买时间在 6 个月及以内的，按原购货发票价，供电企业全额予以赔偿

B. 其购买时间在 12 个月及以内的，按原购货发票价，供电企业全额予以赔偿

C. 购置时间在 6 个月以上的，按原购货发票价，并按本办法中家用电器的平均使用年限规定的使用寿命折旧后的余额，予以赔偿

D. 使用年限已超过本办法规定仍在使用的，或者折旧后的差额低于原价 10% 的，按原价的 10% 予以赔偿

正确答案：ACD

【依据出处】《居民用户家用电器损坏处理办法》（电力工业部令第 7 号）

16 为保护供用电双方的合法权益，规范因电力运行事故引起的居民用户家用电器损坏的理赔处理，公正、合理地调解纠纷，根据（　　）和国家有关规定，制定《居民用户家用电器损坏处理办法》。

A.《中华人民共和国电力法》　　B.《电力供应与使用条例》

C.《供电营业规则》　　D.《供电监管办法》

正确答案：AB

【依据出处】《居民用户家用电器损坏处理办法》（电力工业部令第 7 号）

17 根据《居民用户家用电器损坏处理办法》规定，不属于责任损坏或未损坏的元件，受害居民用户也要求更换时，所发生的元件（　　）应由提出要求者负担。

A. 购置费　　B. 检测费　　C. 修理费　　D. 其他费用

正确答案：AC

【依据出处】《居民用户家用电器损坏处理办法》（电力工业部令第 7 号）

18 根据《居民用户家用电器损坏处理办法》规定，供电企业如能提供证明，居民用户家用电器的损坏是（　　）等原因引起，并经县级以上电力管理部门核实无误，供电企业不承担赔偿责任。

A. 不可抗力　　B. 第三人责任　　C. 受害者自身过错　　D. 产品质量事故

正确答案：ABCD

【依据出处】《居民用户家用电器损坏处理办法》（电力工业部令第 7 号）

19 根据《居民用户家用电器损坏处理办法》规定，电力运行事故是指在供电企业负责运行维护的 220/380V 供电线路或设备上因供电企业的责任发生的（　　）事件。

A. 相线与中性线接错　　B. 三相相序接反　　C. 中性线断线　　D. 相线与中性线互碰

正确答案：ABCD

【依据出处】《居民用户家用电器损坏处理办法》（电力工业部令第 7 号）

20 根据《居民用户家用电器损坏处理办法》规定，因供电企业责任引起居民用户家用电器损坏的，供电企业应会同居委会（村委会）或其他有关部门，共同对受害居民用户损坏的家用电器（　　）及损坏现象等进行登记和取证。

A. 型号　　B. 名称　　C. 数量　　D. 使用年月

正确答案：ABCD

【依据出处】《居民用户家用电器损坏处理办法》（电力工业部令第 7 号）

21 根据《居民用户家用电器损坏处理办法》规定，下列家用电器中平均使用年限为 12 年的有（　　）。

A. 电视机　　B. 电冰箱　　C. 电热水器　　D. 吸尘器

正确答案：BD

【依据出处】《居民用户家用电器损坏处理办法》（电力工业部令第 7 号）

22 根据《居民用户家用电器损坏处理办法》规定，下列电器中属于电子类电器的有（　　）。

A. 电视机　　B. 电冰箱　　C. 电饭煲　　D. 充电器

正确答案：AD

【依据出处】《居民用户家用电器损坏处理办法》（电力工业部令第 7 号）

23 根据《居民用户家用电器损坏处理办法》规定，下列电器中属于电机类电器的有（　　）。

A. 电视机　　B. 电冰箱　　C. 电饭煲　　D. 空调器

正确答案：BD

【依据出处】《居民用户家用电器损坏处理办法》（电力工业部令第 7 号）

24 根据《居民用户家用电器损坏处理办法》规定，下列电器中属于电阻电热类电器的有（　　）。

A. 电视机　　B. 电茶壶　　C. 电饭煲　　D. 白炽灯

正确答案：BC

【依据出处】《居民用户家用电器损坏处理办法》（电力工业部令第 7 号）

25 根据《居民用户家用电器损坏处理办法》规定，下列电器中属于电光源类电器的有（　　）。

A. 调光灯　　B. 电茶壶　　C. 电饭煲　　D. 白炽灯

正确答案：AD

【依据出处】《居民用户家用电器损坏处理办法》（电力工业部令第 7 号）

26 根据《国家电网公司供电服务规范》规定，不符合“95598”客户服务网页（网站）服务规范的有（　　）。

A. 网页制作应直观，色彩明快。首页应有明显的“供电客户服务”字样。为方便客户使用，应设有导航服务系统

B. 网页内容应及时更新

C. 受理用电业务时，应主动向客户说明该项业务需客户提供的相关资料、办理的基本流程、相关的收费项目和标准，并提供业务咨询和投诉电话号码

D. 因计算机系统出现故障而影响业务办理时，若短时间内可以恢复，应请客户稍候并致歉；若需较长时间才能恢复，除向客户说明情况并道歉外，应请客户留下联系电话，以便另约服务时间

正确答案：CD

【依据出处】《国家电网公司供电服务规范》（国家电网生〔2003〕477 号）

27 根据《国家电网公司供电服务规范》规定，下列关于供电方案答复及送电时限的说法错误的有（　　）。

A. 已受理的用电报装，供电方案答复时限：低压电力客户最长不超过 15 天；高压单电源客户最长不超过 1 个月；高压双电源客户最长不超过 2 个月

B. 对客户送审的受电工程设计文件和有关资料答复时限：高压供电的最长不超过 1 个月；低压供电的最长不超过半个月

C. 受理居民客户申请用电后，5 个工作日内送电；其他客户在受电装置验收合格并签订供用电合同后，5 个工作日内送电

D. 供电企业的审核意见应以书面形式连同审核过的受电工程设计文件一份和有关资料一并退还客户，以便客户据以施工

正确答案：AB

【依据出处】《国家电网公司供电服务规范》(国家电网生〔2003〕477号)

28 根据《国家电网公司供电服务规范》规定，应遵守的基本道德和技能规范有（　　）。

A. 严格遵守国家法律、法规，诚实守信、恪守承诺。爱岗敬业，乐于奉献，廉洁自律，秉公办事

B. 真心实意为客户着想，尽量满足客户的任何要求。对客户的咨询、投诉等不推诿，不拒绝，不搪塞，及时、耐心、准确地给予解答

C. 遵守国家的保密原则，尊重客户的保密要求，不对外泄露客户的保密资料

D. 工作期间精神饱满，注意力集中。使用规范化文明用语，提倡使用普通话

正确答案：ACD

【依据出处】《国家电网公司供电服务规范》(国家电网生〔2003〕477号)

29 根据《国家电网公司供电服务规范》规定，供电企业应在规定的日期准确抄录计费电能表读数，如因客户的原因不能如期抄录计费电能表读数时，可（　　），待下一次抄表时并结清。

A. 由抄表员暂先估计读数

B. 通知客户待期补抄

C. 由抄表员垫付

D. 通知客户暂按前次用电量计收电费

正确答案：BD

【依据出处】《国家电网公司供电服务规范》(国家电网生〔2003〕477号)

30 根据《国家电网公司供电服务规范》规定，下列关于投诉举报处理的描述正确的有（　　）。

A. 接到客户投诉或举报时，应向客户致谢，详细记录具体情况后，立即转递相关部门或领导处理。投诉、举报在5天内答复

B. 处理客户投诉应以事实和法律为依据，以维护客户的合法权益和保护国有财产不受侵犯为原则

C. 保护投诉举报人的合法权利。对打击报复投诉举报人的行为，一经发现，严肃处理

D. 对客户投诉，先应分清楚责任归属，如是国家电网有限公司责任的，应积极、热情、认真进行处理，不得在处理过程中发生内部推诿、搪塞或敷衍了事的情况

正确答案：BC

【依据出处】《国家电网公司供电服务规范》(国家电网生〔2003〕477号)

31 根据《国家电网公司供电服务规范》规定，行为举止方面应符合的标准有（　　）。

A. 站立时，抬头、挺胸、收腹，双手下垂置于身体两侧或双手交叠自然下垂，双脚并拢，脚跟相靠，脚尖微开，可在适当场合下，双手抱胸、叉腰

B. 坐下时，上身自然挺直，两肩平衡放松，后背与椅背紧紧贴合，不留缝隙，不用手托腮或趴在工作台上，不抖动腿和跷二郎腿

C. 走路时，步幅适当，节奏适宜，不奔跑追逐，不边走边大声谈笑喧哗

D. 尽量避免在客户面前打哈欠、打喷嚏，难以控制时，应侧面回避，并向对方致歉

正确答案：CD

【依据出处】《国家电网公司供电服务规范》(国家电网生〔2003〕477号)

32 根据《国家电网公司供电服务规范》规定，供电公司的服务方针有（　　）。

A. 优质　　B. 规范　　C. 方便　　D. 真诚

正确答案：ABCD

【依据出处】《国家电网公司供电服务规范》(国家电网生〔2003〕477号)

33 根据《国家电网公司供电服务规范》规定，仪容仪表方面应符合的标准有（　　）。

A. 供电服务人员上岗必须统一着装，并佩戴工号牌

B. 保持仪容仪表美观大方，不得浓妆艳抹

C. 不得敞怀、将长裤卷起

D. 可以戴墨镜

正确答案：ABC

【依据出处】《国家电网公司供电服务规范》(国家电网生〔2003〕477号)

34 根据《国家电网公司供电服务规范》规定，在电力系统正常状况下，客户受电端的供电电压允许偏差有相应标准，下列说法错误的有（ ）。

A. 客户受电端的电压最大允许偏差不应超过额定值的 ±9%

B.35kV 及以上电压供电的，电压正、负偏差的绝对值之和不超过额定值的 7%

C.10kV 及以下三相供电的，为额定值的 ±7%

D.220V 单相供电的，为额定值的 −7%，+10%

正确答案：ABD

【依据出处】《国家电网公司供电服务规范》（国家电网生〔2003〕477 号）

35 根据《国家电网公司供电服务规范》规定，下列关于电压质量标准和供电可靠率指标的说法正确的有（ ）。

A. 在电力系统非正常状况下，客户受电端的电压最大允许偏差不应超过额定值的 ±10%

B. 城市居民客户端电压合格率不低于 96%，农网居民客户端电压合格率不低于 90%

C. 城市地区供电可靠率不低于 99.89%，农网供电可靠率不低于 97%

D. 供电设施因计划检修需要停电时，应提前 7 天将停电区域、线路、停电时间和恢复供电的时间进行公告，并通知重要客户

正确答案：AD

【依据出处】《国家电网公司供电服务规范》（国家电网生〔2003〕477 号）

36 根据《国家电网公司供电服务规范》规定，营业场所的服务内容有（ ）。

A. 受理电力客户新装或增加用电容量

B. 受理电力客户业务咨询与查询、交纳电费

C. 受理电力客户报修、投诉等

D. 受理电力客户变更用电

正确答案：ABCD

【依据出处】《国家电网公司供电服务规范》（国家电网生〔2003〕477 号）

37 根据《国家电网公司供电服务规范》规定，下列说法正确的有（ ）。

A. 实行首问负责制。无论办理业务是否对口，接待人员都要认真倾听，热心引导，快速衔接，并为客户提供准确的联系人、联系电话和地址

B. 实行限时办结制。办理居民客户收费业务的时间一般每件不超过 5min，办理客户用电业务的时间一般每件不超过 30min

C. 受理用电业务时，应主动向客户说明该项业务需客户提供的相关资料、办理的基本流程、相关的收费项目和标准，并提供业务咨询和投诉电话号码

D. 因计算机系统出现故障而影响业务办理时，若短时间内可以恢复，应请客户稍候并致歉；若需较长时间才能恢复，除向客户说明情况并道歉外，应请客户留下联系电话，以便另约服务时间

正确答案：ACD

【依据出处】《国家电网公司供电服务规范》（国家电网生〔2003〕477 号）

38 根据《国家电网公司供电服务规范》规定，营业场所内应张贴“优质、方便、规范、真诚”的服务标语，公布（ ）。

A. 供电服务项目 B. 业务办理程序 C. 收费标准 D. 收费项目

正确答案：ABCD

【依据出处】《国家电网公司供电服务规范》（国家电网生〔2003〕477 号）

39 根据《国家电网公司供电服务规范》规定，“95598”客户服务网页（网站）可以受理的业务有（ ）。

A. 电力故障报修 B. 用电信息查询 C. 服务质量投诉 D. 停电信息公告

正确答案：BCD

【依据出处】《国家电网公司供电服务规范》(国家电网生〔2003〕477号)

40 根据《国家电网公司供电服务规范》规定,“95598”客户服务热线服务规范中,接听电话时,应做到( )。

A. 语言亲切、语气诚恳　　B. 语音清晰
C. 语速适中、语调平和　　D. 言调平和

正确答案:ABC

【依据出处】《国家电网公司供电服务规范》(国家电网生〔2003〕477号)

41 根据《国家电网公司供电服务规范》规定,现场服务内容包括( )。

A. 客户侧计费电能表电量抄见
B. 故障抢修
C. 客户侧计费电能表现场安装、校验
D. 客户侧用电报装工程的设施安装、验收、接电前检查及设备接电

正确答案:ABCD

【依据出处】《国家电网公司供电服务规范》(国家电网生〔2003〕477号)

42 根据《国家电网公司供电服务规范》规定,现场服务纪律规定,对客户的受电工程不指定( )。

A. 设计单位　　B. 施工队伍　　C. 中间检查　　D. 设备材料采购

正确答案:ABD

【依据出处】《国家电网公司供电服务规范》(国家电网生〔2003〕477号)

43 根据《国家电网公司供电服务规范》规定,对客户受电工程的中间检查和竣工检验,应以有关的( )为依据,不得提出不合理要求。

A. 法律法规　　B. 技术规范　　C. 技术标准　　D. 施工设计

正确答案:ABCD

【依据出处】《国家电网公司供电服务规范》(国家电网生〔2003〕477号)

44 根据《国家电网公司供电服务规范》规定,明确规范投诉举报处理程序,建立严格的供电服务投诉举报管理制度,可通过( )等方式接受客户的投诉和举报。

A.“95598”供电客户服务热线或专设的投诉举报电话
B. 营业场所设置意见箱或意见簿
C.“95598”供电客户服务网页(网站)
D. 领导对外接待日

正确答案:ABCD

【依据出处】《国家电网公司供电服务规范》(国家电网生〔2003〕477号)

45 根据《国家电网公司供电服务质量标准》规定,下列关于受理客户服务申请后的说法错误的有( )。

A. 电器损坏核损业务36h内到达现场　　B. 电能表异常业务5个工作日内处理
C. 抄表数据异常业务7个工作日内核实　　D. 其他服务申请类业务7个工作日内处理完毕

正确答案:AD

【依据出处】《国家电网公司供电服务质量标准》(国家电网企管〔2014〕1466号)

46 根据《国家电网公司供电客户服务提供标准》规定,下列关于供电营业厅A、B、C、D四级设置要求正确的有( )。

A.A级厅为地区中心营业厅,兼本地区供电营业厅服务人员的实训基地,设置于地级及以上城市,每个地区范围内最多只能设置1个
B.B级厅为区县中心营业厅,设置于县级及以上城市,每个区县范围内最多只能设置1个
C.C级厅为区县的非中心营业厅,可视当地服务需求,设置于城市区域、郊区、乡镇

D.D 级厅为单一功能收费厅或者自助营业厅，可视当地服务需求，设置于城市区域、郊区、乡镇

正确答案：AD

【依据出处】《国家电网公司供电客户服务提供标准》(国家电网企管〔2014〕1466 号)

47 根据《国家电网公司供电客户服务提供标准》规定，供电营业厅应整洁明亮、布局合理、舒适安全，做到“四净四无”，下列属于“四净”的有（ ）。

A. 地面净　B. 桌面净　C. 柜面净　D. 门面净

正确答案：ABD

【依据出处】《国家电网公司供电客户服务提供标准》(国家电网企管〔2014〕1466 号)

48 根据《国家电网公司供电客户服务提供标准》规定，供电营业厅应整洁明亮、布局合理、舒适安全，做到“四净四无”，下列属于“四无”的有（ ）。

A. 无垃圾　B. 无灰尘　C. 无纸屑　D. 无异味

正确答案：BCD

【依据出处】《国家电网公司供电客户服务提供标准》(国家电网企管〔2014〕1466 号)

49 电子渠道的服务方式包括（ ）。

A. 录音播报　B. 客户自助　C. 留言　D. 在线人工

正确答案：BCD

【依据出处】《国家电网公司供电客户服务提供标准》(国家电网企管〔2014〕1466 号)

50 现场服务的方式包括（ ）。

A. 面对面　B. 电话　C. 传真　D. 短信

正确答案：ABD

【依据出处】《国家电网公司供电客户服务提供标准》(国家电网企管〔2014〕1466 号)

51 电子渠道指供电企业通过网络与客户进行交互、提供服务的途径，包括（ ）。

A.95598 智能互动网站　B. 数字电视媒体

C. 供电服务微信公众号　D.App（移动客户端）

正确答案：ABCD

【依据出处】《国家电网公司供电客户服务提供标准》(国家电网企管〔2014〕1466 号)

52 根据《国家电网公司供电服务质量标准》规定，外呼时应（ ）。

A. 首先问候客户　B. 进行自我介绍

C. 确认客户身份　D. 结束通话试用标准结束语

正确答案：ABCD

【依据出处】《国家电网公司供电服务质量标准》(国家电网企管〔2014〕1466 号)

53 客户体验轨迹是客户在一个服务渠道中所感知的被服务的有序过程的总称。该轨迹包括（ ）。

A. 未入渠道　B. 进入渠道　C. 等待服务　D. 接受服务

正确答案：ABCD

【依据出处】《国家电网公司供电服务质量标准》(国家电网企管〔2014〕1466 号)

54 根据《国家电网公司供电服务质量标准》规定，供电企业实现客户服务的过程中，向客户提供的各项服务资源的基本配置要求，包括（ ），简称客户服务提供标准。

A. 服务功能　B. 服务环境　C. 服务方式　D. 服务流程

正确答案：ABCD

【依据出处】《国家电网公司供电服务质量标准》(国家电网企管〔2014〕1466 号)

55 根据《国家电网公司供电服务质量标准》规定，以客户为中心，按照（ ）的原则，在充分总结客户服务工作现状和以往制定并广泛执行的供电服务规范基础上，将服务过程中可量化的服务质量要

求，转化为定量指标，按供电产品、服务渠道和服务项目分类整理。

A. 通用性　B. 科学性　C. 可操作性　D. 可持续性

正确答案：ABCD

【依据出处】《国家电网公司供电服务质量标准》（国家电网企管〔2014〕1466号）

56 根据《国家电网公司供电客户服务提供标准》规定，供电营业厅的服务功能包括（　　）。

A. 业务办理　B. 收费　C. 告示　D. 洽谈

正确答案：ABCD

【依据出处】《国家电网公司供电服务质量标准》（国家电网企管〔2014〕1466号）

57 根据《国家电网公司供电客户服务提供标准》规定，供电营业厅的服务方式包括（　　）。

A. 面对面　B. 电话　C. 书面留言　D. 客户自助

正确答案：ABCD

【依据出处】《国家电网公司供电客户服务提供标准》（国家电网企管〔2014〕1466号）

58 根据《国家电网公司供电客户服务提供标准》规定，供电营业厅的服务人员包括（　　）。

A. 营业厅主管　B. 收费员　C. 引导员　D. 保洁员

正确答案：ABCD

【依据出处】《国家电网公司供电客户服务提供标准》（国家电网企管〔2014〕1466号）

59 根据《国家电网公司供电客户服务提供标准》规定，95598的服务方式包括（　　）。

A. 客户自助　B. 人工通话　C. 录音留言　D. 传真

正确答案：ABCD

【依据出处】《国家电网公司供电客户服务提供标准》（国家电网企管〔2014〕1466号）

60 根据《国家电网公司供电客户服务提供标准》规定，电子渠道的服务功能包括（　　）。

A. 会员注册或服务开通　B. 宣传展现　C. 充值交费和账单服务　D. 新型业务

正确答案：ABCD

【依据出处】《国家电网公司供电客户服务提供标准》（国家电网企管〔2014〕1466号）

61 根据《国家电网公司供电客户服务提供标准》规定，服务渠道包括（　　）。

A. 供电营业厅　B.95598供电服务热线　C. 客户现场　D. 供电所

正确答案：ABC

【依据出处】《国家电网公司供电客户服务提供标准》（国家电网企管〔2014〕1466号）

62 根据《国家电网公司供电客户服务提供标准》规定，销户的流程包括（　　）。

A. 现场勘察　B. 拆表停电　C. 缴纳并结清相关费用　D. 客户资料归档

正确答案：ABCD

【依据出处】《国家电网公司供电客户服务提供标准》（国家电网企管〔2014〕1466号）

63 根据《国家电网公司供电客户服务提供标准》规定，走收的流程为由生成并领取走收电费票据开始，经过供电企业服务人员到收费地点（　　），服务结束。

A. 收取费用　B. 交付收费凭证　C. 票据交接　D. 银行交款与销账

正确答案：ABCD

【依据出处】《国家电网公司供电客户服务提供标准》（国家电网企管〔2014〕1466号）

64 根据《供电服务规范》规定，因供电设施计划检修需要停电的，供电企业应当提前7日公告（　　）。

A. 停电区域　B. 停电人员　C. 停电线路　D. 停电时间

正确答案：ACD

【依据出处】《供电服务规范》（GB/T 28583—2012）

65 根据《供电服务规范》规定，投诉事项答复意见应当包括（　　）。

A. 投诉人的投诉请求　B. 对基本事实的认定及依据

C. 对投诉事项的处理意见 D. 投诉处理满意度调查结果

正确答案：ABC

【依据出处】《供电服务规范》（GB/T 28583—2012）

66 根据《供电服务规范》规定，供电企业应当根据（ ）确定用户的供电电压等级。

A. 用户最大需求量 B. 用电规律

C. 用电设备容量 D. 受电变压器总容量

正确答案：ACD

【依据出处】《供电服务规范》（GB/T 28583—2012）

67 根据《国家电网公司关于坚持以客户为中心进一步提升优质服务水平的意见》要求，聚焦（ ）。

A. 人民电业为人民 B. 供给侧结构性改革

C. 能源服务新业态 D. 世界一流能源互联网企业

正确答案：ABC

【依据出处】《国家电网公司关于坚持以客户为中心进一步提升优质服务水平的意见》（国家电网办〔2018〕1号）

68 根据《国家电网公司供电服务规范》规定，座席人员接听电话应遵守的规定有（ ）。

A. 接听电话时，应做到语言亲切、语气诚恳、语音清晰、语速适中、语调平和、言简意赅

B. 应根据实际情况随时说“是”“对”等，以示在专心聆听，重要内容要注意重复、确认

C. 通话结束，须等客户先挂断电话后再挂电话，不可强行挂断

D. 客户提出无理要求可严词拒绝

正确答案：ABC

【依据出处】《国家电网公司供电服务规范》（国家电网生〔2003〕477号）

三、判断题（共65题）

1 根据《国家电网公司供电服务质量标准》规定，居民客户收费办理时间一般每件不超过5min，用电业务办理时间一般每件不超过10min。（ ）

答案：错误

【依据出处】《国家电网公司供电服务质量标准》（国家电网企管〔2014〕1466号）

2 根据《国家电网公司供电服务质量标准》规定，95598服务热线应24h保持畅通。（ ）

答案：正确

【依据出处】《国家电网公司供电服务质量标准》（国家电网企管〔2014〕1466号）

3 根据《国家电网公司供电服务质量标准》规定，95598客服代表外呼时应首先问候，自我介绍，确认客户身份；一般情况下不得先于客户挂断电话，结束通话应使用标准结束语。（ ）

答案：正确

【依据出处】《国家电网公司供电服务质量标准》（国家电网企管〔2014〕1466号）

4 根据《国家电网公司供电客户服务提供标准》规定，除D级营业厅外，其他各等级营业厅实行法定节假日不营业，但应至少提前5个工作日在营业厅公示法定节假日休息信息，并做好缴费提示，同步向95598报备。（ ）

答案：错误

【依据出处】《国家电网公司供电服务质量标准》（国家电网企管〔2014〕1466号）

5 根据《国家电网公司供电客户服务提供标准》规定，供电营业厅是供电企业为客户办理用电业务需要而设置的固定或流动的服务场所。（ ）

答案：正确

【依据出处】《国家电网公司供电服务质量标准》（国家电网企管〔2014〕1466号）

6 根据《国家电网公司供电客户服务提供标准》规定，A 级厅为区县中心营业厅，设置于县级以上城市，每个区县范围内最多只能设置 1 个。(　　)

答案：错误

【依据出处】《国家电网公司供电服务质量标准》(国家电网企管〔2014〕1466 号)

7 根据《国家电网公司供电客户服务提供标准》规定，D 级营业厅应具备电费收取、发票打印、引导、洽谈，以及服务信息公示等服务功能。(　　)

答案：错误

【依据出处】《国家电网公司供电服务质量标准》(国家电网企管〔2014〕1466 号)

8 根据《国家电网公司供电客户服务提供标准》规定，C 级营业厅、D 级营业厅可结合服务半径、营业户数、日均业务量等实际情况实行无周休制，如果周末遇当地赶集日、缴费高峰期应安排营业。(　　)

答案：错误

【依据出处】《国家电网公司供电服务质量标准》(国家电网企管〔2014〕1466 号)

9 根据《国家电网公司供电服务质量标准》规定，受理客户咨询时，对不能当即答复的，应说明原因，并在 3 个工作日内答复客户。(　　)

答案：错误

【依据出处】《国家电网公司供电服务质量标准》(国家电网企管〔2014〕1466 号)

10 根据《国家电网公司供电客户服务提供标准》规定，除自助营业厅外，其他各等级营业厅实行法定节假日不营业，但应至少提前 7 个工作日在营业厅公示法定节假日休息信息，并做好缴费提示，同步向 95598 报备。(　　)

答案：错误

【依据出处】《国家电网公司供电服务质量标准》(国家电网企管〔2014〕1466 号)

11 根据《国家电网公司供电客户服务提供标准》规定，洽谈区一般为半封闭的空间，应配设与营业厅整体环境相协调且使用舒适的桌椅，以及饮水机、宣传资料架等。(　　)

答案：错误

【依据出处】《国家电网公司供电服务质量标准》(国家电网企管〔2014〕1466 号)

12 根据《国家电网公司供电服务质量标准》规定，服务质量指一组同时或先后发生的服务特性逐个满足顾客要求的程度。(　　)

答案：正确

【依据出处】《国家电网公司供电服务质量标准》(国家电网企管〔2014〕1466 号)

13 根据《国家电网公司供电服务规范》规定，临下班时，对于正在处理中的业务应照常办理完毕后方可下班。下班时如仍有等候办理业务的客户，应继续办理。(　　)

答案：正确

【依据出处】《国家电网公司供电服务规范》(国家电网生〔2003〕477 号)

14 根据《国家电网公司供电客户服务提供标准》规定，供电营业厅是供电企业为客户办理用电业务需要而设置的固定的服务场所。(　　)

答案：错误

【依据出处】《国家电网公司供电服务质量标准》(国家电网企管〔2014〕1466 号)

15 根据《国家电网公司供电服务规范》规定，供电服务人员上岗必须统一着装，并佩戴工号牌；保持仪容仪表美观大方，不得浓妆艳抹，不得敞怀、将长裤卷起，不得戴墨镜。(　　)

答案：正确

【依据出处】《国家电网公司供电服务规范》(国家电网生〔2003〕477 号)

16 根据《国家电网公司供电服务质量标准》规定，受理客户咨询时，对不能当即答复的，应说明

原因，并在 7 个工作日内答复客户。(　　)

答案：错误

【依据出处】《国家电网公司供电服务质量标准》(国家电网企管〔2014〕1466 号)

17 根据《国家电网公司供电服务规范》规定，为客户提供供电服务时应符合基本行为举止规范要求：站立时，抬头、挺胸、收腹，双手可以抱胸、叉腰。(　　)

答案：错误

【依据出处】《国家电网公司供电服务规范》(国家电网生〔2003〕477 号)

18 根据《国家电网公司供电服务规范》规定，为客户提供供电服务时应符合基本行为举止规范要求：坐下时，上身自然挺直，两肩平衡放松，后背与椅背不能有间隙。(　　)

答案：错误

【依据出处】《国家电网公司供电服务规范》(国家电网生〔2003〕477 号)

19 根据《国家电网公司供电服务规范》规定，为客户提供供电服务时应符合基本行为举止规范要求：走路时，步幅适当，节奏适宜，不奔跑追逐，不边走边大声谈笑喧哗。(　　)

答案：正确

【依据出处】《国家电网公司供电服务规范》(国家电网生〔2003〕477 号)

20 根据《国家电网公司供电服务质量标准》规定，城市客户年平均停电时间不超过 37.5h（对应供电可靠率不低于 99.6%）。供电设备计划检修时，对 35kV 及以上电压供电的用户，每年停电不应超过 1 次；对 10kV 供电的用户，每年停电不应超过 3 次。(　　)

答案：正确

【依据出处】《国家电网公司供电服务质量标准》(国家电网企管〔2014〕1466 号)

21 根据《国家电网公司供电服务质量标准》规定，95598 服务热线应 24h 保持畅通。(　　)

答案：正确

【依据出处】《国家电网公司供电服务质量标准》(国家电网企管〔2014〕1466 号)

22 根据《国家电网公司供电服务规范》规定，减少因供电设备计划检修和电力系统事故对客户的停电次数及每次停电的持续时间。供电设备计划检修时，对 35kV 及以上电压等级供电的客户的停电次数，每年不应超过 2 次；对 10kV 电压等级供电的客户，每年不应超过 5 次。(　　)

答案：错误

【依据出处】《国家电网公司供电服务规范》(国家电网生〔2003〕477 号)

23 根据《国家电网公司供电服务规范》规定，为客户提供服务时，应礼貌、谦和、热情。接待客户时，应面带微笑，目光专注，做到来有迎声、去有送声。与客户会话时，应亲切，诚恳，有问必答。工作发生差错时，应及时更正并向客户道歉。(　　)

答案：正确

【依据出处】《国家电网公司供电服务规范》(国家电网生〔2003〕477 号)

24 根据《国家电网公司供电服务奖惩规定》，公司和各级单位成立供电服务奖惩工作小组，在本单位员工奖惩领导小组的领导下开展工作。日常管理工作由总部营销部牵头负责。(　　)

答案：错误

【依据出处】《国家电网公司供电服务奖惩规定》[国网（营销/3）377—2014]

25 根据《国家电网公司供电服务质量标准》规定，受供电企业委托的银行及其他代办机构营业窗口应悬挂委托代收电费标识，并明确告知客户其收费方式和时间。(　　)

答案：正确

【依据出处】《国家电网公司供电服务质量标准》(国家电网企管〔2014〕1466 号)

26 依据《国家电网公司供电服务奖惩规定》，特别重大供电服务质量事件是指给客户或企业造成 30 万元及以上直接经济损失的供电服务质量事件。(　　)

答案：错误

【依据出处】《国家电网公司供电服务奖惩规定》[国网(营销/3)377—2014]

27 根据《国家电网公司供电服务质量标准》规定，在电力系统正常状况下，电网装机容量在300万kW及以上的，供电频率的允许偏差为±0.5Hz；电网装机容量在300万kW以下的，供电频率的允许偏差为±0.7Hz；在电力系统非正常状况下，供电频率允许偏差不应超过±1.2Hz。(　　)

答案：错误

【依据出处】《国家电网公司供电服务质量标准》(国家电网企管〔2014〕1466号)

28 根据《国家电网公司供电服务质量标准》规定，在电力系统正常状况下，供电企业供到用户受电端的供电电压允许偏差：35kV及以上电压供电的，电压正、负偏差的绝对值之和不超过标称电压的10%。(　　)

答案：正确

【依据出处】《国家电网公司供电服务质量标准》(国家电网企管〔2014〕1466号)

29 根据《国家电网公司供电服务质量标准》规定，0.4~220kV各级公用电网电压(相电压)总谐波畸变率：0.4kV为4.0%，6~10kV为3.0%，35~66kV为3.0%，110~220kV为1.0%。(　　)

答案：错误

【依据出处】《国家电网公司供电服务质量标准》(国家电网企管〔2014〕1466号)

30 根据《国家电网公司供电服务规范》规定，根据国家有关法律法规，本着平等、自愿、诚实信用的原则，以合同形式明确供电企业与客户双方的权利和义务，明确产权责任分界点，维护双方的合法权益。(　　)

答案：正确

【依据出处】《国家电网公司供电服务规范》(国家电网生〔2003〕477号)

31 根据《国家电网公司供电服务规范》规定，供电设施因计划检修需要停电时，应提前3~7天将停电区域、线路、停电时间和恢复供电的时间进行公告，并通知重要客户。(　　)

答案：错误

【依据出处】《国家电网公司供电服务规范》(国家电网生〔2003〕477号)

32 根据《国家电网公司供电服务规范》规定，“95598”客户服务热线的服务内容包括停电信息公告、电力故障报修、服务质量投诉、用电信息查询、咨询、业务受理等。(　　)

答案：正确

【依据出处】《国家电网公司供电服务规范》(国家电网生〔2003〕477号)

33 根据《国家电网公司供电服务规范》规定，坚持“人民电业为人民”的服务宗旨，认真贯彻“优质、方便、规范、真诚”的供电服务方针。(　　)

答案：正确

【依据出处】《国家电网公司供电服务规范》(国家电网生〔2003〕477号)

34 根据《国家电网公司供电服务规范》规定，对客户送审的受电工程设计文件和有关资料答复时限：高压供电的最长不超过3个月；低压供电的最长不超过15天。(　　)

答案：错误

【依据出处】《国家电网公司供电服务规范》(国家电网生〔2003〕477号)

35 根据《国家电网公司供电服务质量标准》规定，城市客户年平均停电时间不超过32.5h(对应供电可靠率不低于99.0%)。(　　)

答案：错误

【依据出处】《国家电网公司供电服务质量标准》(国家电网企管〔2014〕1466号)

36 根据《国家电网公司供电服务质量标准》规定，供电方案答复期限：居民客户不超过5个工作日，其他低压电力客户不超过7个工作日，高压单电源客户不超过15个工作日，高压双电源客户不超过30个工作日。(　　)

答案：错误

【依据出处】《国家电网公司供电服务质量标准》（国家电网企管〔2014〕1466 号）

37 根据《国家电网公司供电服务质量标准》规定，对客户送审的受电工程设计文件和有关资料答复期限：自受理之日起，高压供电的不超过 30 个工作日；低压供电的不超过 8 个工作日。（　　）

答案：错误

【依据出处】《国家电网公司供电服务质量标准》（国家电网企管〔2014〕1466 号）

38 根据《国家电网公司供电服务质量标准》规定，向高压客户提交拟签订的供用电合同文本（包括电费结算协议、调度协议、并网协议）期限：自受电工程设计文件和有关资料审核通过后，不超过 5 个工作日。（　　）

答案：错误

【依据出处】《国家电网公司供电服务质量标准》（国家电网企管〔2014〕1466 号）

39 根据《国家电网公司供电服务规范》规定，严格遵守国家法律、法规，诚实守信、恪守承诺。爱岗敬业，乐于奉献，廉洁自律，秉公办事。（　　）

答案：正确

【依据出处】《国家电网公司供电服务规范》（国家电网生〔2003〕477 号）

40 根据《国家电网公司供电服务规范》规定，真心实意为客户着想，尽量满足客户的合理要求。对客户的咨询、投诉等不推诿，不拒绝，不搪塞，及时、耐心、准确地给予解答。（　　）

答案：正确

【依据出处】《国家电网公司供电服务规范》（国家电网生〔2003〕477 号）

41 根据《国家电网公司供电服务规范》规定，工作期间精神饱满，注意力集中。使用规范化文明用语，可以不使用普通话。（　　）

答案：错误

【依据出处】《国家电网公司供电服务规范》（国家电网生〔2003〕477 号）

42 根据《国家电网公司供电服务规范》规定，遇到客户提出不合理要求时，应直接拒绝客户。（　　）

答案：错误

【依据出处】《国家电网公司供电服务规范》（国家电网生〔2003〕477 号）

43 根据《国家电网公司供电服务规范》规定，为行动不便的客户提供服务时，应主动给予特别照顾和帮助。对听力不好的客户，应适当提高语音，放慢语速。（　　）

答案：正确

【依据出处】《国家电网公司供电服务规范》（国家电网生〔2003〕477 号）

44 根据《国家电网公司供电服务规范》规定，与客户交接钱物时，应唱收唱付，轻拿轻放，不抛不丢。（　　）

答案：正确

【依据出处】《国家电网公司供电服务规范》（国家电网生〔2003〕477 号）

45 根据《国家电网公司供电服务规范》规定，在电力系统非正常状况下，客户受电端的电压最大允许偏差不应超过额定值的 ±7%。（　　）

答案：错误

【依据出处】《国家电网公司供电服务规范》（国家电网生〔2003〕477 号）

46 根据《国家电网公司供电服务规范》规定，城市居民客户端电压合格率不低于 90%，农网居民客户端电压合格率不低于 95%。（　　）

答案：错误

【依据出处】《国家电网公司供电服务规范》（国家电网生〔2003〕477 号）

47 根据《国家电网公司供电服务规范》规定，城市地区供电可靠率不低于 99.89%，农网供电可靠

率不低于99%。(　　)

答案：正确

【依据出处】《国家电网公司供电服务规范》(国家电网生〔2003〕477号)

48 根据《国家电网公司供电服务规范》规定，供电企业应在规定的日期准确抄录计费电能表读数。因客户的原因不能如期抄录计费电能表读数时，可通知客户待期补抄或暂按前次用电量计收电费，待下一次抄表时一并结清。(　　)

答案：正确

【依据出处】《国家电网公司供电服务规范》(国家电网生〔2003〕477号)

49 根据《国家电网公司供电服务规范》规定，接到报修电话后，故障抢修人员到达故障现场的时限：城区45min、农村90min、边远地区2h，特殊边远地区根据实际情况合理确定。(　　)

答案：正确

【依据出处】《国家电网公司供电服务规范》(国家电网生〔2003〕477号)

50 根据《国家电网公司供电服务规范》规定，供电企业应按规程规定的周期检验或检定、轮换计费电能表，并对电能计量装置进行不定期检查。发现计量装置失常时，应及时查明原因并按规定处理。(　　)

答案：正确

【依据出处】《国家电网公司供电服务规范》(国家电网生〔2003〕477号)

51 根据《国家电网公司供电服务规范》规定，领导对外接待日是接受客户的投诉和举报的方式之一。(　　)

答案：正确

【依据出处】《国家电网公司供电服务规范》(国家电网生〔2003〕477号)

52 根据《国家电网公司供电服务质量标准》规定，电网正常运行时，电力系统公共连接点负序电压不平衡度允许值为3%，短时不得超过5%。(　　)

答案：错误

【依据出处】《国家电网公司供电服务质量标准》(国家电网企管〔2014〕1466号)

53 根据《国家电网公司供电服务质量标准》规定，供电营业厅应准确公示服务承诺、服务项目、业务办理流程、投诉监督电话、电价和收费标准。(　　)

答案：正确

【依据出处】《国家电网公司供电服务质量标准》(国家电网企管〔2014〕1466号)

54 根据《国家电网公司供电服务质量标准》规定，居民客户收费办理时间一般每件不超过10min，用电业务办理时间一般每件不超过30min。(　　)

答案：错误

【依据出处】《国家电网公司供电服务质量标准》(国家电网企管〔2014〕1466号)

55 根据《国家电网公司供电服务质量标准》规定，95598客服代表应在振铃4声(15s)内接听，使用标准欢迎语。(　　)

答案：错误

【依据出处】《国家电网公司供电服务质量标准》(国家电网企管〔2014〕1466号)

56 根据《国家电网公司供电服务质量标准》规定，电子渠道应24h受理客户需求，如需人工确认的，电子客服代表在7个工作日内与客户确认。(　　)

答案：错误

【依据出处】《国家电网公司供电服务质量标准》(国家电网企管〔2014〕1466号)

57 根据《国家电网公司供电服务质量标准》规定，进入客户现场时，服务人员应统一着装、佩戴工号牌(工作牌)，并主动表明身份、出示证件。协作人员应统一着装。(　　)

答案：正确

【依据出处】《国家电网公司供电服务质量标准》(国家电网企管〔2014〕1466号)

58 根据《国家电网公司供电服务质量标准》规定，现场工作结束后应立即清理，不能遗留废弃物，做到设备、场地整洁。( )

答案：正确

【依据出处】《国家电网公司供电服务质量标准》(国家电网企管〔2014〕1466号)

59 根据《国家电网公司供电服务质量标准》规定，对高压业扩工程，送电后应由业务受理人员100%回访客户。( )

答案：错误

【依据出处】《国家电网公司供电服务质量标准》(国家电网企管〔2014〕1466号)

60 根据《国家电网公司供电服务质量标准》规定，严禁为客户指定设计、施工、供货单位。( )

答案：正确

【依据出处】《国家电网公司供电服务质量标准》(国家电网企管〔2014〕1466号)

61 根据《国家电网公司供电服务质量标准》规定，对客户用电申请资料的缺件情况、受电工程设计文件的审核意见、中间检查和竣工检验的整改意见，均应以口头形式告知用户。( )

答案：错误

【依据出处】《国家电网公司供电服务质量标准》(国家电网企管〔2014〕1466号)

62 根据《国家电网公司供电服务质量标准》规定，抢修人员若因特殊恶劣天气或交通堵塞等客观因素无法按规定时限到达现场的，应在规定时限内与客户联系、说明情况并预约到达现场时间，经客户同意后按预约时间到达现场。( )

答案：正确

【依据出处】《国家电网公司供电服务质量标准》(国家电网企管〔2014〕1466号)

63 根据《国家电网公司供电服务质量标准》规定，客户查询故障抢修情况时，应告知客户当前抢修进度或抢修结果。( )

答案：正确

【依据出处】《国家电网公司供电服务质量标准》(国家电网企管〔2014〕1466号)

64 根据《国家电网公司供电服务质量标准》规定，受理客户投诉后，1个工作日内联系客户，6个工作日内答复客户。( )

答案：错误

【依据出处】《国家电网公司供电服务质量标准》(国家电网企管〔2014〕1466号)

65 根据《国家电网公司供电服务质量标准》规定，受理客户举报、建议、意见业务后，应在7个工作日内答复客户。( )

答案：错误

【依据出处】《国家电网公司供电服务质量标准》(国家电网企管〔2014〕1466号)

四、简答题(共53题)

1 根据《国家电网公司供电客户服务提供标准》规定，供电营业厅中业务办理区、收费区、业务待办区的设置标准是什么？

答：(1)业务办理区：一般设置在面向大厅主要入口的位置，其受理台应为半开放式。

(2)收费区：一般与业务办理区相邻，应采取相应的保安措施。收费区地面应有一米线，遇客流量大时应设置引导护栏，合理疏导人流。

(3)业务待办区：应配设与营业厅整体环境相协调且使用舒适的桌椅，配备客户书写台、宣传资料架、报刊架、饮水机、意见箱(簿)等。客户书写台上应有书写工具、登记表书写示范样本等；放置免费赠送的宣传资料。

【依据出处】《国家电网公司供电客户服务提供标准》(国家电网企管〔2014〕1466号)

2 根据《国家电网公司供电服务规范》中规定的"95598"客户服务热线服务规范，接到客户报修时应如何处理?

答: 接到客户报修时，应详细询问故障情况。如判断确属供电企业抢修范围内的故障或无法判断故障原因，应详细记录，立即通知抢修部门前去处理；如判断属客户内部故障，可电话引导客户排查故障，也可应客户要求提供抢修服务，但要事先向客户说明该项服务是有偿服务。

【依据出处】《国家电网公司供电服务规范》(国家电网生〔2003〕477号)

3 根据《国家电网公司供电服务规范》规定，在为客户办理业务时计算机系统出现故障应如何处理?

答: 因计算机系统出现故障而影响业务办理时，若短时间内可以恢复，应请客户稍候并致歉；若需较长时间才能恢复，除向客户说明情况并道歉外，应请客户留下联系电话，以便另约服务时间。

【依据出处】《国家电网公司供电服务规范》(国家电网生〔2003〕477号)

4 根据《国家电网公司供电客户服务提供标准》规定，对供电营业厅的服务网络布设的规定有哪些?

答: 供电营业厅的服务网络应覆盖公司的供电区域，其布设应综合考核所服务的客户类型、客户数量、服务半径以及当地客户的消费习惯，合理设置。

【依据出处】《国家电网公司供电客户服务提供标准》(国家电网企管〔2014〕1466号)

5 根据《国家电网公司供电服务提供标准》规定，供电营业厅分为几级?设置要求分别是什么?

答: 供电营业厅按A、B、C、D四级设置，其要求如下:

(1) A级厅为地区中心营业厅，兼本地区供电营业厅服务人员的实训基地，设置于地级及以上城市，每个地区范围内最多只能设置1个。

(2) B级厅为区县中心营业厅，设置于县级及以上城市，每个区县范围内最多只能设置1个。

(3) C级厅为区县的非中心营业厅，可视当地服务需求，设置于城市区域、郊区，乡镇。

(4) D级厅为单一功能收费厅或者自助营业厅，可视当地服务需求，设置于城市区域、郊区，乡镇。

【依据出处】《国家电网公司供电客户服务提供标准》(国家电网企管〔2014〕1466号)

6 根据《国家电网公司供电客户服务提供标准》规定，各级供电营业厅必须具备的服务功能有哪些?

答: 各级供电营业厅必须具备的服务功能如下:

(1) A、B、C级营业厅应具备业务办理、收费、告示、引导、洽谈5种服务方式。

(2) D级营业厅应具备电费收取、发票打印，以及服务信息公示等服务功能。

【依据出处】《国家电网公司供电客户服务提供标准》(国家电网企管〔2014〕1466号)

7 《国家电网公司供电客户服务提供标准》中对客户的定义是什么?

答: 客户是可能或已经与供电企业建立供用电关系的组织或个人。

【依据出处】《国家电网公司供电客户服务提供标准》(国家电网企管〔2014〕1466号)

8 《国家电网公司供电客户服务提供标准》中对客户满意度的定义是什么?

答: 客户满意度是指客户在接受某一服务时，实际感知的服务与预期得到的服务的差值。

【依据出处】《国家电网公司供电客户服务提供标准》(国家电网企管〔2014〕1466号)

9 《国家电网公司供电客户服务提供标准》中对供电服务的定义是什么?

答: 供电服务是指服务提供者遵循一定的标准和规范，以特定方式和手段，提供合格的电能产品和满意的服务来实现客户现实或者潜在的用电需求的活动过程。供电服务包括供电产品提供和供电客户服务。

【依据出处】《国家电网公司供电客户服务提供标准》(国家电网企管〔2014〕1466号)

10 《国家电网公司供电客户服务提供标准》中对供电客户服务的定义是什么?

答: 供电客户服务是指电力供应过程中，企业为满足客户获得和使用电力产品的各种相关需求的一系列活动的总称，简称客户服务。

【依据出处】《国家电网公司供电客户服务提供标准》（国家电网企管〔2014〕1466号）

11 《国家电网公司供电客户服务提供标准》中对供电客户服务渠道的定义是什么？

答： 供电客户服务渠道是指供电企业与客户进行交互、提供服务的具体途径，简称服务渠道。

【依据出处】《国家电网公司供电客户服务提供标准》（国家电网企管〔2014〕1466号）

12 《国家电网公司供电客户服务提供标准》中对供电客户服务项目的定义是什么？

答： 供电客户服务项目是指供电企业针对明确的服务对象，由服务提供者通过具体的服务渠道，在一定周期内按照规范的服务流程和内容提供的一系列服务活动，简称服务项目。

【依据出处】《国家电网公司供电客户服务提供标准》（国家电网企管〔2014〕1466号）

13 《国家电网公司供电服务质量标准》中对停电时间是如何规定的？

答： 城市客户年平均停电时间不超过37.5h（对应供电可靠率不低于99.6%）。供电设备计划检修时，对35kV及以上电压供电的客户，每年停电不应超过1次；对10kV供电的客户，每年停电不应超过3次。

【依据出处】《国家电网公司供电服务质量标准》（国家电网企管〔2014〕1466号）

14 《国家电网公司供电服务质量标准》中规定服务渠道质量标准包含哪些内容？（至少答出5点）

答：（1）供电营业厅应准确公示服务项目、业务办理流程、电价和收费标准。

（2）与客户交接物品时，应双手递送，不抛不丢，交接现金时唱收唱付。

（3）居民客户收费办理时间一般每件不超过5min，用电业务办理时间一般每件不超过20min。

（4）95598供电服务热线应24h保持畅通。

（5）座席人员应在振铃4声（12s）内接听，使用标准欢迎语；外呼时应自我介绍；一般情况下不得先于客户挂断电话，结束通话应使用标准结束语。

（6）网上营业厅应24h受理客户需求，如需人工确认的，服务人员在1个工作日内与客户确认。

（7）进入客户现场时，服务人员应统一着装、佩戴工号牌，并主动表明身份、出示证件。协作人员应统一着装，出示有效证明。

（8）现场工作结束后应立即清理，不能遗留废弃物，做到设备、场地整洁。

（9）受供电企业委托的银行及其他代办机构营业窗口应悬挂委托代收电费标识，并明确告知客户其收费方式和时间。

【依据出处】《国家电网公司供电服务质量标准》（国家电网企管〔2014〕1466号）

15 《国家电网公司供电服务质量标准》中对供电频率的允许偏差是怎样规定的？

答： 在电力系统正常状况下，电网装机容量在300万kW及以上的，供电频率的允许偏差为±0.2Hz；电网装机容量在300万kW以下的，供电频率的允许偏差为±0.5Hz；在电力系统非正常状况下，供电频率允许偏差不应超过±1.0Hz。

【依据出处】《国家电网公司供电服务质量标准》（国家电网企管〔2014〕1466号）

16 《国家电网公司供电服务质量标准》中对客户送审的受电工程设计文件和有关资料的答复期限是如何规定的？

答： 对客户送审的受电工程设计文件和有关资料答复期限：自受理之日起，高压供电的不超过20个工作日；低压供电的不超过8个工作日。

【依据出处】《国家电网公司供电服务质量标准》（国家电网企管〔2014〕1466号）

17 《国家电网公司供电服务质量标准》中对向高压客户提交拟签订的供用电合同文本（包括电费结算协议、调度协议、并网协议）期限是如何规定的？

答： 向高压客户提交拟签订的供用电合同文本（包括电费结算协议、调度协议、并网协议）期限：自受电工程设计文件和有关资料审核通过后，不超过7个工作日。

【依据出处】《国家电网公司供电服务质量标准》（国家电网企管〔2014〕1466号）

18 《国家电网公司供电服务质量标准》中对客户用电申请资料的缺件情况、受电工程设计文件的审核意见、中间检查和竣工检验的整改意见的告知方式有何规定？

答： 对客户用电申请资料的缺件情况、受电工程设计文件的审核意见、中间检查和竣工检验的整改意见，均应以书面形式一次性完整告知。

【依据出处】《国家电网公司供电服务质量标准》（国家电网企管〔2014〕1466号）

19 《国家电网公司供电服务质量标准》中对不能当即答复的客户咨询有何规定？

答： 受理客户咨询时，对不能当即答复的，应说明原因，并在3个工作日内回复。

【依据出处】《国家电网公司供电服务质量标准》（国家电网企管〔2014〕1466号）

20 《国家电网公司供电服务质量标准》中对客户缴费日期、地点和方式发生变更时的告知时限有何规定？

答： 客户缴费日期、地点和方式发生变更时，应在变更前10个工作日告知客户。

【依据出处】《国家电网公司供电服务质量标准》（国家电网企管〔2014〕1466号）

21 《国家电网公司供电服务质量标准》中对专线计划停电的办理有何规定？

答： 对专线进行计划停电，应与客户进行协商，并按协商结果执行。

【依据出处】《国家电网公司供电服务质量标准》（国家电网企管〔2014〕1466号）

22 《国家电网公司供电服务质量标准》中供电企业对需要获知电费信息的居民客户，执行告知时有何规定？

答： 居民客户需要获知电费信息的，应在缴费截止日前5天告知。

【依据出处】《国家电网公司供电服务质量标准》（国家电网企管〔2014〕1466号）

23 《国家电网供电客户服务提供标准》中对供电营业厅的服务网络布设有何规定？

答：（1）供电营业厅的服务网络应覆盖公司的供电区域，其布设应综合考虑所服务的客户类型、客户数量、服务半径以及当地客户的消费习惯，合理设置。

（2）供电营业厅按A、B、C、D四级设置，其要求如下：A级厅为地区中心营业厅，兼本地区供电营业厅服务人员的实训基地，设置于地级及以上城市，每个地区范围内最多只能设置1个；B级厅为区县中心营业厅，设置于县级及以上城市，每个区县范围内最多只能设置1个；C级厅为区县的非中心营业厅，可视当地服务需求，设置于城市区域、郊区，乡镇；D级厅为单一功能收费厅或者自助营业厅，可视当地服务需求，设置于城市区域、郊区，乡镇。

（3）供电营业厅应设置在交通方便、容易辨识的地方。

【依据出处】《国家电网公司供电客户服务提供标准》（国家电网企管〔2014〕1466号）

24 《国家电网供电客户服务提供标准》中要求供电营业厅的服务功能应包括哪些？

答： 供电营业厅的服务功能包括业务办理、收费、告示、引导、洽谈。

【依据出处】《国家电网公司供电客户服务提供标准》（国家电网企管〔2014〕1466号）

25 《国家电网供电客户服务提供标准》中供电营业厅的服务方式包括哪些？

答： 供电营业厅的服务方式包括面对面、电话、书面留言、传真、客户自助。

【依据出处】《国家电网公司供电客户服务提供标准》（国家电网企管〔2014〕1466号）

26 《国家电网供电客户服务提供标准》中对供电营业厅服务功能的设置标准有何规定？

答：（1）A、B级营业厅实行无周休日营业。

（2）各级供电营业厅必须具备的服务功能如下：A、B、C级营业厅应具备业务办理、收费、告示、引导、洽谈5种服务功能；D级营业厅应具备电费收取、发票打印以及服务信息公示等服务功能。

【依据出处】《国家电网公司供电客户服务提供标准》（国家电网企管〔2014〕1466号）

27 《国家电网供电客户服务提供标准》中对供电营业厅服务人员的设置有何规定？

答：（1）供电营业厅的服务人员包括营业厅主管、业务受理员、收费员、保安员、引导员、保洁员。

（2）供电营业厅的服务人员应经岗前培训合格，方能上岗。要求A级厅的营业厅主管、业务受理员、收费员应具备大专及以上学历，取得普通话测试水平测试三级及以上证书。

（3）各级供电营业厅必须配备的服务人员如下：A级营业厅应具备所有服务人员；B级营业厅应具备营业厅主管、业务受理员、收费员、保安员、引导员；C级营业厅应具备营业厅主管、业务受理员、收费员；D级营业厅应具备收费员和保安员。

【依据出处】《国家电网公司供电客户服务提供标准》(国家电网企管〔2014〕1466号)

28 《国家电网供电客户服务提供标准》中供电营业厅的功能分区应包括哪些？

答：供电营业厅的功能分区包括业务办理、收费区、业务待办区、展示区、洽谈区、引导区、客户自助区。

【依据出处】《国家电网公司供电客户服务提供标准》(国家电网企管〔2014〕1466号)

29 《国家电网供电客户服务提供标准》中对供电营业厅业务办理区和收费区的服务环境设置标准有何规定？

答：(1)业务办理区：一般设置在面向大厅主要入口的位置，其受理台应为半开放式。

(2)收费区：一般与业务办理区相邻，应采取相应的保安措施。收费区地面应有一米线，遇客流量大时应设置引导护栏，合理疏导人流。

【依据出处】《国家电网公司供电客户服务提供标准》(国家电网企管〔2014〕1466号)

30 《国家电网供电客户服务提供标准》中对供电营业厅的“四净四无”规定是什么？

答：地面净、桌面净、墙面净、门面净；无灰尘、无纸屑、无杂物、无异味。

【依据出处】《国家电网公司供电客户服务提供标准》(国家电网企管〔2014〕1466号)

31 《国家电网供电客户服务提供标准》中供电营业厅“业务办理”包含哪些内容？

答：“业务办理”指受理各类用电业务，包括客户新装、增容及变更用电申请，故障报修，校表，用电指导，信息订阅，以及投诉.举报和建议，办理咨询查询，客户信息更新等。

【依据出处】《国家电网公司供电客户服务提供标准》(国家电网企管〔2014〕1466号)

32 《国家电网供电客户服务提供标准》中供电营业厅的“收费”功能包含哪些内容？

答：“收费”指提供电费及各类营业费用的收取和账单服务，以及充值卡销售、表卡售换等。

【依据出处】《国家电网公司供电客户服务提供标准》(国家电网企管〔2014〕1466号)

33 《国家电网供电客户服务提供标准》中供电营业厅的“告示”功能包含哪些内容？

答：“告示”指提供电价标准及依据、收费标准及依据、用电业务流程、服务项目、95598供电服务热线等各种服务信息公示，计划停电信息及重大服务事项公告，功能展示，以及公布岗位纪律、服务承诺、电力监管投诉举报电话等。

【依据出处】《国家电网公司供电客户服务提供标准》(国家电网企管〔2014〕1466号)

34 《国家电网供电客户服务提供标准》中供电营业厅的“引导”功能包含哪些内容？

答：“引导”指根据客户的用电业务需要，将其引导至营业厅内相应的功能区。

【依据出处】《国家电网公司供电客户服务提供标准》(国家电网企管〔2014〕1466号)

35 《国家电网供电客户服务提供标准》中供电营业厅的“洽谈”功能包含哪些内容？

答：“洽谈”指根据客户的用电需要，提供专业接洽服务。

【依据出处】《国家电网公司供电客户服务提供标准》(国家电网企管〔2014〕1466号)

36 《国家电网供电客户服务提供标准》中“95598供电服务热线”服务功能有哪些？

答：95598供电服务热线应通过语音导航，向客户提供故障报修，咨询查询，投诉、举报和建议受理，停电信息公告，客户信息更新，信息订阅，预受理新装、增容及变更用电，校表申请等服务，并具备外呼功能。

【依据出处】《国家电网公司供电客户服务提供标准》(国家电网企管〔2014〕1466号)

37 《国家电网供电客户服务提供标准》中“95598供电服务热线”服务方式有哪些？

答：95598的服务方式包括客户自助、人工通话、短信、录音留言、电子邮件、传真。

【依据出处】《国家电网公司供电客户服务提供标准》(国家电网企管〔2014〕1466号)

38 《国家电网供电客户服务提供标准》中对95598服务人员有何规定？

答：(1)5598服务人员包括普通座席、专家座席，并应根据客户需求设置外语或民族语言座席。

(2)95598服务人员应具备大专及以上学历，取得普通话水平测试三级及以上证书，并经岗前培训合格。

【依据出处】《国家电网公司供电客户服务提供标准》（国家电网企管〔2014〕1466号）

39 《国家电网供电客户服务提供标准》中对网上营业厅服务网络布设有何规定？

答：（1）网上营业厅应以网省公司为单位统一布设。

（2）网上营业厅为客户提供7×24h不间断服务。

【依据出处】《国家电网公司供电客户服务提供标准》（国家电网企管〔2014〕1466号）

40 《国家电网供电客户服务提供标准》中网上营业厅服务方式包括哪些？

答：网上营业厅的服务方式包括客户自助、网站留言和电子邮件。

【依据出处】《国家电网公司供电客户服务提供标准》（国家电网企管〔2014〕1466号）

41 《国家电网供电客户服务提供标准》中网上营业厅的服务功能包括哪些？

答：网上营业厅的服务功能包括会员注册或认证，电费缴纳，咨询查询，信息公告，信息订阅，预受理新装、增容及变更用电申请，受理投诉、举报和建议等功能。

【依据出处】《国家电网公司供电客户服务提供标准》（国家电网企管〔2014〕1466号）

42 《国家电网供电客户服务提供标准》中对网上营业厅的服务环境有何规定？

答：（1）网上营业厅的网页界面应有明显的“国家电网”标识和“供电客户服务”字样。

（2）网上营业厅服务功能区域划分应科学合理、简洁明了、富人性化。网页制作要求直观、色彩明快，各服务功能分区要有明显色系区分。

【依据出处】《国家电网公司供电客户服务提供标准》（国家电网企管〔2014〕1466号）

43 《国家电网供电客户服务提供标准》中规定“服务渠道”有哪几种？

答：公司系统现有供电营业厅、95598供电服务热线、网上营业厅、客户现场、银行及其他代办机构、社区及其他渠道等6个服务渠道。

【依据出处】《国家电网公司供电客户服务提供标准》（国家电网企管〔2014〕1466号）

44 《国家电网供电客户服务提供标准》中可以办理新装、增容及变更业务的服务渠道有哪些？

答：供电营业厅、95598供电服务热线、网上营业厅、客户现场。

【依据出处】《国家电网公司供电客户服务提供标准》（国家电网企管〔2014〕1466号）

45 《国家电网供电客户服务提供标准》中对客户现场服务的设施设置有何规定？

答：（1）现场服务设施及用品应印有清晰的“国家电网”和“95598供电服务热线”标识。

（2）在公共场所工作时，应有安全措施，悬挂施工单位标志、安全标志，并配有礼貌用语；在道路两旁工作时，应在恰当位置摆放醒目的警示牌。

（3）有条件的单位可使用移动POS机到现场向客户收取电费。

【依据出处】《国家电网公司供电客户服务提供标准》（国家电网企管〔2014〕1466号）

46 《国家电网供电客户服务提供标准》中信息公告服务的流程是如何规定的？

答：具体流程：由收集信息发布内容开始，经过内容审核、发布方式制定、信息公告等流程环节，服务结束。

【依据出处】《国家电网公司供电客户服务提供标准》（国家电网企管〔2014〕1466号）

47 《国家电网供电客户服务提供标准》中投诉、举报和建议受理的服务内容是指什么？

答：投诉、举报和建议受理服务的服务内容是指供电企业受理客户的投诉、举报和建议，按规定向客户反馈处理结果的服务。

【依据出处】《国家电网公司供电客户服务提供标准》（国家电网企管〔2014〕1466号）

48 《国家电网供电客户服务提供标准》中投诉、举报和建议受理的服务渠道有哪些？

答：服务渠道包括95598供电服务热线、供电营业厅、网上营业厅、客户现场。

【依据出处】《国家电网公司供电客户服务提供标准》（国家电网企管〔2014〕1466号）

49 《国家电网供电客户服务提供标准》中咨询、查询的服务内容有哪些？

答：提供电价、电量电费信息、停电信息、用电业务流程及进度、客户用电常识、营业网点、新服务项目等内容的咨询查询服务。

【依据出处】《国家电网公司供电客户服务提供标准》（国家电网企管〔2014〕1466号）

50 《国家电网供电客户服务提供标准》中服务渠道的提供要素有哪些？

答：服务网络布设、服务功能、服务方式、服务人员、服务环境、服务设施及用品。

【依据出处】《国家电网公司供电客户服务提供标准》（国家电网企管〔2014〕1466号）

51 《国家电网公司供电服务规范》中现场服务包括哪些内容？

答：现场服务包括客户侧计费电能表电量抄见，故障抢修，客户侧停电、复电，客户侧用电情况的巡查，客户侧用电报装工程的设施安装、验收、接电前检查及设备接电，客户侧计费电能表现场安装、校验。

【依据出处】《国家电网公司供电服务规范》（国家电网生〔2003〕477号）

52 《国家电网公司供电服务规范》中停、复电服务规范是什么？

答：因故对客户实施停电时，应严格按照《供电营业规则》规定的程序办理。

（2）引起停电的原因消除后应及时恢复供电，不能及时恢复供电的，应向客户说明原因。

【依据出处】《国家电网公司供电服务规范》（国家电网生〔2003〕477号）

53 国家电网公司员工“十个不准”包含哪些内容？

答：（1）不准违规停电、无故拖延送电。

（2）不准违反政府部门批准的收费项目和标准向客户收费。

（3）不准为客户指定设计、施工、供货单位。

（4）不准违反业务办理告知要求，造成客户重复往返。

（5）不准违反首问负责制，推诿、搪塞、怠慢客户。

（6）不准对外泄露客户个人信息及商业秘密。

（7）不准工作时间饮酒及酒后上岗。

（8）不准营业窗口擅自离岗或做与工作无关的事。

（9）不准接受客户吃请和收受客户礼品、礼金、有价证券等。

（10）不准利用岗位与工作之便谋取不正当利益。

【依据出处】《国家电网公司员工服务“十个不准”》（国家电网办〔2011〕1493号）

五、案例分析（共10题）

1 【事件过程】某年4月11日12:00，客户李女士在营业厅等待办理打印电费清单，客户代表小王告知李女士：营业厅已下班，办不了了，下午再过来吧。

客户李女士：小妹，我只打印一份电费清单，不会占用很多时间的。

客户代表小王：唉，那你提供一下用户编号。

根据客户李女士提供用户编号，客户代表小王打印了一张电费清单，随手就丢给了李女士。当天14:35客户代表收到客户李女士的投诉。投诉内容为客户代表面无表情，态度冷淡，随意将其家中电费清单打印给身份未经核实的人士。

【问题】请分析供电企业工作人员的违规之处以及此事件暴露出的问题，并提出改进建议。

【答案要点】

违规条款：

（1）客户代表小王关于让客户提供用户编号的行为，违反了《国家电网公司供电服务规范》第六条第二款——为客户提供服务时，应礼貌、谦和、热情。接待客户时，应面带微笑，目光专注，做到来有迎声、去有送声。与客户会话时，应亲切、诚恳，有问必答。

（2）客户代表小王没有对客户李女士身份有效性进行核实，即打印了电费清单给客户的行为，违反了《国家电网公司员工服务“十个不准”》第六条——不准对外泄露客户个人信息及商业秘密。

（3）客户代表告知李女士已经下班，不予打印电费清单的行为，违反了《国家电网公司供电服务规范》第十一条第九款——对于正在处理中的业务应照常办理完毕后方可下班。下班时如仍有等候办理业务的客户，应继续办理。

（4）客户代表打印电费清单随手就丢给了客户的行为，违反了《国家电网公司供电质量标准》5.2条——与客户交接物品时，应双手递送，不抛不丢。

暴露问题：

（1）客户代表服务意识较差，对待客户态度冷淡，没有进行换位思考，接待礼仪不到位，是造成客户投诉的主因。

（2）客户代表业务规范执行不到位，客户代表打印清单时未核实客户身份，电费清单关系到客户的个人生活作息等信息。供电企业对于客户的个人信息安全无保障，泄露了客户的个人隐私。

（3）客户代表接待礼仪不到位，随手丢单据，不尊重客户。

【依据出处】《国家电网公司员工服务“十个不准”》（国家电网办〔2011〕1493号）、《国家电网公司供电服务规范》（国家电网生〔2003〕477号）

2 【事件过程】某年11月，客户李先生到当地供电所反映他家的当月电量高达728kWh，远远超过了以往任何月份电量，客户认为电能表肯定有问题，要求帮忙解决。接待他的营业厅客户代表小周告知说：电能表转动过快可能是由于漏电引起，您可以回家后将开关、插头等电源断开，目测电能表读数是否还会变化。李先生回家做过试验后，于当天下午再次来到供电所反映其家中并无漏电情况。客户代表小周只简单回复说：“那我们就不清楚了，我们电能表应该是准的，你自己回家处理吧。”对该事件，客户代表小周没做任何记录，也没有向供电所负责人汇报。第二天，李先生再次到供电所反映该情况，仍没有得到满意答复。4天过去了，供电所始终没有安排人员来检查，李先生十分生气就拨打了电视台维权热线与12315投诉电话进行了投诉。

【问题】试分析客户代表小周的违规之处以及此事件暴露出的问题。

【答案要点】

违规条款：

（1）客户代表小林答复客户：“那我们就不清楚了，我们电能表应该是准的，你自己回家处理吧”违反了《国家电网公司员工服务“十个不准”》第5条——不准违反首问负责制，推诿、搪塞、怠慢客户；《国家电网公司供电服务规范》第四条第二款——真心实意为客户着想，尽量满足客户的合理要求。对客户的咨询、投诉等不推诿，不拒绝，不搪塞，及时、耐心、准确地给予解答。

（2）客户代表小周在客户提出表计不准时未向客户提供校表服务违反了《国家电网公司供电服务规范》第二十一条第五款——熟知本岗位的业务知识和相关技能，岗位操作规范、熟练，具有合格的专业技术水平；《供电营业规则》第七十九条——客户认为供电企业装设的计费电能表不准时，有权向供电企业提出校验申请。

（3）客户代表小周未将客户咨询进行登记与反馈违反了《国家电网公司供电服务质量标准》6.10条——受理客户咨询时，对不能当即答复的，应说明原因，并在3个工作日内回复。

暴露问题：

（1）客户代表对首问负责制没有执行到位，工作责任心不强，对客户反映的问题不能尽心尽责妥善处理。

（2）客户代表业务不熟悉，对客户反映电能计量装置不准时，应采取的正确处理方法掌握不到位。

（3）客户代表职场经验严重不足，对自己无法解决的业务问题，应如实记录、尽快求助业务主管，才能最终解决客户的问题，而不是搁置不理。

【依据出处】《供电营业规则》（电力工业部令第8号）、《国家电网公司供电服务质量标准》（国家电网企管〔2014〕1466号）、《国家电网公司员工服务“十个不准”》（国家电网办〔2011〕1493号）、《国家电网公司供电服务规范》（国家电网生〔2003〕477号）

3 【事件过程】一客户来电反映家中欠费停电，17:29时去当地中心营业厅缴费（营业时间牌上的营业时间为8:30—17:30），一位工作人员询问其户号，但客户是租赁户只知道户名、不知道户号，工作人员答复客户“不知道户号就没有办法缴费了，而且已经到下班时间，你明天再来吧”，客户非常不满，于是拨打95598请求处理。

【问题】试分析供电企业工作人员有哪些违规之处，这一事件暴露出哪些问题。

【答案要点】

违规条款：

（1）当客户表示不清楚户号时，工作人员让他明天再来，违反了以下条款：①《国家电网公司员工服务“十个不准”》第五条——不准违反首问负责制，推诿、搪塞、怠慢客户；②《国家电网公司供电服务规范》第四条第二款——真心实意为客户着想，尽量满足客户的合理要求。对客户的咨询、投诉等不推诿，不拒绝，不搪塞，及时、耐心、准确地给予解答；③《国家电网公司供电服务规范》第十一条第九款——临下班时，对于正在处理中的业务应照常办理完毕后方可下班。下班时如仍有等候办理业务的客户，应继续办理。

（2）工作人员告知用户没有户号不能缴费，违反了《国家电网公司供电服务规范》第四条第五款——熟知本岗位的业务知识和相关技能，岗位操作规范、熟练，具有合格的专业技术水平。

暴露问题：

（1）营业厅工作人员服务意识不强，未真心实意地为客户着想，未满足客户的合理要求，导致客户不满。

（2）营业厅工作人员业务不熟练，通过户名不能查询客户准确信息时，应该通过其他方式确定客户的客户信息。

【依据出处】《国家电网公司员工服务“十个不准”》（国家电网办〔2011〕1493号）、《国家电网公司供电服务规范》（国家电网生〔2003〕477号）

4 **【事件过程】**某月3日，嘉德房地产客户陈先生向营业窗口递交了嘉信小区一户一表新装设计资料，客户代表小李收件后告知客户图纸审核时将通知其并在20个工作日内答复审核结果，陈先生放心地回去了。客户代表小李收件后按规定录入系统并将资料转至图审组织员小玉签收，小玉收件后通知相应的技术员何某与客户陈先生在七天后进行审图。10日，客户陈先生按约前来参加审图，但组织员小玉一直未见到技术员何某，电话也无法联系，小玉只好通知客户改期。到了25日，客户陈先生始终再未接到参与图纸审核的通知，也未收到有关图纸审核的结果，于是陈先生又再次来到营业厅找到客户代表小李。

陈先生：我的图纸审好了吗，上次我来的时候你不是说20个工作日内就有结果了？

小李：我上次一收完就转给图审组织人员，具体的审核情况我也不知道，你去二楼办公室找个叫小玉的问一下吧。

陈先生不乐意道：她上次通知过我，但是有个审图的技术员没有来，后来就没有再通知了，你帮我问一下吧。

在客户的再三请求下，小李帮其打电话询问，图审组织员小玉答复因一直联系不上技术员何某故前期没有再安排，15日与其班长联系，该班长说何某请婚假回老家结婚会另外安排小郑参加19日的审图，但不知为何19日也没见到小郑前来，现在已再次联系此户将安排在27日进行审图。客户代表小李将此情况告知客户，陈先生虽不高兴，但看在已安排了27日审图也就没再说什么。直到该项目竣工95598客服代表对工程进行回访时，客户陈先生才提出了自己的意见。

【问题】请问在此过程中，服务人员的行为有哪些违规之处？这一事件暴露出哪些问题？

【答案要点】

违规条款：

（1）本案中“客户代表小李在客户第一次咨询审图结果时要求客户自己上楼去问”违反了《国家电网公司员工服务“十个不准”》第5条——真心实意为客户着想，尽量满足客户的合理要求。对客户的咨询、投诉等不推诿，不拒绝，不搪塞，及时、耐心、准确地给予解答。不准违反首问负责制，推诿、搪塞、怠慢客户。

（2）本案中“客户图审时间从3日递交至27日未出审核结果”违反了《国家电网公司供电服务质量标准》第6条第2款——对客户送审的受电工程设计文件和有关资料答复期限：自受理之日起，高压供电的不超过20个工作日；低压供电的不超过8个工作日。

暴露问题：

（1）客户代表主动服务意识仍不足，虽然在客户请求下还是为客户打电话询问，但之前明显存在推诿情绪。

（2）后台支撑人员优质服务意识薄弱，图审组织员无视图审时限，在时限到期前虽有联系班长但未能在规定时限内解决问题，也未向自己的上级领导反映。

【依据出处】《国家电网公司员工服务“十个不准”》（国家电网办〔2011〕1493 号）.《国家电网公司供电服务规范》（国家电网生〔2003〕477 号）

5 【事件过程】某年 5 月 20 日，家住某小区的居民客户李先生来到营业厅要求新装电能表一只。客户代表小陈一查该地址，发现在 4 年前该用户因欠费超过 1 年被供电企业销户。

客户代表小陈说：李先生，由于您当年拖欠电费达 1 年以上，且长达 1 年未用电，按照我们公司规定，供电企业有权进行销户，需重新用电必须在结清欠费后按新装申请。

客户李先生一听就非常气愤：好好的电能表被你们拆了，你们供电局这是霸王条款。

客户代表小陈说：李先生，公司就是这么规定。您这种情况，必须按照新装用电办理，同时还要缴纳装表费。

这时李先生情绪激动大声地说：你这是什么态度，我都还要投诉你们供电局，欠费都没有通知我，就把电能表给销户了。我告诉你，结清电费可以，我是不会缴纳装表费的。

客户代表小陈：时间都过去这么久了，再说欠费通知那是抄表班和装表班的事，我才来上班不到 1 年，不太清楚当年的事。随即李先生就拨打了 95598 服务热线进行了投诉。

【问题】请问在此过程中供电企业工作人员有哪些违规之处？这一事件暴露出哪些问题？

【答案要点】

违规条款：

（1）本案例中客户代表小陈推脱其时工龄短，不清楚当年事情的行为违反《供电服务规范》第四条第二款、《国家电网公司员工服务“十个不准”》第四条——真心实意为客户着想，尽量满足客户的合理要求。对客户的咨询、投诉等不推诿，不拒绝，不搪塞，及时、耐心、准确地给予解答。

（2）本案例中客户代表要求李先生缴纳装表费违反《供电服务规范》第四条第五款——熟知本岗位的业务知识和相关技能，岗位操作规范、熟练，具有合格的专业技术水平。

（3）本案例中“客户代表小陈说长期欠费且未用电被供电企业销户按照我们公司规定”的行为违反了《供电营业规则》第三十三条——用户连续六个月不用电，也不申请办理暂停用电手续者，供电企业须以销户终止其用电。用户需要再用电时，按新装用电办理。

暴露问题：

（1）客户代表缺乏沟通技巧，语气生硬，态度傲慢。

（2）客户代表工作责任心不足，对客户的提出疑问推诿塞责，造成客户情绪激动并进行投诉。

（3）营业厅管控不到位，对于营业大厅出现的异常情况没有及时进行处理。

【依据出处】《供电服务规范》（GB/T 28583—2012）、《国家电网公司供电服务质量标准》（国家电网企管〔2014〕1466 号）、《国家电网公司员工服务“十个不准”》（国家电网办〔2011〕1493 号）、《国家电网公司供电服务规范》（国家电网生〔2003〕477 号）

6 【事件过程】某年 10 月 12 日，客户吴先生到营业厅申请办理店面新装电能表一只。

客户代表小林接待了吴先生：您好，先生，请问您需要办理什么业务？

客户吴先生：我在东区的店面需要申请三相 60A 电能表一只，我带来了提供房产证、土地证、身份证、营业执照等，现在要如何办理？

客户代表小林：李先生您带的证件资料非常齐全，可以进行正式受理，受理后方案人员在 15 个工作日为您提供供电方案答复书，供电方案有效期的 3 个月。

客户吴先生：申请三相电能表需要多少费用，需要预交吗？

客户代表小林：现在还不知道需要缴纳多少费用，如果现场有工程的话，我们的设计单位设计预算后会书面告知您。方案答复后您需先预交 200 元设计费。

客户代表小林：好的，谢谢你，小妹，请你帮忙尽快请师傅进行现场勘查。再见！

客户代表小林：好的，请您放心，请慢走，再见！

【问题】请问在此过程中，供电企业工作人员有哪些违规之处？这一事件暴露出哪些问题？

【答案要点】

违规条款：

（1）本案例中客户代表关于低压非居民用户提供供电方案答复为 15 个工作日的行为违反了《国家电网公司供电服务“十项承诺”》第五条、《国家电网公司供电服务质量标准》6.1 条——供电方案答复期限：低压电力客户不超过 7 个工作日。

（2）本案例中客户代表关于收取预交设计费 200 元的行为违反了《国家电网公司员工服务“十个不准”》第二条、《国家电网公司供电服务规范》第二章第五条第四款——不准违反政府部门批准的收费项目和标准向客户收费。

（3）本案例中客户代表关于该户有工程有供电企业设计单位进行设计预算的行为违反了《国家电网公司员工服务“十个不准”》第三条——不准为客户指定设计、施工、供货单位。

暴露问题：

（1）客户代表对于业扩流程时限不熟悉，误导客户，质量标准的学习不深入，文件与实际业务未能结合。

（2）客户代表未按物价部门批准的收费项目和标准规定，即告知客户需收取预交设计费，供电企业替关联企业收取相关业务费用现象仍存在。

（3）个别营业窗口仍存在少部分的三指定行为，特别是对于低压非居民的业扩报装，由于利润较低，客户自购自建工程难度大。

【依据出处】《国家电网公司供电服务“十项承诺”》（国家电网办〔2011〕1493 号）、《国家电网公司员工服务“十个不准”》（国家电网办〔2011〕1493 号）、《国家电网公司供电服务规范》（国家电网生〔2003〕477 号）

7 **【事件过程】**某年 3 月 3 日，客户黄先生来到营业厅办理电能表过户手续。

客户代表小袁：您好，黄先生，办理过户需提供原、新户身份证及复印件。客户黄先生了解所需申请材料后就离开。

3 月 15 日，客户黄先生带上了原、新户的身份证复印件再次来到营业厅。

客户代表小陈告知客户黄先生：办理过户需要原、新户本人带上身份证及复印件到营业厅办理过户。

客户黄先生：上次来营业厅咨询过，只要带上身份证复印件就可以办理。怎么这次还要本人过来办理。

客户代表小陈：本人到场办理，是为了过户时双方当面结算电费，原、新户进行交接，这样也是保障原新户双方的权益。

客户黄先生：你们供电企业能不能统一一下，一天一个样，之前没说清楚，现在原户都出国去了，我还特意请假过来办理。让我们用户跑来跑去，你们这叫什么优质服务。

客户代表小陈：对不起，您的资料不全不能办理。

说完客户代表小陈离开了营业柜台上卫生间。客户黄先生等了许久后，十分气愤随即拨打了 95598 服务热线进行投诉。

【问题】请问在此过程中，供电企业工作人员有哪些违规之处？这一事件暴露出哪些问题？

【答案要点】

违规条款：

（1）本案例中客户代表小袁第一次告知客户过户手续时并没有书面告知客户，且未一次性告知行为违反了《国家电网公司员工服务“十个不准”》第三条——不准违反业务办理告知要求，造成客户重复往返。

（2）本案例中客户代表“直接推脱资料不全即离开柜台”的行为违反了《供电服务规范》第三章第八条——当有特殊情况必须暂时停办业务时，应列示“暂停营业”标牌。

暴露问题：

（1）客户代表对客户咨询业务未做到书面告知，仅口头告知造成客户误解，重复往返。

（2）营业员服务礼仪欠缺，当客户正在气头上时，营业人员未做好进一步解释即离开柜台。造成客户被激怒。

【依据出处】《供电服务规范》（GB/T 28583—2012）、《国家电网公司员工服务“十个不准”》（国家电网办〔2011〕1493号）、《国家电网公司供电服务规范》（国家电网生〔2003〕477号）

8 【事件过程】某市供电公司抢修人员15:30接到95598抢修派单电话，城区某小区一客户家中无电，疑是电能表故障。抢修人员16:20到达现场，看到电能表黑屏后，就用力拍门。客户开门后抢修人员拿着工具进屋，随手把工具箱放在茶几上，告知客户电能表因欠费停电，充值后插卡就有电了。客户表示不知道售电地址。抢修人员告诉打95598问问就知道了。抢修人员拿起工具准备离去，无意间碰坏了花瓶，客户没有要求赔偿，抢修人员说了一声对不起就走了。

【问题】请问在此过程中，供电企业工作人员有哪些违规之处？这一事件暴露出哪些问题？并对这一事件暴露出的问题提出改进建议。

【答案要点】

违规条款：

（1）抢修人员到达现场的时限已超过规定时限，违反了《国家电网公司供电服务“十项承诺”》第二条——提供24h电力故障报修服务，供电抢修人员到达现场时间：城区范围一般不超过45min。

（2）抢修人员到达现场用力拍门等行为违反了《供电服务规范》第十七条第三款——进入客户现场时，应主动出示工作证件，并进行自我介绍。进入居民室内时，应先按门铃或轻轻敲门，并主动出示工作证件，征得同意后穿上鞋套方可入内。

（3）抢修人员随手将工具放到客户茶几上，违反了《供电服务规范》第十七条第五款——到达客户现场工作时，应携带必备的工具和材料。工具、材料应摆放有序，严禁乱堆乱放。

（4）抢修人员损坏花瓶未赔偿，违反了《供电服务规范》第十七条第六款——如在工作中损坏了客户的原有设施，应尽量恢复原状或等价赔偿。

（5）客户不知售电地址，抢修人员让客户自行拨打95598，违反了《供电服务规范》第四条——真心实意为客户着想，尽量满足客户的合理要求。对客户的咨询、投诉等不推诿，不拒绝，不搪塞，及时、耐心、准确地给予解答。

暴露问题：

（1）抢修人员服务意识薄弱，客户咨询售电地址，在自己无法答复的情况下，不应让客户自行咨询95598供电服务热线。

（2）抢修人员工作服务规范执行不到位，因天气等特殊原因造成故障较多，不能在规定时间内到达现场进行处理的，应向客户做好解释工作，并争取尽快安排抢修工作。进入客户家里，没有先按门铃或轻轻敲门，也不应将工具随便乱放，损坏物品也没有进行赔偿。

措施建议：

（1）抢修人员对于客户现场提出的问题应准确答复，若无法立即答复客户的，可留下客户联系电话，咨询后主动答复客户；或者现场帮助客户拨打95598供电服务热线进行咨询后，直接答复。

（2）加大对抢修工作的监督考核力度，督促抢修人员严格贯彻执行各项规章制度，严格遵守供电服务规范，根据抢修工单回复的抢修时限，对于违规行为进行原因分析、寻找解决的办法，降低违规事件的发生，提升优质服务水平。定期通报违规事件，并进行考核。

（3）加大对一线抢修人员的培训力度，针对与岗位相关的规范和规定，定期进行强调或者抽考，以供电服务为出发点，围绕客户需求，规范服务行为，坚决杜绝各种不良言行举止，不断提升供电服务规范化水平。

案例点评：

品牌形象决定品牌价值，是企业的无形资产，推行优质服务、塑造良好品牌形象为供电公司增值是营销服务团队的首要任务。而供电公司的每一名员工都是企业的无形“名片”，供电公司的形象正是依靠众多普通职工的一言一行传递到大众面前、搭建在群众心中的！只有每位员工都时刻铭记这一点，慎言慎行为广大客户服好务.供好电，才能使国家电网品牌形象不断提升。本案例中，抢修人员连基本的人际交往礼仪都没做好，更何谈服务和提升品牌形象。可见提升团队素质、牢固树立服务意识仍然是当前重中之重的任务。

【依据出处】《供电服务规范》(GB/T 28583—2012)、《国家电网公司供电服务“十项承诺”》(国家电网办〔2011〕1493 号)、《国家电网公司供电服务规范》(国家电网生〔2003〕477 号)

9 **【事件过程】**某年 4 月 15 日 16:00 左右客户杨女士前往营业厅缴纳电费，称昨天收到电业局的欠费提醒单，要其在今日前缴清所欠电费，否则将会被停电。因忘记携带欠费提醒单，客户只能提供户名，并表示 16:30 要赶去幼儿园接小孩，请客户代表尽快帮忙缴交欠费。但接待她的窗口客户代表小林所用的电脑输入法出现问题，无法为客户查询用户号，当时又是缴费高峰期，其他窗口等待客户也很多，小林暂时又无法将客户转给其余客户代表，于是要求客户杨女士先拨打 95598 查询户号，再来办理缴费，并且未做其他任何解释。由于要赶去接孩子，客户杨女士无法顺利缴交完电费就离开了营业厅。16 日，杨女士家中因欠费被停电，她认为 15 日未能成功缴交电费，是客户代表故意不给她查询户名造成的。于是，拨打 95598 服务热线进行了投诉。

【问题】请问在此过程中，供电企业工作人员有哪些违规之处？这一事件暴露出哪些问题？

【答案要点】

违规条款：

（1）本案例中客户代表由于电脑出现故障而推脱，让客户拨打 95598 查询户号的行为违反了《国家电网公司员工服务“十个不准”》第五条、《国家电网公司供电服务规范》第四条第二款——不准违反首问负责制，推诿、搪塞、怠慢客户。

（2）本案例中侧面描写抄表员 15 日通知客户缴交欠费，16 日就进行欠费停电的行为违反《国家电网公司供电服务质量标准》第 6.12 款——客户欠电费需依法采取停电措施的，提前 7 天送达停电通知书。

（3）本案例中客户代表因电脑出现故障未请客户稍后并致歉的行为违反了《国家电网公司供电服务规范》第三章第十一条第七款——计算机系统出现故障而影响业务办理时，若短时间内可以恢复的，应请客户稍候并致歉，若需较长时间才能恢复，除向客户说明情况并道歉外，应请客户留下联系电话，以便另约时间。

暴露问题：

（1）抄表员未能严格遵守欠费停电规范，操作过程中存在随意性。

（2）客户代表主动服务意识不强，未能设身处地为客户着想，明知客户欠费马上就可能被停电，仍未采取积极有效的措施帮助客户尽快缴交电费，还将查询用户号这个通过多种渠道都能及时解决的问题推给客户，是非常不负责任的行为。没有跟抄表员沟通并解释清楚、不予停电。

（3）欠费、催收信息的告知手段比较单一，应拓展其他有效手段使客户能够更便捷、及时地了解到欠费信息。

（4）缴费渠道虽然有大幅拓宽，但客户知晓度仍显不足，不能有效分流营业厅客流。

【依据出处】《国家电网公司供电服务质量标准》(国家电网企管〔2014〕1466 号)、《国家电网公司员工服务“十个不准”》(国家电网办〔2011〕1493 号)、《国家电网公司供电服务规范》(国家电网生〔2003〕477 号)

10 **【事件过程】**某小区居民客户张先生到供电营业厅反映：昨天该小区 2 号楼旁配电箱爆炸，楼内 30 多户的电视、冰箱等家用电器受到不同程度损坏，要求赔偿，客服代表答复让张先生自行修理。张先生随即拨打 95598 服务热线进行了投诉，第三天，工作人员到现场对损坏的电器进行登记，除张先生家的电视机已使用 11 年，不予赔偿之外，对其他客户均做了不同程度的修理或者赔偿处理。

【问题】请问本案中有哪些违规之处？暴露出什么问题？

【答案要点】

违规条款：

（1）客服代表让客户自行处理的行为违反了《国家电网公司员工服务“十个不准”》第五条——不准违反首问负责制，推诿、搪塞、怠慢客户。

（2）客服代表让客户自行修理损坏的家用电器的行为违反了《居民家用电器损坏处理办法》第四条——出现若干户家用电器同时损坏时，居民客户应及时向当地供电企业投诉，并保持家用电器损坏原状。供电企业在接到居民客户家用电器损坏投诉后，应在24h内派员赴现场进行调查、核实。

（3）工作人员对张先生家使用11年的电视不予赔偿违反了《居民家用电器损坏处理办法》第十条——使用年限已超过本规定第十二条规定（电视机使用寿命为10年）仍在使用的，或者折旧后的差额低于原价10%的，按原价的10%予以赔偿。

暴露问题：

（1）营业厅人员和到现场工作人员业务水平薄弱，对家电烧损的处理业务不熟悉。

（2）工作人员未在规定时限内到客户处调查核实。

（3）没有制定可操作性强的家用电器损坏赔偿流程和实施细则。

【依据出处】《国家电网公司员工服务“十个不准”》（国家电网办〔2011〕1493号）、《居民用户家用电器损坏处理办法》（电力工业部令第7号）

第六章　稽查管理

一、单选题（共101题）

1　安徽自控三类稽查主题，违约使用电费收取异常主题的取数规则：进行窃电处理的用户，3倍的退补电费与违约使用电费比较，系统的窃电用户数按追补电费不在（　）倍的区间来计算。

A.2.9~3.1　　B.2.5~3.5　　C.2.8~3.2　　D.2.7~3.3

正确答案：A

【依据出处】《营销稽查监控系统内指标规则调查表V.6》

2　安徽自控预警主题中，业扩全流程监控—环节时限超期，低压非居民客户无业扩配套工程低压业务期限（受理期限+装表送电期限）的考核阈值是（　）个工作日。

A.3　　B.4　　C.5　　D.7

正确答案：B

【依据出处】《营销稽查监控系统主题规则清单》（营销工作〔2019〕7号）

3　安徽自控预警主题中，业扩全流程监控—环节时限超期，低压非居民客户有业扩配套工程低压业务期限是指（　）。

A.业务受理+竣工验收+装表送电时间　　B.业务受理+现场勘察+装表送电时间

C.受理期限+配套工程期限+装表送电期限　　D.受理期限+设计文件报审+装表送电期限

正确答案：C

【依据出处】《营销稽查监控系统主题规则清单》（营销工作〔2019〕7号）

4　营销稽查监控系统中，稽查工单管理流程包括（　）个环节。

A.4　　B.5　　C.6　　D.7

正确答案：D

【依据出处】《营销稽查监控系统需求规格说明书》

5　在稽查结果审核环节符合稽查工单退单的条件不包括（　）。

A.稽查问题清单中有一项抽检不通过的

B.能够进行整改但实际未采取措施进行整改的

C.虽已制定了有效防范措施，但已成事实无法整改的

D.未针对稽查问题进行回复或回复的内容不全面的

正确答案：C

【依据出处】《营销稽查监控系统需求规格说明书》

6　营销稽查监控体系的建设原则不包括（　）。

A.全面覆盖，全程跟踪　　B.整体设计，分布实施

C.平台统一，支撑有力　　D.健全制度，协同高效

正确答案：A

【依据出处】《关于推进营销稽查监控体系建设的指导意见》

7　抄表员应定期轮换抄表区域，除远程自动抄表方式外，同一抄表员对同一抄表段的抄表时间最长不得超过（　）年。

A.1　　B.2　　C.3　　D.半

正确答案：B

【依据出处】《国家电网公司电费抄核收管理规则》[国网（营销/3）273—2014]

8 根据目前销售电价执行政策，可将受电单价分解为（　　）。

A. 电量电价、基本电价、用电分类电价、功率因数调整电价

B. 电量电价、基本电价、峰谷增收电价、功率因数调整电价

C. 电量电价、基本电价、用电分类电价、功率因数调整电价

D. 电量电价、用电分类电价、功率因数调整电价、峰谷增收电价

正确答案：B

9 依据《中华人民共和国电力法》第六十九条，在依法划定的电力设施保护区内修建建筑物或者种植植物、堆放物品，危及电力设施安全的，由（　　）责令强制拆除砍伐或者清除。

A. 供电企业　　B. 电力管理部门　　C. 当地人民政府　　D. 电力使用者

正确答案：C

【依据出处】《中华人民共和国电力法》(2018 年)

10 “A 销 B 账”，每月筛查上一电费考核周期内已做到账确认、缴费方式为（　　）的用电客户名称，与到账确认后的银行回单的付款方名称进行比对，对名称不一致的情况进行稽查监控。

A. 柜台坐收且结算方式为现金　　B. 走收但结算方式不为现金

C. 柜台坐收但结算方式不为现金　　D. 走收且结算方式为现金

正确答案：C

【依据出处】《营销业务稽查监控功能开发与应用业务需求分析报告—稽查分册》

11 营销稽查监控系统，超容量用电中，理论最大用电量的计算方法是（　　）。

A. 用户当月最大合同容量 × 月日历天数（30）× 日运行小时（24）

B. 用户当月最大运行容量 × 月日历天数（30）× 日运行小时（24）

C. 用户当月最大合同容量 × 月日历天数（31）× 日运行小时（24）

D. 用户当月最大运行容量 × 月日历天数（31）× 日运行小时（24）

正确答案：D

【依据出处】《营销业务稽查监控功能开发与应用业务需求分析报告—稽查分册》

12 营销稽查监控系统电费“虚拟户”主题，筛查营销业务应用系统所有客户近六个月无电费发行记录或发行电费小于（　　）元、存在预收余额超（　　）万元的用户，判定为疑似电费虚拟户。

A.500；5　　B.5000；5　　C.500；0.5　　D.5000；0.5

正确答案：A

【依据出处】《营销业务稽查监控功能开发与应用业务需求分析报告—稽查分册》

13 营销稽查监控系统有（　　）个环节可以申请白名单。

A.1　　B.2　　C.3　　D.4

正确答案：B

【依据出处】《营销业务稽查监控功能开发与应用业务需求分析报告—稽查分册》

14 如果想要查询本单位在途未完成的工单明细，可以通过（　　）模块实现。

A. 稽查任务派发　　B. 稽查任务跟踪派发

C. 稽查任务信息综合查询　　D. 稽查任务管理统计查询

正确答案：D

【依据出处】《营销业务稽查监控功能开发与应用业务需求分析报告—稽查分册》

15 安徽自控分时电价执行异常主题，对于分时电价与电能表不匹配，下列表计类型与分时电价不匹配的是（　　）。

A. 多功能表　　B. 有功电能表　　C. 复费率表　　D. 智能电能表

正确答案：B

【依据出处】《营销稽查监控系统内指标规则调查表 V.6》

16 安徽自控居民电量异常主题监控规则：连续（ ）个月累计电量直接达到（ ）kWh。

A.3；4200 B.3；3600 C.4；4200 D.3；3600

正确答案：C

【依据出处】《营销稽查监控系统内指标规则调查表 V.6》

17 营销基础监控系统，解款超期主题监控的是上一电费考核周期内所有缴费方式是（ ）、结算方式是（ ）、（ ）未解款的收费记录。

A. 坐收；现金；收费当天 B. 坐收；现金；收费后 24h 之内

C. 走收；现金；收费后 24h 之内 D. 坐收；非现金；收费当天

正确答案：B

【依据出处】《营销业务稽查监控功能开发与应用业务需求分析报告—稽查分册》

18 安徽自控农排电量异常主题监控阈值：连续（ ）个月每月电量大于 0，执行农业排灌电价的用户。

A.3 B.6 C.9 D.12

正确答案：B

【依据出处】《营销稽查监控系统内指标规则调查表 V.6》

19 营销稽查监控系统高压用户首次抄表及时性主题，筛查营销业务应用系统上一电费考核周期内发生首次抄表的专用变压器用电客户，对首次抄表发行日期距归档日期大于（ ）天的情况进行稽查监控。

A.35 B.32 C.62 D.90

正确答案：B

【依据出处】《营销业务稽查监控功能开发与应用业务需求分析报告—稽查分册》

20 当业务监控界面异常数处于（ ）状态时显示工单尚未监控。

A. 已处理 B. 未处理 C. 未分析 D. 不需处理

正确答案：C

21 安徽自控居民电量异常主题，疑似异常数据提取规则是连续（ ）个月累计电量直接（ ）。

A.3；超过本市县上年度居民客户平均用电量 B.4；超过本市县上年度居民客户平均用电量

C.3；达到 4200kWh D.4；达到 4200kWh

正确答案：D

【依据出处】《营销稽查监控系统内指标规则调查表 V.6》

22 安徽自控农排电量异常主题，取数规则是用户电费计算的用户的用电类别是（ ）。

A. 农业排灌或贫困县农业排灌 B. 农业排灌

C. 贫困县农业排灌 D. 农业生产

正确答案：A

【依据出处】《营销稽查监控系统主题规则清单》（营销工作〔2019〕7 号）

23 白名单是指对（ ）稽查主题异常抽取规则的疑似问题，经现场核实属于（ ）情况，申请审批后，在一段考核时限内列入非稽查对象。

A. 符合；正常 B. 不符合；正常

C. 不符合；不正常 D. 符合；不正常

正确答案：A

【依据出处】《营销业务稽查监控功能开发与应用业务需求分析报告—稽查分册》

24 监控周期是指在稽查监控平台自动按照校验规则（ ），也指监控人员进行监控工作的周期。

A. 提交问题记录的周期 B. 采集问题记录和数据的执行周期

C. 做出评价的周期　　D. 以上都不正确

正确答案：B

【依据出处】《营销稽查监控系统需求规格说明书》

25　稽查工单管理是对转派的稽查任务包中的稽查问题清单进行（　　），生成稽查工单。

A. 归并组合　　B. 拆分　　C. 归档　　D. 合并

正确答案：A

【依据出处】《营销稽查监控系统需求规格说明书》

26　稽查任务派工是通过对稽查监控业务提交或专项导入的稽查问题进行（　　），生成稽查任务包，实现稽查任务的派发。

A. 拆分　　B. 归档　　C. 合并　　D. 归并组合

正确答案：D

【依据出处】《营销稽查监控系统需求规格说明书》

27　稽查任务转派是对接收的稽查任务包进行直接转包，或对接收的稽查任务包中的稽查问题进行归并组合，拆分稽查任务包，实现向（　　）转派。

A. 同级业务部门或上级管理单位

B. 上级管理单位或下级管理单位

C. 同级业务部门或下级管理单位

D. 上级管理单位、同级业务部门或下级管理单位

正确答案：C

【依据出处】《营销稽查监控系统需求规格说明书》

28　稽查任务审核是对包含（　　）进行审核，并提出审核意见。

A. 在途稽查任务包　　B. 已归档稽查工单的稽查任务包

C. 已归档稽查任务包　　D. 在途稽查工单的稽查任务包

正确答案：B

【依据出处】《营销稽查监控系统需求规格说明书》

29　稽查整改意见审批是对稽查工单处理情况进行审批，对于审批通过且需要整改的稽查工单，派发到相关单位、部门或人员进行整改处理；对于审批不通过的稽查工单，退回到（　　）环节。

A. 稽查工单处理　　B. 稽查工单申请

C. 稽查工单派工　　D. 稽查整改处理及结果反馈

正确答案：A

【依据出处】《营销稽查监控系统需求规格说明书》

30　在任务制定界面中，根据需要选择（　　）两种方式生成稽查任务。

A. 按归并行生成稽查任务或按拆分列生成稽查任务

B. 按拆分列生成稽查任务或按问题编号生成稽查任务

C. 按归并行生成稽查任务或按问题编号生成稽查任务

D. 按归并列生成稽查任务或按问题编号生成稽查任务

正确答案：D

【依据出处】《营销稽查监控系统需求规格说明书》

31　营销稽查监控系统中，在数据查询一级菜单下点击需求查询模块，需求类型下拉选择框，按需求的类型选择不到（　　）进行筛选。

A. 主题类　　B. 问题类　　C. 功能类　　D. 任务类

正确答案：D

【依据出处】《营销业务稽查监控功能开发与应用业务需求分析报告—稽查分册》

32　进入稽查任务派工页面，点击稽查任务信息中的信息，对于稽查任务问题信息中的记录，按问

题编号生成稽查工单是指用户将（　　）问题打包成稽查工单。

A. 全部　　B. 选中部分　　C. 当前页　　D. 未选中部分

正确答案：B

【依据出处】《营销稽查监控系统需求规格说明书》

33 拆分出的稽查任务需要派发到下级单位处理，因此拆分出的任务可通过点击（　　）派发到下级单位。

A. 稽查任务拆分　　B. 稽查任务派工

C. 稽查任务派发　　D. 稽查任务拆分或稽查任务派发

正确答案：C

【依据出处】《营销稽查监控系统需求规格说明书》

34 在稽查问题处理信息中触发的整改流程，不包括（　　）。

A. 改类　　B. 档案维护　　C. 非政策性退补　　D. 合同续签

正确答案：A

【依据出处】《营销稽查监控系统需求规格说明书》

35 统计报表时，堵漏电费为追补电费、退电费、违约电费的（　　）之和。

A. 相加　　B. 加权　　C. 绝对值　　D. 以上都不正确

正确答案：C

【依据出处】《营销稽查监控系统需求规格说明书》

36 稽查工单审核包括通过和不通过，审核不通过，该工单将重新进入到稽查工单处理环节，该稽查工单的上级任务重新回到（　　）。

A. 稽查任务处理状态　　B. 稽查任务归档状态

C. 稽查任务审核状态　　D. 稽查任务派发状态

正确答案：C

【依据出处】《营销业务稽查监控功能开发与应用业务需求分析报告—稽查分册》

37 营销稽查监控系统中，供电方案答复环节超期，对10kV单电源用电客户超（　　）的工单进行稽查监控。

A.14个工作日　　B.14天　　C.15个工作日　　D.15天

正确答案：A

【依据出处】《营销业务稽查监控功能开发与应用业务需求分析报告—稽查分册》

38 营销稽查监控系统中，供电方案答复环节超期，对10kV双电源用电客户超（　　）的工单进行稽查监控。

A.29个工作日　　B.29天　　C.30个工作日　　D.30天

正确答案：A

【依据出处】《营销业务稽查监控功能开发与应用业务需求分析报告—稽查分册》

39 营销稽查监控系统中，供电方案答复环节超期，对35kV及以上单电源用电客户超（　　）的工单进行稽查监控。

A.29个工作日　　B.29天　　C.15个工作日　　D.15天

正确答案：C

【依据出处】《营销业务稽查监控功能开发与应用业务需求分析报告—稽查分册》

40 营销稽查监控系统中，供电方案答复环节超期，对35kV及以上双电源用电客户超（　　）的工单进行稽查监控。

A.29个工作日　　B.29天　　C.30个工作日　　D.30天

正确答案：C

【依据出处】《营销业务稽查监控功能开发与应用业务需求分析报告—稽查分册》

41 营销稽查监控系统中，超长结存工单（在途）稽查主题时长判断条件：35kV 及以下，从业务受理开始时间到统计时间超（　　）天。

A.180　　B.364　　C.365　　D.500

正确答案：C

【依据出处】《营销业务稽查监控功能开发与应用业务需求分析报告—稽查分册》

42 营销稽查监控系统中，环节时间超期主题稽查主题时长判断条件：110kV 及以上，从业务受理开始时间到统计时间超（　　）天。

A.180　　B.365　　C.500　　D.700

正确答案：C

【依据出处】《营销业务稽查监控功能开发与应用业务需求分析报告—稽查分册》

43 营销稽查监控系统中，业扩报装接电时长超短，筛查营销业务应用系统上一统计周期内所有 10（20）kV（包含 3、6、10、13、20kV 电压等级）新装、增容归档流程，对首次受理至最后一次送电完成的时长不超过（　　）的情况进行稽查监控。剔除无送电环节、无工程的归档流程。

A.5 天　　B.5 个工作日　　C.10 天　　D.10 个工作日

正确答案：B

【依据出处】《营销业务稽查监控功能开发与应用业务需求分析报告—稽查分册》

44 营销稽查监控系统中，业扩报装接电时长超短，筛查营销业务应用系统上一统计周期内，所有 35kV 及以上新装、增容归档流程，从首次受理至最后一次送电完成的时长不超过（　　）的情况进行稽查监控。剔除无送电环节、无工程的归档流程。

A.20 天　　B.20 个工作日　　C.30 天　　D.30 个工作日

正确答案：B

【依据出处】《营销业务稽查监控功能开发与应用业务需求分析报告—稽查分册》

45 营销稽查监控系统中，业扩报装接电时长超长（归档），筛查营销业务应用系统上一统计周期的所有高压新装、增容归档流程，对接电时长超过（　　）的情况进行稽查监控。

A.365 天　　B.365 个工作日　　C.500 天　　D.500 个工作日

正确答案：A

【依据出处】《营销业务稽查监控功能开发与应用业务需求分析报告—稽查分册》

46 营销稽查监控系统中，分布式电源并网时限超短（归档），筛查营销业务应用系统上一统计周期内所有分布式电源归档流程，对从首次受理环节至归档完成的时长不超过（　　）的情况进行稽查监控，剔除无外部工程的自然人分布式电源。

A.2 天　　B.2 个工作日　　C.3 天　　D.3 个工作日

正确答案：B

【依据出处】《营销业务稽查监控功能开发与应用业务需求分析报告—稽查分册》

47 营销稽查监控系统中，业扩配套工程建设周期超期（归档），筛查营销业务应用系统上一统计周期内所有 10（20）kV、35kV 及以上高压新装、增容归档工单，对业扩配套工程建设周期超（　　）的工单明细进行稽查监控。

A.90 个工作日　　B.90 天　　C.60 个工作日　　D.60 天

正确答案：C

【依据出处】《营销业务稽查监控功能开发与应用业务需求分析报告—稽查分册》

48 营销稽查监控系统中，设计文件审查环节超期主题，每月筛查营销业务应用系统上一统计周期所有归档、在途的高压新装、增容流程，对所有设计文件审查环节超（　　）的工单进行稽查监控。

A.3 天　　B.3 个工作日　　C.5 天　　D.5 个工作日

正确答案：D

【依据出处】《营销业务稽查监控功能开发与应用业务需求分析报告—稽查分册》

49 营销稽查监控系统中，中间检查环节超期，每月筛查营销业务应用系统上一统计周期所有归档、在途的高压新装、增容流程，对所有中间检查环节超（　　）的工单进行稽查监控。

A.3 天　　B.3 个工作日　　C.5 天　　D.5 个工作日

正确答案：B

【依据出处】《营销业务稽查监控功能开发与应用业务需求分析报告—稽查分册》

50 营销稽查监控系统中，竣工验收环节超期，每月筛查营销业务应用系统上一统计周期所有归档、在途的高压新装、增容流程，对所有竣工验收环节超（　　）的工单进行稽查监控。

A.3 天　　B.3 个工作日　　C.5 天　　D.5 个工作日

正确答案：D

【依据出处】《营销业务稽查监控功能开发与应用业务需求分析报告—稽查分册》

51 装表接电环节超期，每月筛查营销业务应用系统上一统计周期所有归档、在途的高压新装、增容流程，对装表接电环节超（　　）的工单进行稽查监控。

A.4 天　　B.3 个工作日　　C.5 天　　D.5 个工作日

正确答案：D

【依据出处】《营销业务稽查监控功能开发与应用业务需求分析报告—稽查分册》

52 （　　）主要是对业务监控模块统计出的所有问题明细在生成问题之前做的一个分析，用于滤掉疑似问题，以提高稽查工作的时效性和准确性。

A. 营销稽查　　B. 稽查评价　　C. 业务监控　　D. 监控分析

正确答案：D

53 营销稽查监控系统中，供电方案不合理主题，每月筛查营销业务应用系统中上一统计周期内在途（已完成供电方案答复环节）、归档的高压新装、增容流程，对电压等级为 10kV、受电变压器总容量大于（　　）MVA 进行稽查监控。

A.10　　B.15　　C.20　　D.30

正确答案：B

【依据出处】《营销业务稽查监控功能开发与应用业务需求分析报告—稽查分册》

54 安徽自控一类主题，高供高计用电异常主题的数据抽取时间是（　　）。

A. 每日零点　　B. 每周一

C. 每月 1 日　　D. 每月月末最后一天

正确答案：B

【依据出处】《营销稽查监控系统主题规则清单》（营销工作〔2019〕7 号）

55 营销稽查监控系统，非政策性退补主题，筛查上一电费考核周期内归档的非政策性退补流程，对低压退补电量绝对值大于（　　）kWh 或退补金额绝对值大于（　　）元的情况进行稽查监控。

A.10000；5000　　B.10000；3000　　C.5000；3000　　D.5000；2000

正确答案：C

【依据出处】《营销稽查监控系统主题规则清单》（营销工作〔2019〕7 号）

56 营销稽查监控系统中，二类主题需量执行异常主题中，需量核定值异常是指基本电费按合约需量计收，需量核定值小于运行变压器和高压电动机总容量的（　　）。

A.20%　　B.30%　　C.40%　　D.50%

正确答案：C

【依据出处】《营销稽查监控系统主题规则清单》（营销工作〔2019〕7 号）

57 安徽自控（　　）稽查主题是核对营销系统换表流程电能表拆除日期的营销系统示度和采集系统拆表日期的采集冻结示度，并进行比对。

A. 拆表指数准确性　　B. 手工抄表准确性　　C. 拆表指数一致性　　D. 抄表指数不连续

正确答案：A

【依据出处】《营销稽查监控系统主题规则清单》(营销工作〔2019〕7号)

58 安徽自控二类稽查主题，长期未抄表异常主题的阈值是（ ）。

A. 低压居民180天、低压非居90天、高压60天

B. 低压居民150天、低压非居60天、高压32天

C. 低压居民150天、低压非居90天、高压60天

D. 低压居民180天、低压非居90天、高压62天

正确答案：D

【依据出处】《营销稽查监控系统主题规则清单》(营销工作〔2019〕7号)

59 安徽自控二类稽查主题，用电量突减异常主题的取数规则是（ ）用户月用电量同比下降50%及以上（ ）环比下降50%及以上。

A. 高供低计；或 B. 高供低计；且 C. 低供低计；或 D. 低供低计；且

正确答案：B

【依据出处】《营销稽查监控系统主题规则清单》(营销工作〔2019〕7号)

60 安徽自控二类稽查主题，隔日冲正异常主题的阈值是（ ）条。

A.0 B.1 C.2 D.3

正确答案：A

【依据出处】《营销稽查监控系统主题规则清单》(营销工作〔2019〕7号)

61 营销稽查监控系统非政策性退补主题，筛查上一电费考核周期内归档的非政策性退补流程，对高压退补电量绝对值大于（ ）万kWh或退补金额绝对值大于（ ）万元的情况进行稽查监控。

A.20；10 B.15；5 C.10；5 D.5；1

正确答案：C

【依据出处】《营销业务稽查监控功能开发与应用业务需求分析报告—稽查分册》

62 如果要查询连续3次重复的稽查问题，可以通过稽查任务管理统计查询中的（ ）进行查询。

A. 稽查工单统计 B. 异常处理流程统计

C. 稽查工作单查询 D. 整改执行效果查询

正确答案：D

63 营销稽查监控系统中，非政策性退补，筛查上一电费考核周期内归档的非政策性退补流程，剔除情况不包括（ ）。

A. 计量装置故障触发的非政策性退补 B. 市场化退补

C. 农排退补 D. 现场检查处理差错

正确答案：D

【依据出处】《营销业务稽查监控功能开发与应用业务需求分析报告—稽查分册》

64 营销稽查监控系统中，电费频繁退费，每月筛查上一电费考核周期内发生（ ）次及以上电费退费情况的用电客户，并进行稽查监控。

A.2 B.3 C.4 D.5

正确答案：B

【依据出处】《营销业务稽查监控功能开发与应用业务需求分析报告—稽查分册》

65 营销稽查监控系统中，私自变更抄表时间，筛查上月与上上月实际抄表时间不一致的且当月电量大于500万kWh的专用变压器用电客户明细（分次抄表用电客户比对最后一次结算抄表时间），对抄表时间差值（绝对值）大于（ ）天的数据进行稽查监控。

A.1 B.2 C.3 D.5

正确答案：A

【依据出处】《营销业务稽查监控功能开发与应用业务需求分析报告—稽查分册》

66 安徽自控二类稽查主题，手工抄表准确性主题是针对抄核流程远采集抄用户因采集召测数据不

成功而采用手工抄表的用户，比对（ ）营销系统的抄表指数与采集系统营销（ ）采集冻结示度。

A. 抄表例日；抄表例日　　B. 抄表日期；抄表日期

C. 抄表日期；抄表例日　　D. 抄表例日；抄表日期

正确答案：B

【依据出处】《营销稽查监控系统主题规则清单》（营销工作〔2019〕7 号）

67 安徽自控二类稽查主题，修正电量异常主题的取数规则是统计修正电量绝对值大于（ ）kWh。

A.20000　　B.3000　　C.5000　　D.10000

正确答案：D

【依据出处】《营销稽查监控系统主题规则清单》（营销工作〔2019〕7 号）

68 安徽自控二类主题，非关联户调账主题的监控频度是（ ）。

A. 日　　B. 周　　C. 月　　D. 年

正确答案：C

【依据出处】《营销稽查监控系统主题规则清单》（营销工作〔2019〕7 号）

69 安徽自控二类稽查主题，发电客户异常—结算异常主题的取数规则是（ ）。

A. 发电量大于售电量　　B. 发电量大于上网电量

C. 售电量大于发电量　　D. 上网电量大于发电量

正确答案：D

【依据出处】《营销稽查监控系统主题规则清单》（营销工作〔2019〕7 号）

70 安徽自控二类稽查主题，电价执行异常—暂停异常的监控频度为（ ）。

A. 日　　B. 周　　C. 月　　D. 年

正确答案：B

【依据出处】《营销稽查监控系统主题规则清单》（营销工作〔2019〕7 号）

71 安徽自控二类稽查主题，电价执行异常—暂停异常主题的取数规则包括暂停启用间隔少于（ ）天。

A.14　　B.15　　C.16　　D.30

正确答案：B

【依据出处】《营销稽查监控系统主题规则清单》（营销工作〔2019〕7 号）

72 安徽自控二类稽查主题，电价执行异常—暂停异常主题的取数规则包括对判定用户最新一次“暂停”归档流程，业务受理界面的（ ）且未恢复作为疑似异常数据（排除减容流程）。

A.“暂停截止日期”小于“检索日日期”　　B.“暂停恢复日期”小于“检索日日期”

C.“暂停截止日期”大于“检索日日期”　　D.“暂停恢复日期”大于“检索日日期”

正确答案：A

【依据出处】《营销稽查监控系统主题规则清单》（营销工作〔2019〕7 号）

73 营销稽查监控系统中，超大金额承兑汇票异常，每月筛查营销业务应用系统所有用电客户上一电费考核周期内银行承兑汇票收费数据，对单条收费金额超（ ）万元的明细进行稽查监控。

A.500　　B.1000　　C.2000　　D.5000

正确答案：B

【依据出处】《营销业务稽查监控功能开发与应用业务需求分析报告—稽查分册》

74 营销稽查监控系统中，购电制规范性主题，每月筛查营销业务应用系统中用电客户账户余额及月度发行电费，对余额“冻结”或近（ ）个月账户余额未发生变化、账户余额大于（ ）万且账户余额高于近 6 个月月均电费 150% 的用电客户进行稽查监控。

A.3；10　　B.6；10　　C.3；5　　D.6；10

正确答案：A

【依据出处】《营销业务稽查监控功能开发与应用业务需求分析报告—稽查分册》

75 安徽自控三类稽查主题，违约用电窃电处理情况—违约用电窃电处理办结率的提取规则中，月度受理超期户数等于当年发起的违约用电窃电流程数，统计时仍然在途，且统计日期—流程发起日期大于（ ）天。

A.30　　B.50　　C.60　　D.90

正确答案：D

【依据出处】《营销稽查监控系统主题规则清单》（营销工作〔2019〕7号）

76 安徽自控三类稽查主题，抄表异常—抄表例日异常主题是对高压客户实际抄表日期与用户所在抄表段抄表例日比较（ ）内正常（抄表类型只取正常计划电费结算抄表、考虑跨月）。

A. 当天　　B. 前后1天　　C. 前后2天　　D. 前后3天

正确答案：C

【依据出处】《营销稽查监控系统主题规则清单》（营销工作〔2019〕7号）

77 安徽自控三类稽查主题，电费异常—月末实收异常主题提取规则是（ ），每日每抄表段缴费笔数大于20笔（排除关联户、相同户名用户）。

A. 每月1日—月末最后一天　　B. 每月6日—次月5日

C. 每月7日—次月6日　　D. 每月8日—次月7日

正确答案：C

【依据出处】《营销稽查监控系统主题规则清单》（营销工作〔2019〕7号）

78 安徽自控三类稽查主题，电费异常—月末实收异常主题提取规则是每月7日—次月6日每日每抄表段缴费笔数大于（ ）笔（排除关联户、相同户名用户）。

A.10　　B.20　　C.30　　D.50

正确答案：B

【依据出处】《营销稽查监控系统主题规则清单》（营销工作〔2019〕7号）

79 安徽自控三类稽查主题，电费异常—预存异常主题提取规则是预存金额大于前12个月平均电费（平均电费=前12个月累计应收/前12个月电费年月次数）的（ ）倍。

A.1.5　　B.2　　C.3　　D.5

正确答案：A

【依据出处】《营销稽查监控系统主题规则清单》（营销工作〔2019〕7号）

80 安徽自控三类稽查主题，电费异常—预存异常主题提取规则是低压预存超过（ ）元。

A.1000　　B.3000　　C.5000　　D.10000

正确答案：C

【依据出处】《营销稽查监控系统主题规则清单》（营销工作〔2019〕7号）

81 安徽自控三类稽查主题，电费异常—预存异常主题提取规则是高压预存超过（ ）元。

A.10000　　B.30000　　C.50000　　D.100000

正确答案：D

【依据出处】《营销稽查监控系统主题规则清单》（营销工作〔2019〕7号）

82 安徽自控三类稽查主题，电费异常—预存异常主题提取规则排除了近（ ）天内立户的用户。

A.30　　B.60　　C.90　　D.150

正确答案：C

【依据出处】《营销稽查监控系统主题规则清单》（营销工作〔2019〕7号）

83 安徽自控三类稽查主题，电费异常—在途资金超长异常主题的监控频度是（ ）。

A. 日　　B. 周　　C. 月　　D. 年

正确答案：A

【依据出处】《营销稽查监控系统主题规则清单》（营销工作〔2019〕7号）

84 营销稽查监控系统中供用电合同签订不规范，每月排除（ ），筛查营销业务应用系统内的情况进行稽查监控。

A. 专用变压器用户无供用电合同信息　　B. 供用电合同有效期为空

C. 供用电合同有效日期大于 60 个月　　D. 正常供用电合同到期日期小于当前日期

正确答案：B

【依据出处】《营销业务稽查监控功能开发与应用业务需求分析报告—稽查分册》

85 白名单审批环节完成后，经申请人确认后，子流程归档，对于主题稽查流程中申请的白名单，审批合格，将白名单“生效”标记和白名单申请审批信息带入异常清单，审批不合格的白名单，该条异常标（ ），带入“（ ）”标记，重新进行工单处理。

A. 蓝；生效　　B. 蓝；未生效　　C. 红；生效　　D. 红；未生效

正确答案：D

【依据出处】《营销稽查监控系统需求规格说明书》

86 白名单申请流程发起后，对于提交过来的问题记录进行勾选审核。对发起的两起问题记录进行审核，一条审核不通过，一条通过，审核完点击发送至审批环节，通过的问题记录会发送至省公司审批，不通过的问题记录在审批环节不会展示，审批结束统一由（ ）归档。

A. 发起人　　B. 派单人　　C. 审核人　　D. 审批人

正确答案：A

【依据出处】《营销稽查监控系统需求规格说明书》

87 营销稽查监控系统中，业务费收取不规范主题对临时用电客户（ ）进行稽查监控。

A. 有退款记录的　　B. 收取临时接电费，且后续无退还记录

C. 未收取临时节点非　　D. 收取临时接电费，且后续有退还记录

正确答案：B

【依据出处】《营销业务稽查监控功能开发与应用业务需求分析报告—稽查分册》

88 营销稽查监控系统中，业务费收取不规范主题对高压新装、增容流程已归档，所有双电源及以上多电源客户（ ）进行稽查监控。

A. 未收取高可靠性供电费　　B. 收取高可靠性费用

C. 收取高可靠性费用，且后续无退款记录　　D. 收取高可靠性费用，且后续有退款记录

正确答案：D

【依据出处】《营销业务稽查监控功能开发与应用业务需求分析报告—稽查分册》

89 营销稽查监控系统中，低压非居民业扩报装业务办电时长超长，每月筛查营销业务应用系统上一统计周期所有归档、在途的低压非居民新装、增容流程，对超过（ ）的工单明细进行稽查监控。

A.15 天　　B.15 个工作日　　C.30 天　　D.30 个工作日

正确答案：D

【依据出处】《营销业务稽查监控功能开发与应用业务需求分析报告—稽查分册》

90 安徽自控三类发电客户异常—档案异常稽查主题，下列对该主题取值规则描述错误的是（ ）。

A. 全额上网客户计量点主用途类型应有且只有上网关口

B. 余额上网客户共享表计对应计量点主用途类型应为上网关口，如不是则为发电关口

C. 有表计的计量点状态应为“在用”、计量点用途应为“结算”

D. 发电户的在用计量点上网关口非共享表计

正确答案：D

【依据出处】《营销稽查监控系统主题规则清单》（营销工作〔2019〕7 号）

91 安徽自控一类稽查主题，高供低计用电异常—高供低计三相四线表计用电异常的取数规则中，针对 ABC 三相任意一项电流大于（ ）A，累计超过次数大于等于（ ）个点（电流不平衡度越限记

录越限 50% 的）。

A.2；24　　B.1.5；24　　C.1.5；48　　D.2；48

正确答案：C

【依据出处】《营销稽查监控系统主题规则清单》（营销工作〔2019〕7 号）

92 安徽自控一类稽查主题，高供低计用电异常—恒定磁场干扰异常主题，取数规则是直接提取采集系统恒定磁场干扰次数大于（　　）次的用户。

A.0　　B.1　　C.2　　D.3

正确答案：B

【依据出处】《营销稽查监控系统主题规则清单》（营销工作〔2019〕7 号）

93 安徽自控一类稽查主题，高供低计用电异常—恒定磁场干扰异常主题的监控频度是（　　）。

A. 日　　B. 周　　C. 月　　D. 年

正确答案：A

【依据出处】《营销稽查监控系统主题规则清单》（营销工作〔2019〕7 号）

94 如果由于特殊原因无法在工单指定的时限内完成工单整改，可申请延长时限，触发的环节是稽查工单流程的（　　），点击延期申请即可。

A. 工单派工环节　　B. 工单审核环节　　C. 工单处理环节　　D. 任务制定环节

正确答案：C

【依据出处】《营销稽查监控系统需求规格说明书》

95 审核比例是指审核所抽取稽查工单数量占（　　）的比重。

A. 已稽查处理完成的所有稽查工单数　　B. 已稽查处理完成待审核的稽查工单数

C. 已稽查处理完成并已审核的稽查工单数　　D. 未完成稽查处理的所有稽查工单数

正确答案：B

【依据出处】《营销稽查监控系统需求规格说明书》

96 安徽自控预警稽查主题，业扩全流程监控—环节时限超期，对 10kV 客户的内部工程客户，要求设计文件审核期限（“设计文件审查”结束时间—“设计文件报审”受理时间）的考核阈值是（　　）个工作日。

A.3　　B.4　　C.5　　D.7

正确答案：B

【依据出处】《营销稽查监控系统主题规则清单》（营销工作〔2019〕7 号）

97 安徽自控预警稽查主题，预警主题—业扩全流程监控—环节时限超期，10kV 客户中间检查期限（“中间检查”答复时间—“中间检查受理”受理时间）的考核阈值是（　　）个工作日。

A.3　　B.4　　C.5　　D.7

正确答案：B

【依据出处】《营销稽查监控系统主题规则清单》（营销工作〔2019〕7 号）

98 安徽自控预警稽查主题，预警主题—业扩全流程监控—环节时限超期，对竣工验收期限（“竣工验收”结束时间—“竣工报验”受理时间），预警时间是到期前（　　）个工作日。

A.1　　B.2　　C.3　　D.4

正确答案：A

【依据出处】《营销稽查监控系统主题规则清单》（营销工作〔2019〕7 号）

99 营销稽查监控系统中，预警主题—业扩全流程监控—环节时限超期，10kV 客户装表接电送电计划期限（“送电计划结束时间”—“送电计划受理时间”）的评价阈值是（　　）个工作日。

A.3　　B.4　　C.5　　D.7

正确答案：B

【依据出处】《营销稽查监控系统主题规则清单》（营销工作〔2019〕7 号）

100 安徽自控预警稽查主题，预警主题—业扩全流程监控—环节时限超期，10kV 客户装表接电期限［“送电”结束时间—*max*（“合同签订”结束时间和“竣工验收”结束时间）］的预警时间是到期前（ ）个工作日。

A.1　　B.2　　C.3　　D.4

正确答案：D

【依据出处】《营销稽查监控系统主题规则清单》（营销工作〔2019〕7 号）

101 安徽自控预警稽查主题，预警主题—业扩全流程监控—环节时限超期，低压非居民客户无业扩配套工程低压业务期限是指（ ）。

A. 竣工验收 + 装表送电时间　　B. 现场勘察 + 装表接电

C. 业务受理 + 现场勘察　　D. 受理期限 + 装表送电期限

正确答案：D

【依据出处】《营销稽查监控系统主题规则清单》（营销工作〔2019〕7 号）

二、多选题（共 44 题）

1 通过对稽查监控业务提交问题的归并组合，生成及派发稽查任务包，生成稽查工单进行稽查处理，实现整个稽查工作流的闭环管理，包括（ ）业务子项。

A. 稽查工单管理　　B. 白名单解冻管理

C. 稽查任务管理　　D. 稽查任务管理查询

正确答案：ABCD

【依据出处】《营销稽查监控系统需求规格说明书》

2 稽查任务管理是对稽查监控业务提交问题的归并组合，生成稽查任务包，实现稽查任务包的（ ）。

A. 拆分　　B. 转派　　C. 合并　　D. 归档

正确答案：AB

【依据出处】《营销稽查监控系统需求规格说明书》

3 稽查任务包管理流程是通过对稽查监控业务提交问题的归并组合，生成稽查任务包，实现稽查任务包的拆分、转派。可对包含已归档稽查工单的稽查任务进行审核，并进行稽查任务归档。稽查任务包管理流程包括（ ）。

A. 稽查任务派工　　B. 稽查任务归并　　C. 稽查任务转派　　D. 稽查任务审核

正确答案：ACD

【依据出处】《营销稽查监控系统需求规格说明书》

4 稽查任务转派是对接收的稽查任务包（ ），实现向同级业务部门或下级管理单位转派。

A. 直接转包

B. 对接收的稽查任务包中的稽查问题进行归并组合

C. 拆分稽查任务包

D. 直接归档

正确答案：ABC

【依据出处】《营销稽查监控系统需求规格说明书》

5 稽查工单管理是通过对转派的稽查任务包中的稽查问题清单进行归并组合，生成稽查工单，实现整个稽查工单处理的闭环管理，包括（ ）、稽查工单审核、稽查工单归档。

A. 稽查工单派工　　B. 稽查工单处理

C. 稽查整改意见审批　　D. 稽查整改处理及结果反馈

正确答案：ABCD

【依据出处】《营销稽查监控系统需求规格说明书》

6 进入稽查任务派工页面，点击稽查任务信息中的信息，对于稽查任务问题信息中的记录，按归并列生成稽查工单是指根据问题的（ ）等进行归并打包成稽查单工单。

A. 类型 B. 主题 C. 户名 D. 资产号

正确答案：AB

【依据出处】《营销稽查监控系统需求规格说明书》

7 在稽查问题处理信息中触发的整改流程，包括（ ）。

A. 计量装置故障 B. 改类

C. 违约用电窃电处理流程 D. 专项检查管理

正确答案：ACD

【依据出处】《营销稽查监控系统需求规格说明书》

8 点击稽查任务管理→稽查任务管理统计查询按钮，进入到统计查询的页面，可以查看（ ）的详细信息。

A. 稽查任务统计 B. 稽查工单统计 C. 异常处理流程统计 D. 白名单

正确答案：BCD

【依据出处】《营销稽查监控系统需求规格说明书》

9 关闭稽查工单审核页面，返回到稽查任务审核页面，点击发送按钮，发送时系统会进行校验，校验该任务下工单（ ）。

A. 是否达到审核状态 B. 是否达到审核比例

C. 是否形成闭环 D. 是否被底层任务审核通过

正确答案：ABD

【依据出处】《营销稽查监控系统需求规格说明书》

10 国网营销部、国网客服中心发起的专项稽查流程包含（ ）形成专项稽查快报、营销部报告审核等业务流程节点。

A. 下达稽查任务 B. 开展专项分析

C. 生成专项稽查工单并下派 D. 专项稽查工单审核

正确答案：ABCD

【依据出处】《营销业务稽查监控功能开发与应用业务需求分析报告—稽查分册》

11 营销稽查监控系统，无售电量台区主题每月筛查采集系统所有公用变压器台区，对（ ）的台区明细进行稽查监控。

A. 上月供电量大于1000kWh B. 上月供电量大于5000kWh

C. 售电量不为0 D. 售电量为0

正确答案：ABCD

【依据出处】《营销业务稽查监控功能开发与应用业务需求分析报告—稽查分册》

12 省（市）营销部、省（市）客服中心发起的现场稽查流程包含（ ）、组织开展现场稽查、汇总稽查结果、形成稽查报告、稽查结果通报等业务流程节点。

A. 下达现场稽查任务 B. 梳理存疑和重大问题清单

C. 制定现场稽查方案 D. 组建专家团队

正确答案：ABCD

【依据出处】《营销业务稽查监控功能开发与应用业务需求分析报告—稽查分册》

13 安徽自控二类稽查主题变损执行异常主题的取数规则是（ ）。

A. 有变压器，有结算电量，有铜损电量且抄表本次电量为0

B. 有变压器，有结算电量，有铁损电量且抄表本次电量为0

C. 一级计量点是高供低计，有结算电量，无变损

D. 提取客户供电电压小于 1kV 用户计取变损

正确答案：ACD

【依据出处】《营销稽查监控系统主题规则清单》(营销工作〔2019〕7号)

14 安徽自控二类稽查主题，两部制电价执行异常主题的取数规则是（　　）。

A. 大工业未执行两部制电价

B. 不是大工业类别用户执行两部制电价

C. 用电类别是不是大工业，用户电价策略只能选单一制

D. 合同容量大于等于 315kVA，功率因数标准是 0.9，用电类别是普通工业

正确答案：ABCD

【依据出处】《营销稽查监控系统主题规则清单》(营销工作〔2019〕7号)

15 安徽自控二类稽查主题，电费发行异常主题监控的是正常用电客户，计量点状态为“停用”的用户，排除当月有（　　）流程的。

A. 增容　　B. 暂停　　C. 减容　　D. 销户

正确答案：BCD

【依据出处】《营销稽查监控系统主题规则清单》(营销工作〔2019〕7号)

16 安徽自控二类稽查主题，权限管控—收费权限不规范主题的取数规则是除系统管理员外，不能同时有（　　）权限。

A. 账务人员　　B. 电费收费人员

C. 实收管理—收费交接　　D. 实收管理—到账确认

正确答案：ABCD

【依据出处】《营销稽查监控系统主题规则清单》(营销工作〔2019〕7号)

17 安徽自控预警主题，业扩全流程监控—环节时间超期异常主题对预受理未正式受理流程预警，每天 16:30 展示当日预受理的营销流程未正式受理的流程数据，微信针对所有流程类型；其他渠道只针对高压、低压非居、低压居民的（　　）流程及有表临时用电流程监控。

A. 新装　　B. 暂停　　C. 增容　　D. 减容

正确答案：AC

【依据出处】《营销稽查监控系统主题规则清单》(营销工作〔2019〕7号)

18 在营销稽查监控系统中，可以发起白名单申请的环节有（　　）。

A. 工单处理环节流程中申请　　B. 稽查任务审核环节流程中申请

C. 稽查整改意见审批流程中申请　　D. 白名单管理功能模块中申请

正确答案：AD

【依据出处】《营销业务稽查监控功能开发与应用业务需求分析报告—稽查分册》

19 在营销稽查监控系统中，稽查异常明细中稽查操作类型包括（　　）。

A. 未分析　　B. 不需处理　　C. 发起稽查任务　　D. 需处理

正确答案：ABCD

【依据出处】《营销稽查监控系统需求规格说明书》

20 营销稽查监控系统中，稽查任务派工可按照（　　）、主题类、主题项、用户编号进行排序。

A. 要求稽查完成时限　　B. 供电单位

C. 稽查主题　　D. 问题重要程度

正确答案：ABCD

【依据出处】《营销稽查监控系统需求规格说明书》

21 （　　）情况下，致使电能表损坏，客户不承担赔偿责任。

A. 供电企业责任　　B. 不可抗力　　C. 客户责任　　D. 不明原因

正确答案：AB

【依据出处】《农村供电所人员上岗培训题库》

22 白名单申请信息录入，白名单申请内容包括（　　）、白名单申请原因、白名单冻结时间及佐证材料附件，申请单位、申请人、申请时间、白名单生效时长。

A. 主题分类　　B. 主题名称　　C. 主题关键类别　　D. 主题关键信息

正确答案：ABD

【依据出处】《营销业务稽查监控功能开发与应用业务需求分析报告—稽查分册》

23 白名单申请生效时长（　　）。

A. 最少 3 个月　　B. 最长不超过 1 年

C. 最少 1 个月　　D. 最长不超过 6 个月

正确答案：CD

【依据出处】《营销业务稽查监控功能开发与应用业务需求分析报告—稽查分册》

24 稽查评价指标统计包括（　　）。

A. 稽查工作量统计　　B. 稽查任务执行统计

C. 当前指标统计　　D. 指标改变率统计

正确答案：ABCD

【依据出处】《营销业务稽查监控功能开发与应用业务需求分析报告—稽查分册》

25 稽查任务归档需要对归档的资料进行完整性检查。资料完整的可以归档保存，资料不完整的不能归档并退回到稽查任务审核，归档资料包括（　　）。

A. 稽查工单　　B. 稽查问题清单

C. 白名单项目异常记录（包括冻结周期）　　D. 整改问题记录

正确答案：ABC

【依据出处】《营销业务稽查监控功能开发与应用业务需求分析报告—稽查分册》

26 稽查监控系统实现了（　　）全过程的闭环管理。

A. 监控分析　　B. 任务派发　　C. 稽查处理　　D. 整改评价

正确答案：ABCD

【依据出处】《营销业务稽查监控功能开发与应用业务需求分析报告—稽查分册》

27 安徽自控主题，居民电量异常主题的取数规则排除了（　　）执行居民电价电量之和。

A. 定量　　B. 合表电价　　C. 享受居民类　　D. 定比

正确答案：BC

【依据出处】《营销稽查监控系统主题规则清单》（营销工作〔2019〕7 号）

28 监控人员按照所设定的监控模型、监控频度对供电质量及应急处置、（　　）、服务资源五大业务类的稽查监控主题开展在线监控。

A. 运营指标　　B. 经营成果　　C. 工作质量　　D. 数据质量

正确答案：BCD

【依据出处】《营销业务稽查监控功能开发与应用业务需求分析报告—稽查分册》

29 稽查任务管理有（　　）业务项。

A. 稽查任务派工　　B. 稽查任务处理　　C. 稽查结果审核　　D. 稽查工单抽检

正确答案：ABC

【依据出处】《营销业务稽查监控功能开发与应用业务需求分析报告—稽查分册》

30 下列属于稽查人员评价的职责的有（　　）。

A. 负责周期性开展稽查评价工作。对公司系统各单位的稽查任务完成率、整改完成率、稽查任务超期

率、稽查任务抽检率、稽查抽检合格率等指标进行评价

B. 负责根据稽查监控系统发现的影响经营成果、工作质量和数据质量的异常问题的数量和比例，提出考核建议

C. 负责按照设定的监控模型、监控频度对供电质量及应急处置、经营成果、工作质量、数据质量、服务资源等业务的稽查监控主题开展在线监测

D. 负责对监控发现的异常问题进行分析筛选，按照设定的稽查频度和工作例日，生成稽查任务包。对需要纳入专项稽查的问题生成专项稽查任务

正确答案：AB

【依据出处】《营销业务稽查监控功能开发与应用业务需求分析报告—稽查分册》

31 整改工单处理中在整改结果反馈环节可以填写（　　）字段。

A. 业务费退补金额　B. 电费退补金额　C. 窃电追补金额　D. 考核金额

正确答案：ABC

【依据出处】《营销业务稽查监控功能开发与应用业务需求分析报告—稽查分册》

32 符合（　　）条件的，视为稽查结果不通过。

A. 能够直接进行整改，但未直接在工单处理过程中发起整改流程

B. 已成事实，无法整改，选择不需处理

C. 无法在回复时限内完成整改，提前 5 天完成了延期申请

D. 稽查问题回复内容不全面

正确答案：ABD

【依据出处】《营销业务稽查监控功能开发与应用业务需求分析报告—稽查分册》

33 分布式光伏电量异常，筛查分布式光伏用户在上一电费考核周期内电量异常，并对（　　）情况进行稽查监控。

A. 消纳方式为全部自用，月度上网电量却不为 0

B. 消纳方式为全部上网，月度有发电量，但上网电量为 0

C. 月度上网电量大于发电量

D. 月度发电量远大于地区正常理论值 [系统装机容量 × 年日照时长（h）/12]

正确答案：ABCD

【依据出处】《营销业务稽查监控功能开发与应用业务需求分析报告—稽查分册》

34 稽查主题管理包括（　　）功能。

A. 稽查主题申请　B. 稽查主题审批　C. 稽查主题发布　D. 稽查主题分析

正确答案：ABC

【依据出处】《营销业务稽查监控功能开发与应用业务需求分析报告—稽查分册》

35 监控频度指在稽查监控系统自动按照校验规则采集问题记录和数据的执行周期，也指监控人员进行监控工作的周期，可分为（　　）。

A. 实时　B. 日　C. 周　D. 月

正确答案：ABCD

【依据出处】《营销业务稽查监控功能开发与应用业务需求分析报告—稽查分册》

36 稽查工作质量监控业务项主要是对（　　）监控。

A. 分析工作质量　B. 稽查工作质量　C. 白名单核定质量　D. 评价质量

正确答案：ABC

【依据出处】《营销业务稽查监控功能开发与应用业务需求分析报告—稽查分册》

37 在营销稽查监控系统中，稽查异常监控界面的监控分析中的监控意见不包括（　　）。

A. 不处理　B. 不需处理　C. 发起稽查任务　D. 需处理

正确答案：AD

【依据出处】《营销稽查监控系统需求规格说明书》

38 稽查主题的审批结果有（ ）。

A. 通过 B. 回退修改 C. 废弃 D. 终止

正确答案：AB

【依据出处】《营销业务稽查监控功能开发与应用业务需求分析报告—稽查分册》

39 营业普查中，对互感器直观检查的重点有（ ）。

A. 检查互感器铭牌参数是否与客户手册（档案）相符

B. 检查变比选择是否正确恰当

C. 检查互感器实际接线和变化

D. 检查互感器的实际运行状况

正确答案：ABCD

【依据出处】《农村供电所人员上岗培训题库》

40 营销稽查监控系统，数据质量监控的业务类包括（ ）。

A. 用电客户类数据完整性稽查 B. 资产类数据完整性稽查

C. 用电客户类数据准确性稽查 D. 资产类数据准确性稽查

正确答案：ABCD

【依据出处】《营销稽查监控系统需求规格说明书》

41 安徽自控稽查主题需量执行异常主题，取数规则包括（ ）。

A. 执行两部制无需量示数类型或需量未抄：基本电费按需量计收，最大需量示数类型缺失或最大需量示数类型已添加但未抄

B. 需量核定值异常：基本电费按合约需量计收，需量核定值小于运行变压器和高压电动机总容量的40%

C. 多主供电源执行两部制用户计算基本电费需量未累加：基本电费按需量计收，两路及以上进线同时供电，基本电费未按各路进线最大需量累加计算

D. 营销系统最大需量与采集不一致

正确答案：ABCD

【依据出处】《营销稽查监控系统主题规则清单》（营销工作〔2019〕7号）

42 稽查工作单是指对已生成的稽查任务包中的异常问题，按照一定归并组合方式生成的需要（ ）的工作单。

A. 现场核查 B. 处理 C. 接受审核 D. 反馈

正确答案：ABC

【依据出处】《营销稽查监控系统需求规格说明书》

43 数据质量监控是通过对营销业务应用系统中档案数据（ ）的校核与统计，将缺失、矛盾档案数据提交问题库，以便发起稽查任务。

A. 实时性 B. 有效性 C. 完整性 D. 准确性

正确答案：CD

【依据出处】《营销稽查监控系统需求规格说明书》

44 稽查主题管理中，稽查主题申请流程是根据营销业务应用的具体管理要求，拟定稽查主题的（ ）等维护方案，以便其适应稽查工作变化的需要。

A. 屏蔽 B. 新增 C. 修改 D. 注销

正确答案：BCD

【依据出处】《营销稽查监控系统需求规格说明书》

三、判断题（共71题）

1 要做好电力营销稽查工作，必须发挥管理、协调、服务、配合四大职能作用。( )

答案：正确

2 稽查人员无权查阅营销管理机关文件、资料和数据。( )

答案：错误

3 稽查过程中涉及企业机密或个人隐私，稽查人员应遵守职业道德，为企业和个人保守秘密，涉嫌泄密的行为要承担法律责任。( )

答案：正确

4 稽查与工作质量管理在业务中与其他业务类不存在关联关系。( )

答案：错误

5 稽查方案一般要经过方案的起草、审核和批准三个环节。( )

答案：正确

6 供用电合同是供电企业和用电客户依据国家法律、法规、供用电政策，双方协商一致，明确相互权利义务关系的协议。( )

答案：正确

7 客户申请改类一般是高电价用电类别改低电价用电类别，根据《供电营业规则》，在同一受电装置内，电力用途发生变化而引起用电电价类别改变时，不允许办理改类手续。( )

答案：错误

8 客户办理暂拆手续后，供电企业应在一周内执行暂拆。( )

答案：错误

【依据出处】《营销稽查监控系统需求规格说明书》

9 接到客户投诉或举报，在5天内给出答复。( )

答案：错误

【依据出处】《营销稽查监控系统需求规格说明书》

10 稽查监控系统二类主题包含电价执行异常、电量异常、抄表数据异常三项监控内容。( )

答案：正确

11 投诉举报受理渠道包含95598供电服务热线、专设的投诉举报电话、营业场所设置意见箱或意见簿、信函、供电服务网站，领导对外接待日、上级部门接转及媒体登载等。( )

答案：正确

12 用电客户在电价低的供电线路上，擅自接用电价高的用电设备或私自改变用电类别的，用电检查人员应取得证据，做好工作记录并及时书面通知有关部门予以处理。( )

答案：正确

13 现场稽查工作，稽查人员不得少于两人，须向用电客户出示营销稽查证并介绍工作程序，取得用电客户的支持与配合。( )

答案：正确

14 供用电合同签订完成率是通过对应签合同数、及时签订合同数的监控，以掌握供用电合同签订的及时性。( )

答案：错误

15 电费收缴及账务稽查是针对电费预收、电费回收、呆坏账的各信息属性结合监控与稽查的异常信息，开展多维分析和深度挖掘，实现稽查对象的准确定位。( )

答案：正确

16 供用电合同稽查工作质量标准是合同签订完成率和合同及时签订率。( )

答案：正确

17 稽查监控系统中监控周期是指系统中按自动按照校验规则采集问题记录和数据的执行周期，也指监控人员进行监控工作的周期。(　　)

答案：正确

18 营销稽查监控系统中，监控阈值是指各稽查监控主题筛选判定异常问题的临界值。(　　)

答案：正确

19 稽查监控主题是指根据营销工作的业务特点确定的需要进行监控与稽查的对象。(　　)

答案：正确

20 营业投诉分为停送电投诉、供电质量、电网建设。(　　)

答案：错误

21 按照国家电网有限公司最新要求，对需要进行设计文件审查的客户自受理申请之日起，不超过10个工作日。(　　)

答案：错误

22 供用电合同完成率稽查监控阈值：网省公司为100%，地市公司为100%，监控频度为季。(　　)

答案：错误

【依据出处】《电力营销稽查工作实用手册》

23 稽查工作单指对已生成的稽查任务包中的异常问题，按照一定归并组合方式生成的需要现场核查、处理、接受审核的工作单。(　　)

答案：正确

24 普通低压用电客户供电方案答复时限不超过2个工作日；普通高压用电客户，单电源的不超过15个工作日、双电源的不超过30个工作日。(　　)

答案：正确

25 稽查监控系统中评价周期是指稽查人员在稽查监控系统中提交问题记录的周期。(　　)

答案：错误

26 客户档案数据异常情况是通过对客户档案资质资料及营销业务应用系统中档案数据不符合完整性、准确性要求的情况进行监控，掌握客户档案资料的收集和维护的质量。(　　)

答案：正确

27 电能表库存超期是指经检定合格在库房中保存时间超过8个月的电能表。电能表库存超期情况稽查，应对电能表库存超期率进行稽查。(　　)

答案：错误

28 通过周期检验工作稽查，掌握电能计量器具周期检验的完成情况，包括电能表周检率、互感器周检率、二次压降周期检定率、二次负荷周期检定率。(　　)

答案：正确

29 电能表状态检修包括表计故障和功能性更换。表计故障在营销业务应用系统中查询计量装置故障流程，功能性更换在营销业务应用系统中查询业务换表流程。(　　)

答案：正确

30 电能计量封印稽查重点为到货验收、现场封印的正确使用等方面。(　　)

答案：错误

31 客户服务工作质量稽查是针对供电营业厅服务、95598客户服务、故障抢修服务、客户投诉服务、服务承诺兑现情况的工作质量进行稽查。(　　)

答案：正确

32 变损电量异常监控阈值为变损执行异常的用户数为0，变损计费参数不正确户数为0；稽查频度为月。(　　)

答案：正确

33 通过对按例日实施抄表的监控，掌握抄表例日执行情况。发起抄表计划时间与抄表计划例日时间在同一天即视为按抄表例日抄表的用户。(　　)

答案：错误

34 抄表准时率 = 当月按抄表例日抄表户数 / 当月实抄户数 ×100%。(　　)

答案：错误

35 非居民用户连续零电量时间阈值为 3 个月；低压居民用户连续零电量时间阈值为 6 个月。(　　)

答案：正确

36 定量、定比核定工作稽查，应重点核实定量定比客户的定期核查完成率、供用电合同等信息，据实填写用电检查工作单，规范定量定比核定工作开展。(　　)

答案：正确

37 通过对电费发行及时率和未发行超期户数进行监控，掌握电费发行及时情况。抄表数据复核结束后，应在 48h 内完成电量电费计算工作。(　　)

答案：错误

38 中间检查时限 = 中间检查完成时间 – 中间检查受理完成时间（除环节两端时间外，其余时间不含节假日；有多次检查记录的，取最长一次时限计算）。(　　)

答案：正确

39 投诉分为服务投诉和营业投诉。(　　)

答案：正确

40 理论最大用电量 = 用户当月最大运行容量 × 月日历天数（31）× 日运行小时（24）；理论最大低谷用电量 = 用户当月最大运行容量 × 月日历天数（31）× 日低谷运行小时（24）。(　　)

答案：错误

41 稽查工作流程包括稽查任务派发、处理、结果审核、回访和归档。(　　)

答案：错误

42 稽查工单审核是稽查工单处理流程七个环节中的一个环节。(　　)

答案：正确

43 稽查例日是指稽查频度为日、周、月、年的各稽查主题指定发起稽查任务的具体工作日。(　　)

答案：错误

44 稽查工单审核包括通过和不通过，审核不通过，该工单将重新进入到稽查工单处理环节，该稽查工单的上级任务重新回到稽查任务审核状态。(　　)

答案：正确

45 变损电量异常是通过变损电量异常情况监控用户变损执行错误、变损计费参数不正确等情况。(　　)

答案：正确

46 为方便客户，供电企业通过 95598 网站、手机客户端、95598 电话、移动作业终端等多种渠道办理业扩报装业务。(　　)

答案：正确

47 按照国家电网有限公司最新要求，目前普通用电客户业务受理两日内录入系统。(　　)

答案：错误

【依据出处】《电力营销稽查工作实用手册》

48 通过查看工作记录等方式，稽查受理客户用电申请后，是否在一个工作日内将相关资料转至下一个流程相关部门。(　　)

答案：正确

49 供电方案答复时间 = 方案答复完成日期 – 业务受理完成日期（含节假日）。（　　）

答案：错误

50 查看营销业务应用系统中新装增容及变更用电模块（协同通知信息查询），检查现场勘查、供电方案评审、审图、中间检查、竣工验收等协同环节，是否符合部门和人员的职责分工要求，是否存在应走未走的协同环节。（　　）

答案：正确

51 权限清理应根据系统业务授权许可使用管理要求，严格执行人员权限审批流程，防止系统权限违规配置；按照权限与岗位相匹配原则，及时调整存在问题的权限。（　　）

答案：正确

52 书面供用电合同期限为：高压用户不超过 5 年；低压用户不超过 10 年；临时用户不超过 3 年；委托转供电用户不超过 4 年。（　　）

答案：正确

53 设计审查时间 = 设计文件审核完成时间 – 设计文件受理开始时间。（　　）

答案：错误

54 供用电合同稽查频度：地市公司稽查频度为月，稽查例日为每月 3 日；网省公司稽查频度为月，稽查例日为每月 3 日。（　　）

答案：错误

55 电力营销稽查是供电企业内部对营销工作质量的全流程，全环节，全方面的检查和监督管理，是提高供电企业供电服务水平和经营效益成果的重要管理手段。（　　）

答案：正确

【依据出处】《电力营销稽查工作实用手册》

56 市公司营销部负责县公司现场稽查工作进行指导、督办、抽查、培训。（　　）

答案：正确

57 电力营销稽查的方法有四种，为审阅法、抽查法、核对法和比较分析法。（　　）

答案：错误

【依据出处】《营销稽查监控系统需求规格说明书》

58 电力营销稽查工作人员开展工作，须经省公司培训合格并取得电力营销稽查证后持证上岗。（　　）

答案：正确

59 电力营销稽查工作特点体现在全面性、准确性两方面。（　　）

答案：错误

60 营销专业的客户敏感信息必须脱敏后方可被批量查询、导出。（　　）

答案：正确

61 通过对客户投诉处理规范性稽查，监督供电企业服务人员是否认真对待客户的不同诉求，严格按照供电企业服务规范及标准提供服务。（　　）

答案：正确

62 电力营销稽查分为准备阶段、实施阶段、总结阶段、整改验收阶段和资料归档阶段五个阶段。（　　）

答案：正确

63 电力营销稽查的依据包括国家有关法律、法规和电力企业有关规章制度等。（　　）

答案：正确

64 电力营销稽查总体工作要求是指电力营销稽查工作质量必须责任到部门。（　　）

答案：错误

65 稽查查处违章用电、窃电工作中，对违章用电、窃电性质定论依据进行确认，不偏不倚，防止

有损害客户或供电企业利益的行为。(　　)

答案：正确

66 电费资金包括以下要素：目录电价收入、三峡基金、电力建设资金、城市附加、库区建设基金、其他随电费征收的费用。(　　)

答案：正确

67 稽查供电方案的有效期是指从供电方案批复后正式通知书发出之日起至受电工程开工为止，高压供电方案的有效期为1年，低压供电方案的有效期为3个月，逾期注销。(　　)

答案：正确

68 受电工程稽查包括设计审查、中间检查、工程验收等几个阶段。(　　)

答案：正确

69 用电资料档案包括业扩报装资料和供用电合同等，业扩报装部门在受理后必须保管3年。(　　)

答案：错误

【依据出处】《营销稽查监控系统需求规格说明书》

70 电价与电费的稽查工作对促进电价与电费管理工作质量的提高起到积极的保障作用。(　　)

答案：正确

71 电费回收的稽查一般包括稽查电费回收质量和稽查电费回收的安全性两个方面。(　　)

答案：正确

四、简答题（共12题）

1 营销稽查监控的定义是什么?

答：营销稽查监控是依据国家有关政策、法律、法规和电力企业营销相关的规章制度和管理规定，对本企业从事电力营销工作的单位或人员，在电力营销过程中的行为进行监督和检查。

【依据出处】《营销稽查监控系统业务模型说明书》

2 在营销稽查监控系统中，对白名单如何定义？纳入白名单的原则是什么?

答：白名单是指在营销稽查监控系统内不符合主题校验阈值规则，但现场属于正常现象的情况记录。

原则：在营销稽查监控过程中发现的异常问题，但经现场核查后判定为正常的，并在一定周期内不列入监控范围的数据可纳入白名单。

【依据出处】《营销稽查监控系统业务模型说明书》

3 在营销稽查监控系统中，稽查工单管理流程包括哪些环节?

答：稽查工单管理包括稽查工单派工、稽查工单处理、延期审批、稽查整改意见审批、稽查整改通知、稽查整改处理及结果反馈、稽查工单审核七个环节。

【依据出处】《营销稽查监控系统业务模型说明书》

4 营销业务应用系统的作用是什么?

答：（1）涵盖营销业务的各个应用领域，侧重于业务处理，为其他系统提供全面的营销业务综合数据支撑。

（2）实现营销业务处理高度规范，营销服务高效便捷。

（3）实现对营销多个业务类进行统一管理，最终达到与其他业务应用、外部系统集成的目的。

（4）实现公司营销能力和服务水平的快速提升。

【依据出处】《关于印发〈智能用电服务系统技术导则〉指导性技术文件的通知》（国家电网科〔2011〕279）

5 稽查监控工作包括哪些内容?

答：稽查监控工作包括在线监控、稽查任务生成、稽查任务派发、稽查任务处理、任务处理回复、稽查结果审核、稽查任务归档、稽查评价及日常运营维护等。

【依据出处】《省地两级营销稽查监控业务运作管理规范》(国家电网营销〔2010〕1426号)

6 营销稽查监控系统中，监控阈值的定义是什么？

答：监控阈值是指各稽查监控主题筛选判定异常问题的临界值。

【依据出处】《省地两级营销稽查监控业务运作管理规范》(国家电网营销〔2010〕1426号)

7 营销稽查监控系统中数据质量监控包含哪些监控主题？

答：数据质量监控包括用电客户类数据完整性、资产类数据完整性、用电客户类数据准确性、资产类数据准确性、关口类数据四大主题。

【依据出处】《营销稽查监控系统业务模型说明书》

8 在营销稽查监控系统中，什么是监控周期？什么是稽查周期？什么是评价周期？

答：(1) 监控周期是指在稽查监控系统内自动按照校验规则采集问题记录和数据的执行周期，也指监控人员进行监控工作的周期。

(2) 稽查周期是指稽查人员在稽查监控系统中提交问题记录的周期。

(3) 评价周期是指在稽查监控系统内对监控及稽查任务守铖情况做出评价的周期。

【依据出处】《营销稽查监控系统业务模型说明书》

9 供电企业抄表工作稽查中，现场检查包含哪些内容？

答：(1) 对供电企业抄表工作的稽查，可通过到用户现场对用户实际行业分类、用电性质、生产经营状况、计量装置进行核对检查。

(2) 对照新装用户档案及现场情况，了解高压用户首次抄表的时间，检查用户首次抄表是否超时。

(3) 抽查系统中抄表方式为“手工(抄表卡)”的用户，通过现场抄读电能表的冻结电量，核查现场抄表是否准确。

【依据出处】《营销稽查监控系统需求规格说明书》

10 窃电查处工作稽查中，稽查内容包含哪些？

答：(1) 稽查用电检查部门制定的年度、半年度、月度反窃电工作计划并核对用电检查工作记录。

(2) 稽查用电检查部门是否配备了合格的用电检查人员和必要的装备，并依据《中华人民共和国电力法》《用电检查管理办法》和《供电营业规则》开展工作。

(3) 稽查用电检查程序是否规范。

(4) 稽查用电检查内容与范围是否符合《用电检查管理办法》的要求。

(5) 稽查用电检查纪律是否符合《用电检查管理办法》的要求。

(6) 稽查《用电检查工作单》《违章用电、窃电通知书》和《用电检查结果通知书》填写是否规范并且按规定存档。

【依据出处】《营销稽查监控系统需求规格说明书》

11 供用电合同稽查内容包含哪些？

答：(1) 供用电合同签订稽查。

(2) 供用电合同的形式与条款稽查。

(3) 供用电合同签订的主体资格稽查。

(4) 供用电合同的签订程序稽查。

(5) 供用电合同的履行稽查。

(6) 供用电合同变更或解除的稽查。

(7) 供用电合同档案管理的稽查。

【依据出处】《营销稽查监控系统需求规格说明书》

12 电力营销稽查工作有哪些稽查方法？

答：在电力营销稽查过程中使用的工作方法主要有审阅法、抽查法、核对法、逆查法和比较分析法。稽查工作必须遵循科学的方法，要根据稽查内容的风险性大小选择适当的方法。稽查工作方法使用得当，可以使稽查工作在监督过程中有的放矢，起到事半功倍的作用。

【依据出处】《营销稽查监控系统需求规格说明书》

五、案例分析（共10题）

1 【背景材料】某电力公司营销稽查人员到某厂（变压器容量315kVA）进行检查，用瓦秒法测试后发现计量装置误差达-66%。开箱检查发现表计二次回路中B相电流极性接反（三相四线高供低计），现场情况经客户签字确认后，更正了接线。营销稽查人员核查有关历史工单发现，电力公司装表人员更换表计时，将表计二次回路中B相电流极性接反。

【问题】请对以上工作中存在的问题进行分析，归纳出案例中的问题原因，并提出整改建议和防范措施。

【答案要点】

违规条款：

（1）《电能计量装置技术管理规程》第7章第6节第3条——电能计量装置投运前进行全面验收，验收试验包括接线正确性检查等内容。验收不合格的电能计量装置不得投入使用。《电能计量装置技术管理规程》第8章第3节——新投运或改造后的Ⅰ、Ⅱ、Ⅲ、Ⅳ类高压电能计量装置应在一个月内进行首次现场检验。Ⅲ类电能表至少每年现场检验一次。

（2）《国家电网公司电费抄核收工作规范》第十九条——现场抄表时，抄表员应认真检查电能计量装置运行是否正确，封印是否完好。发现客户电量异常情况，需做好现场记录，提出异常报告并及时报职责部门处理。

（3）用电检查人员未履行定期对客户进行检查的职责，用电检查工作不到位。

暴露问题：

（1）计量装表人员工作马虎，责任心不强，送电时未严格对新装投运设备验收把关。

（2）计量人员未按规定期限进行现场检验。

（3）抄表人员在抄表过程中，未提出异常报告并及时报职责部门处理。

（4）核算人员在核算过程中，未提出异常报告并及时报责任部门处理。

（5）用电检查人员，对客户用电计量装置进行巡视检查不到位。

（6）稽查人员未在系统中发现异常报告并及时报职责部门处理。

防范措施：

（1）针对该计量差错错误事件，加强对《电能计量装置技术管理规程》《国家电网公司电费抄核收工作规范》等制度的学习，认真分析原因，防止类似事件的再次发生。

（2）进行计量装置新装、轮换、改造、变更、移位等工作时，应在工作结束后进行接线检查。送电后，高压计量装置应采用现场校验，低压装置应采用负荷对比等方式进行接线检查。

（3）抄表人员与核算人员需加强人员责任心，及时核查出电量异常真实原因。

（4）用电检查人员加强对客户计量装置的检查巡视力度。

（5）主动向客户赔礼道歉，做好客户服务工作，协商补收损失的电量电费，维护电力企业形象。

【依据出处】《国家电网公司营销服务培训题库》《电能计量装置技术管理规程》（DL/T 448—2016）、《国家电网公司电费抄核收工作规范》

2 【背景材料】营销稽查人员利用营销稽查监控系统发现，某公司电费冲正情况主题连续数天出现某收费人员频繁冲正，致使该主题出现异常数据。稽查人员首先在SG186系统中调阅了该人员收费记录、冲正记录以及客户交费记录，发现某客户2018年5月应交132元，于2018年5月15日15:26将客户所缴纳的200元电费进行了冲正，随即当天在15:28对该户缴纳195元电费，致使客户预存电费减少了5元，经进一步核查其他客户被冲正的电费，发现均存在类似情况，初步判断该收费人员存在截留客户预存电费的行为。随后稽查人员根据客户地址，以走访的名义要求抄表员配合，到客户处进行走访，通过与客户的沟通，客户所提供的电费发票与第一次交费记录吻合，基本可判断该收费人员存在截取客户预存电费行为。通过前期调查取证，稽查人员约谈了该收费人员，在证据面前该收费员不得不承认截留客户预存电费的行为，承认因在当月收费时收到假币、少收客户电费，认为这些电费差额应该由客户来还，所以将收到假币和少收的电费均通过截留其他客户预存电费的方法来补充错账。

【问题】请对以上工作中存在的问题进行分析，归纳出案例中的问题原因，并提出整改建议和防范措施。

【答案要点】

暴露问题：

（1）电费管理存在漏洞，对资金及电费发票管理不严。

（2）收费员丧失职业道德，法律意识淡薄，认为截留客户少量的预存电费不会被发现，可为自己增加额外收入。

整改建议：

（1）深入核查该收费员冲正记录，将截留的客户预存电费收缴到相应客户电费账户中。

（2）对收费员、营业厅班长、供电所所长等相关人员进行处罚和考核。

防范措施：

（1）制定差错电费处理办法和电费发票管理办法，加强管理电费发票的领、用退环节，要求所有作废的电费发票联通其他联数均要盖作废章，与其他电费发票存根统一装箱封存，并在发票箱上注明已用发票的起止号码和已作废的发票号码。

（2）稽查人员、电费电价专责逐月对冲正情况进行监督、核查，发现问题及时调查处理。

【依据出处】《营销稽查案例文件汇编》

3 【背景材料】营销稽查人员利用营销稽查监控系统发现，某用户6月用电量达8750kWh，平均月用电量2187.5kWh，超过居民电量异常近4月累计值4200kWh的监控阈值。稽查人员通过对比SG186系统和客户档案，该户执行城镇居民生活用电电价，通过现场稽查发现该户将居民生活电价部分用于商业照明（孕婴店），电价执行有误。经现场核实确认，用户承认擅自将居民生活的电源供给孕婴店使用。通过问询抄表人员，抄表人员对该户现场情况了解，未对客户行为进行报告。

【问题】请对以上工作中存在的问题进行分析，归纳出案例中的问题原因，并提出整改建议和防范措施。

【答案要点】

违规条款：

（1）违反了《供电营业规则》第14条——用户不得自行转供电。

（2）违反了《国家电网公司电费抄核收工作规范》第十九条——发现客户电量异常、违约用电、窃电、表计故障、有信息（卡）无表、有表无信息（卡）等异常情况，做好现场记录，提出异常报告并及时报职责部门处理。

暴露问题：

（1）供电企业对用电政策和电力法律法规的宣传不到位。

（2）客户在供电企业未知的情况下私自将居民生活用电部分用于商业用电，属于违约用电，扰乱正常的供用电秩序。

（3）抄表人员在抄表和巡抄过程中未认真负责检查，算费后未能仔细核对电量波动的异常情况，导致客户违约用电行为的发生。

（4）用电检查人员未能及时巡查并发现该户违约用电行为。

防范措施：

（1）对商业用电部分，申请用电报装，独立装表计量抄表结算电费；若难以独立装表，可通过装分表或进行定量定比区分电价收费，重新订立供用电合同。

（2）落实用电检查和抄表人员的责任，强化现场人员对违约用电和用电风险点的监测，加强对工作质量的考核，增加员工的工作责任性和防范意识。

（3）加强居民大电量排查工作，将该项工作纳入每年用电普查工作内容，确保营销系统中客户用电信息档案与现场真实一致。

（4）要做好业扩报装及现场稽查把关工作，从源头上做好电价执行工作。

（5）加强用电有关政策和电力法律法规的宣传和普及，引导客户规范合法用电。

【依据出处】《营销稽查案例文件汇编》

4 **【背景材料】**某供电公司委托外部施工单位对其部分台区进行接户线改造，其中有一台区共有143户居民，由于材料不足只改造了60余户，剩下的客户一直没有再实施。此后，该台区一位尚未完成改造的客户在多方询问过程中，找到相邻另一台区施工人员询问什么时候能将他们家的接户线进行改造，该施工人员误以为此客户是自己施工范围内的客户，便向其承诺第二天会为其更换接户线。后来该施工人员询问质量监督员（台区经理），了解到此客户住处是另一台区的客户，不在其施工范围内，便没有安排施工，但也未告知客户，该客户连续几天都没有等到施工人员上门施工，又未记下施工人员的电话号码，于是拨打95598投诉。

【问题】请对以上工作中存在的问题进行分析，归纳出案例中的问题原因，并提出整改建议和防范措施。

【答案要点】

违规条款：

《国家电网公司供电服务规范》第四条第二款——真心实意为客户着想，尽量满足客户的合理要求。对客户的咨询、投诉等不推诿，不拒绝，不搪塞，及时、耐心、准确地给予解答。

暴露问题：

该案例暴露出当地供电公司存在严重的项目管理问题，问题如下：

（1）项目设计深度不够，未将改造物资考虑全面，导致台区客户无法全部改造。

（2）以包代管，供电公司将应该由台区经理完成的工作交给施工队去做。

（3）对施工队的管控和监督不到位，未能及时掌握台区改造完成情况，无法及时作出应对措施。最终导致客户不满投诉。

防范措施：

（1）严格落实“一口对外”，认真履行落实首问负责制。

（2）加强工程项目管理，做好项目计划、实施和验收工作。

（3）加强对施工单位的管控和监督，及时掌握项目进度和实施情况。

【依据出处】《营销稽查案例文件汇编》

5 **【背景材料】**营销稽查监控系统显示某用户现执行分时电价，发现该户系统档案中电价与电能表类型不匹配。稽查人员查询SG186系统发现，此客户电能表的资产类型为电子式—有功表，和分时电价不匹配，但其状态为拆回待退。再次核查该户业务流程后发现，该户发起过计量装置故障的业务流程。工作人员达到现场后发现原表计没有问题，是电子式—有功表，具备执行分时电价功能，不需要更换，于是在系统内将流程在装表接电环节强制终止，因系统流程完成了配表的环节，导致原表状态被变更为拆回待退状态，但业务终止后，相关业务人员并未与资产管理人员联系，未恢复原表在系统中的状态和更正电能表的资产类型。

【问题】请对以上工作中存在的问题进行分析，归纳出案例中的问题原因，并提出整改建议和防范措施。

【答案要点】

违规条款：

违反了《电能计量装置技术管理规范》第7节第2条——当发现电能计量装置故障时，应及时通知电能计量技术机构进行处理。对造成的电量差错，应认真调查以认定、分清责任，提出防范措施，并根据《供电营业规则》的有关规定进行差错电量计算。

暴露问题：

（1）业务人员责任心不强，未经现场核实就发起计量装置故障流程，在现场核实确认不需配表换表后，未能按照正常的操作规则进行操作，而是直接终止了流程。

（2）业务人员终止流程后，未与资产管理人员取得联系，恢复因终止流程造成的表计状态，造成系统中表计资产状态与实际不符。

（3）系统管理人员责任心不强，对终止流程的审核不够严谨，没有对终止流程中涉及的相关数据进行分析，更正错误数据。

（4）资产管理人员接到业务人员退回的表计，未能关注复核终止流程中的原表计信息。

防范措施：

（1）在系统内恢复该表状态为运行，并更正电能表类型，与现场一致。

（2）对涉及的业务人员、系统管理人员、资产管理人员，以绩效形式按照该公司营销工作质量考核办法考核有关责任人。

（3）加强业务流程规范化操作的管理，避免各种不严谨操作带来的异常结果。

（4）梳理并整改系统中电能表类型与现场不一致等类似错误数据。

【依据出处】《电能计量装置技术管理规范》（DL/T 448—2016）、《营销稽查案例文件汇编》

6 **【背景材料】**2019 年 2 月，某公司通过营销稽查监控系统发现某户报反向电量异常错误。营销稽查人员下达了现场稽查的工作联系单，协同计量室和用电检查人员前往现场开展稽查、取证工作。经现场稽查，该用户合同容量为 400kVA，执行大工业电价，2018 年 12 月立户。经过现场检测，反向电量是由该户计量 C 相电流互感器二次回路端子接线错误造成的，故营销稽查系统报错。

【问题】请对以上工作中存在的问题进行分析，归纳出案例中的问题原因，并提出整改建议和防范措施。

【答案要点】

违规条款：

（1）《电能计量装置技术管理规程》第 7 章第 6 节第 3 条——电能计量装置投运前进行全面验收，验收试验包括接线正确性检查等内容。验收不合格的电能计量装置不得投入使用。

（2）《国家电网公司电费抄核收工作规范》第三章第二十条——在采用远程抄表方式后的三个抄表周期内，应每月进行现场核对抄表。发现数据异常，立即报职责部门进行处理。

暴露问题：

（1）供电所电工装表作业时责任心不强，工作马虎，装表时没有仔细核对接线情况造成装表错误。装表后，未履行客户审核手续。

（2）抄表员首次抄表时未现场进行核实，未能及时发现错误。

防范措施：

（1）做好客户沟通解释工作，得到用户认可缴纳相应电费。

（2）对两户电能表进行更换，保证现场与系统信息一致。

（3）供电所装表人员及相关管理人员对此次装表错误负责，并对责任人员实施绩效考核。

（4）严格落实装表接电工作规范，工作人员在装表前认真核对工作传单中户号、户名、表计资产号等信息。装表后进行户表核对。

（5）严格落实抄核收工作规范，首次抄表现场核查相关信息。

【依据出处】《电能计量装置技术管理规范》（DL/T 448—2016）、《国家电网公司电费抄核收工作规范》（国家电网营销〔2009〕475 号）

7 **【背景资料】**2018 年 7 月稽查监控系统显示某客户半年之内换表 3 次，造成异常数据出现。稽查人员根据监控系统中疑似异常数据，首先在 SG186 系统中调阅了某客户历史工单及电量电费记录，发现该客户 2018 年 1 月 7 日申请低压居民新装业务，申请容量 4.4kW，配置电能表 15（60）A，1 月 8 日对该客户装表接电。系统显示该客户 2018 年 1—5 月该客户电量为 622、3026、5390、6230、6905kWh，换表记录为 3、4、5 月各 1 次。稽查人员、用电检查人员立即对该户进行了现场核查，发现该户在申请低压居民新装后，在 1 月 13 日将房屋租赁给了一饭店使用，经核查该饭店所有用电设备容量为 32kW，用电检查人员立即对该客户下达了用电检查结果通知书，要求客户办理增容业务，并对擅自改变用电类别的行为进行处理。

【问题】请对以上工作中存在的问题进行分析，归纳出案例中的问题原因，并提出整改建议和防范措施。

【答案要点】

违规条款：

《国家电网公司供电服务规范》第四条第二款——真心实意为客户着想，尽量满足客户的合理要求。对客户的咨询、投诉等不推诿，不拒绝。

暴露问题：

（1）用电类别区分及电价政策宣传不到位。

（2）更换故障表计时，用电检查人员责任心不强，未对现场用电情况进行仔细核查，未了解客户的实际负荷、用电性质，造成客户擅自改变用电类别的行为未能及时发现，致使因客户负荷较大多次烧坏电能表现象的发生。

（3）抄表人员未能认真履行《抄核收管理规定》中的岗位职责，对客户擅自改变用电类别的现场未能及时上报，核算人员把关不严，对客户电量突增情况未能审核到位。

（4）用电检查人员对客户多次烧坏电能表现象未能进行深入分析，致使客户因负荷较大烧坏电能表。

防范措施：

（1）对有责任的抄表人员、用电检查人员、核算人员进行月度绩效考核，并对责任单位进行月度绩效考核。

（2）按照《供电营业规则》对该客户违约行为进行处理。

（3）客户到营业厅申请增容业务装表接电，并重签供用电合同。

（4）加大用电类别区分及电价政策宣传力度，内容涵盖电费电价政策、业扩业务、安全用电知识。

（5）加大用电检查力度，主管单位对用电检查人员制定的用电检查计划要认真审核，并按要求实施。

（6）加强各级人员抄核收业务、电费电价政策的培训，增强责任意识，提高工作质量。

【依据出处】《营销稽查案例文件汇编》《抄核收管理规定》《供电营业规则》

8 **【背景材料】**2017年8月25日，某电力公司营销稽查人员通过营销稽查监控系统，发现计量中心表计资产合格库中存放单相电能表4756只，检定日期为2017年1月，库存超期。经查原计划在3月进行表计校验，由于2月初过年，计量中心领导考虑春节长假，提前进行了此项工作。这批电能表主要用于电网改造使用，改造项目实施方因工程滞后，表计原定的6月配送计量与7月的施工计划冲突，部分配送表计无法完成现场安装，智能表继续存放在库房内。

【问题】请对以上工作中存在的问题进行分析，归纳出案例中的问题原因，并提出整改建议和防范措施。

【答案要点】

违规条款：

《电能计量装置技术管理规程》第9节第4条——经检定合格的机电式（感应式）电能表在库房存放时间超过6个月以上的，在安装使用前应重新进行检定；经检定合格的静止式电能表在库存保存时间超6个月以上的，在安装使用前应检查表计功能、时钟电池、抄表电池等是否正常。

暴露问题：

（1）计量人员未按原计划开展校验，电能表的校验计划应该严格对应上报项目工程的时间开展检定，并配套落实施工计划及进度表。

（2）施工单位未及时按进度开展装表工作，发生需求变化时，未与计量中心进行沟通处理，表计配送与实施计划之间出现较大时间空档，大量电能表资产信息滞留在合格库房内，导致库存超期。

防范措施：

（1）针对电能表库存超期，加强对《电能计量装置技术管理规程》等制度的学习，认真分析原因，对相关工作人员进行分析教育，提高工作人员责任心，防止类似事件再次发生。

（2）电能表、互感器室内检定应按照国家及行业相关规程、规定严格执行。对超周期电能表立即制定反校计划，逐一反校。

（3）加强企业各部门质量的沟通协调联系，特别是项目性的表计需求应整体制定工作方案并纳入项目管理，确保不再发生表计库存超期现象。

（4）加强营销稽查监控分析，及时查处库存表计超期现象。

【依据出处】《国家电网公司营销服务培训题库》《电能计量装置技术管理规程》（DL/T 448—2016）

9 **【背景材料】**某公司稽查人员发现某箱包公司需量电费计收存在异常，该户为需量两部制大工业用户，但表计类型中一直无需量示数类型，造成一直未抄录需量表码值，基本电费一直按核定值计收，超出部分未计收。稽查人员通过SG186系统调取该户档案信息发现，该户合同容量1600kVA，执行的是大工业用电两部制电价，需量核定值为840kVA。查阅往月核算明细中仅有峰谷平有功无功示数类型，无需量示数类型。核查业扩报装资料，该户报装时按容量计收基本电费，于2016年11月改类为需量计收基本电费方式，在改类流程的现场勘查环节中，业务人员未在计量方案里的电能表方案中新增需量示数类型，造成营销业务系统每月自动以核定值840kVA来计收需量电费，超出核定值部分的基本电费未计收。

【问题】请对以上工作中存在的问题进行分析，归纳出案例中的问题原因，并提出整改建议和防范措施。

【答案要点】

违规条款：

违反了《国家发展改革委办公厅关于完善两部制电价用户基本电价执行方式的通知》——电力用户实际最大需量超过合同确定值105%时，超过105%部分的基本电费加一倍收取。

暴露问题：

（1）业务办理人员对需量用户相关业务流程及管理规定不清楚，系统流程操作不熟练，未添加需量示数类型造成无法抄录需量示数。

（2）需量用户的业务办理、抄表、核算发行环节管理不完善，对流程管理把关不严，对相关业务流程人员培训不到位。

（3）抄表、核算人员工作责任心不强、业务能力欠缺。

防范措施：

（1）修正客户档案信息，添加需量（总）示数类型，确保需量值能够成功采集录入。

（2）按照用电采集系统内表计示数以及《国家发展改革委办公厅关于完善两部制电价用户基本电价执行方式的通知》要求，追补超核定值月份的需量电费。

（3）加强业扩办理人员培训管理工作，强化对业务变更流程规范化管理，提高业务人员业务水平。

（4）加强业务办理、抄表、核算等各环节流程的管控，提高各流程环节工作效率。

（5）加强工作人员的责任心，继续加强相关培训工作，实行惩奖制度，强化考核力度。

【依据出处】《国家发展改革委办公厅关于完善两部制电价用户基本电价执行方式的通知》（发改办价格〔2016〕1583号）

10 **【背景材料】**营销稽查人员利用营销稽查监控系统发现，某玻纤厂为合同容量315kVA的大工业用户，该户于2018年7月份稽查报出两项异常错误：一是月理论最大用电量超阈值，用户理论最大月用电量为226800kWh，而实际月用电为234730kWh，超容率为3.50%；二是月理论最大低谷用电量超阈值，理论最大低谷用电量85050kWh，而实际月低谷用电量为88010kWh，超容率为3.48%。经现场检查和问询，发现该客户用电情况稳定，不存在计量装置故障和窃电及违约用电行为，该户超容的问题存在异议。稽查人员及时联系抄表员，经抄表员反映，该户6月进行过一次业务换表，为图省事，少跑一趟现场抄表，就自行做主将抄表日期向后推迟了2天，导致7月的抄表日期比正常抄表周期多出2天，因此出现了少量超容情况。

【问题】请对以上工作中存在的问题进行分析，归纳出案例中的问题原因，并提出整改建议和防范措施。

【答案要点】

违规条款：

违反了《国家电网公司电费抄核收工作规范》第二章第七条——经批准确定的抄表例日不得随意变更，确需变更须办理审批手续。抄表例日变更前，应事先告知客户。

暴露问题：

（1）抄核收管理不够规范，抄表员对抄表准时性的重要性认识不足，工作存在随意性。抄表工作流程监督与管控，缺乏有效合理的抄表监督管理机制。

（2）此异常问题产生的直接原因是抄表人员擅自推迟专用变压器用户抄表周期，导致专用变压器用户出现超容问题。抄表员未按照抄表例日准时抄表，私自调整抄表时间，直接影响到抄表准时率，进而影响到用户当月功率因数、基本电费、变压器损耗等电量电费的准确性和台区线损的正确性，甚至会影响到电费回收，易产生电费纠纷。

防范措施：

（1）完善抄表管理工作标准，明确抄表例日、抄表数据传输时限、自动化抄表系统现场核对周期的规定，配备专人跟踪抄表进程。

（2）规范工作流程，及时将业务变更等流程归档，避免引起电费差错。

（3）加强抄表质量管理，定期开展抄表业务基础，建立健全抄表差错考核制度。

【依据出处】《营销稽查案例文件汇编》《国家电网公司电费抄核收工作规范》（国家电网营销〔2009〕475号）

第七章　营销信息

一、单选题（共 128 题）

1　为加强公司网络与信息安全管理工作，实现安全可控、在控、能控，经公司研究决定，在省（自治区、直辖市）电力公司（简称省公司）本部、（　　）和公司相关直属单位设置网络与信息安全管理岗位。

A. 县供电公司　　B. 地市供电公司　　C. 供电所　　D. 业务班组

正确答案：B

【依据出处】《国家电网公司关于设置网络与信息安全岗位的通知》（国家电网人资〔2016〕906 号）

2　各市公司营销部应设置网络安全管理岗位并落实（　　）人员。

A. 兼职工作　　B. 专职工作　　C. 兼职管理　　D. 专职管理

正确答案：D

【依据出处】《国家电网公司营销专业网络与信息安全管理工作细则》（营销综〔2018〕19 号）

3　省公司和相关直属单位组织编制本单位（　　），并组织专业力量开展督查工作；对查出的问题进行通报并限期整改，对重大问题责任单位纳入考核，并将相关情况报国网营销部计量处备案。

A. 年度工作方案　　B. 年度工作计划　　C. 年度督查方案　　D. 月度督查方案

正确答案：C

【依据出处】《国家电网公司营销专业网络与信息安全管理工作细则》（营销综〔2018〕19 号）

4　各单位应健全营销专业网络安全的应急（　　），配备相应的应急资源，定期开展应急培训和演练。

A. 组织体系　　B. 管理体系　　C. 工作体系　　D. 工作机制

正确答案：B

【依据出处】《国家电网公司营销专业网络与信息安全管理工作细则》（营销综〔2018〕19 号）

5　各单位营销业务部门应配合信息通信职能管理部门，组织系统开发、运维单位编制营销专业在运系统的应急预案，并根据（　　）情况及时更新预案。

A. 系统建设　　B. 系统投运　　C. 系统停退役　　D. 系统变更

正确答案：D

【依据出处】《国家电网公司营销专业网络与信息安全管理工作细则》（营销综〔2018〕19 号）

6　各单位应按照应急预案，以不超过（　　）年为周期，完成营销专业重要营销系统（三级系统）的应急演练工作，并根据演练结果组织修订相关系统的应急预案。

A.1　　B.2　　C.3　　D.5

正确答案：C

【依据出处】《国家电网公司营销专业网络与信息安全管理工作细则》（营销综〔2018〕19 号）

7　营销相关系统的高危隐患，如可导致客户敏感信息泄露或影响资金安全等严重后果，应纳入应急管理体系进行处置，通过安排临时检修，原则上（　　）内完成整改。

A.3 日　　B.1 周　　C. 半个月　　D.1 个月

正确答案：B

【依据出处】《国家电网公司营销专业网络与信息安全管理工作细则》（营销综〔2018〕19 号）

8　国网营销部计量处及公司各级单位营销业务部门负责构建（　　）的营销专业网络安全管理工作网络，建立营销专业网络安全管理人员台账，人员变更后应及时更新人员台账。

A. 相应层级　　B. 国网公司级　　C. 省公司级　　D. 市公司级

正确答案：A

【依据出处】《国家电网公司营销专业网络与信息安全管理工作细则》（营销综〔2018〕19 号）

9　国网营销部、各省公司营销部及相关直属单位（　　）组织召开网络安全例会，重点学习国家、公司网络安全相关要求，总结本月工作进展，解决工作中存在的问题，部署下月工作。

A. 每年　　B. 每季度　　C. 每月　　D. 每周

正确答案：C

【依据出处】《国家电网公司营销专业网络与信息安全管理工作细则》（营销综〔2018〕19 号）

10　各省公司营销部、相关直属单位每（　　）向国网营销部提交营销专业网络安全报告。

A. 周　　B. 半月　　C. 月　　D. 季度

正确答案：B

【依据出处】《国家电网公司营销专业网络与信息安全管理工作细则》（营销综〔2018〕19 号）

11　营销专业（　　）组织开展网络安全督查工作，并根据网络安全态势开展专项督查工作。

A. 每半年　　B. 每年　　C. 每两年　　D. 每三年

正确答案：B

【依据出处】《国家电网公司营销专业网络与信息安全管理工作细则》（营销综〔2018〕19 号）

12　按照 2018 年营销专业网络与信息安全重点工作安排，营销专业各级单位组织学习并签订（　　）。

A.《网络安全责任书》　　B.《网络安全承诺书》

C.《保密协议》　　D.《网络安全保密书》

正确答案：A

【依据出处】《国家电网公司营销专业网络与信息安全管理工作细则》（营销综〔2018〕19 号）

13　按照《国家电网公司网络与信息系统安全管理办法》要求，各单位应加强本单位员工网络安全管理，（　　）与上级单位签订《网络安全责任书》。

A. 每两年　　B. 每年　　C. 每半年　　D. 每三年

正确答案：B

【依据出处】《国家电网公司网络与信息系统安全管理办法》[国网（信息 /2）401—2014]

14　针对信息系统开发商的常态化管控工作，各单位应建立人员许可管理机制，对开发和运维人员配备（　　），未办理许可手续的人员不允许参与系统建设、运维工作。

A. 实名工作卡　　B. 加密 U 盘　　C. 内网终端　　D. 内网手机

正确答案：A

【依据出处】《国家电网公司营销专业网络与信息安全管理工作细则》（营销综〔2018〕19 号）

15　各单位每年应组织全体开发及运维人员至少开展（　　）次营销专业网络安全培训及考试，宣贯公司网络安全相关规章、制度，提升开发及运维人员的网络安全技能和网络安全意识。

A.1　　B.2　　C.3　　D.4

正确答案：A

【依据出处】《国家电网公司营销专业网络与信息安全管理工作细则》（营销综〔2018〕19 号）

16　各省公司和相关直属单位应与营销相关系统开发及运维单位签订协议，除明确工作外，还应明确安全责任，并与开发及运维人员签订（　　）。

A. 安全协议　　B. 技术协议　　C. 运维协议　　D. 保密协议

正确答案：D

【依据出处】《国家电网公司营销专业网络与信息安全管理工作细则》（营销综〔2018〕19 号）

17 开发及运维人员有变动时，原则上应提前（ ）个月提交书面申请，经省公司或直属单位同意并办好工作交接后方可离场，各单位应同步更新开发及运维人员台账和实名工作卡。

A. 半　　B.1　　C.2　　D.3

正确答案：B

【依据出处】《国家电网公司营销专业网络与信息安全管理工作细则》（营销综〔2018〕19号）

18 各省公司和相关直属单位应按照本单位办公场所出入管理规定做好开发及运维人员日常（ ）工作。

A. 考勤　　B. 考核　　C. 登记　　D. 保安

正确答案：A

【依据出处】《国家电网公司营销专业网络与信息安全管理工作细则》（营销综〔2018〕19号）

19 系统开发、测试过程应使用（ ）或模拟数据，不可使用真实业务数据。

A. 原始　　B. 脱敏　　C. 测试　　D. 虚假

正确答案：B

【依据出处】《国家电网公司营销专业网络与信息安全管理工作细则》（营销综〔2018〕19号）

20 公司统推系统的账号及权限，由（ ）制定管理要求，并定期组织开展账号权限清理工作。

A. 国网营销部　　B. 国网营销部计量处

C. 国网营销部营业处　　D. 国网营销部对口业务处

正确答案：D

【依据出处】《国家电网公司营销专业网络与信息安全管理工作细则》（营销综〔2018〕19号）

21 省公司或相关直属单位营销专业自建系统的账号及权限，由省公司营销部或（ ）制定管理要求，并定期组织开展账号及权限清理工作。

A. 国网营销部　　B. 省公司营销部

C. 直属单位相关业务主管部门　　D. 其他

正确答案：C

【依据出处】《国家电网公司营销专业网络与信息安全管理工作细则》（营销综〔2018〕19号）

22 账号清理应根据实名制管理要求，及时清理（ ）个月以上不使用账号。

A.1　　B.3　　C.6　　D.12

正确答案：C

【依据出处】《国家电网公司营销专业网络与信息安全管理工作细则》（营销综〔2018〕19号）

23 账号清理应确认非在岗人员系统操作权限和使用周期，对（ ）个月以上未更新密码的账号进行提醒，更改后方可正常使用。

A.1　　B.3　　C.6　　D.12

正确答案：B

【依据出处】《国家电网公司营销专业网络与信息安全管理工作细则》（营销综〔2018〕19号）

24 权限清理应根据系统业务授权许可使用管理要求，严格执行人员权限审批流程，防止系统权限违规配置；按照权限与（ ）相匹配原则，及时调整存在问题的权限。

A. 业务　　B. 岗位　　C. 职责　　D. 职务

正确答案：B

【依据出处】《国家电网公司营销专业网络与信息安全管理工作细则》（营销综〔2018〕19号）

25 根据《国网营销部关于规范营销专业信息系统口令和外部账号管理工作的通知》要求，信息系统口令长度不得小于（ ）位。

A.5　　B.6　　C.7　　D.8

正确答案：D

【依据出处】《国网营销部关于规范营销专业信息系统口令和外部账号管理工作的通知》(营销综〔2017〕66号)

26 根据《国网营销部关于规范营销专业信息系统口令和外部账号管理工作的通知》要求，口令应定期更换，更换周期不超过（　　）个月。

A.3　　B.6　　C.9　　D.12

正确答案：B

【依据出处】《国网营销部关于规范营销专业信息系统口令和外部账号管理工作的通知》(营销综〔2017〕66号)

27 根据《国网营销部关于规范营销专业信息系统口令和外部账号管理工作的通知》要求，重要信息系统的口令更换周期不超过（　　）个月。

A.1　　B.2　　C.3　　D.4

正确答案：C

【依据出处】《国网营销部关于规范营销专业信息系统口令和外部账号管理工作的通知》(营销综〔2017〕66号)

28 根据《国网营销部关于规范营销专业信息系统口令和外部账号管理工作的通知》要求，新口令不应与最近使用的（　　）个口令相同。

A.1　　B.2　　C.3　　D.4

正确答案：B

【依据出处】《国网营销部关于规范营销专业信息系统口令和外部账号管理工作的通知》(营销综〔2017〕66号)

29 根据《国网营销部关于规范营销专业信息系统口令和外部账号管理工作的通知》要求，建立外部账号时，应向业务主管部门提交外部账号建立申请表，并指定系统所属专业（　　）为责任人。

A. 长期在岗职工　　B. 农电工　　C. 合同工　　D. 外围队伍经理

正确答案：A

【依据出处】《国网营销部关于规范营销专业信息系统口令和外部账号管理工作的通知》(营销综〔2017〕66号)

30 根据《国网营销部关于规范营销专业信息系统口令和外部账号管理工作的通知》要求，外部账号应由（　　）开头，并满足命名规则。

A. “WB_”　　B. “WB”　　C. “WB-”　　D. “wb_”

正确答案：A

【依据出处】《国网营销部关于规范营销专业信息系统口令和外部账号管理工作的通知》(营销综〔2017〕66号)

31 根据《国网营销部关于规范营销专业信息系统口令和外部账号管理工作的通知》要求，外部账号权限变更时，应向（　　）提交外部账号权限变更申请表。

A. 业务主管部门　　B. 计量处　　C. 信通部　　D. 科信部

正确答案：A

【依据出处】《国网营销部关于规范营销专业信息系统口令和外部账号管理工作的通知》(营销综〔2017〕66号)

32 根据《国网营销部关于规范营销专业信息系统口令和外部账号管理工作的通知》要求，外部账号自冻结之日起（　　）个月内可以被解冻，超过（　　）个月后应予注销。

A.3；3　　B.3；6　　C.6；6　　D.6；3

正确答案：C

【依据出处】《国网营销部关于规范营销专业信息系统口令和外部账号管理工作的通知》(营销综〔2017〕66号)

33 根据《国网营销部关于规范营销专业信息系统口令和外部账号管理工作的通知》要求，信息系统应按照公司信通专业发布的弱口令库定期，即不超过（　　）个月开展弱口令检测和治理工作。

A.3　　B.6　　C.9　　D.12

正确答案： A

【依据出处】《国网营销部关于规范营销专业信息系统口令和外部账号管理工作的通知》（营销综〔2017〕66号）

34 按照《国家电网公司网络与信息系统安全管理办法》要求，从事网络安全岗位的人员发生调动、离职等工作变化时，应在调动（离职）前收回相关访问权限并签署保密协议，调动（离职）后（　　）个工作日内应修改原岗位人员所有账户口令。

A.10　　B.30　　C.90　　D.120

正确答案： A

【依据出处】 国家电网公司网络与信息系统安全管理办法［国网（信息/2）401—2014］

35 按照《国家电网公司网络与信息系统安全管理办法》要求，各单位（　　）应组织网络安全岗位人员进行专业培训和认证考查。

A. 每两年　　B. 每年　　C. 每半年　　D. 每三年

正确答案： B

【依据出处】 国家电网公司网络与信息系统安全管理办法［国网（信息/2）401—2014］

36 按照《国家电网公司网络与信息系统安全管理办法》要求，规范账号权限管理，系统上线稳定运行后，应回收（　　）所掌握的账号与权限。

A. 建设开发单位　　B. 运维人员　　C. 管理人员　　D. 以上都不对

正确答案： A

【依据出处】 国家电网公司网络与信息系统安全管理办法［国网（信息/2）401—2014］

37 按照《国家电网公司营销专业网络与信息安全管理工作细则》要求，三级系统（　　）进行一次测评。

A. 每半年　　B. 每年　　C. 每两年　　D. 每三年

正确答案： B

【依据出处】《国家电网公司营销专业网络与信息安全管理工作细则》（营销综〔2018〕19号）

38 按照《国家电网公司营销专业网络与信息安全管理工作细则》要求，二级系统（　　）进行一次测评，测评次年组织一次自查。

A. 每半年　　B. 每年　　C. 每两年　　D. 每三年

正确答案： C

【依据出处】《国家电网公司营销专业网络与信息安全管理工作细则》（营销综〔2018〕19号）

39 按照《国家电网公司营销专业网络与信息安全管理工作细则》要求，当系统发生重大升级、变更或迁移后，应在（　　）个月内重新完成测评工作。

A.1　　B.2　　C.6　　D.12

正确答案： B

【依据出处】《国家电网公司营销专业网络与信息安全管理工作细则》（营销综〔2018〕19号）

40 按照《国家电网公司营销专业网络与信息安全管理工作细则》要求，公司营销专业网络安全管理工作实行统一领导、（　　）。

A. 多级管理　　B. 分级管理　　C. 统一管理　　D. 集中管理

正确答案： B

【依据出处】《国家电网公司营销专业网络与信息安全管理工作细则》（营销综〔2018〕19号）

41 按照《国家电网公司营销专业网络与信息安全管理工作细则》要求，省公司自行组织建设的营销相关系统，由省公司营销部组织安全防护方案编制和内审，通过后提交省公司科信部，由（　　）组织正式评审，通过后发布执行，并报国网营销部计量处备案。

A. 信息通信职能管理部门　　B. 科信部
C. 公司信息安全专家委员会　　D. 信息通信职能管理部门

正确答案：B

【依据出处】《国家电网公司营销专业网络与信息安全管理工作细则》(营销综〔2018〕19号)

42 按照《国家电网公司营销专业网络与信息安全管理工作细则》要求，公司营销专业网络安全管理工作应充分利用技术手段，提高（　　）水平；在安全性与便捷性的关系上，遵循“安全性服务于便捷性、便捷性服从于安全性”的原则。

A. 安防　　B. 技防　　C. 人防　　D. 攻防

正确答案：B

【依据出处】《国家电网公司营销专业网络与信息安全管理工作细则》(营销综〔2018〕19号)

43 按照《国家电网公司营销专业网络与信息安全管理工作细则》要求，营销专业相关采集控制类系统和管理信息系统的网络安全防护遵循（　　）原则，与系统同步规划、同步建设、同步投入运行。

A. 安全性　　B. 同步性　　C. 三同步　　D. 计划性

正确答案：C

【依据出处】《国家电网公司营销专业网络与信息安全管理工作细则》(营销综〔2018〕19号)

44 按照《国家电网公司营销专业网络与信息安全管理工作细则》要求，公司统一组织建设的营销相关系统，由国网营销部对口业务处组织安全防护方案编制，国网营销部计量处组织安全防护方案内审，通过后提交国网信通部，由公司信息安全专家委员会进行正式评审，通过后发布执行，并在（　　）备案。

A. 国网营销部计量处　　B. 国网营销部　　C. 省公司营销部　　D. 相关业务部门

正确答案：A

【依据出处】《国家电网公司营销专业网络与信息安全管理工作细则》(营销综〔2018〕19号)

45 按照《国家电网公司营销专业网络与信息安全管理工作细则》要求，公司统推系统，由国网营销部对口业务处在（　　）阶段拟定安全防护等级，并根据拟定的安全防护等级组织编制安全防护方案。

A. 项目立项　　B. 项目规划　　C. 可行性研究　　D. 审计

正确答案：C

【依据出处】《国家电网公司营销专业网络与信息安全管理工作细则》(营销综〔2018〕19号)

46 按照《国家电网公司营销专业网络与信息安全管理工作细则》要求，公司营销相关系统建设中使用的安全专用设备，必须通过中国电科院的第三方测试后方可投入运行；需新研制的设备，由（　　）组织研制。

A. 国网营销部　　B. 国网信通部
C. 国网营销部联合国网信通部统一　　D. 设备使用部门

正确答案：C

【依据出处】《国家电网公司营销专业网络与信息安全管理工作细则》(营销综〔2018〕19号)

47 按照《国家电网公司营销专业网络与信息安全管理工作细则》要求，一级部署营销相关系统及两级部署营销相关系统的总部系统，由（　　）组织运维单位开展等保测评工作。

A. 国网营销部配合国网信通部　　B. 省公司营销部配合省公司科信部
C. 对口业务部门配合其信息通信职能管理部门　　D. 国网营销部

正确答案：A

【依据出处】《国家电网公司营销专业网络与信息安全管理工作细则》(营销综〔2018〕19号)

48 按照《国家电网公司营销专业网络与信息安全管理工作细则》要求，二级系统每两年进行一次测评，测评（　　）组织一次自查。

A. 当年　　B. 次年　　C. 隔两年　　D. 隔三年

正确答案：B

【依据出处】《国家电网公司营销专业网络与信息安全管理工作细则》(营销综〔2018〕19号)

49 通过安全评测的营销信息系统会获得中国电科院出具的(　　),各单位可用此文件在国网总部进行备案。

A. 安全测试报告　　B. 等保测评报告
C. 检测说明　　D. 以上全是

正确答案:A

【依据出处】《国家电网公司营销专业网络与信息安全管理工作细则》(营销综〔2018〕19号)

50《中华人民共和国网络安全法》要求,关键信息基础设施的运营者应当自行或者委托网络安全服务机构对其网络的安全性和可能存在的风险(　　)至少进行一次检测评估,并将检测评估情况和改进措施报送相关负责关键信息基础设施安全保护工作的部门。

A. 每年　　B. 每两年　　C. 每三年　　D. 每四年

正确答案:A

【依据出处】《中华人民共和国网络安全法》(中华人民共和国主席令第53号)

51《中华人民共和国网络安全法》要求,网络运营者违反规定,对法律、行政法规禁止发布或者传输的信息未停止传输、采取消除等处置措施、保存有关记录且拒不改正或者情节严重的,可对(　　)和其他直接责任人员处一万元以上十万元以下罚款。

A. 企业负责人　　B. 直接负责的主管人员
C. 网络安全分管领导　　D. 网络安全管理部门领导

正确答案:B

【依据出处】《中华人民共和国网络安全法》(中华人民共和国主席令第53号)

52《中华人民共和国网络安全法》要求,网络运营者应当按照(　　)的要求,履行安全保护义务。

A. 电力监控系统安全防护规定　　B. 网络安全等级保护制度
C. 电力二次系统安全防护规定　　D. 调度数据网管理规定

正确答案:B

【依据出处】《中华人民共和国网络安全法》(中华人民共和国主席令第53号)

53《中华人民共和国网络安全法》要求,网络运营者应当制定(　　),及时处置系统漏洞、计算机病毒、网络攻击、网络侵入等安全风险。

A. 网络安全实施方案　　B. 网络安全事件应急预案
C. 网络安全汇报制度　　D. 网络安全通报制度

正确答案:B

【依据出处】《中华人民共和国网络安全法》(中华人民共和国主席令第53号)

54《中华人民共和国网络安全法》要求,在发生危害网络安全的事件时,立即启动(　　),采取相应的补救措施,并按照规定向有关主管部门报告。

A. 应急预案　　B. 红色预警
C. 橙色预警　　D. 黄色预警

正确答案:A

【依据出处】《中华人民共和国网络安全法》(中华人民共和国主席令第53号)

55(　　)负责信息安全等级保护工作的监督、检查、指导。

A. 公安机关　　B. 国家保密工作部门
C. 国家密码管理部门　　D. 信息化领导小组

正确答案:A

【依据出处】《信息安全等级保护管理办法》

56 信息系统的安全保护等级分为五级:(　　),信息系统受到破坏后,会对公民、法人和其他组织的合法权益造成损害，但不损害国家安全、社会秩序和公共利益。

A. 第一级　B. 第二级　C. 第三级　D. 第四级

正确答案：A

【依据出处】《信息安全等级保护管理办法》

57 信息系统的安全保护等级分为五级：（　），信息系统受到破坏后，会对公民、法人和其他组织的合法权益产生严重损害，或者对社会秩序和公共利益造成损害，但不损害国家安全。

A. 第一级　B. 第二级　C. 第三级　D. 第四级

正确答案：B

【依据出处】《信息安全等级保护管理办法》

58 信息系统的安全保护等级分为五级：（　），信息系统受到破坏后，会对社会秩序和公共利益造成严重损害，或者对国家安全造成损害。

A. 第一级　B. 第二级　C. 第三级　D. 第四级

正确答案：C

【依据出处】《信息安全等级保护管理办法》

59 信息系统的安全保护等级分为五级：（　），信息系统受到破坏后，会对社会秩序和公共利益造成特别严重损害，或者对国家安全造成严重损害。

A. 第一级　B. 第二级　C. 第三级　D. 第四级

正确答案：D

【依据出处】《信息安全等级保护管理办法》

60 国家网信部门会同（　）有关部门制定、公布网络关键设备和网络安全专用产品目录，并推动安全认证和安全检测结果互认，避免重复认证检测。

A. 国家安全局　B. 具备资格的机构　C. 公安机关　D. 国务院

正确答案：D

【依据出处】《中华人民共和国网络安全法》（中华人民共和国主席令第53号）

61 信息内网办公计算机及其外设可涉及（　），但严禁存储、处理涉及（　）的信息，严禁接入与互联网联接的信息网络。

A. 公司企业秘密；国家秘密　B. 国家秘密；公司企业秘密

C. 商业秘密；国家秘密　D. 国家秘密；商业秘密

正确答案：A

【依据出处】《国家电网公司办公计算机信息安全和保密管理规定》（办保密〔2005〕55号）

62 涉及（　）安全移动存储介质的安全保密管理按照公司有关保密规定执行。

A. 企业秘密　B. 商业秘密　C. 行业秘密　D. 国家秘密

正确答案：D

【依据出处】《国家电网公司办公计算机信息安全和保密管理规定》（办保密〔2005〕55号）

63 涉及（　）的安全移动存储介质管理按照公司办公计算机安全移动存储修持管理规定执行。

A. 行业秘密　B. 商业秘密　C. 企业秘密　D. 国家秘密

正确答案：C

【依据出处】《国家电网公司办公计算机信息安全和保密管理规定》（办保密〔2005〕55号）

64 采集终端通过无线公网接入采集系统的，必须采用（　）方式，使用3A认证服务器对SIM卡进行管理。

A.DCN　B.VPN　C.DDN　D.VSAT

正确答案：B

【依据出处】《国网营销部关于加强营销专业网络与信息安全管理的工作意见》（营销综〔2017〕4号）

65 终端设备管理由各使用单位负责，实行（　），严禁在设备上进行与工作无关的操作，严禁私自拆卸设备，调换配件。

A. 班组负责制　　B. 领导负责制　　C. 领用人负责制　　D. 部门负责制

正确答案：C

【依据出处】《国网营销部关于加强营销专业网络与信息安全管理的工作意见》（营销综〔2017〕4 号）

66 不准许将涉及（　　）的计算机、存储设备等与信息内外网和其他信息网络进行连接。

A. 行业秘密　　B. 商业秘密　　C. 企业秘密　　D. 国家秘密

正确答案：D

【依据出处】《国家电网公司办公计算机信息安全和保密管理规定》（办保密〔2005〕55 号）

67 无线终端设备必须具备安全芯片或安全数码卡（TF 卡），并通过统推用电信息采集系统或公司统一安全接入平台接入，否则，应按照（　　）原则管理。

A. 先停用、后整改、再上线　　B. 先整改、后停用、再上线

C. 先上线、后整改、再停用　　D. 先停用、后上线、再整改

正确答案：A

【依据出处】《国家电网公司营销专业网络与信息安全管理工作细则》

68 建设关键信息基础设施应当确保其具有支持（　　）的性能，并保证安全技术措施同步规划、同步建设、同步使用。

A. 安全认证、安全检测　　B. 业务稳定、安全认证

C. 业务稳定、持续运行　　D. 安全检测、持续运行

正确答案：C

【依据出处】《中华人民共和国网络安全法》（中华人民共和国主席令第 53 号）

69《中华人民共和国网络安全法》要求，关键信息基础设施的运营者应制定网络安全事件应急预案，并定期进行（　　）。

A. 演练　　B. 汇报　　C. 分析　　D. 预警

正确答案：A

【依据出处】《中华人民共和国网络安全法》（中华人民共和国主席令第 53 号）

70《中华人民共和国网络安全法》要求，关键信息基础设施的运营者应对（　　）进行容灾备份。

A. 关键设备和信息系统　　B. 关键设备和数据库

C. 重要系统和数据库　　D. 重要系统和信息系统

正确答案：C

【依据出处】《中华人民共和国网络安全法》（中华人民共和国主席令第 53 号）

71《电力监控系统安全防护规定》要求，电力监控系统在设备选型及配置时，应当禁止选用经国家相关管理部门检测认定前经（　　）通报存在漏洞和风险的系统及设备。

A. 国家安全局　　B. 国家能源局　　C. 国务院　　D. 国家网信部门

正确答案：B

【依据出处】《电力监控系统安全防护规定》（国家发展改革委 2014 年第 14 号令）

72《电力监控系统安全防护规定》要求，电力监控系统在设备选型及配置时，对于已经投入运行的存在漏洞和风险的系统及设备，应当按照（　　）及其派出机构的要求及时进行整改，同时应当加强相关系统及设备的运行管理和安全保护。

A. 国家安全局　　B. 国家网信部门　　C. 公安机关　　D. 国家能源局

正确答案：D

【依据出处】《电力监控系统安全防护规定》（国家发展改革委 2014 年第 14 号令）

73《电力监控系统安全防护规定》要求，电力监控系统相关设备及系统的开发单位、供应商应当以

（　　）或者（　　）的方式保证其所提供的设备及系统符合本规定的要求，并在设备及系统的（　　）对其负责。

A. 安全保密协议；外包服务协议；一定周期　　B. 服务合同；技术协议；全生命周期
C. 合同条款；保密协议；全生命周期　　D. 安全保密协议；技术协议；一定周期

正确答案：C

【依据出处】《电力监控系统安全防护规定》（国家发展改革委 2014 年第 14 号令）

74 《商用密码管理条例》规定，商用密码技术属于（　　）。

A. 组织秘密　　B. 行业秘密　　C. 企业秘密　　D. 国家秘密

正确答案：D

【依据出处】《商用密码管理条例》（中华人民共和国国务院令第 273 号）

75 《商用密码管理条例》规定，商用密码产品，必须经（　　）指定的产品质量检测机构检测合格。

A. 国家安全局　　B. 公安机关　　C. 国家密码管理机构　　D. 政府机关

正确答案：C

【依据出处】《商用密码管理条例》（中华人民共和国国务院令第 273 号）

76 《国家电网公司信息安全工作纲要》指出，管理信息系统安全防护坚持的总体安全策略中，（　　）指信息内外网间采用逻辑强隔离设备进行隔离，并分别采用独立的服务器及桌面主机。

A. 双网双机　　B. 安全接入　　C. 分区分域　　D. 全面防护

正确答案：A

【依据出处】《国家电网网络与信息系统安全管理办法》[国网（信息/2）401—2014）]

77 《国家电网公司网络与信息系统安全管理办法》指出，动态感知指对公司网络、信息系统、（　　）等安全状态进行全面动态监测，实现事前预警、事中监测和事后审计。

A. 用户及运维人员　　B. 应用及数据　　C. 终端及设备　　D. 主机及设备

正确答案：C

【依据出处】《国家电网网络与信息系统安全管理办法》[国网（信息/2）401—2014]

78 （　　）负责配电自动化终端具体安全防护及运行维护管理，负责相关安全防护的技改项目管理。

A. 国网安质部　　B. 国网营销部　　C. 国网运检部　　D. 国网农电部

正确答案：C

【依据出处】《国家电网网络与信息系统安全管理办法》[国网（信息/2）401—2014]

79 （　　）负责营销业务涉及控制类系统及终端（如负荷控制系统、负控终端及用电信息采集控制终端等）的具体安全防护及运行维护管理。

A. 国网计量部　　B. 国网营销部　　C. 国网运检部　　D. 国网农电部

正确答案：B

【依据出处】《国家电网网络与信息系统安全管理办法》[国网（信息/2）401—2014]

80 对涉及的信息安全软硬件产品和密码产品要坚持（　　）原则，信息安全核心防护产品以自主研究为主。

A. 合作化　　B. 国际化　　C. 国产化　　D. 以上都是

正确答案：C

【依据出处】《国家电网网络与信息系统安全管理办法》[国网（信息/2）401—2014]

81 重要通信设备应满足硬件冗余需求，至少满足（　　）冗余需求，一些重要板卡需满足 $1+N$ 冗余需求。

A.1+1　　B.1+2　　C.2（N+1）　　D.M+N

正确答案：A

【依据出处】《国家电网网络与信息系统安全管理办法》[国网(信息/2)401—2014]

82 办公计算机应严格执行(　　)纪律。

A. 涉密可上网、上网不涉密　　B. 涉密不上网、上网不涉密

C. 涉密可上网、上网可涉密　　D. 涉密不上网、上网可涉密

正确答案：B

【依据出处】《国家电网网络与信息系统安全管理办法》[国网(信息/2)401—2014]

83 信息内外网办公计算机分别运行于信息内网和信息外网，实现网络强隔离与(　　)。

A. 双网双机　　B. 双网单机　　C. 单网单机　　D. 单网双机

正确答案：A

【依据出处】《国家电网公司办公计算机信息安全和保密管理规定》(办保密〔2005〕55号)

84 (　　)为办公计算机的第一安全责任人。

A. 办公计算机使用人员　　B. 各单位信息化管理部门

C. 各单位保密委员会　　D. 各单位及各部门负责人

正确答案：A

【依据出处】《国家电网公司办公计算机信息安全和保密管理规定》(办保密〔2005〕55号)

85 办公计算机要按照国家信息安全等级保护的要求实行(　　)管理。

A. 同类分级　　B. 分类分级　　C. 分类同级　　D. 同类同级

正确答案：B

【依据出处】《国家电网公司办公计算机信息安全和保密管理规定》(办保密〔2005〕55号)

86 办公计算机要妥善保管，严禁将办公计算机带到(　　)。

A. 会议室　　B. 与工作无关的场所　　C. 上级单位　　D. 公司总部

正确答案：B

【依据出处】《国家电网公司办公计算机信息安全和保密管理规定》(办保密〔2005〕55号)

87 办公计算机及外设维护要及时报(　　)部门，由运行维护部门负责维护。

A. 各单位信息化管理部门　　B. 各单位保密委员会

C. 计算机运行维护部　　D. 各单位及各部门负责人

正确答案：C

【依据出处】《国家电网公司办公计算机信息安全和保密管理规定》(办保密〔2005〕55号)

88 信息内网办公计算机及外设和存储设备在变更用途，由运行运维部门负责采取有效手段删除存储部件中(　　)的信息。

A. 涉及国家秘密　　B. 涉及公司秘密　　C. 涉及企业秘密　　D. 涉及办公文件

正确答案：C

【依据出处】《国家电网公司办公计算机信息安全和保密管理规定》(办保密〔2005〕55号)

89 通过纸质、磁介质、光介质及半导体介质等各类物品形式提供给社会第三方的重要数据，须经(　　)审批。

A. 省级单位保密部门　　B. 省级单位业务主管部门以及分管领导

C. 总部业务主管部门　　D. 第三方使用部门

正确答案：B

【依据出处】《国网办公厅关于进一步加强数据安全工作的通知》(办信通〔2016〕40号)

90 禁止未经(　　)批准在互联网企业平台存储公司重要数据。

A. 总部单位　　B. 省级以上单位　　C. 市级以上单位　　D. 县级以上单位

正确答案：B

【依据出处】《国网办公厅关于进一步加强数据安全工作的通知》(办信通〔2016〕40号)

91　严格公司商业秘密数据和重要数据的安全备案和审批制度，严格审批权限，实行（　　）审批。

A. 总部单位　　B. 省级单位
C. 市级单位　　D. 总部、省级单位二级

正确答案：D

【依据出处】国网办公厅关于进一步加强数据安全工作的通知（办信通〔2016〕40号）

92　下列说法错误的是（　　）。

A. 严格公司商业秘密数据和重要数据的安全备案和审批制度，严格审批权限，实行总部单位审批
B. 大数据信息跨业务部门的采集、传输、分析和处理等行为须经省公司业务部门或总部业务主管部门审批
C. 禁止将电网生产及用电采集类业务数据或含有其采集类业务的数据及装置提供给社会第三方使用、设备互联
D. 用户隐私信息数据的批量查询、导出等操作及转交第三方使用等行为须经省级单位业务主管部门及分管领导审批

正确答案：A

【依据出处】《国网办公厅关于进一步加强数据安全工作的通知》（办信通〔2016〕40号）

93　营销专业对外提供数据的审批材料、保密协议、办案手续、用户授权书、免责声明等扫描件报国网营销部（　　）备案。

A. 营业处　　B. 智能处　　C. 信息处　　D. 计量处

正确答案：D

【依据出处】国网营销部关于印发《国家电网公司营销专业网络与信息安全管理工作细则》的通知（营销综〔2018〕19号）

94　营销数据审计功能对营销关键业务数据的（　　）操作均应纳入审计范围。

A. 部分　　B. 核心　　C. 所有　　D. 重要

正确答案：C

【依据出处】国网营销部关于印发《国家电网公司营销专业网络与信息安全管理工作细则》的通知（营销综〔2018〕19号）

95　营销数据审计功能对营销关键业务数据审计记录至少保存（　　）个月。

A.12　　B.6　　C.3　　D.10

正确答案：B

【依据出处】国网营销部关于印发《国家电网公司营销专业网络与信息安全管理工作细则》的通知（营销综〔2018〕19号）

96　营销数据审计功能对营销关键业务纳入审计范围，审计不符合要求的内容应（　　）。

A. 提示告警信息　　B. 加粗　　C. 红色标注　　D. 后台记录

正确答案：A

【依据出处】国网营销部关于印发《国家电网公司营销专业网络与信息安全管理工作细则》的通知（营销综〔2018〕19号）

97　《国网营销部关于加强营销专业网络与信息安全管理的工作意见》规定，加强数据（　　）的技术保护。

A. 全生命周期各环节　　B. 生成环节　　C. 使用环节　　D. 销毁环节

正确答案：A

【依据出处】《国网营销部关于加强营销专业网络与信息安全管理的工作意见》（营销综〔2017〕4号）

98　《国网营销部关于加强营销专业网络与信息安全管理的工作意见》规定，公司侧应用与第三方平

台数据交互应使用（　　），确保请求来源可信。

A. 加密　　B. 脱敏　　C. 签名　　D. 密码

正确答案：C

【依据出处】《国网营销部关于加强营销专业网络与信息安全管理的工作意见》（营销综〔2017〕4号）

99 《国网营销部关于加强营销专业网络与信息安全管理的工作意见》规定，禁止将用电信息采集类业务数据或含有采集类业务的数据及装置提供给（　　）使用、设备互联。

A. 国网运检部　　B. 市县公司　　C. 当地政府　　D. 社会第三方

正确答案：D

【依据出处】《国网营销部关于加强营销专业网络与信息安全管理的工作意见》（营销综〔2017〕4号）

100 未经公司（　　）禁止向系统外部单位提供公司受保护的重要数据。

A. 批准　　B. 备案　　C. 审核　　D. 会审

正确答案：A

【依据出处】《国网营销部关于加强营销专业网络与信息安全管理的工作意见》（营销综〔2017〕4号）

101 对敏感客户与业务数据应加密传输，并由公司侧应用服务端与手机终端（　　）交互。

A. 间接　　B. 直接　　C. 转接　　D. 通过第三方

正确答案：B

【依据出处】《国网营销部关于加强营销专业网络与信息安全管理的工作意见》（营销综〔2017〕4号）

102 《中华人民共和国网络安全法》要求，网络运营者应当对其收集的用户信息严格保密，并建立健全（　　）。

A. 网络安全应急预案　　B. 网络安全保护规范

C. 安全评估制度　　D. 用户信息保护制度

正确答案：D

【依据出处】《中华人民共和国网络安全法》（中华人民共和国主席令第53号）

103 营销信息系统应提供审计功能，对敏感信息的各类访问和操作行为应进行审计，审计记录至少保存（　　）个月以上。

A.10　　B.3　　C.6　　D.12

正确答案：C

【依据出处】《国网营销部关于加强营销专业网络与信息安全管理的工作意见》（营销综〔2017〕4号）

104 95598坐席人员受理业务时需进行（　　）识别。

A. 户名　　B. 户号　　C. 用电地址　　D. 客户身份

正确答案：D

【依据出处】《国网营销部关于加强营销专业网络与信息安全管理的工作意见》（营销综〔2017〕4号）

105 对外提供营销客户数据访问时，需进行（　　）传输。

A. 数据加密　　B. 数据屏蔽　　C. 数据隐藏　　D. 数据编码

正确答案：A

【依据出处】《国网营销部关于加强营销专业网络与信息安全管理的工作意见》（营销综〔2017〕4号）

106 细化军队、（　　）等要客范围，制定满足不同信息安全保密等级用户的信息安全管理办法。

A. 重要客户　　B. 公检法　　C. 高危客户　　D. 重要政府机关

正确答案：D

【依据出处】《国网营销部关于加强营销专业网络与信息安全管理的工作意见》（营销综〔2017〕4号）

107 办理要客查询、交费等办电业务，有关业务只能在（　　）或大客户经理通过掌上电力手机App（企业版）一对一服务办理。

A.95598网站　　B. 实体营业厅　　C.95598热线　　D. 网上营业厅

正确答案：B

【依据出处】《国网营销部关于加强营销专业网络与信息安全管理的工作意见》(营销综〔2017〕4号)

108 执行批量查询、导出数据的岗位人员，应根据业务角色和（ ）原则授予相关权限。

A. 最大化 B. 随机化 C. 最小化 D. 符合岗位要求

正确答案：C

【依据出处】《国网营销部关于加强营销专业网络与信息安全管理的工作意见》(营销综〔2017〕4号)

109 确有批量查询、导出业务需求的特定岗位人员，经上级单位审批后给予营销信息系统客户信息批量查询、导出权限，其他操作人员（ ）其批量操作权限。

A. 一律屏蔽 B. 根据需要给予 C. 经审批后给予 D. 部分给予

正确答案：A

【依据出处】《国网营销部关于加强营销专业网络与信息安全管理的工作意见》(营销综〔2017〕4号)

110 对营销信息系统批量查询功能，其批量查询的用户名称、用电地址、联系地址、联系电话等客户敏感信息以“*”覆盖其部分内容。操作人员如需查看详细信息，只能（ ）查询。

A. 按照权限批量 B. 按照权限单户

C. 经审批后批量查询 D. 经审批后单户查询

正确答案：B

【依据出处】《国网营销部关于加强营销专业网络与信息安全管理的工作意见》(营销综〔2017〕4号)

111 对客户敏感数据的批量业务操作，需要在（ ）设备上进行操作。

A. 安装有桌面管控系统的 B. 内网

C. 外网 D. 指定

正确答案：D

【依据出处】《国网营销部关于加强营销专业网络与信息安全管理的工作意见》(营销综〔2017〕4号)

112 95598 坐席人员受理业务时需进行客户身份识别，通过（ ）问题，向客户核实户名、户号、表号、用电地址等客户档案信息。

A. 开放式 B. 专有 C. 密码 D. 特定

正确答案：A

【依据出处】《国网营销部关于加强营销专业网络与信息安全管理的工作意见》(营销综〔2017〕4号)

113 95598 坐席人员受理业务时需进行客户身份识别，核实不通过时，通过规范话术引导用户到（ ）进行身份信息核实。

A. 网上营业厅 B. 实体营业厅 C. 掌上电力 D.95598 网站

正确答案：B

【依据出处】《国网营销部关于加强营销专业网络与信息安全管理的工作意见》(营销综〔2017〕4号)

114 细化军队、重要政府机关等要客范围，制定满足不同信息安全保密等级用户的信息安全管理办法，明确业务办理岗位设置、（ ）、信息查询脱敏等方面的系统管理和工作要求。

A. 外部查询接口 B. 外部查询权限 C. 内部查询权限 D. 外部访问权限

正确答案：C

【依据出处】《国网营销部关于加强营销专业网络与信息安全管理的工作意见》(营销综〔2017〕4号)

115 借鉴公司内外部脱敏工作经验，根据信息类型及特点，针对 6 大类（ ）项数据逐一制定脱敏规则，默认对客户敏感信息全部进行脱敏。

A.23 B.22 C.24 D.25

正确答案：A

【依据出处】《国网营销部关于规范营销专业客户敏感信息脱敏工作的通知》(营销综〔2017〕65号)

116 为防范因拍照、导出造成信息泄露，在涉及敏感信息的查询、导出页面背景中增加（ ）。

A. 登录人员员工编号信息 B. 单位编号信息

C.IP 地址信息　　D. 水印

正确答案：D

【依据出处】《国网营销部关于规范营销专业客户敏感信息脱敏工作的通知》（营销综〔2017〕65 号）

117 《国网营销部关于规范营销专业客户敏感信息脱敏工作的通知》规定的脱敏规则主要适用于系统界面浏览、界面数据导出、系统接口集成、（　　）等在线脱敏场景。

A. 生成数据分析类数据　　B. 生成系统测试数据

C. 系统接口集成　　D. 对外数据共享

正确答案：C

【依据出处】《国网营销部关于规范营销专业客户敏感信息脱敏工作的通知》（营销综〔2017〕65 号）

118 《国网营销部关于规范营销专业客户敏感信息脱敏工作的通知》规定客户编号的脱敏规则是保留前 3 位和最后（　　）位，其他用 * 代替。

A.2　　B.3　　C.4　　D.5

正确答案：B

【依据出处】《国网营销部关于规范营销专业客户敏感信息脱敏工作的通知》（营销综〔2017〕65 号）

119 省公司自建系统，由（　　）在可行性研究阶段拟定安全防护等级，并根据拟定的安全防护等级组织编制安全防护方案。

A. 省公司营销部　　B. 公司营销部　　C. 省公司科信部　　D. 公司科信部

正确答案：A

【依据出处】 国网营销部关于印发《国家电网公司营销专业网络与信息安全管理工作细则》的通知（营销综〔2018〕19 号）

120 二级部署营销相关系统、两级部署营销相关系统的省公司系统以及省公司自建系统，由省公司营销部配合（　　）组织运维单位开展等保测评工作。

A. 公司科信部　　B. 省公司科信部　　C. 公司营销部　　D. 运维单位

正确答案：B

【依据出处】 国网营销部关于印发《国家电网公司营销专业网络与信息安全管理工作细则》的通知（营销综〔2018〕19 号）

121 国网营销部根据营销专业网络安全态势，适时组织开展隐患排查工作。自建系统安全隐患的整改责任部门为（　　）或相关直属单位。

A. 省公司科信部　　B. 国网营销部　　C. 国网科信部　　D. 省公司营销部

正确答案：D

【依据出处】 国网营销部关于印发《国家电网公司营销专业网络与信息安全管理工作细则》的通知（营销综〔2018〕19 号）

122 各省公司营销部和相关直属单位应结合本单位网络安全态势，常态化开展隐患排查工作。排查出的自建系统安全隐患，及时报（　　）备案。

A. 国网营销部计量处　　B. 国网营销部营业处　　C. 省公司科信部　　D. 国网科信部

正确答案：A

【依据出处】 国网营销部关于印发《国家电网公司营销专业网络与信息安全管理工作细则》的通知（营销综〔2018〕19 号）

123 省公司自行组织建设的营销相关系统，由（　　）组织安全防护方案编制和内审。

A. 省公司营销部　　B. 省公司科信部　　C. 国网科信部　　D. 国网营销部

正确答案：A

【依据出处】 国网营销部关于印发《国家电网公司营销专业网络与信息安全管理工作细则》的通知（营销综〔2018〕19 号）

124 省公司自建系统零星适应性升级改造，由省公司营销部组织至少每年进行第三方安全测试，系统通过测试后报（ ）备案。

A. 国网营销部计量处　　B. 国网科信部

C. 省公司科信部　　D. 省公司营销部综合技术处

正确答案：A

【依据出处】 国网营销部关于印发《国家电网公司营销专业网络与信息安全管理工作细则》的通知（营销综〔2018〕19号）

125 各单位新增自建系统，应在上线后（ ）个月内完成系统备案和等保测评。

A.1　　B.2　　C.3　　D.4

正确答案：B

【依据出处】 国网营销部关于印发《国家电网公司营销专业网络与信息安全管理工作细则》的通知（营销综〔2018〕19号）

126 各单位新增自建系统，需通过（ ）后方可启动建设。

A. 审批　　B. 备案　　C. 评估　　D. 调研

正确答案：A

【依据出处】 国网营销部关于印发《国家电网公司营销专业网络与信息安全管理工作细则》的通知（营销综〔2018〕19号）

127 对于省公司营销相关在运自建系统，完成下线处置工作后，报（ ）备案。

A. 省公司科信部　　B. 国网科信部　　C. 省公司办公室　　D. 国网营销部计量处

正确答案：D

【依据出处】 国网营销部关于印发《国家电网公司营销专业网络与信息安全管理工作细则》的通知（营销综〔2018〕19号）

128 对于明确下线的自建系统，应在（ ）内下线。

A.3个月　　B.4个月　　C. 规定时间　　D.6个月

正确答案：C

【依据出处】 国网营销部关于印发《国家电网公司营销专业网络与信息安全管理工作细则》的通知（营销综〔2018〕19号）

二、多选题（共64题）

1 省公司营销部和相关直属单位组织制定的涉及网络安全的（ ）等，发布前也应由网络安全主管处室或部门组织进行网络安全技术审查，通过后方可发布。

A. 技术标准　　B. 工作标准　　C. 建设方案　　D. 规章制度

正确答案：AC

【依据出处】 国家电网公司营销专业网络与信息安全管理工作细则（营销综〔2018〕19号）

2 国网营销部计量处、各省公司营销部、相关直属单位负责对业务管辖范围内的（ ）等进行归档，并存放于保密柜中。

A. 营销相关系统安全防护方案　　B. 第三方安全测试报告

C. 等级保护测评报告　　D. 对外提供数据审批单

正确答案：ABCD

【依据出处】 国家电网公司营销专业网络与信息安全管理工作细则（营销综〔2018〕19号）

3 公司各级单位营销部门、营销专业相关直属单位每年应组织长期在岗员工和第三方服务人员分别签订（ ）。

A. 研发测试人员网络安全承诺书　　B. 网络安全从业人员网络安全承诺书

C. 长期在岗员工网络安全承诺书　　D. 第三方服务人员网络安全承诺书

正确答案：CD

【依据出处】国家电网公司营销专业网络与信息安全管理工作细则（营销综〔2018〕19号）

4 按照《国家电网公司营销专业网络与信息安全管理工作细则》要求，对于各单位（ ）等违反营销专业网络安全管理有关规定的情况，总部将给予通报批评，并作为扣分项纳入考核评价。

A. 防护措施落实不到位 B. 人员培训不及时
C. 预警排查不及时 D. 隐患整改不彻底

正确答案：ACD

【依据出处】国家电网公司营销专业网络与信息安全管理工作细则（营销综〔2018〕19号）

5 按照《国家电网公司营销专业网络与信息安全管理工作细则》要求，对于各单位防护措施落实不到位、预警排查不及时、隐患整改不彻底等违反营销专业网络安全管理有关规定的情况，总部将给予通报批评，并作为扣分项纳入考核评价，对造成严重后果的，将严肃追究（ ）责任。

A. 单位 B. 个人 C. 集体 D. 国家电网有限公司

正确答案：AB

【依据出处】国家电网公司营销专业网络与信息安全管理工作细则（营销综〔2018〕19号）

6 按照《国家电网公司营销专业网络与信息安全管理工作细则》要求，对于各单位主动作为，为（ ）做出较大贡献，或提出典型做法，积累成功经验的，总部将通报表扬，推广典型做法和经验，并作为加分项纳入考核评价。

A. 提升公司营销专业网络安全防护水平 B. 提高人员素质
C. 降低网络安全隐患 D. 国家网络安全建设

正确答案：AC

【依据出处】国家电网公司营销专业网络与信息安全管理工作细则（营销综〔2018〕19号）

7 按照《国家电网公司营销专业网络与信息安全管理工作细则》要求，营销相关系统的账号、口令及权限应严格管理，严控（ ）滥用带来的网络安全风险。

A. 人员 B. 账号 C. 口令 D. 权限

正确答案：BCD

【依据出处】国家电网公司营销专业网络与信息安全管理工作细则（营销综〔2018〕19号）

8 按照《2018年营销专业网络与信息安全重点工作安排》，各单位结合营销专业网络与信息安全防护工作需要，组织开展面向营销专业（ ）的专项培训。

A. 网络与信息安全专责 B. 相关技术支撑人员
C. 信息系统研发人员 D. 其他人员

正确答案：ABC

【依据出处】《国网营销部关于印发〈2018年营销专业网络与信息安全重点工作安排〉的通知》（营销综〔2018〕9号）

9 按照《2018年营销专业网络与信息安全重点工作安排》，总部针对（ ），组织开展专项隐患排查和整改工作。

A. “互联网+”业务应用 B. 采集控制类业务应用
C. 无线终端类应用 D. 内网重要信息系统

正确答案：ABCD

【依据出处】《国网营销部关于印发〈2018年营销专业网络与信息安全重点工作安排〉的通知》（营销综〔2018〕9号）

10 按照《2018年营销专业网络与信息安全重点工作安排》，各单位结合营销专业网络与信息安全防护现状，制定（ ）计划，常态开展隐患排查和整改工作，并及时将发现的统推系统隐患报送总部。

A. 年度 B. 半年度 C. 季度 D. 月度

正确答案：ACD

【依据出处】《国网营销部关于印发〈2018年营销专业网络与信息安全重点工作安排〉的通知》（营销

综〔2018〕9号）

11 按照《2018年营销专业网络与信息安全重点工作安排》，总部组织编制《营销专业网络与信息安全督查工作方案》，重点面向（ ），开展面向各单位的年度督查。

A. 数据安全　　B. 等级保护

C. 自建系统　　D. 无线终端和线上渠道

正确答案：ABCD

【依据出处】《国网营销部关于印发〈2018年营销专业网络与信息安全重点工作安排〉的通知》（营销综〔2018〕9号）

12 按照《2018年营销专业网络与信息安全重点工作安排》，各单位结合营销专业网络与信息安全防护现状，组织开展面向本单位营销专业各级单位的（ ）。

A. 专项督查　　B. 季度督查　　C. 半年度督查　　D. 年度督查

正确答案：AD

【依据出处】《国网营销部关于印发〈2018年营销专业网络与信息安全重点工作安排〉的通知》（营销综〔2018〕9号）

13 公司营销专业网络安全管理工作实行统一领导、分级管理，遵循"（ ），管业务必须管安全"的原则。

A. 谁主管谁负责　　B. 谁运行谁负责　　C. 谁使用谁负责　　D. 谁维护谁负责

正确答案：ABC

【依据出处】 国家电网公司营销专业网络与信息安全管理工作细则（营销综〔2018〕19号）

14 各单位结合营销专业网络与信息安全防护工作需要，组织开展面向（ ）的专项培训。

A. 分管领导　　B. 营销专业网络与信息安全专责

C. 相关技术支撑人员　　D. 信息系统研发人员

正确答案：BCD

【依据出处】《国网营销部关于印发〈2018年营销专业网络与信息安全重点工作安排〉的通知》（营销综〔2018〕9号）

15 各省公司和相关直属单位应与营销相关系统开发及运维单位签订协议，除明确工作外，还应明确安全责任，并与开发及运维人员签订保密协议，收集人员（ ）及联系方式等信息，形成系统开发及运维人员台账。

A. 姓名　　B. 照片　　C. 能力证明　　D. 身份证

正确答案：ABCD

【依据出处】 国家电网公司营销专业网络与信息安全管理工作细则（营销综〔2018〕19号）

16 按照《国家电网公司网络与信息系统安全管理办法》，应通过签订（ ）等方式，严格内外部合作单位和供应商的数据安全管控。

A. 合同　　B. 保密协议　　C. 保密承诺书　　D. 以上均不对

正确答案：ABC

【依据出处】 国家电网公司网络与信息系统安全管理办法［国网（信息/2）401—2014］

17 根据《国网营销部关于规范营销专业信息系统口令和外部账号管理工作的通知》要求，信息系统口令长度不得小于8位，必须是（ ）的组合。

A. 大写字母　　B. 字母　　C. 数字　　D. 特殊字符

正确答案：BCD

【依据出处】《国网营销部关于规范营销专业信息系统口令和外部账号管理工作的通知》（营销综〔2017〕66号）

18 根据《国网营销部关于规范营销专业信息系统口令和外部账号管理工作的通知》要求，禁止在

（　　）中明文存储口令。

A. 主机文件系统　　B. 数据库

C. 客户端浏览器 COOKIE　　D.U 盘

正确答案：ABC

【依据出处】《国网营销部关于规范营销专业信息系统口令和外部账号管理工作的通知》（营销综〔2017〕67 号）

19 根据《国网营销部关于规范营销专业信息系统口令和外部账号管理工作的通知》要求，信息系统应提供口令修改功能，且用户设置的新口令应符合（　　）。

A. 口令强度要求　　B. 口令修改要求　　C. 口令管理要求　　D. 口令时长要求

正确答案：AB

【依据出处】《国网营销部关于规范营销专业信息系统口令和外部账号管理工作的通知》（营销综〔2017〕68 号）

20 根据《国网营销部关于规范营销专业信息系统口令和外部账号管理工作的通知》要求，信息系统传输及存储口令时应对被（　　）的口令进行加密，且加密应符合口令加密要求。

A. 传输　　B. 存储　　C. 备份　　D. 生成

正确答案：AB

【依据出处】《国网营销部关于规范营销专业信息系统口令和外部账号管理工作的通知》（营销综〔2017〕69 号）

21 等保三级信息系统的管理制度包括（　　）。

A. 应制定信息安全工作的总体方针和安全策略，说明机构安全工作的总体目标、范围、原则和安全框架等

B. 应对安全管理活动中的各类管理内容建立安全管理制度

C. 应对要求管理人员或操作人员执行的日常管理操作建立操作规程

D. 应形成由安全策略、管理制度、操作规程等构成的全面的信息安全管理制度体系

正确答案：ABC

【依据出处】《信息安全等级保护管理办法》

22 公安机关负责信息安全等级保护工作的（　　）。

A. 监督　　B. 检查　　C. 测评　　D. 指导

正确答案：ABD

【依据出处】《信息安全等级保护管理办法》

23 等级测评实施过程中可能存在的风险，主要有（　　）。

A. 验证测试影响系统正常运行　　B. 工具测试影响系统正常运行

C. 敏感信息泄露　　D. 业务系统断电

正确答案：ABC

【依据出处】《信息安全等级保护管理办法》

24 省公司级信息通信运维单位主要职责有（　　）。

A. 负责运维范围内网络运行管理及维护工作

B. 负责运维范围内网络运行的安全保障及应急处置工作

C. 负责运维范围内网络运行情况的分析与总结

D. 负责运维范围内网络安全技术督查

正确答案：ABC

【依据出处】《国家电网公司信息网络运行管理办法》

25 业务系统通过（　　）后，由接入单位（部门）向本单位信息通信职能管理部门提交申请并提

供接入方案和安全防护方案，经审批通过后，由本单位运维部门完成接入。

A. 功能测评　B. 等保测评　C. 性能测评　D. 安全测评

正确答案：ACD

【依据出处】《国家电网公司信息网络运行管理办法》

26 网络接入对象包含（　）及各类分支网络。

A. 业务系统　B. 网络设备　C. 终端设备　D.App 客户端

正确答案：ABC

【依据出处】《国家电网公司信息网络运行管理办法》

27 网络建设应根据网络结构、规模，合理选用网络技术，按照（　）原则，规划网络安全防护措施，确保网络投运后安全稳定运行。

A. 同步规划　B. 同步设计　C. 同步建设　D. 同步投入

正确答案：ACD

【依据出处】《国家电网公司信息网络运行管理办法》

28 国家电网公司营销专业网络安全管理工作实行统一领导、分级管理，遵循（　）原则。

A. 谁主管谁负责　B. 谁运行谁负责

C. 谁使用谁负责　D. 管业务必须管安全

正确答案：ABCD

【依据出处】 国家电网公司营销专业网络与信息安全管理工作细则

29 国家电网公司营销专业网络安全管理工作实行统一领导、分级管理，严格落实网络安全责任，确保营销专业（　）。

A. 系统安全　B. 业务安全　C. 服务安全　D. 人员安全

正确答案：ABC

【依据出处】 国家电网公司营销专业网络与信息安全管理工作细则

30 （　）的信息系统需要由公安机关颁发备案证明。

A. 一级　B. 二级　C. 三级　D. 四级

正确答案：BCD

【依据出处】《信息安全等级保护管理办法》

31 建设关键信息基础设施应当确保其具有支持业务稳定、持续运行的性能，并保证安全技术措施（　）。

A. 同步审计　B. 同步规划　C. 同步建设　D. 同步使用

正确答案：BCD

【依据出处】《中华人民共和国网络安全法》（中华人民共和国主席令第 53 号）

32《中华人民共和国网络安全法》规定，关键信息基础设施的运营者应当履行的安全保护义务有（　）。

A. 设置专门安全管理机构和安全管理负责人，并对关键岗位的人员进行安全背景审查

B. 定期对从业人员进行网络安全教育、技术培训和技能考核

C. 法律、行政法规规定的其他义务

D. 指导和监督关键信息基础设施运行安全保护工作

正确答案：ABC

【依据出处】《中华人民共和国网络安全法》（中华人民共和国主席令第 53 号）

33《国家电网公司网络与信息系统安全管理办法》指出，管理信息系统安全防护坚持的总体安全策略中，准入备案指对所有接入公司网络的各类网络、（　）进行准入及备案管理。

A. 应用　B. 系统　C. 终端　D. 设备

正确答案：ABCD

【依据出处】《国家电网公司网络与信息系统安全管理办法》[国网（信息/2）401—2014]

34 《国家电网公司信息安全工作纲要》指出，安全接入指通过采用（　　）等措施保障终端接入公司信息内外网安全。

A. 终端加固　B. 密钥　C. 安全通道　D. 认证

正确答案：ACD

【依据出处】《国家电网网络与信息系统安全管理办法》[国网（信息/2）401—2014]

35 信息内外网办公计算机终端须安装（　　）等客户端软件。

A. 桌面终端管理系统　B. 保密检测系统

C. 防病毒软件　D. 办公软件

正确答案：ABC

【依据出处】《国家电网网络与信息系统安全管理办法》[国网（信息/2）401—2014]

36 严禁（　　）等计算机外设在信息内网和信息外网上交叉使用。

A. 无线上网卡　B. 普通移动存储介质　C. 扫描仪　D. 打印机

正确答案：BCD

【依据出处】《国家电网网络与信息系统安全管理办法》[国网（信息/2）401—2014]

37 公司办公计算机信息安全和保密工作按照（　　）原则。

A. 谁主管谁负责　B. 谁运行谁负责　C. 谁安装谁负责　D. 谁使用谁负责

正确答案：ABD

【依据出处】《国家电网公司办公计算机信息安全和保密管理规定》（办保密〔2005〕55号）

38 各单位要应用公司统一推广的信息内网计算机桌面终端管理系统，加强对信息内网办公计算机的（　　）、安全防护等的管理。

A. 安全准入、补丁管理　B. 运行异常、违规接入

C. 安全防护、事件审计　D. 入侵监测、病毒防护

正确答案：AB

【依据出处】《国家电网公司办公计算机信息安全和保密管理规定》（办保密〔2005〕55号）

39 计算机外设是指与计算机相连的（　　）等外部设备。

A. 打印机　B. 扫描仪　C. 复印机　D. 内网计算机

正确答案：ABC

【依据出处】《国家电网公司办公计算机信息安全和保密管理规定》（办保密〔2005〕55号）

40 《国家电网公司办公计算机信息安全和保密管理规定》规定，加强对信息内网办公计算机的（　　）等的管理。

A. 安全准入　B. 补丁管理　C. 运行异常　D. 违规接入

正确答案：ABCD

【依据出处】《国家电网公司办公计算机信息安全和保密管理规定》（办保密〔2005〕55号）

41 办公计算机不得安装、运行、使用（　　）软件。

A.Office　B. 与工作无关　C.WinRAR　D. 盗版

正确答案：BD

【依据出处】《国家电网公司办公计算机信息安全和保密管理规定》（办保密〔2005〕55号）

42 信息内外网办公计算机分别运行于（　　），实现网络强隔离与双网双机。

A. 信息内网　B. 安全区Ⅰ　C. 信息外网　D. 安全区Ⅱ

正确答案：AC

【依据出处】《国家电网公司办公计算机信息安全和保密管理规定》（办保密〔2005〕55号）

43 营销终端设备包括（　　）。

A. 自助资费终端　　B. 采集器　　C.POS 机　　D. 移动作业终端

正确答案：ACD

【依据出处】《国网营销部关于加强营销专业网络与信息安全管理的工作意见》（营销综〔2017〕4号）

44 营销专业应加强（　　）、充电桩等终端设备的网络安全管理，严格控制其带来的网络安全风险。

A. 采集终端　　B. 自助资费终端

C. 电力收费 POS 机　　D. 营销专业移动作业终端

正确答案：ABCD

【依据出处】《国家电网公司营销专业网络与信息安全管理工作细则》

45 国网营销部对外提供数据申请表中的申请单位是指公司承担数据管理的（　　）等。

A. 单位　　B. 部门　　C. 业务处室　　D. 营销部

正确答案：ABC

【依据出处】 国网营销部关于印发《国家电网公司营销专业网络与信息安全管理工作细则》的通知（营销综〔2018〕19号）

46 营销相关信息系统（　　），以及用于测试、分析或共享的导出数据集，均应按公司营销客户敏感信息脱敏相关规定，对客户敏感信息进行脱敏处理。

A. 界面　　B. 接口　　C. 导出数据集　　D. 后台数据

正确答案：AB

【依据出处】 国网营销部关于印发《国家电网公司营销专业网络与信息安全管理工作细则》的通知（营销综〔2018〕19号）

47 从（　　）三个层面加强对敏感数据进行检测与分析，实现对公司各种敏感数据存储、数据操作权限、数据外发等的安全保护与控制。

A. 终端　　B. 网络　　C. 存储　　D. 主机

正确答案：ABC

【依据出处】《国家电网网络与信息系统安全管理办法》

48 要从（　　）环节加强数据安全的技术保护。

A. 数据采集与传输　　B. 数据存储　　C. 数据使用　　D. 数据销毁

正确答案：ABCD

【依据出处】《进一步加强数据安全工作》

49 根据《进一步加强数据安全工作》规定，大数据信息跨业务部门的采集、传输、分析和处理等行为须经（　　）审批。

A. 省公司业务部门　　B. 总部业务主管部门

C. 保密部门　　D. 第三方使用部门

正确答案：AB

【依据出处】《进一步加强数据安全工作》

50 根据《进一步加强数据安全工作》规定，业务部门负责（　　）。

A. 确定本部门及专业重要数据保护对象、范围及保密级别

B. 全面落实公司数据安全保护管理和技术要求

C. 保障运监中心访问数据的权限

D. 公司运营数据资产管理

正确答案：ABC

【依据出处】《进一步加强数据安全工作》

51 各部门、各单位要认真学习分析本专业、本单位数据安全存在问题，切实做好数据安全管理工

作，包括（　　）。

A. 强化重要数据识别　　B. 强化审批程序

C. 加强社会第三方数据使用管理　　D. 开展管理检查和技术核查

正确答案：ABCD

【依据出处】《进一步加强数据安全工作》

52 在数据使用环节，要落实（　　）。

A. 公司业务授权及账号权限管理要求　　B. 合理分配数据访问权限

C. 强化数据访问控制　　D. 健全数据安全监测与审计机制

正确答案：ABCD

【依据出处】《进一步加强数据安全工作》

53 执行（　　）的岗位人员，应根据业务角色最小化原则，经省公司分管领导审批后，方可被授予相关权限。

A. 抄表核算　　B. 系统管理员　　C. 批量查询　　D. 导出数据

正确答案：CD

【依据出处】国网营销部关于印发《国家电网公司营销专业网络与信息安全管理工作细则》的通知（营销综〔2018〕19号）

54 对外提供数据时要明确（　　）等提供数据的形式或介质。

A.U 盘或光盘　　B. 电子数据　　C. 纸质介质　　D. 数据集成

正确答案：BCD

【依据出处】国网营销部关于印发《国家电网公司营销专业网络与信息安全管理工作细则》的通知（营销综〔2018〕19号）

55 确有批量查询、导出业务需求的特定岗位人员，经上级单位审批后给予营销信息系统客户信息批量查询、导出权限，明确批量导出的（　　）要求。

A. 客户名称　　B. 客户范围　　C. 时限　　D. 客户地址

正确答案：BC

【依据出处】《国网营销部关于加强营销专业网络与信息安全管理的工作意见》（营销综〔2017〕4号）

56 对营销信息系统批量查询功能，其批量查询的（　　）等客户敏感信息以“*”覆盖其部分内容。

A. 用户名称　　B. 用电地址　　C. 联系地址　　D. 联系电话

正确答案：ABCD

【依据出处】《国网营销部关于加强营销专业网络与信息安全管理的工作意见》（营销综〔2017〕4号）

57 对外提供营销客户数据访问时，需屏蔽（　　）等客户敏感信息。

A. 用户名称　　B. 用电地址　　C. 联系地址　　D. 联系电话

正确答案：ABCD

【依据出处】《国网营销部关于加强营销专业网络与信息安全管理的工作意见》（营销综〔2017〕4号）

58 95598 坐席人员受理业务时需进行客户身份识别，向客户核实户名、户号、表号、用电地址等客户档案信息，当核实通过时，正常受理（　　）等相关业务。

A. 密码初始化　　B. 电费查询

C. 客户档案信息查询　　D. 客户退费

正确答案：ABC

【依据出处】《国网营销部关于加强营销专业网络与信息安全管理的工作意见》（营销综〔2017〕4号）

59 有关业务人员，因（　　）等工作需要查询和提取客户敏感信息的，应执行明确的操作审批流程，定期进行事后稽核与审查。

A. 投诉处理　　B. 密码初始化　　C. 营销策划　　D. 经营分析

正确答案：ACD

【依据出处】《国网营销部关于加强营销专业网络与信息安全管理的工作意见》（营销综〔2017〕4号）

60 确有批量查询、导出业务需求的特定岗位人员包括（　　）、电费催费人员。

A. 电费审核人员　　B. 用电检查人员　　C. 计量外勤人员　　D. 抄表人员

正确答案：ABCD

【依据出处】《国网营销部关于加强营销专业网络与信息安全管理的工作意见》（营销综〔2017〕4号）

61 对于确定保留的自建系统，应在规定时间内完成（　　）等工作，并报国网营销部计量处备案。

A. 安全隐患排查　　B. 防护方案评审　　C. 第三方安全测试　　D. 等保测评

正确答案：BCD

【依据出处】 国网营销部关于印发《国家电网公司营销专业网络与信息安全管理工作细则》的通知（营销综〔2018〕19号）

62 省公司或相关直属单位营销专业自建系统的账号及权限，由（　　）制定管理要求，并定期组织开展账号及权限清理工作。

A. 省公司营销部　　B. 直属单位相关业务主管部门

C. 省公司科信部　　D. 直属单位相关科信部门

正确答案：AB

【依据出处】 国网营销部关于印发《国家电网公司营销专业网络与信息安全管理工作细则》的通知（营销综〔2018〕19号）

63 营销专业所有（　　）系统均应纳入营销通用安全在线监测。

A. 通用　　B. 统推　　C. 互联网 +　　D. 自建

正确答案：BD

【依据出处】 国网营销部关于印发《国家电网公司营销专业网络与信息安全管理工作细则》的通知（营销综〔2018〕19号）

64 省公司自建系统零星适应性升级改造，由省公司营销部组织至少每年提交进行第三方安全测试，测试未通过的按照（　　）原则处理。

A. 先停用　　B. 后整改　　C. 整改完毕再上线　　D. 通过测试再上线

正确答案：ABD

【依据出处】 国网营销部关于印发《国家电网公司营销专业网络与信息安全管理工作细则》的通知（营销综〔2018〕19号）

三、判断题（共113题）

1 国网营销部组织编制营销专业网络安全培训讲义和调考题库，定期组织各省公司和相关直属单位有关人员分批集中开展营销专业网络安全培训和调考工作，建立培训、调考人员台账，记录培训、调考情况。（　　）

答案：正确

【依据出处】 国家电网公司营销专业网络与信息安全管理工作细则（营销综〔2018〕19号）

2 营销专业网络安全培训和调考情况应纳入同业对标体系，并对各单位参加培训情况和调考成绩进行通报。（　　）

答案：正确

【依据出处】 国家电网公司营销专业网络与信息安全管理工作细则（营销综〔2018〕19号）

3 国网营销部根据营销专业网络安全态势，适时组织开展隐患排查工作。（　　）

答案：正确

【依据出处】 国家电网公司营销专业网络与信息安全管理工作细则（营销综〔2018〕19号）

4 各省公司营销部和相关直属单位应结合本单位网络安全态势，适时组织开展隐患排查工作。（ ）

答案：错误

【依据出处】 国家电网公司营销专业网络与信息安全管理工作细则（营销综〔2018〕19号）

5 县公司、供电所应落实营销专业网络安全管理专职人员。（ ）

答案：错误

【依据出处】 国家电网公司营销专业网络与信息安全管理工作细则（营销综〔2018〕19号）

6 营销专业全员组织学习并签订《网络安全责任书》。（ ）

答案：错误

【依据出处】《国网营销部关于印发〈2018年营销专业网络与信息安全重点工作安排〉的通知》（营销综〔2018〕9号）

7 未配备实名工作卡的人员可从事系统建设工作，但不得从事系统运维工作。（ ）

答案：错误

【依据出处】 国家电网公司营销专业网络与信息安全管理工作细则（营销综〔2018〕19号）

8 系统开发、测试过程可使用真实业务数据。（ ）

答案：错误

【依据出处】 国家电网公司营销专业网络与信息安全管理工作细则（营销综〔2018〕19号）

9 系统开发商可开展远程维护。（ ）

答案：错误

【依据出处】《国网营销部关于加强营销专业网络与信息安全管理工作的通知》（营销计量〔2016〕33号）

10 营销相关系统的账号、口令及权限应严格管理，严控账号、口令及权限滥用带来的网络安全风险。（ ）

答案：正确

【依据出处】 国家电网公司营销专业网络与信息安全管理工作细则（营销综〔2018〕19号）

11 公司统推系统的账号及权限，由各单位对口业务处制定管理要求，并定期组织开展账号权限清理工作。（ ）

答案：错误

【依据出处】 国家电网公司营销专业网络与信息安全管理工作细则（营销综〔2018〕19号）

12 账号清理应根据实名制管理要求，及时清理6个月以上不使用账号，确认非在岗人员系统操作权限和使用周期，对3个月以上未更新密码的账号进行提醒，更改后方可正常使用。（ ）

答案：正确

【依据出处】 国家电网公司营销专业网络与信息安全管理工作细则（营销综〔2018〕19号）

13 按照《2018年营销专业网络与信息安全重点工作安排》，各单位结合年度信息系统改造和完善提升规划，严格按照《国家电网公司营销专业信息系统口令和外部账号管理规范》要求，开展营销专业信息系统口令和外部账号治理工作，将营销专业未接入公司统一权限平台的所有信息系统纳入治理范围，完成相关信息系统改造并建立口令和账号管理相关工作机制。（ ）

答案：正确

【依据出处】《国网营销部关于印发〈2018年营销专业网络与信息安全重点工作安排〉的通知》（营销综〔2018〕9号）

14 外部人员指与公司无长期稳定劳动关系的人员或非本部门及本专业的人员。（ ）

答案：正确

【依据出处】《国网营销部关于规范营销专业信息系统口令和外部账号管理工作的通知》（营销综

〔2017〕66号）

15　重要业务功能宜采用生物识别技术进行身份认证。（　　）

答案：正确

【依据出处】《国网营销部关于规范营销专业信息系统口令和外部账号管理工作的通知》（营销综〔2017〕66号）

16　重要营销业务系统第一次登录时可以不修改初始口令。（　　）

答案：错误

【依据出处】《国网营销部关于规范营销专业信息系统口令和外部账号管理工作的通知》（营销综〔2017〕66号）

17　外部账号超过使用有效期应被自动冻结。（　　）

答案：正确

【依据出处】《国网营销部关于规范营销专业信息系统口令和外部账号管理工作的通知》（营销综〔2017〕66号）

18　重要营销业务系统创建初始账号时，信息系统给所有账号默认统一口令，需在首次登录时自行更改。（　　）

答案：错误

【依据出处】《国网营销部关于规范营销专业信息系统口令和外部账号管理工作的通知》（营销综〔2017〕66号）

19　信息系统应具备自动冻结超出有效期的外部账号及手动冻结出现异常外部账号的功能，已冻结外部账号禁止登录系统。（　　）

答案：正确

【依据出处】《国网营销部关于规范营销专业信息系统口令和外部账号管理工作的通知》（营销综〔2017〕66号）

20　营销信息系统应具备外部账号解冻功能，已被冻结但尚未被注销的外部账号不可被执行解冻操作。（　　）

答案：错误

【依据出处】《国网营销部关于规范营销专业信息系统口令和外部账号管理工作的通知》（营销综〔2017〕66号）

21　外部账号需解冻时，应向业务主管部门提交外部账号解冻申请表，待业务主管部门审核通过后方可实施解冻操作。（　　）

答案：正确

【依据出处】《国网营销部关于规范营销专业信息系统口令和外部账号管理工作的通知》（营销综〔2017〕66号）

22　根据《国家电网公司网络安全顶层设计》要求，定期对信息内外网办公计算机及应用系统口令设置情况进行检查，避免空口令、弱口令。（　　）

答案：正确

【依据出处】国家电网公司营销专业网络与信息安全管理工作细则（营销综〔2018〕19号）

23　网络运行优先保障上级网络及广域网安全稳定运行，最大限度确保核心业务可用。（　　）

答案：正确

【依据出处】《国家电网公司信息网络运行管理办法》

24　各级信息通信运维单位应定期对网络运行情况进行综合评估及专题分析，发现问题应及时上报业务主管部门整改，督促业务主管部门制定解决方案。（　　）

答案：错误

【依据出处】《国家电网公司信息网络运行管理办法》

25 设备、系统或网络出现故障并有可能扩大影响范围时，信息通信运维单位有权强制断开连接，并及时汇报本单位信息通信职能管理部门，待恢复正常后重新接入。（　　）

答案：正确

【依据出处】《国家电网公司信息网络运行管理办法》

26 营销相关系统在规划编制和项目可行性研究阶段应包含网络安全防护相关内容，并安排相关费用。（　　）

答案：正确

【依据出处】国家电网公司营销专业网络与信息安全管理工作细则（营销综〔2018〕19号）

27 营销相关系统均应具备通过审查的安全防护方案，并进行备案。（　　）

答案：正确

【依据出处】国家电网公司营销专业网络与信息安全管理工作细则（营销综〔2018〕19号）

28 营销相关系统均应通过第三方安全测试，并进行备案。（　　）

答案：正确

【依据出处】国家电网公司营销专业网络与信息安全管理工作细则（营销综〔2018〕19号）

29 国家电网有限公司统推系统上线前或主版本升级检修前，报国网营销部计量处统一组织提交中国电科院或具备资质的测试机构进行第三方安全测试，通过后方可投运。（　　）

答案：错误

【依据出处】国家电网公司营销专业网络与信息安全管理工作细则（营销综〔2018〕19号）

30 相关直属单位自建系统零星适应性升级改造，由营销部对口业务部门至少每年提交中国电科院或具备资质的测试机构进行第三方安全测试，测试未通过的按照“先停用、后整改、通过测试再上线”原则处理。（　　）

答案：错误

【依据出处】国家电网公司营销专业网络与信息安全管理工作细则（营销综〔2018〕19号）

31 所有“互联网 +”业务应用类系统主版本升级检修前需开展代码安全审计和渗透测试，统推系统应由国网公司信息安全红队开展，自建系统可由公司信息安全红队、各单位信息安全红队或具备资质的测试机构开展。（　　）

答案：正确

【依据出处】国家电网公司营销专业网络与信息安全管理工作细则（营销综〔2018〕19号）

32 所有“互联网 +”业务应用类系统主版本升级检修，各级信息安全红队或具备资质的测试机构应在系统部署运行 5 个工作日内完成代码安全审计和渗透测试。（　　）

答案：错误

【依据出处】国家电网公司营销专业网络与信息安全管理工作细则（营销综〔2018〕19号）

33 所有“互联网 +”业务应用类系统的任何版本升级和代码变更，均需严格遵循有关研发安全要求，并进行严格测试，确保“互联网 +”业务应用的网络安全。（　　）

答案：正确

【依据出处】国家电网公司营销专业网络与信息安全管理工作细则（营销综〔2018〕19号）

34 国家电网有限公司统推系统由国网营销部对口业务处在可行性研究阶段拟定安全防护等级，并根据拟定的安全防护等级组织编制安全防护方案。（　　）

答案：正确

【依据出处】国家电网公司营销专业网络与信息安全管理工作细则（营销综〔2018〕19号）

35 已备案营销相关系统在防护等级发生变更时，应在 30 个工作日内完成第三方测试和备案。营销部对口业务部门配合信息通信职能管理部门向国网营销部计量处递交备案变更材料。（　　）

答案：错误

【依据出处】国家电网公司营销专业网络与信息安全管理工作细则（营销综〔2018〕19号）

36 营销相关系统均应开展等级保护测评工作，三级系统每三年进行一次测评；二级系统每两年进行一次测评，测评次年组织一次自查；当系统发生重大升级、变更或迁移后，应在2个月内重新完成测评工作。（ ）

答案：错误

【依据出处】国家电网公司营销专业网络与信息安全管理工作细则（营销综〔2018〕19号）

37 营销相关系统开展的等级保护测评工作，应选择公安部和国家能源局认可的、具有资质的行业等保测评机构开展测评。（ ）

答案：正确

【依据出处】国家电网公司营销专业网络与信息安全管理工作细则（营销综〔2018〕19号）

38 营销相关系统等保测评完成后，应将测评机构出具的等保测评报告提交国网营销部计量处备案。（ ）

答案：错误

【依据出处】国家电网公司营销专业网络与信息安全管理工作细则（营销综〔2018〕19号）

39 营销专业应加强终端设备管理，营销相关系统有线终端设备的接入，必须由信息通信职能管理部门负责接入。（ ）

答案：正确

【依据出处】国家电网公司营销专业网络与信息安全管理工作细则（营销综〔2018〕19号）

40 营销相关系统无线终端设备必须具备安全芯片或安全数码卡（TF卡），并通过公司统推用电信息采集系统或公司统一安全接入平台接入。（ ）

答案：正确

【依据出处】国家电网公司营销专业网络与信息安全管理工作细则（营销综〔2018〕19号）

41 营销相关系统所有终端设备的退役，须逐级上报，经国网公司营销部审批后，由设备相关系统建设或运维单位实施停运、拆除，配有磁盘的终端应进行消磁处理。（ ）

答案：错误

【依据出处】国家电网公司营销专业网络与信息安全管理工作细则（营销综〔2018〕19号）

42 信息系统运营、使用单位应当按照《中华人民共和国网络安全法》具体实施保护工作。（ ）

答案：错误

【依据出处】《信息安全等级保护管理办法》

43 网络关键设备和网络安全专用产品应当按照相关国家标准的安全性要求，由具备资格的机构安全认证合格或者安全检测符合要求后，方可销售或者提供。（ ）

答案：错误

【依据出处】《中华人民共和国网络安全法》（中华人民共和国主席令第53号）

44 《中华人民共和国网络安全法》要求，关键信息基础设施的具体范围和安全保护办法由国家网信部门制定。（ ）

答案：错误

【依据出处】《中华人民共和国网络安全法》（中华人民共和国主席令第53号）

45 国家不支持企业、研究机构、高等学校、网络相关行业组织参与网络安全国家标准、行业标准的制定。（ ）

答案：错误

【依据出处】《中华人民共和国网络安全法》（中华人民共和国主席令第53号）

46 《中华人民共和国网络安全法》规定，国家鼓励关键信息基础设施以外的网络运营者自愿参与关键信息基础设施保护体系。（ ）

答案：正确

【依据出处】《中华人民共和国网络安全法》（中华人民共和国主席令第53号）

47 《中华人民共和国网络安全法》要求，关键信息基础设施的运营者采购网络产品和服务，应当按照规定与提供者签订安全保密协议，明确安全和保密义务与责任。(　　)

答案：正确

【依据出处】《中华人民共和国网络安全法》(中华人民共和国主席令第53号)

48 《电力监控系统安全防护规定》要求，生产控制大区除安全接入区外，应当禁止选用具有无线通信功能的设备。(　　)

答案：正确

【依据出处】《电力监控系统安全防护规定》(国家发展改革委2014年第14号令)

49 《电力监控系统安全防护规定》要求，接入电力高度数据网络的设备和应用系统，其接入技术方案和安全防护措施可以经直接负责的电力调度机构同意。(　　)

答案：错误

【依据出处】《电力监控系统安全防护规定》(国家发展改革委2014年第14号令)

50 《电力监控系统安全防护规定》要求，电力监控系统专用安全产品的开发单位、使用单位及供应商，应当按国家有关要求做好保密工作，禁止关键技术和设备扩散。(　　)

答案：正确

【依据出处】《电力监控系统安全防护规定》(国家发展改革委2014年第14号令)

51 《商用密码管理条例》规定，商用密码产品由国家密码管理机构指定的单位生产。一经指定，任何单位或者个人不得生产商用密码产品。(　　)

答案：正确

【依据出处】《商用密码管理条例》(中华人民共和国国务院令第273号)

52 《商用密码管理条例》规定，商用密码产品报废、销毁，应当向国家公安机关备案。(　　)

答案：错误

【依据出处】《商用密码管理条例》(中华人民共和国国务院令第273号)

53 国网营销部负责代管县供电企业的农村电网涉及控制类系统及终端安全防护管理。(　　)

答案：错误

【依据出处】《国家电网网络与信息系统安全管理办法》[国网(信息/2)401—2014]

54 管理信息系统软硬件产品逐步采用国际化产品，及时开展各种软硬件漏洞检测及修复。(　　)

答案：错误

【依据出处】《国家电网网络与信息系统安全管理办法》[国网(信息/2)401—2014]

55 加强办公区域安全管理，员工离开办公区域要及时锁定桌面终端计算机屏幕，防止外来人员接触办公区域电子信息。(　　)

答案：正确

【依据出处】《国家电网网络与信息系统安全管理办法》[国网(信息/2)401—2014]

56 相关部门和个人可以在信息内外网安装具有拒绝服务、网络扫描、远程控制和信息收集等功能软件。(　　)

答案：错误

【依据出处】《国家电网网络与信息系统安全管理办法》[国网(信息/2)401—2014]

57 信息外网办公计算机及其外设可以存储、处理涉及国家秘密及公司企业秘密的信息。(　　)

答案：错误

【依据出处】《国家电网公司办公计算机信息安全和保密管理规定》(办保密〔2005〕55号)

58 办公计算机日常运行维护可以外包给公司系统外的其他单位。(　　)

答案：错误

【依据出处】《国家电网公司办公计算机信息安全和保密管理规定》(办保密〔2005〕55号)

59 办公计算机使用人员可以卸载公司安装的安全防护与管理软件。(　　)

答案：错误

【依据出处】《国家电网公司办公计算机信息安全和保密管理规定》(办保密〔2005〕55号)

60 办公计算机不得安装、运行、使用与工作无关的软件，可安装盗版软件。(　　)

答案：错误

【依据出处】《国家电网公司办公计算机信息安全和保密管理规定》(办保密〔2005〕55号)

61 信息内网办公计算机不能配置、使用无线上网卡等无线设备，严禁通过电话拨号、无线等各种方式与信息外网和互联网互联。(　　)

答案：正确

【依据出处】《国家电网公司办公计算机信息安全和保密管理规定》(办保密〔2005〕55号)

62 对于不具备信息内网专线接入条件，通过公司统一安全防护措施接入信息内网的信息采集类、移动作业类终端，需严格执行公司办公终端一机两用的原则。(　　)

答案：错误

【依据出处】《国家电网网络与信息系统安全管理办法》[国网(信息/2)401—2014]

63 接入信息内网终端在遵循公司现有终端安全防护要求的基础上，要安装终端安全专控软件进行安全加固，并通过安全加密卡进行认证，确保其不能连接信息外网和互联网。(　　)

答案：正确

【依据出处】《国家电网网络与信息系统安全管理办法》[国网(信息/2)401—2014]

64 信息内外网都禁止使用无线网络组网。(　　)

答案：错误

【依据出处】《国家电网网络与信息系统安全管理办法》[国网(信息/2)401—2014]

65 信息内外网办公计算机都可以配置、使用无线上网卡等无线设备。(　　)

答案：错误

【依据出处】《国家电网公司办公计算机信息安全和保密管理规定》(办保密〔2005〕55号)

66 终端设备接入由最终用户提出申请，按相关流程审批通过后，由本单位信息通信运维单位完成接入工作。(　　)

答案：正确

【依据出处】《国家电网网络与信息系统安全管理办法》[国网(信息/2)401—2014]

67 终端设备接入网络时须绑定MAC地址，并做好记录备案工作。(　　)

答案：正确

【依据出处】《国家电网网络与信息系统安全管理办法》[国网(信息/2)401—2014]

68 所有运行的专用变压器采集终端、集中器和现场作业终端必须通过生产密钥和证书保证传送数据安全。(　　)

答案：正确

【依据出处】《国网营销部关于加强营销专业网络与信息安全管理的工作意见》(营销综〔2017〕4号)

69 所有设备终端的退役，须逐级上报，经省公司营销部审批后，由设备相关系统建设或运维单位实施停运、拆除，配有磁盘的终端应进行消磁处理。(　　)

答案：正确

【依据出处】《国家电网公司营销专业网络与信息安全管理工作细则》

70 大数据信息跨业务部门的采集、传输、分析和处理等行为须经省公司业务部门或总部业务主管部门审批。(　　)

答案：正确

【依据出处】《国网办公厅关于进一步加强数据安全工作的通知》(办信通〔2016〕40号)

71 涉及敏感信息的系统数据库可部署于信息外网，同时加强对重要地理信息、客户信息等的安全

存储和安全传输等措施的落实。(　　)

答案：错误

【依据出处】《国家电网网络与信息系统安全管理办法》

72 根据《进一步加强数据安全工作》规定，严格公司商业秘密数据和重要数据的安全备案和审批制度，严格审批权限，实行总部审批。(　　)

答案：错误

【依据出处】《进一步加强数据安全工作》

73 禁止将电网生产及用电采集类业务数据或含有其采集类业务的数据及装置提供给社会第三方使用、设备互联。(　　)

答案：正确

【依据出处】《进一步加强数据安全工作》

74 营销相关信息系统界面、接口，以及用于测试、分析或共享的导出数据集，均应以加“*”的模式，对客户敏感信息进行脱敏处理。(　　)

答案：错误

【依据出处】国网营销部关于印发《国家电网公司营销专业网络与信息安全管理工作细则》的通知（营销综〔2018〕19号）

75 执行批量查询、导出数据的岗位人员，应根据业务角色最小化原则，经省市公司分管领导审批后，方可被授予相关权限。(　　)

答案：错误

【依据出处】国网营销部关于印发《国家电网公司营销专业网络与信息安全管理工作细则》的通知（营销综〔2018〕19号）

76 营销专业对外提供数据，应严格履行备案手续。(　　)

答案：错误

【依据出处】国网营销部关于印发《国家电网公司营销专业网络与信息安全管理工作细则》的通知（营销综〔2018〕19号）

77 国网营销部对外提供数据，需履行内部申请手续。(　　)

答案：正确

【依据出处】国网营销部关于印发《国家电网公司营销专业网络与信息安全管理工作细则》的通知（营销综〔2018〕19号）

78 公司各级单位营销业务部门对外提供数据，也应履行内部备案手续。(　　)

答案：错误

【依据出处】国网营销部关于印发《国家电网公司营销专业网络与信息安全管理工作细则》的通知（营销综〔2018〕19号）

79 如果接收数据的单位为系统外单位，还应按《国家电网公司保密工作管理办法》要求履行公司相关备案手续、签订保密协议。(　　)

答案：错误

【依据出处】国网营销部关于印发《国家电网公司营销专业网络与信息安全管理工作细则》的通知（营销综〔2018〕19号）

80 若所提供数据包含个人信息，均应按《网络安全法》要求获得用户授权或对数据进行无法识别特定个人且不能复原的处理，否则要获得《网络安全法》执法机关免责声明。(　　)

答案：错误

【依据出处】国网营销部关于印发《国家电网公司营销专业网络与信息安全管理工作细则》的通知（营销综〔2018〕19号）

81 营销专业对外提供数据，应严格履行审批手续。最终，将审批材料、保密协议、办案手续、用

户授权书、免责声明等扫描件报国网信通部备案。(　　)

答案：错误

【依据出处】国网营销部关于印发《国家电网公司营销专业网络与信息安全管理工作细则》的通知（营销综〔2018〕19号）

82　营销相关系统应提供数据审计功能并将审计工作纳入营销通用安全在线监测。(　　)

答案：正确

【依据出处】国网营销部关于印发《国家电网公司营销专业网络与信息安全管理工作细则》的通知（营销综〔2018〕19号）

83　对营销关键业务数据的所有操作均应纳入审计范围。(　　)

答案：正确

【依据出处】国网营销部关于印发《国家电网公司营销专业网络与信息安全管理工作细则》的通知（营销综〔2018〕19号）

84　营销相关系统审计记录至少保存12个月。(　　)

答案：错误

【依据出处】国网营销部关于印发《国家电网公司营销专业网络与信息安全管理工作细则》的通知（营销综〔2018〕19号）

85　营销系统相关系统审计不符合要求的内容应有声光告警信息。(　　)

答案：错误

【依据出处】国网营销部关于印发《国家电网公司营销专业网络与信息安全管理工作细则》的通知（营销综〔2018〕19号）

86　各单位应建立、健全营销专业数据安全的常态化检查机制。(　　)

答案：正确

【依据出处】国网营销部关于印发《国家电网公司营销专业网络与信息安全管理工作细则》的通知（营销综〔2018〕19号）

87　营销信息系统操作人员经上级领导审批后可赋予批量操作权限。(　　)

答案：正确

【依据出处】《国网营销部关于加强营销专业网络与信息安全管理的工作意见》（营销综〔2017〕4号）

88　操作人员如需查看批量查询功能查询的用户名称、用电地址、联系地址、联系电话等客户敏感信息详细信息，只能按照权限单户查询(　　)

答案：正确

【依据出处】《国网营销部关于加强营销专业网络与信息安全管理的工作意见》（营销综〔2017〕4号）

89　对客户敏感数据的批量业务操作，需要在安装桌面管控系统的设备上进行操作。(　　)

答案：错误

【依据出处】《国网营销部关于加强营销专业网络与信息安全管理的工作意见》（营销综〔2017〕4号）

90　对非关键岗位业务人员禁止授权进行要客信息查询和业务操作。(　　)

答案：正确

【依据出处】《国网营销部关于加强营销专业网络与信息安全管理的工作意见》（营销综〔2017〕4号）

91　细化内部权限分配管理，落实到具体责任人，做到操作过程关键信息记录，操作日志可追溯，杜绝客户敏感信息泄露。(　　)

答案：错误

【依据出处】《国网营销部关于加强营销专业网络与信息安全管理的工作意见》（营销综〔2017〕4号）

92　营销信息系统应提供审计功能，对敏感信息的各类访问和操作行为应进行审计。(　　)

答案：正确

【依据出处】《国网营销部关于加强营销专业网络与信息安全管理的工作意见》（营销综〔2017〕4号）

93 按照“谁使用，谁负责”的原则，细化内部权限分配管理。(　　)

答案：正确

【依据出处】《国网营销部关于加强营销专业网络与信息安全管理的工作意见》(营销综〔2017〕4号)

94 在满足正常业务需要的同时，最大程度保护客户敏感信息安全是信息脱敏的目的之一。(　　)

答案：正确

【依据出处】《国网营销部关于规范营销专业客户敏感信息脱敏工作的通知》(营销综〔2017〕65号)

95 避免正常业务需要查询、批量导出等造成客户敏感信息泄露是信息脱敏的目的之一。(　　)

答案：错误

【依据出处】《国网营销部关于规范营销专业客户敏感信息脱敏工作的通知》(营销综〔2017〕65号)

96 因业务需要确实不能脱敏的，根据业务场景制定差异化脱敏细则。(　　)

答案：正确

【依据出处】《国网营销部关于规范营销专业客户敏感信息脱敏工作的通知》(营销综〔2017〕65号)

97 履行备案手续后，可将特定场景及数据项列入白名单，实现差异化脱敏。(　　)

答案：错误

【依据出处】《国网营销部关于规范营销专业客户敏感信息脱敏工作的通知》(营销综〔2017〕65号)

98 以国内外敏感信息保护有关法律法规为依据，参考国内外敏感信息保护相关标准，对营销客户敏感信息进行梳理归纳，形成6类23项敏感数据。(　　)

答案：错误

【依据出处】《国网营销部关于规范营销专业客户敏感信息脱敏工作的通知》(营销综〔2017〕65号)

99 营销相关信息系统间的档案同步、营销相关信息系统向营销基础数据平台提供数据、营销相关信息系统的各类工单不进行脱敏。(　　)

答案：正确

【依据出处】《国网营销部关于规范营销专业客户敏感信息脱敏工作的通知》(营销综〔2017〕65号)

100 在实际工作中，特定场景的特定岗位，需要获取部分完整信息才能开展业务；通过(黑名单)机制，可按业务开展必要性实行差异化脱敏。(　　)

答案：错误

【依据出处】《国网营销部关于规范营销专业客户敏感信息脱敏工作的通知》(营销综〔2017〕65号)

101 将客户敏感信息脱敏分为在线脱敏与离线脱敏，并细化为页面浏览、页面导出、接口集成、数据分析、系统测试、对外共享等6种场景。(　　)

答案：正确

【依据出处】《国网营销部关于规范营销专业客户敏感信息脱敏工作的通知》(营销综〔2017〕65号)

102 对于各单位新增自建系统，需通过备案后方可启动建设。(　　)

答案：错误

【依据出处】国网营销部关于印发《国家电网公司营销专业网络与信息安全管理工作细则》的通知(营销综〔2018〕19号)

103 省公司原则上不保留部署于地市、县公司的自建系统，也不应申请新建部署于地市、县公司的自建系统。(　　)

答案：正确

【依据出处】国网营销部关于印发《国家电网公司营销专业网络与信息安全管理工作细则》的通知(营销综〔2018〕19号)

104 所有“互联网+”业务应用类自建系统可由公司信息安全红队、各单位信息安全红队或具备资质的测试机构开展。(　　)

答案：正确

【依据出处】国网营销部关于印发《国家电网公司营销专业网络与信息安全管理工作细则》的通知

（营销综〔2018〕19号）

105 省公司自建系统，由省公司营销部在上线前拟定安全防护等级，并根据拟定的安全防护等级组织编制安全防护方案。(　　)

答案：错误

【依据出处】国网营销部关于印发《国家电网公司营销专业网络与信息安全管理工作细则》的通知（营销综〔2018〕19号）

106 各市公司营销部应加强自建系统管理，严格控制营销自建系统带来的网络安全风险。(　　)

答案：错误

【依据出处】国网营销部关于印发《国家电网公司营销专业网络与信息安全管理工作细则》的通知（营销综〔2018〕19号）

107 相关直属单位自建系统，由对口业务部门配合其信息通信职能管理部门组织运维单位开展等保测评工作。(　　)

答案：正确

【依据出处】国网营销部关于印发《国家电网公司营销专业网络与信息安全管理工作细则》的通知（营销综〔2018〕19号）

108 各单位新增自建系统，应在系统上线前完成防护方案评审。(　　)

答案：错误

【依据出处】国网营销部关于印发《国家电网公司营销专业网络与信息安全管理工作细则》的通知（营销综〔2018〕19号）

109 相关直属单位自建系统，由直属单位对口业务部门在可行性研究阶段拟定安全防护等级，并根据拟定的安全防护等级组织编制安全防护方案。(　　)

答案：正确

【依据出处】国网营销部关于印发《国家电网公司营销专业网络与信息安全管理工作细则》的通知（营销综〔2018〕19号）

110 对于明确下线的自建系统，按公司营销信息系统下线处置相关规定，完成下线处置工作。(　　)

答案：正确

【依据出处】国网营销部关于印发《国家电网公司营销专业网络与信息安全管理工作细则》的通知（营销综〔2018〕19号）

111 相关直属单位自行组织建设的营销相关系统，由国网营销部组织安全防护方案编制和内审。(　　)

答案：错误

【依据出处】国网营销部关于印发《国家电网公司营销专业网络与信息安全管理工作细则》的通知（营销综〔2018〕19号）

112 相关直属单位自建系统上线前或主版本升级检修前，由对口业务部门联合信息通信职能管理部门提交中国电科院或具备资质的测试机构进行第三方安全测试，通过后方可投运。(　　)

答案：正确

【依据出处】国网营销部关于印发《国家电网公司营销专业网络与信息安全管理工作细则》的通知（营销综〔2018〕19号）

113 营销二维码数据采用16进制编码规则。(　　)

答案：正确

【依据出处】《国家电网公司二维码安全应用规范》（营销综〔2019〕15号）

第八章　供电所管理

一、单选题（共 61 题）

1　低压电气设备电压等级为（　　）V 及以下者。

A.1000　　B.220　　C.380　　D.100

正确答案： A

【依据出处】《国家电网公司电力安全工作规程（配电部分）》

2　根据低压电力网接地方式及装置要求，农村低压电力网宜采用（　　）系统。

A.TT　　B.IT　　C.TN–C　　D.TN–B

正确答案： A

【依据出处】《农村低压电力技术规程》（DL/T 499—2001）

3　低压母线水平铺设安装时其距地面的距离应不小于（　　）m。

A.1.5　　B.1.8　　C.2.0　　D.2.2

正确答案： D

【依据出处】《配电网施工检修工艺规范》

4　低压接户线一般不允许跨越建筑物。如果必须跨越，则接户导线在最大弧垂时距建筑物的垂直距离不应小于（　　）m。

A.1.5　　B.2　　C.2.5　　D.3

正确答案： C

【依据出处】《配电网施工检修工艺规范》

5　低压接户线至通车道路中心的垂直距离不得小于（　　）m。

A.2　　B.3　　C.6　　D.5

正确答案： C

【依据出处】《农网配电营业工鉴定指导书》

6　低压接户线的进户端对地面的垂直距离不宜小于（　　）m。

A.2.5　　B.3　　C.3.5　　D.4

正确答案： A

【依据出处】《农网配电营业工鉴定指导书营业工鉴定指导书》

7　架空低压农网配电的导线在绝缘子上的固定，普遍采用（　　）。

A. 金具连接　　B. 螺栓压紧　　C. 绑线缠绕　　D. 线夹连接

正确答案： C

【依据出处】《农网配电营业工鉴定指导书》

8　从电杆上引下的低压接户线，其导线截面积应大于或等于（　　）mm^2，应装在低压蝶式绝缘子上，线间距离不应小于 150mm。

A.6　　B.10　　C.16　　D.25

正确答案： A

【依据出处】《农网配电营业工鉴定指导书》

9　低压架空线路导线最小允许截面积为（　　）mm^2。

A.10　　B.16　　C.25　　D.35

正确答案： B

【依据出处】《农网配电营业工鉴定指导书》

10 在带电的低压配电装置上工作时，应采取防止相间短路和（ ）的绝缘隔离措施。

A. 三相接地 B. 人员触电 C. 跳闸 D. 单相接地

正确答案：D

【依据出处】《农网配电营业工鉴定指导书工鉴定指导书》

11 作业人员应具备必要的安全生产知识，学会紧急救护法，特别要学会（ ）。

A. 创伤急救 B. 溺水急救 C. 触电急救 D. 高空急救

正确答案：C

【依据出处】《国家电网公司电力安全工作规程（配电部分）》

12 到岗到位人员是指各级领导干部和（ ）。

A. 生产管理人员 B. 班组长 C. 作业负责人 D. 安全管理人员

正确答案：A

【依据出处】《国家电网公司电力安全工作规程（配电部分）》

13 《国家电网公司电力安全工作规程》关于低电压的定义是用于配电的（ ）的电压等级。

A. 直流系统中 1000V 以下 B. 交流系统中 1000V 以下

C. 交（直）流系统中 1000V 及以下 D. 交流系统中 1000V 及以下

正确答案：D

【依据出处】《国家电网公司电力安全工作规程（配电部分）》

14 各类作业人员应接受相应的安全生产教育和（ ）培训，经考试合格上岗。

A. 生产技术 B. 实际操作 C. 岗位技能 D. 操作能力

正确答案：C

【依据出处】《国家电网公司电力安全工作规程（配电部分）》

15 触电急救首先要使触电者迅速脱离（ ），越快越好。

A. 电源 B. 设备 C. 现场 D. 危险

正确答案：A

【依据出处】《国家电网公司电力安全工作规程（配电部分）》

16 触电急救应分秒必争，一经明确心跳、呼吸停止的，立即就地迅速用（ ）进行抢救，并坚持不断地进行。

A. 心脏按压法 B. 口对口呼吸法 C. 口对鼻呼吸法 D. 心肺复苏法

正确答案：D

【依据出处】《国家电网公司电力安全工作规程（配电部分）》

17 安全工器具使用前，应检查确认（ ）部分有无裂纹、老化、绝缘层脱落、严重伤痕，固定连接部分有无松动、锈蚀、断裂等现象。

A. 绝缘 B. 传动 C. 固定 D. 外壳

正确答案：A

【依据出处】《国家电网公司电力安全工作规程（配电部分）》

18 安全带和专作固定安全带的绳索在使用前应进行（ ）检查。安全带应按《国家电网公司电力安全工作规程（配电部分）》规定定期检验，不合格者不得使用。

A. 全面 B. 质量 C. 外观 D. 应力试验

正确答案：C

【依据出处】《国家电网公司电力安全工作规程（配电部分）》

19 在没有脚手架或者在没有栏杆的脚手架上工作，高度超过（ ）m 时，应使用安全带，或采取其他可靠的安全措施。

A.2　B.1　C.1.5　D.2.5

正确答案：C

【依据出处】《国家电网公司电力安全工作规程（配电部分）》

20 作业人员应接受相应的安全生产知识教育和岗位技能培训，掌握配电作业必备的电气知识和业务技能，并按工作性质，熟悉本规程的相关部分，经（　　）合格上岗。

A. 培训　B. 口试　C. 考试　D. 考核

正确答案：C

【依据出处】《国家电网公司电力安全工作规程（配电部分）》

21 配电设备检修，若无法保证安全距离或因工作特殊需要，可用与带电部分直接接触的（　　）隔板代替临时遮栏。

A. 绝缘　B. 木质　C. 塑料　D. 泡沫

正确答案：A

【依据出处】《国家电网公司电力安全工作规程（配电部分）》

22 工作负责人应由有本专业工作经验、熟悉工作范围内的设备情况、熟悉《配电安规》，并经（　　）批准的人员担任。

A. 工区（车间）　B. 单位　C. 上级单位　D. 公司

正确答案：A

【依据出处】《国家电网公司电力安全工作规程（配电部分）》

23 作业人员应被告知其作业现场和（　　）存在的危险因素、防范措施及事故紧急处理措施。

A. 办公地点　B. 生产现场　C. 工作岗位　D. 检修地点

正确答案：C

【依据出处】《国家电网公司电力安全工作规程（配电部分）》

24 工作许可人在接到所有工作负责人（包括用户）的终结报告，并确认所有工作已完毕，所有（　　）已撤离，所有接地线已拆除，与记录簿核对无误并做好记录后，方可下令拆除各侧安全措施。

A. 工作许可人　B. 小组负责人　C. 工作票签发人　D. 工作人员

正确答案：D

【依据出处】《国家电网公司电力安全工作规程（配电部分）》

25 （　　）报告应简明扼要，主要包括工作负责人姓名，某线路（设备）上某处（说明起止杆塔号、分支线名称、位置称号、设备双重名称等）等工作已经完工。

A. 工作间断　B. 工作许可　C. 工作终结　D. 工作转移

正确答案：C

【依据出处】《国家电网公司电力安全工作规程（配电部分）》

26 禁止作业人员越过（　　）的线路对上层、远侧线路进行验电。

A. 未停电　B. 未经验电、接地　C. 未经验电　D. 未停电、接地

正确答案：B

【依据出处】《国家电网公司电力安全工作规程（配电部分）》

27 配合停电的交叉跨越或邻近线路，在交叉跨越或邻近线路处附近应装设（　　）接地线。

A. 一组　B. 两组　C. 相应　D. 三组

正确答案：A

【依据出处】《国家电网公司电力安全工作规程（配电部分）》

28 专责监护人的安全责任包含明确被监护人员和（　　）。

A. 许可工作的命令正确　B. 工作必要性

C. 监护范围　　D. 安全注意事项

正确答案：C

【依据出处】《国家电网公司电力安全工作规程（配电部分）》

29 接地线拆除后，（　　）不得再登杆工作或在设备上工作。

A. 工作班成员　　B. 任何人　　C. 运行人员　　D. 作业人员

正确答案：B

【依据出处】《国家电网公司电力安全工作规程（配电部分）》

30 室外低压农网配电营业工鉴定指导书和设备验电宜使用（　　）。

A. 绝缘棒　　B. 工频高压发生器　　C. 声光验电器　　D. 高压验电棒

正确答案：C

【依据出处】《国家电网公司电力安全工作规程（配电部分）》

31 工作地点有可能误登、误碰的邻近带电设备，应根据设备运行环境悬挂（　　）等标示牌。

A. 禁止攀登，高压危险！　　B. 在此工作！

C. 止步，高压危险！　　D. 当心触电！

正确答案：C

【依据出处】《国家电网公司电力安全工作规程（配电部分）》

32 巡视中发现高压农网配电营业工鉴定指导书、设备接地或高压导线、电缆断落地面、悬挂空中时，室内人员应距离故障点（　　）m 以外。

A.4　　B.6　　C.8　　D.2

正确答案：A

【依据出处】《国家电网公司电力安全工作规程（配电部分）》

33 巡视中发现高压农网配电营业工鉴定指导书、设备接地或高压导线、电缆断落地面、悬挂空中时，室外人员应距离故障点（　　）m 以外。

A.4　　B.6　　C.8　　D.10

正确答案：C

【依据出处】《国家电网公司电力安全工作规程（配电部分）》

34 （　　）时，禁止就地倒闸操作和更换熔丝。

A. 大风　　B. 雷电　　C. 大雨　　D. 大雪

正确答案：B

【依据出处】《国家电网公司电力安全工作规程（配电部分）》

35 作业人员对本规程每年考试一次。因故间断电气工作连续（　　）个月及以上者，应重新学习本规程，并经考试合格后，方可恢复工作。

A.1　　B.2　　C.3　　D.6

正确答案：C

【依据出处】《国家电网公司电力安全工作规程（配电部分）》

36 遇有冲刷、起土、上拔或导地线、拉线松动的杆塔，登杆塔前，应先（　　），打好临时拉线或支好架杆后，再行登杆。

A. 培土加固　　B. 三交代　　C. 两穿一戴　　D. 测量接地电阻

正确答案：A

【依据出处】《国家电网公司电力安全工作规程（配电部分）》

37 在人员密集或有人员通过的地段进行杆塔上作业，（　　）下方应按坠落半径设围栏或其他保护措施。

A. 杆塔　　B. 杆上人员　　C. 作业点　　D. 横担

正确答案：C

【依据出处】《国家电网公司电力安全工作规程（配电部分）》

38 作业人员攀登杆塔、杆塔上移位及杆塔上作业时，手扶的构件应（　　）。

A. 牢固　B. 方便　C. 灵活　D. 耐用

正确答案：A

【依据出处】《国家电网公司电力安全工作规程（配电部分）》

39 在居民区及交通道路附近开挖的基坑，应设坑盖或可靠遮栏，加挂警告标示牌，夜间挂（　　）。

A. 黄灯　B. 绿灯　C. 红灯　D. 红外灯

正确答案：C

【依据出处】《国家电网公司电力安全工作规程（配电部分）》

40 立、撤杆应设专人统一指挥。开工前，应交代施工方法、指挥信号和（　　）。

A. 安全措施　B. 技术措施　C. 组织措施　D. 应急措施

正确答案：A

【依据出处】《国家电网公司电力安全工作规程（配电部分）》

41 在超过（　　）m深的基坑内作业时，向坑外抛掷土石应防止土石回落坑内，并做好防止土层塌方的临边防护措施。

A.1　B.1.5　C.2　D.2.5

正确答案：B

【依据出处】《国家电网公司电力安全工作规程（配电部分）》

42 柱上安装或屋顶安装的配电变压器，其底座距地面不应小于（　　）m。

A.2　B.2.5　C.1.8　D.1

正确答案：B

【依据出处】《农村低压电力技术规程》

43 接户线跨越通车困难的街道时，其对地最小距离为（　　）m。

A.6　B.5　C.3.5　D.2.5

正确答案：C

【依据出处】《农村低压电力技术规程》

44 低压用户进户装置主要包括（　　）。

A. 进户线　B. 进户杆

C. 进户管　D. 进户线、进户杆、进户管

正确答案：D

【依据出处】《农村低压电力技术规程》

45 进户点的离地高度一般不小于（　　）m。

A.2　B.2.5　C.3　D.4

正确答案：B

【依据出处】《农村低压电力技术规程》

46 设置于屋内的无外壳干式变压器，其外廓与四周墙壁的净距不应小于（　　）mm。

A.600　B.700　C.800　D.850

正确答案：A

【依据出处】《农村低压电力技术规程》

47 剩余电流动作保护器安装完成后应试验按钮试跳（　　）次。

A.1　B.2　C.3　D.4

正确答案：C

【依据出处】《“全能型”乡镇供电所岗位应知题库》

48 （　　）应根据现场负荷和用户信息调整情况及时更新负荷平衡资料。

A. 台区客户经理　B. 设备主人　C. 供电所所长　D. 供电所副所长

正确答案：A

【依据出处】《"全能型"乡镇供电所岗位应知题库》

49 对于低压线路（设备）接地漏电导致的三相不平衡问题，（　　）应在确保安全的前提下，对低压线路（设备）进行全面排查，排查出漏电地点。

A. 台区客户经理　B. 运检管理员　C. 供电所所长　D. 电能质量专责

正确答案：A

【依据出处】《"全能型"乡镇供电所岗位应知题库》

50 （　　）应将巡视内容做好巡视记录，内容根据季节特点有所侧重，发现异常和缺陷应详细记录。

A. 运检技术员　B. 台区客户经理　C. 设备主人　D. 供电所所长

正确答案：B

【依据出处】《"全能型"乡镇供电所岗位应知题库》

51 台区客户经理一般情况下要留守在现场，当有另外需要台区客户经理到现场的情况时，必须在抢修人员到达现场并与之进行（　　）后，台区客户经理方可离开。

A. 记录　B. 上报　C. 隔离　D. 交接

正确答案：D

【依据出处】《"全能型"乡镇供电所岗位应知题库》

52 处理缺陷时，（　　）须到现场做好客户服务工作。

A. 供电所所长　B. 运检技术员　C. 客户服务班　D. 台区客户经理

正确答案：C

【依据出处】《"全能型"乡镇供电所岗位应知题库》

53 危急缺陷处理时限不超过（　　）h。

A.12　B.24　C.36　D.48

正确答案：B

【依据出处】《"全能型"乡镇供电所岗位应知题库》

54 对于（　　），台区客户经理应采取防止缺陷扩大和造成事故的必要措施。

A. 一般缺陷　B. 严重缺陷　C. 危急缺陷　D. 缺陷

正确答案：B

【依据出处】《"全能型"乡镇供电所岗位应知题库》

55 迎峰度夏、法定节假日以及其他重要保电期间，原则上不安排（　　）。

A. 故障抢修　B. 值班　C. 抄表　D. 停电工作

正确答案：D

【依据出处】《"全能型"乡镇供电所岗位应知题库》

56 负荷高峰期或恶劣天气后，供电所应立即组织（　　），并做好巡视记录。

A. 定期巡视　B. 特殊巡视　C. 夜间巡视　D. 故障巡视

正确答案：B

【依据出处】《"全能型"乡镇供电所岗位应知题库》

57 供电所应全面落实（　　）制度，明确所管辖的每个 JP 柜、每条低压线路、每个表箱和每块表计等的运维责任人。

A. 项目负责人　B. 设备主人　C. 台区客户经理　D. 检修主人

正确答案：B

【依据出处】《"全能型"乡镇供电所岗位应知题库》

58 供电所所有不需要办理工作票、抢修单等作业文本的作业，均应填写（　　）。

A. 派工单　B. 操作票　C. 安全措施卡　D. 电费通知单

正确答案：A

【依据出处】《“全能型”乡镇供电所岗位应知题库》

59 供电企业发现用电设施存在安全隐患，应当（　　）用户采取有效措施进行治理。

A. 告知　B. 及时告知　C. 当面告知　D. 通知

正确答案：B

【依据出处】《“全能型”乡镇供电所岗位应知题库》

60 针对高损、异常配变台区，供电所应建立（　　）制度。

A. 考核　B. 分析　C. 分析核查　D. 核查

正确答案：C

【依据出处】《电力营销稽查工作实用手册》

61 由上级单位远程抄表、核算时发现异常，派发任务（派工单）给（　　），抄表前联系客户，确定抄表时间。

A. 供电所所长　B. 设备主人　C. 台区客户经理　D. 用电管理员

正确答案：C

【依据出处】《台区客户经理工作手册》

二、多选题（共 44 题）

1 《转发国家电网公司关于实施居民阶梯电价政策有关工作意见的通知》规定居民生活电价码表有（　　）。

A. 居民生活（一户一表）　B. 居民生活（合表）

C. 居民生活（非居民）　D. 居民生活（阶梯）

正确答案：ABC

【依据出处】《转发国家电网公司关于实施居民阶梯电价政策有关工作意见的通知》（皖电营销〔2012〕225 号）

2 根据《安徽省销售电价说明》，农业排灌电价不代征（　　）政府性基金。

A. 农网还贷　B. 大中型水库移民后期扶持基金

C. 可再生能源电价附加　D. 国家重大水利工程建设基金

正确答案：ABC

【依据出处】《安徽省销售电价说明》（皖价商〔2014〕149 号）

3 按照《国家发改委关于降低一般工商业电价有关事项的通知》等规定，两部制电力用户可自愿选择（　　）缴纳基本电费。

A. 按容量　B. 按合约需量　C. 按平均需量　D. 按实际需量

正确答案：ABD

【依据出处】《国家发改委关于降低一般工商业电价有关事项的通知》（发改价格〔2018〕500 号）

4 配网故障抢修是指公司产权配网设备故障研判、（　　）、现场抢修、汇报结果（停送电申请和操作）、恢复送电等工作。

A. 客户通知　B. 故障巡查　C. 故障隔离　D. 许可工作

正确答案：BCD

【依据出处】《国家电网公司配网故障抢修管理规定》[国网（运检/4）312—2014]

6 运维班组应在工程投运前完善相关的标志标识，确保（　　），装设位置明显、直观。

A. 完好　B. 齐全　C. 清晰　D. 规范

正确答案：ABCD

【依据出处】《国家电网公司配网运维管理规定》[国网（运检 /4）306—2014]

7 配电网巡视范围包括配电网（　　）。

A. 设备本体　B. 防护区　C. 线路通道　D. 附属设施

正确答案：ABCD

【依据出处】《配电网运维与检修管理标准和工作标准》(运检〔2012〕770 号)

9 遇有（　　）时，应适时增加巡视次数或重点特巡。

A. 工作交接或间断期间

B. 设备重、过载或负荷有显著增加时

C. 设备检修或改变运行方式后，重新投入系统运行或新安装设备的投运

D. 重要保供电任务期间

正确答案：BCD

【依据出处】《国家电网公司配网运维管理规定》[国网（运检 /4）306—2014]

10 家族缺陷中的家族是指与发生缺陷的设备属于（　　）的设备，同一家族设备发生同类缺陷在两台以上，通过缺陷分析责任明确定为设计或制造负责。

A. 同一制造商　B. 同一型号　C. 同一批次　D. 同一地区

正确答案：ABC

【依据出处】《配网状态检修标准（试行）》

11 安全生产工作应当以人为本，坚持安全发展，坚持（　　）的方针，强化和落实生产经营单位的主体责任，建立生产经营单位负责、职工参与、政府监管、行业自律和社会监督的机制。

A. 安全第一　B. 预防为主　C. 综合治理　D. 政府监管

正确答案：ABC

【依据出处】《中华人民共和国安全生产法》

12 现场勘察应查看（　　）、交叉跨越、多电源、自备电源、地下管线设施和作业现场的条件、环境及其他影响作业的危险点，并提出针对性的安全措施和注意事项。

A. 检修（施工）作业需要停电的范围　B. 保留的带电部位

C. 装设接地线的位置　D. 邻近线路

正确答案：ABCD

【依据出处】《国家电网公司电力安全工作规程（配电部分）（试行）》

13 生产作业现场两票指的是（　　）。

A. 倒闸操作票　B. 工作票　C. 作业票　D. 措施卡

正确答案：AB

【依据出处】《国家电网公司生产作业安全管控标准化工作规范（试行）》(国家电网安质〔2016〕356 号)

14 定期巡视由配电网运维人员进行，以掌握设备（　　）为目的，及时发现缺陷和威胁配电网安全运行情况的巡视。

A. 设施的运行状况　B. 运行环境变化情况　C. 参数　D. 状态

正确答案：AB

【依据出处】《国家电网公司配网运维管理规定》(国家电网企管〔2014〕752 号)

15 电力设施保护保护范围包括处于（　　）和正在建设的电力设施。

A. 运行　B. 备用　C. 检修　D. 停用

正确答案：ABCD

【依据出处】《国家电网公司电力设施保护管理规定》(国家电网企管〔2014〕752 号)

16 工作间断，若工作班离开工作地点，应采取措施或派人看守，不让人、畜接近（　　）等。

A. 挖好的基坑　　B. 未竖立稳固的杆塔

C. 负载的起重和牵引机械装置　　D. 工作地点

正确答案：ABC

【依据出处】《国家电网公司电力安全工作规程（配电部分）》

17 作业人员有权拒绝（　　）。

A. 强令冒险作业　　B. 标准化作业　　C. 规范作业　　D. 违章指挥

正确答案：AD

【依据出处】《国家电网公司电力安全工作规程（配电部分）》

18 在低压用电设备（如充电桩、路灯、用户终端设备等）上工作，应采取（　　）等形式，口头或电话命令应留有记录。

A. 工作票或派工单　　B. 任务单　　C. 工作记录　　D. 口头、电话命令

正确答案：ABCD

【依据出处】《国家电网公司电力安全工作规程（配电部分）》

19 在5级及以上的大风以及（　　）、沙尘暴等恶劣天气下，应停止露天高处作业。

A. 暴雨　　B. 雷电　　C. 冰雹　　D. 大雾

正确答案：ABCD

【依据出处】《国家电网公司电力安全工作规程（配电部分）》

20 高处作业时，梯子的支柱应能承受（　　）攀登时的总质量。

A. 所携带的工具　　B. 材料　　C. 胖人　　D. 作业人员

正确答案：ABD

【依据出处】《国家电网公司电力安全工作规程（配电部分）》

21 上下高处作业使用的脚手架应走斜道或梯子，作业人员不准沿（　　）等攀爬。

A. 栏杆　　B. 脚手杆　　C. 梯子　　D. 杆塔

正确答案：AB

【依据出处】《国家电网公司电力安全工作规程（配电部分）》

22 在（　　）等附近挖坑时，应设监护人。

A. 下水道　　B. 煤气管线

C. 潮湿地　　D. 垃圾堆或有腐质物

正确答案：ABCD

【依据出处】《国家电网公司电力安全工作规程（配电部分）》

23 对无法直接验电的设备，应间接验电，即通过设备的（　　）及各种遥测、遥信等信号的变化来判断。

A. 机械位置指示　　B. 电气指示　　C. 带电显示装置　　D. 仪表

正确答案：ABCD

【依据出处】《国家电网公司电力安全工作规程（配电部分）》

24 （　　）对有触电危险、检修（施工）复杂容易发生事故的工作，应增设专责监护人，并确定其监护的人员和工作范围。

A. 工作票签发人　　B. 工作许可人　　C. 工区领导　　D. 工作负责人

正确答案：AD

【依据出处】《国家电网公司电力安全工作规程（配电部分）》

25 雨雪、大风天气或事故巡线，巡视人员应穿（　　）。

A. 绝缘服　　B. 绝缘鞋　　C. 绝缘手套　　D. 绝缘靴

正确答案：BD

【依据出处】《国家电网公司电力安全工作规程（配电部分）》

26 环网柜应在（ ）后，方可打开柜门。

A. 停电　　B. 验电

C. 合上接地开关　　D. 悬挂“止步，高压危险！”标示牌

正确答案：ABC

【依据出处】《国家电网公司电力安全工作规程（配电部分）》

27 （ ）的二次绕组应有一点且仅有一点永久性的、可靠的保护接地。工作中，禁止将回路的永久接地点断开。

A. 电流互感器　　B. 电压互感器　　C. 继电保护装置　　D. 配电自动化装置

正确答案：AB

【依据出处】《国家电网公司电力安全工作规程（配电部分）》

28 电网管理单位停电检修，以空气开关等无明显断开点的设备作为停电隔离点时，应采取（ ）等措施防止误送电。

A.（在断开点）设置绝缘隔离挡板　　B.（在断开点）悬挂标示牌

C.（在断开点）加锁　　D. 禁止工作

正确答案：BC

【依据出处】《国家电网公司电力安全工作规程（配电部分）》

29 应停电的线路和设备包含危及线路停电作业安全，且不能采取相应安全措施的（ ）线路。

A. 交叉跨越　　B. 平行　　C. 同杆（塔）架设　　D. 通信

正确答案：ABC

【依据出处】《国家电网公司电力安全工作规程（配电部分）》

30 遇有（ ）或导地线、拉线松动的杆塔，登杆前应先培土加固，支好架杆或打好临时拉线后，再行登杆。

A. 上拔　　B. 下沉　　C. 起土　　D. 冲刷

正确答案：ACD

【依据出处】《国家电网公司电力安全工作规程（配电部分）》

31 工作票票面上的（ ）等关键字不得涂改。

A. 时间、工作地点　　B. 线路名称　　C. 设备双重名称　　D. 动词

正确答案：ABCD

【依据出处】《国家电网公司电力安全工作规程（配电部分）》

32 在原工作票的停电及安全措施范围内增加工作任务时，应由工作负责人征得（ ）同意，并在工作票上增填工作项目。

A. 工作票签发人　　B. 工作许可人　　C. 专职监护人　　D. 工作班成员

正确答案：AB

【依据出处】《国家电网公司电力安全工作规程（配电部分）》

33 为保证电缆隧道内施工作业安全，电缆隧道内应有（ ）。

A. 防火、防水措施　　B. 充足的照明　　C. 防毒面具　　D. 通风措施

正确答案：ABD

【依据出处】《国家电网公司电力安全工作规程（配电部分）》

34 环网柜部分停电工作，若进线柜线路侧有电，（ ）。

A. 进线柜应设遮栏，悬挂“止步，高压危险！”标示牌

B. 进线柜负荷开关的操作把手插入口加锁

C. 在进线柜负荷开关的操作把手悬挂“禁止合闸，有人工作！”标示牌

D. 在进线柜接地开关的操作把手插入口加锁

正确答案：ABCD

【依据出处】《国家电网公司电力安全工作规程（配电部分）》

35 为加强配电作业现场管理，规范各类工作人员的行为，保证（ ）安全，依据国家有关法律、法规，结合配电作业实际，制定本规程。

A. 人身　B. 电网　C. 设备　D. 设施

正确答案：ABC

【依据出处】《国家电网公司电力安全工作规程（配电部分）》

36 经常有人工作的场所及施工车辆上宜配备急救箱，存放急救用品，并应指定专人经常（ ）。

A. 检查　B. 清理　C. 补充　D. 更换

正确答案：ACD

【依据出处】《国家电网公司电力安全工作规程（配电部分）》

37 在农网配电营业工鉴定指导书和设备上工作，以下为保证安全的组织措施的有（ ）。

A. 现场勘察制度　B. 工作间断、转移制度

C. 工作终结制度　D. 恢复送电制度

正确答案：ABC

【依据出处】《国家电网公司电力安全工作规程（配电部分）》

38 定期巡视由配电网运维人员进行，以掌握设备（ ）为目的，及时发现缺陷和威胁配电网安全运行情况。

A. 设施的运行状况　B. 运行环境变化情况　C. 参数　D. 状态

正确答案：AB

【依据出处】《国家电网公司电力安全工作规程（配电部分）》

39 电力设施保护是指为防止（ ）、通信等设施及有关辅助设施发生外力破坏所开展的工作。

A. 输电　B. 变电　C. 配电　D. 水电

正确答案：ABCD

【依据出处】《国家电网公司电力安全工作规程（配电部分）》

40 安全工器具宜存放在（ ）的安全工器具室内。

A. 温度为 -15~+35℃　B. 相对湿度为 80% 以下

C. 干燥通风　D. 干净

正确答案：ABC

【依据出处】《国家电网公司安全工器具管理规定》

41 供电所最先接受外来人员或客户信息的工作人员，无论受理事项是否属于本部门及本人职责范围，都必须主动、热情地接待和答复，使来访者、咨询人得到满意的答复，不得以任何借口（ ）。

A. 应付　B. 推诿　C. 拒绝　D. 搪塞

正确答案：BCD

【依据出处】《国家电网公司关于开展星级乡镇供电所建设工作的指导意见》（国家电网营销〔2016〕216 号）

42 《国家电网公司关于开展星级乡镇供电所建设工作的指导意见》指出，按照（ ）的原则，开展星级乡镇供电所建设工作。

A. 分级评定　B. 逐级晋升　C. 动态考核　D. 全面规范

正确答案：ABC

【依据出处】《国家电网公司关于开展星级乡镇供电所建设工作的指导意见》（国家电网营销〔2016〕216 号）

43 《国家电网公司关于开展星级乡镇供电所建设工作的指导意见》指出，星级乡镇供电所建设、定

级和晋级工作评价规范的核心内容是（　　）。

A. 专业工作　　B. 综合管理　　C. 关键指标　　D. 重点任务

正确答案：ABCD

【依据出处】《国家电网公司关于开展星级乡镇供电所建设工作的指导意见》（国家电网营销〔2016〕216号）

44 《国家电网公司星级乡镇供电所建设评价规范》分为（　　）三个部分。

A. 必备条件　　B. 否决条件　　C. 考评规范　　D. 加分项

正确答案：ACD

【依据出处】《国家电网公司关于开展星级乡镇供电所建设工作的指导意见》（国家电网营销〔2016〕216号）

三、判断题（共68题）

1 对于暂无相关技能资格证书的低压运检业务人员，仅能从事辅助性工作，应在2年内完成培训取证。（　　）

答案：正确

【依据出处】《国网安徽省电力公司农村配网（380/220伏）运维检修业务管理指导意见（试行）》（电运检工作〔2015〕340号）

2 电网备品备件配置原则是指为满足电网紧急缺陷处理及故障抢修，由公司统一组织制定的备品备件配置标准。（　　）

答案：正确

【依据出处】《国家电网公司电网备品备件管理规定》[国网（运检/3）410—2014]

3 配网故障抢修管理遵循“安全第一、快速响应、专业协调、优质服务”的原则。（　　）

答案：错误

【依据出处】《国家电网公司配网故障抢修管理规定》[国网（运检/4）312—2014]

4 管理人员应不定期对运维人员巡视质量进行监督指导，对特别重要、重要线路进行监察巡视，每半年不少于一次。（　　）

答案：错误

【依据出处】《配电网运维与检修管理标准和工作标准》（运检〔2012〕770号）

5 断路器的作用是在正常情况下，根据电力系统运行需要，通过断路器将设备投入（接通）或退出（断开）运行。（　　）

答案：正确

【依据出处】《农网配电营业工指导书》

6 电力抢修服务应坚持12h值班制。（　　）

答案：错误

【依据出处】《农网配电营业工指导书》

7 根据欧姆定律，电流的大小与电阻成正比。（　　）

答案：错误

【依据出处】《农网配电营业工指导书》

8 电流互感器在运行中，二次侧不能短路。（　　）

答案：错误

【依据出处】《农网配电营业工指导书》

9 交流接触器线圈按照电压分为36、127、220、380V等。（　　）

答案：正确

【依据出处】《农网配电营业工指导书》

10 低压电器的选择，必须满足其在一次电路正常条件下和短路故障条件下工作的要求，同时设备应工作安全可靠，运行维护方便，投资经济合理。(　　)

答案：正确

【依据出处】《农网配电营业工指导书》

11 在电路中没有发生人身触电、设备漏电、接地故障时，通过剩余电流动作保护装置电流互感器一次绕组电流的相量和等于零。(　　)

答案：正确

【依据出处】《农网配电营业工指导书》

12 1kV 以下路灯线在电杆上的位置，可高于其他相线和中性线。(　　)

答案：错误

【依据出处】《农网配电营业工指导书》

13 1kV 以下三相四线制的中性线截面应与相线截面相同。(　　)

答案：正确

【依据出处】《农网配电营业工指导书》

14 所有计划性作业应全部纳入周作业计划管控，禁止无计划作业。(　　)

答案：正确

【依据出处】 国家电网公司生产作业安全管控标准化工作规范（试行）国家电网安质〔2016〕356 号

15 电力设施保护档案应详实、完整，符合实际，全面反映电力设施的基本情况和护电管理情况。(　　)

答案：正确

【依据出处】《国家电网公司电力设施保护管理规定》(国家电网企管〔2014〕752 号)

16 特殊巡视指在有外力破坏可能、恶劣气象条件（如大风、暴雨、覆冰、高温等）、重要保电任务、设备带缺陷运行或其他特殊情况下由运维单位组织对设备进行的全部或部分巡视。(　　)

答案：错误

【依据出处】《国家电网公司配网运维管理规定》(国家电网企管〔2014〕752 号)

17 各级专业管理部门应加强计划编制与执行的监督检查，分析存在问题，并定期通报。(　　)

答案：正确

【依据出处】《国家电网公司生产作业安全管控标准化工作规范（试行）》(国家电网安质〔2016〕356 号)

18 安全工器具管理遵循“谁主管谁负责、谁使用谁负责”的原则。(　　)

答案：正确

【依据出处】《国家电网公司安全工器具管理规定》

19 安全工器具管理实行“归口管理、分级实施”的模式。(　　)

答案：正确

【依据出处】《国家电网公司安全工器具管理规定》

20 班组应建立安全工器具管理台账，做到账、卡、物相符，试验报告、检查记录齐全。(　　)

答案：正确

【依据出处】《国家电网公司安全工器具管理规定》

21 新购置和自制安全工器具使用前，不必进行预防性试验。(　　)

答案：错误

【依据出处】《国家电网公司安全工器具管理规定》

22 检修后或关键零部件经过更换的安全工器具，应进行预防性试验。(　　)

答案：正确

【依据出处】《国家电网公司安全工器具管理规定》

23 对其机械、绝缘性能产生疑问或发现缺陷的安全工器具，不必进行预防性试验。(　　)

答案：错误

【依据出处】《国家电网公司安全工器具管理规定》

24 发现质量问题的同批次安全工器具，应进行预防性试验。(　　)

答案：正确

【依据出处】《国家电网公司安全工器具管理规定》

25 安全工器具经预防性试验合格后，应由检验机构在合格的安全工器具上（不妨碍绝缘性能、使用性能且醒目的部位）牢固粘贴“合格证”标签或可追溯的唯一标识，并出具检测报告。(　　)

答案：正确

【依据出处】《国家电网公司安全工器具管理规定》

26 安全工器具归还时，保管人和使用人应共同进行清洁整理和检查确认，检查合格的返库存放，不合格或超试验周期的应另外存放，做出“禁用”标识，停止使用。(　　)

答案：正确

【依据出处】《国家电网公司安全工器具管理规定》

27 安全工器具的保管及存放，必须满足国家和行业标准及产品说明书要求。(　　)

答案：正确

【依据出处】《国家电网公司安全工器具管理规定》

28 安全工器具宜根据产品要求存放于合适的温度、湿度及通风条件处，与其他物资材料、设备设施应分开存放。(　　)

答案：正确

【依据出处】《国家电网公司安全工器具管理规定》

29 安全工器具分为个体防护装备、绝缘安全工器具、登高工器具、安全围栏（网）和标识牌等四大类。(　　)

答案：正确

【依据出处】《国家电网公司安全工器具管理规定》

30 绝缘安全工器具分为基本绝缘安全工器具、带电作业安全工器具和辅助绝缘安全工器具。(　　)

答案：正确

【依据出处】《国家电网公司安全工器具管理规定》

31 进出配电站、开闭所应随手关门。(　　)

答案：正确

【依据出处】《国家电网公司电力安全工作规程（配电部分）》

32 工作许可人在接到所有工作签发人（包括用户）的终结报告，并确认所有工作已完毕，所有工作人员已撤离，所有接地线已拆除，与记录簿核对无误并做好记录后，方可下令拆除各侧安全措施。(　　)

答案：错误

【依据出处】《国家电网公司电力安全工作规程（配电部分）》

33 已终结的工作票（含工作任务单）、故障紧急抢修单、现场勘察记录至少应保存 2 年。(　　)

答案：错误

【依据出处】《国家电网公司电力安全工作规程（配电部分）》

34 人在梯子上时，若要移动梯子必须采取可靠的安全措施。(　　)

答案：错误

【依据出处】《国家电网公司电力安全工作规程（配电部分）》

35 一张工作票中，工作票签发人、工作许可人和工作负责人三者不得为同一人。(　　)

答案：正确

【依据出处】《国家电网公司电力安全工作规程（配电部分）》

36 高处作业应使用工具袋。上下传递材料、工器具应使用工具袋邻近带电线路作业的，要使用绝缘绳索传递，较大的工具应用绳拴在牢固的构件上。(　　)

答案：错误

【依据出处】《国家电网公司电力安全工作规程（配电部分）》

37 若需变更或增设安全措施，应填用新的工作票，并重新履行签发、许可手续。(　　)

答案：正确

【依据出处】《国家电网公司电力安全工作规程（配电部分）》

38 工作票签发人应由熟悉人员文化水平、熟悉配电网络接线方式、熟悉设备情况、熟悉《国家电网公司电力安全工作规程（配电部分）》的人员担任。(　　)

答案：错误

【依据出处】《国家电网公司电力安全工作规程（配电部分）》

39 正确使用施工机具、安全工器具和劳动防护用品是工作班成员的安全责任。(　　)

答案：正确

【依据出处】《国家电网公司电力安全工作规程（配电部分）》

40 在用户设备上工作，许可工作前，工作负责人应检查确认用户设备的操作方法、安全措施符合作业的安全要求。(　　)

答案：错误

【依据出处】《国家电网公司电力安全工作规程（配电部分）》

41 工作许可后，工作负责人、专责监护人应向工作班成员交代工作内容、人员分工、带电部位和现场安全措施，告知危险点，并履行签名确认手续，方可下达开始工作的命令。(　　)

答案：正确

【依据出处】《国家电网公司电力安全工作规程（配电部分）》

42 安全带的挂钩或绳子应挂在结实牢固的构件上或专为挂安全带用的钢丝绳上，并应采用高挂低用的方式。禁止挂在移动或不牢固的物件上。(　　)

答案：正确

【依据出处】《国家电网公司电力安全工作规程（配电部分）》

43 土壤电阻率较高地区，如岩石、瓦砾、沙土等，应采取增加接地体根数、长度、截面积或埋地深度等措施改善接地电阻。(　　)

答案：正确

【依据出处】《国家电网公司电力安全工作规程（配电部分）》

44 低压电气设备电压等级为 1000V 以下。(　　)

答案：错误

【依据出处】《国家电网公司电力安全工作规程（配电部分）》

45 装设、拆除接地线可不在监护下进行。(　　)

答案：错误

【依据出处】《国家电网公司电力安全工作规程（配电部分）》

46 大风天气巡线，应沿线路下风侧前进，以免触及断落的导线。(　　)

答案：错误

【依据出处】《国家电网公司电力安全工作规程（配电部分）》

47 现场勘察后，现场勘察记录应送交工作负责人及相关方，作为填写、签发工作票等的依据。(　　)

答案：错误

【依据出处】《国家电网公司电力安全工作规程（配电部分）》

48 作业人员作业过程中，应随时检查安全带是否拴牢。高处作业人员在转移作业位置时不得失去安全保护。(　　)

答案：正确

【依据出处】《国家电网公司电力安全工作规程（配电部分）》

49 在配电站的带电区域内或邻近带电线路处，禁止使用金属梯子。(　　)

答案：正确

【依据出处】《国家电网公司电力安全工作规程（配电部分）》

50 低压工作票，对在同一天的多条低压架空线路或设备上的工作，可使用一张工作票。(　　)

答案：错误

【依据出处】《国家电网公司电力安全工作规程（配电部分）》

51 剩余电流动作保护器应具备实现分级保护有选择性地动作的性能。(　　)

答案：正确

【依据出处】《农村电网剩余电流动作保护器安装运行规程》(DL/T 736—2010)

52 剩余电流动作保护器安装完成后应试验按钮试跳 3 次。(　　)

答案：正确

【依据出处】《农村电网剩余电流动作保护器安装运行规程》(DL/T 736—2010)

53 剩余电流动作保护器安装完成后，应带负荷分合保护器 2 次，不得发生误动作。(　　)

答案：错误

【依据出处】《农村电网剩余电流动作保护器安装运行规程》(DL/T 736—2010)

54 临时用电的配电箱或装接箱内配置的电器应具备保证用电安全的基本功能，包括漏电保护、短路及过载等保护功能。(　　)

答案：正确

【依据出处】《农村安全用电管理办法》

55 剩余电流动作保护是防止因低压电网剩余电流造成故障危害的有效措施。(　　)

答案：正确

【依据出处】《农村低压电力技术规程》

56 剩余电流末级保护装于用户受电端。(　　)

答案：正确

【依据出处】《农村低压电力技术规程》

57 未经电力企业同意，不得同杆架设广播、电话、有线电视等其他线路。(　　)

答案：正确

【依据出处】《农村低压电力技术规程》

58 低压线路与弱电线路同杆架设时电力线路应敷设在弱电线路的下方。(　　)

答案：错误

【依据出处】《农村低压电力技术规程》

59 用户计量装置在室内时，从低压电力线路到用户室外第一支持物的一段线路为进户线；从用户室外第一支持物至用户室内计量装置的一段线路为接户线。(　　)

答案：正确

【依据出处】《农村低压电力技术规程》

60 农户生活用电应实行一户一表计量，其电能表箱宜安装于户外墙上。(　　)

答案：正确

【依据出处】《农村低压电力技术规程》《台区客户经理工作手册》

61 供电所车辆进入客户单位或小区不得鸣喇叭，不得影响客户的正常工作生活秩序。(　　)

答案：正确

【依据出处】《台区客户经理工作手册》

62 台区客户经理因工作敲门入户时，重敲3下，若无回答，连续敲门。(　　)

答案：错误

【依据出处】《台区客户经理工作手册》

63 乡镇供电所应根据本单位下达指标及任务，编制年度、月度、周计划。(　　)

答案：正确

【依据出处】《国家电网公司关于开展星级乡镇供电所建设工作的指导意见》(国家电网营销〔2016〕216号)

64 乡镇供电所应定期组织召开季度、月度、周工作例会，会议内容形成会议记录。(　　)

答案：正确

【依据出处】《国家电网公司关于开展星级乡镇供电所建设工作的指导意见》(国家电网营销〔2016〕216号)

65 乡镇供电所应与所内员工按年度、分岗位签订针对不同岗位的安全生产责任书，制定个人安全目标的控制措施。(　　)

答案：正确

【依据出处】《国家电网公司关于开展星级乡镇供电所建设工作的指导意见》(国家电网营销〔2016〕216号)

66 乡镇供电所应每月进行一次安全日活动。要做到全员参加，所有参加活动的人员均应由本人签到，活动要做好记录，并全程录音，录音记录要保存一年，活动记录要及时上传至安监一体化平台“班组安全建设”模块。(　　)

答案：错误

【依据出处】《国家电网公司关于开展星级乡镇供电所建设工作的指导意见》(国家电网营销〔2016〕216号)

67 乡镇供电所应每季度至少应组织一次安全工器具使用方法培训。(　　)

答案：错误

【依据出处】《国家电网公司关于开展星级乡镇供电所建设工作的指导意见》(国家电网营销〔2016〕216号)

68 《国网营销部关于印发2017年“全能型”乡镇供电所建设的工作意见》规定，装表接电、用电检查、计量和用电信息采集设备运维由内勤班组负责。(　　)

答案：错误

【依据出处】《国网营销部关于印发2017年“全能型”乡镇供电所建设的工作意见》

四、简答题(共5题)

1 乡镇供电所人员在台区线损管理中应开展哪些日常工作?

答：(1)在业扩报装工作中，客户服务班要根据台区的三相负荷现状，选择单相用电客户的接电相别，以提升三相负荷平衡程度。规范安装计量装置并加封加锁后，请客户签字确认。综合业务班在现场工作完成后及时进行建档，并对电能表进行采集测试。

(2)台区客户经理做好依法用电宣传和设备巡视，及时发现和处理线路设备缺陷、计量装置隐患及采集失败问题，现场补抄采集失败的电能表，并关注客户的电量异常情况。

（3）营销管理员要检测各台区的日线损情况，发现有异常要立即组织分析，必要时安排人员进行现场核查，针对性组织开展反窃电工作。

【依据出处】《全能型乡镇供电所标准化作业》

2 乡镇供电所台区客户经理现场作业要求是什么？

答：（1）台区客户经理严格履行首到负责制。

（2）台区客户经理到达现场后，经过查勘，判断现场属辖区内、可单人进行的设备运维以及营销服务工作，由单人完成。

（3）台区客户经理到达现场后，经过查勘，判断现场属辖区内、单人不可进行的作业，由所在供电服务小组相邻的台区客户经理，协同开展。工作量超出供电服务小组承载能力的，由客户服务班或供电所统筹安排完成作业。

（4）台区客户经理到达现场后，经过查勘，判断现场不属于辖区范围的或须其他部门协同开展工作，应逐级上报，由综合业务监控值班员协调联系相关部门。

【依据出处】《全能型乡镇供电所标准化作业》

3 带电断、接低压导线有哪些安全要求？

答：（1）带电断、接低压导线应有人监护。

（2）断、接导线前应核对相线（火线）、中性线。

（3）断开导线时，应先断开相线（火线），后断开中性线。搭接导线时，顺序应相反。

（4）禁止人体同时接触两根线头。

（5）禁止带负荷断、接导线。

【依据出处】《国家电网公司电力安全工作规程（配电部分）》

4 高压架空绝缘导线作业有哪些安全注意事项？

答：（1）架空绝缘导线不得视为绝缘设备，作业人员或非绝缘工器具、材料不得直接接触或接近。

（2）架空绝缘导线与裸导线线路的作业安全要求相同。在停电检修作业中，开断或接入绝缘导线前，应做好防感应电的安全措施。

【依据出处】《国家电网公司电力安全工作规程（配电部分）》

5 若专责监护人要临时离开时，应如何办理？

答：（1）专责监护人临时离开时，应通知被监护人员停止工作或离开工作现场，待专责监护人回来后方可恢复工作。

（2）专责监护人若需长时间离开工作现场时，应由工作负责人变更专责监护人，履行变更手续，并告知全体被监护人员。

【依据出处】《国家电网公司电力安全工作规程（配电部分）》

五、案例分析（共4题）

1 **【背景材料】**由于历史原因，城郊某居民小区采用总表计量收费，由小区物业代收居民电费，然后统一向供电公司交纳电费。该总表8月欠费13516.90元，正常交费截止日为当月最后一天，10月10日上午供电公司工作人员再次到小区催费未果，在没有履行停电通知手续的情况下对小区实施了停电。停电过程中，居民们反映他们已经向物业公司交纳了电费，应该只对没有交费的居民进行停电，为此双方发生了纠纷。停电后，居民不准供电公司工作人员离开现场，并向当地媒体投诉，工作人员拨打110报警，才得以脱身。

【问题】试分析整个事件暴露出供电方的哪些问题？应如何处理？

【答案要点】

暴露问题：

（1）工作意识不到位，供电公司对居民供电服务重视程度不够，在采取停电催费措施前，未能了解小区居民用电和缴费实际情况，对停电后可能造成的不良影响预估不足。

（2）工作方式简单、粗暴，工作人员工作制度执行不严格，停电催费工作未办理电费欠费停电通知书，未提前通知客户，未对客户进行停电公告或通知，客观上造成客户不理解的后果。

（3）工作人员缺乏灵活的解决问题技巧。

措施建议：

（1）供电公司立刻恢复小区供电，有关负责人主动找小区物业管理负责人进行解释，对工作人员未按程序停电向居民道歉，并按规定下发停电通知。

（2）主动与当地媒体联系说明情况，避免出现负面报道。

（3）与相关部门和单位协调、沟通，组织力量，帮助小区筹措资金，实施一户一表改造。

【依据出处】《供电营业规则》《国家电网公司电费抄核收管理规则》

2 **【背景材料】**2015年6月18日，某供电分公司配电修理值班室接用户报修，配电修理班工作负责人郑某带领王某（伤者，男，51岁）和申某于13:55，持故障紧急抢修单到达现场。经检查发现，某10kV线路49号变压器台（简称变台）南100m处46号杆低压中性线断线。在确定工作范围、填写抢修单后，14:00开始工作，14:32检修结束，14:35送电良好，工作任务结束。此后，王某看见49号变台北侧紧挨着一个已经拆除的闲置变台上有低压横担和3只低压开关（3只低压开关距离49号变台带电处1.7m左右），就想上去拆掉3只低压开关，说以后修理时能用上。郑某说："别拆了，没有用。"王某没有听，从北侧闲置变台南柱爬了上去，拆下3只闲置低压可摘挂式熔断器后，又拆低压开关底座。由于底座固定螺丝锈蚀，王某便跨到运行变台要拆固定底座的低压横担上，郑某说："小心，上面带电！"郑某说完就去收拾工器具。约3min后，王某从49号变台北侧杆高低压间下杆时发现钳子丢落在变压器大盖上面，又从高压侧登上去取钳子，刚上变台，因雨后脚滑失稳，于是本能地用右手抓住配电变台横担支撑拉板，左手碰到了10kV母线C相引下线，造成触电坠落，导致重伤。

【问题】试分析该起事件中违反《国家电网公司电力安全工作规程（配电部分）》的行为。

【答案要点】（1）抢修工作结束后，王某拆除闲置变台上的低压横担和3只低压开关，属无票作业，违反《国家电网公司电力安全工作规程（配电部分）》3.3"工作票制度"、3.3.9.12"在原工作票的停电及安全措施范围内增加工作任务时，应由工作负责人征得工作票签发人和工作许可人同意，并在工作票上增填工作项目。若需变更或增设安全措施，应填用新的工作票，并重新履行签发、许可手续"的规定。

（2）王某未严格履行自身职责，违反《国家电网公司电力安全工作规程（配电部分）》3.3.12.5（2）"服务工作负责人（监护人）、专责监护人的指挥，严格遵守本规程和劳动纪律，在指定的作业范围内工作，对自己在工作中的行为负责，互相关心工作安全"的规定。

（3）工作负责人未有效履行监护责任，制止违章行为，使王某失去监护，违反《国家电网公司电力安全工作规程（配电部分）》1.2"任何人发现有违反本规程的情况，应立即制止，经纠正后方可恢复作业"、3.3.12.2（4）"监督工作班成员遵守本规程、正确使用劳动防护用品和安全工器具以及执行现场安全措施"的规定。

3 **【背景材料】**2012年6月15日，某公司作业人员张某为消除设备隐患，向抄表班班长张某提出对某10kV线路426线16号变台低压配电箱进行移位的口头工作请示，并得同意。16日7:00左右，抄表班班长张某又以电话方式通知作业人员张某，强调施工作业前要请示运检班班长和供电所所长批准，批准后要办理工作票手续并做好相关安全措施。10:30左右，作业人员张某在没有请示运检班班长和供电所所长，也未办理工作票手续的情况下，带领某供电所农村电工李某和秦某2人到达该10kV线路426线16号变台进行低压配电箱的移位工作。作业人员张某用10kV绝缘杆拉开16号变台三相跌落式熔断器，李某将低压配电箱内隔离开关拉开后，工作人员张、秦2人在未进行验电、未装设接地线的情况下，便进行了登台作业。10:45作业人员张某在右手触碰变压器高压套管时发生触电后高处坠落（未系安全带），但因伤势过重，经抢救无效死亡。

【问题】试分析该起事件中违反《国家电网公司电力安全工作规程（配电部分）》的行为。

【答案要点】

（1）作业人员张某在未办理工作票手续的情况下开展工作，属无票工作，违反《国家电网公司电力安全工作规程（配电部分）》3.3.2“填用配电第一种工作票的工作。配电工作，需要将高压线路、设备停电或做安全措施者”的规定。

（2）作业人员在未验电、接地的情况下即登台作业，违反《国家电网公司电力安全工作规程（配电部分）》7.1.2“柱上变压器台架工作，应先断开低压侧的空气开关、刀开关，再断开变压器台架的高压线路的隔离开关（刀闸）或跌落式熔断器，高低压侧验电、接地后，方可工作。若变压器的低压侧无法装设接地线，应采用绝缘遮蔽措施”的规定。

（3）高处作业未采取防坠落措施，违反《国家电网公司电力安全工作规程（配电部分）》17.1.3“高处作业应搭设脚手架、使用高空作业车、升降平台或采取其他防止坠落的措施”的规定。

（4）作业人员失去监护，违章未得到制止，违反《国家电网公司电力安全工作规程（配电部分）》1.2“任何人发现有违反本规程的情况，应立即制止，经纠正后方可恢复作业”、3.3.12.2（5）“监督工作班成员遵守本规程、正确使用劳动防护用品和安全工器具以及执行现场安全措施”的规定。

4　2014年4月8日9:00左右，某县供电公司所属集体企业××工程公司根据施工计划，安排工作负责人刘某（死者）和工作班成员王某在某线路41号杆装设高压接地线两组（另一组装在同杆架设的废弃线路上，事后核实该废弃线路实际带电，系酒厂分支线）。当王某在杆上装设好该线路的接地线后，因两人均误认为废弃多年的线路不带电，未验电就直接装设第二组接地线。接地线上升拖动过程中接地端连接桩头不牢固而脱落，地面监护人刘某未告知杆上人员即上前恢复脱落的接地桩头，此时王某正在杆上悬挂接地线，由于该线路实际带有10kV电压，王某感觉手部发麻，随即扔掉接地线棒，刘某因垂下的接地线此时并未接地且靠近自己背部，同时手部又接触了打入大地的接地极，随即触电倒地，刘某经医院抢救无效，11:00左右死亡。

【问题】试分析该起事件中违反《国家电网公司电力安全工作规程（配电部分）》的行为。

【答案要点】（1）王某未验电就装设接地线，违反《国家电网公司电力安全工作规程（配电部分）》4.3.1“农网配电营业工鉴定指导书和设备停电检修，接地前，应使用相应电压等级的接触式验电器或测电笔，在装设接地线或合接地开关处逐相分别验电”的规定。

（2）当接地线连接桩头脱落与接地极脱离时，监护人刘某未停止杆上人员接地操作，造成接地顺序错误，违反《国家电网公司电力安全工作规程（配电部分）》4.4.9接地线装设顺序规定；监护人实施接地线装设操作，违反《国家电网公司电力安全工作规程（配电部分）》4.4.4“装设、拆除接地线应有人监护”的规定；监护人刘某恢复脱落的接地桩头时未戴绝缘手套，违反《国家电网公司电力安全工作规程（配电部分）》4.4.8“装设、拆除接地线均应使用绝缘棒并戴绝缘手套”规定。

（3）监护人刘某未履行安全职责，违反《国家电网公司电力安全工作规程（配电部分）》3.5.4“专责监护人不得兼做其他工作”、3.3.12.4（3）“监督被监护人员遵守本规程和执行现场安全措施，及时纠正被监护人员的不安全行为”的规定。

（4）工作票签发人、工作负责人未组织现场勘查，在未掌握现场相邻设备是否带电的情况下，错误填写、签发工作票，违反《国家电网公司电力安全工作规程（配电部分）》3.2.1“配电检修（施工）作业和用户工程、设备上的工作，工作票签发人或工作负责人认为有必要现场勘察的，应根据工作任务组织现场勘察，并填写现场勘察记录”的规定。

第九章　新型业务

一、单选题（共 122 题）

1 《国家电网公司分布式电源并网服务管理规则》规定，地市公司营销部（客户服务中心）负责将相关申请资料存档，并送地市公司发展部。地市公司发展部通知地市公司经研所（直辖市公司为经研院，下同）制订接入系统方案。工作时限：（　　）个工作日。

A.2　　B.1　　C.3　　D.5

正确答案：A

【依据出处】《国家电网公司分布式电源并网服务管理规则》[国网（营销/4）386—2014]

2 《国家电网公司分布式电源并网服务管理规则》规定，地市、县供电企业营销部（客户服务中心）负责组织地市、县供电企业发展部、运检部（检修公司）、调控中心、经研所等部门（单位）开展现场勘查，并填写现场勘查工作单。工作时限：（　　）个工作日。

A.2　　B.1　　C.3　　D.5

正确答案：A

【依据出处】《国家电网公司分布式电源并网服务管理规则》[国网（营销/4）386—2014]

3 《国家电网公司分布式电源并网服务管理规则》规定，受理客户设计审查的工作时限为（　　）个工作日。

A.3　　B.5　　C.10　　D.15

正确答案：C

【依据出处】《国家电网公司分布式电源并网服务管理规则》[国网（营销/4）386—2014]

4 《国家电网公司分布式电源并网服务管理规则》规定，在收到地市公司项目建议书和投资计划备案后，省公司发展部会同财务部（　　）个工作日完成 ERP 建项。

A.3　　B.5　　C.10　　D.15

正确答案：B

【依据出处】《国家电网公司分布式电源并网服务管理规则》[国网（营销/4）386—2014]

5 《国家电网公司分布式电源并网服务管理规则》规定，地市/区县公司营销部（客户服务中心）负责电能计量表计的安装的工作时限为（　　）个工作日。

A.3　　B.5　　C.8　　D.10

正确答案：C

【依据出处】《国家电网公司分布式电源并网服务管理规则》[国网（营销/4）386—2014]

6 《国家电网公司分布式电源并网服务管理规则》规定，分布式电源项目在完成计量装置安装后，（　　）个工作日完成并网验收及调试。

A.3　　B.5　　C.8　　D.10

正确答案：D

【依据出处】《国家电网公司分布式电源并网服务管理规则》[国网（营销/4）386—2014]

7 《国家电网公司转发国家能源局关于进一步落实分布式光伏发电有关政策的通知》规定，对于利用建筑屋顶及附属场地建成的分布式光伏发电项目（不含金太阳等已享受中央财政投资补贴项目），发电量已选择为“全部自用”或“自发自用剩余电量上网”，当用户用电负荷显著减少（含消失）或（　　）时，允许其电量消纳模式变更为“全额上网”模式。

A. 供用电关系无法履行　　B. 停电

C. 跳闸　　D. 失压

正确答案：A

【依据出处】《国家电网公司转发国家能源局关于进一步落实分布式光伏发电有关政策的通知》（国家电网发展〔2014〕1325号）

8 《国家电网公司转发国家能源局关于进一步落实分布式光伏发电有关政策的通知》规定，对于在地面或利用农业大棚等无电力消费设施建设、以35kV及以下电压等级接入电网（东北地区66kV及以下）、单个项目容量不超过（　　）且所发电量主要在并网点变电台区消纳的光伏电站项目，纳入分布式光伏发电规模指标管理，接入公共电网，上网电价执行当地光伏电站标杆上网电价。

A.200MW　　B.2万kW　　C.100MW　　D.1万kW

正确答案：B

【依据出处】《国家电网公司转发国家能源局关于进一步落实分布式光伏发电有关政策的通知》（国家电网发展〔2014〕1325号）

9 《国家电网公司转发国家能源局关于进一步落实分布式光伏发电有关政策的通知》规定，对示范区内的分布式光伏发电项目（含就近消纳的分布式光伏电站），可按照“（　　）”方式管理，以支持示范区建设持续进行。

A. 追加规模指标　　B. 先审批，后追加规模指标

C. 先备案，后追加规模指标　　D. 项目备案

正确答案：C

【依据出处】《国家电网公司转发国家能源局关于进一步落实分布式光伏发电有关政策的通知》（国家电网发展〔2014〕1325号）

10 《国家电网公司转发国家能源局关于进一步落实分布式光伏发电有关政策的通知》规定，加强对分布式光伏发电合同能源服务以及电力交易的监管，相关方发生争议时，可向国家能源局派出机构申请协调，也可通过（　　）举报投诉电话反映，国家能源局派出机构应会同当地能源主管部门协调解决。

A.95598　　B.12306　　C.12398　　D.95588

正确答案：C

【依据出处】《国家电网公司转发国家能源局关于进一步落实分布式光伏发电有关政策的通知》（国家电网发展〔2014〕1325号）

11 《国家电网公司转发国家能源局关于进一步落实分布式光伏发电有关政策的通知》规定，各电网企业（　　）与分布式光伏发电项目单位（含个人）结算电费和转付国家补贴资金。

A. 按季度或双方约定　　B. 按月或双方约定　　C. 按月　　D. 按季度

正确答案：B

【依据出处】《国家电网公司转发国家能源局关于进一步落实分布式光伏发电有关政策的通知》（国家电网发展〔2014〕1325号）

12 按照国家能源局《关于进一步落实分布式光伏发电有关政策的通知》要求，电网企业应按照有关规定配合当地税务部门处理好购买分布式光伏发电项目电力产品（　　）问题。

A. 发票开具和结算服务　　B. 结算服务和发票开具

C. 发票开具和税款征收　　D. 结算服务和税款征收

正确答案：C

【依据出处】《国家电网公司转发国家能源局关于进一步落实分布式光伏发电有关政策的通知》（国家电网发展〔2014〕1325号）

13 按照国家能源局《关于进一步落实分布式光伏发电有关政策的通知》要求，完善光伏发电工程设计、施工和运行维护的（　　）制度，健全相关从业机构和企业的（　　）体系。

A. 从业资格认证；资信管理　　B. 从业资格认证；体系认证

C. 上岗资格；资信管理　　D. 施工资质；认证资质

正确答案：A

【依据出处】《国家电网公司转发国家能源局关于进一步落实分布式光伏发电有关政策的通知》（国家电网发展〔2014〕1325号）

14 《国家发展改革委关于电动汽车用电价格政策有关问题的通知》规定，对向电网经营企业直接报装接电的经营性集中式充换电设施用电，（　　）年前，暂免收基本电费。

A.2015　　B.2018　　C.2020　　D.2025

正确答案：C

【依据出处】《国家发展改革委关于电动汽车用电价格政策有关问题的通知》（发改价格〔2014〕1668号）

15 《国家发展改革委关于电动汽车用电价格政策有关问题的通知》规定，对居民家庭住宅、居民住宅小区、执行居民电价的非居民用户中设置的充电设施用电执行（　　）电价。

A. 居民用电价格中的合表用户　　B. 一般工商业

C. 居民　　D. 居民生活用电中的非居民用户

正确答案：A

【依据出处】《国家发展改革委关于电动汽车用电价格政策有关问题的通知》（发改价格〔2014〕1668号）

16 《国家发展改革委关于电动汽车用电价格政策有关问题的通知》规定，充换电服务费标准上限由（　　）或其授权的单位制定并调整。

A. 国家价格主管部门　　B. 省级人民政府价格主管部门

C. 市级人民政府价格主管部门　　D. 国网公司

正确答案：B

【依据出处】《国家发展改革委关于电动汽车用电价格政策有关问题的通知》（发改价格〔2014〕1668号）

17 《国家发展改革委关于发挥价格杠杆作用促进光伏产业健康发展的通知》规定，根据各地太阳能资源条件和建设成本，将全国分为（　　）太阳能资源区，相应制定光伏电站标杆上网电价。

A. 一类　　B. 二类　　C. 三类　　D. 四类

正确答案：C

【依据出处】《国家发展改革委关于发挥价格杠杆作用促进光伏产业健康发展的通知》（发改价格〔2013〕1638号）

18 《国家发展改革委关于发挥价格杠杆作用促进光伏产业健康发展的通知》规定，光伏发电项目自投入运营起执行标杆上网电价或电价补贴标准，期限原则上为（　　）年。

A.10　　B.20　　C.50　　D.30

正确答案：B

【依据出处】《国家发展改革委关于发挥价格杠杆作用促进光伏产业健康发展的通知》（发改价格〔2013〕1638号）

19 《国家发展改革委关于发挥价格杠杆作用促进光伏产业健康发展的通知》规定，对分布式光伏发电实行按照（　　）补贴的政策，电价补贴标准为0.42元/kWh。

A. 发电量　　B. 上网电量　　C. 全电量　　D. 用电量

正确答案：C

【依据出处】《国家发展改革委关于发挥价格杠杆作用促进光伏产业健康发展的通知》（发改价格〔2013〕1638号）

20 《国家发展改革委关于发挥价格杠杆作用促进光伏产业健康发展的通知》规定，根据各地太阳能资源条件和建设成本，将全国分为三类太阳能资源区，相应制定光伏电站标杆上网电价。I类资源区光伏电站标杆上网电价标准为（ ）元 /kWh。

A.0.85 B.0.90 C.0.95 D.1.0

正确答案：B

【依据出处】《国家发展改革委关于发挥价格杠杆作用促进光伏产业健康发展的通知》（发改价格〔2013〕1638 号）

21 《国家电网公司关于可再生能源电价附加补助资金管理有关意见的通知》规定，国家电网有限公司负责向经营区域内（ ）和分布式光伏发电项目提供可再生能源电价附加补助资金预算申请、资金拨付和清算工作。

A. 常规可再生能源发电项目、接网工程项目
B. 常规可再生能源发电项目、金太阳项目
C. 分布式风电项目、生物质发电项目
D. 分布式风电项目、天然气发电项目

正确答案：A

【依据出处】《国家电网公司关于可再生能源电价附加补助资金管理有关意见的通知》（国家电网财〔2013〕2044 号）

22 《国家电网公司关于可再生能源电价附加补助资金管理有关意见的通知》规定，申请补助的常规可再生能源发电项目及其接网工程项目应按照国家有关规定完成（ ），且列入财政部、国家发展改革委、能源局公布的（ ）。

A. 公示；名录
B. 审批、核准或备案；补助目录
C. 公示；当年计划
D. 审批、核准或备案；项目规划

正确答案：B

【依据出处】《国家电网公司关于可再生能源电价附加补助资金管理有关意见的通知》（国家电网财〔2013〕2044 号）

23 《国家电网公司分布式电源并网服务管理规则》规定，地市公司经研所负责按照国家、行业、企业相关技术标准及规定，参考《分布式电源接入系统典型设计》制定接入系统方案。工作时限：第一类（ ）个工作日。

A.20 B.30 C.10 D.50

正确答案：B

【依据出处】《国家电网公司分布式电源并网服务管理规则》[国网（营销 /4）386—2014]

24 《国家电网公司分布式电源并网服务管理规则》规定，地市公司经研所负责按照国家、行业、企业相关技术标准及规定，参考《分布式电源接入系统典型设计》制定接入系统方案。工作时限：第二类（ ）个工作日。

A.20 B.30 C.10 D.50

正确答案：D

【依据出处】《国家电网公司分布式电源并网服务管理规则》[国网（营销 /4）386—2014]

25 《国家电网公司分布式电源并网服务管理规则》规定，地市公司经研所负责按照国家、行业、企业相关技术标准及规定，参考《分布式电源接入系统典型设计》制定接入系统方案。工作时限：分布式光伏发电单点并网项目（ ）个工作日。

A.20 B.30 C.10 D.50

正确答案：C

【依据出处】《国家电网公司分布式电源并网服务管理规则》[国网（营销 /4）386—2014]

26 《国家电网公司分布式电源并网服务管理规则》规定，地市公司经研所负责按照国家、行业、企业相关技术标准及规定，参考《分布式电源接入系统典型设计》制定接入系统方案。工作时限：分布式光伏发电多点并网项目（ ）个工作日。

A.20 B.30 C.10 D.50

正确答案：A

【依据出处】《国家电网公司分布式电源并网服务管理规则》[国网（营销/4）386—2014]

27 《国家电网公司分布式电源并网服务管理规则》规定，（　　）负责分布式电源并网服务归口管理。

A. 地市/区县公司发展部　　B. 地市/区县公司调控中心

C. 地市/区县公司营销部（客户服务中心）　　D. 地市/区县公司运检部

正确答案：C

【依据出处】《国家电网公司分布式电源并网服务管理规则》[国网（营销/4）386—2014]

28 《国家电网公司分布式电源并网服务管理规则》规定，（　　）组织审查380（220）V接入系统方案、答复接入系统方案。

A. 地市/区县公司发展部门　　B. 地市/区县公司调控部门

C. 地市/区县公司营销部（客户服务中心）　　D. 地市/区县公司运检部门

正确答案：C

【依据出处】《国家电网公司分布式电源并网服务管理规则》[国网（营销/4）386—2014]

29 《国家电网公司分布式电源并网服务管理规则》规定，（　　）负责组织35kV、10kV接入系统方案审查，出具接入电网意见函。

A. 地市/区县公司发展部门　　B. 地市/区县公司调控部门

C. 地市/区县公司营销部（客户服务中心）　　D. 地市/区县公司运检部门

正确答案：A

【依据出处】《国家电网公司分布式电源并网服务管理规则》[国网（营销/4）386—2014]

30 《国家电网公司分布式电源并网服务管理规则》规定，（　　）负责组织35kV、10kV接入项目并网验收与调试。

A. 地市/区县公司发展部门　　B. 地市公司调控中心

C. 地市/区县公司营销部（客户服务中心）　　D. 地市/区县公司运检部门

正确答案：B

【依据出处】《国家电网公司分布式电源并网服务管理规则》[国网（营销/4）386—2014]

31 《国家电网公司分布式电源并网服务管理规则》规定，（　　）负责组织380（220）V接入项目并网验收与调试。

A. 地市/区县公司发展部门　　B. 地市/区县公司调控部门

C. 地市/区县公司营销部（客户服务中心）　　D. 地市/区县公司运检部门

正确答案：C

【依据出处】《国家电网公司分布式电源并网服务管理规则》[国网（营销/4）386—2014]

32 《国家电网公司分布式电源并网服务管理规则》规定，（　　）负责制定分布式电源项目接入系统方案。

A. 地市/区县公司发展部门　　B. 地市/区县公司调控部门

C. 地市/区县公司营销部（客户服务中心）　　D. 地市公司经研所

正确答案：D

【依据出处】《国家电网公司分布式电源并网服务管理规则》[国网（营销/4）386—2014]

33 《国家电网公司分布式电源并网服务管理规则》规定，对于（　　）分布式光伏发电项目，各单位可根据本地实际情况编制典型接入系统方案模板。

A. 自然人投资建设的380/220V

B. 非自然人投资建设的380/220V

C. 自然人投资建设的10kV以下单点并网项目

D. 自然人利用自有住宅及其住宅区域内建设的380/220V

正确答案：D

【依据出处】《国家电网公司分布式电源并网服务管理规则》[国网（营销/4）386—2014]

34 《国家电网公司分布式电源并网服务管理规则》规定，在受理客户设计审查申请后，(　　)负责组织相关部门开展接入系统方案对设计文件进行审查，并出具审查意见。

A. 地市/区县公司发展部门　　B. 地市/区县公司调控部门

C. 地市/区县公司营销部（客户服务中心）　　D. 地市/区县公司运检部门

正确答案：C

【依据出处】《国家电网公司分布式电源并网服务管理规则》[国网（营销/4）386—2014]

35 《国家电网公司分布式电源并网服务管理规则》规定，地市公司营销部（客户服务中心）负责组织相关部门审定 380/220V 分布式电源接入系统方案，并出具评审意见。工作时限为（　　）个工作日。

A.3　　B.5　　C.10　　D.15

正确答案：B

【依据出处】《国家电网公司分布式电源并网服务管理规则》[国网（营销/4）386—2014]

36 《国家电网公司分布式电源并网服务管理规则》规定，供电公司为自然人分布式光伏发电项目提供项目备案服务，根据当地能源主管部门项目备案管理办法，(　　)代自然人项目业主向当地能源主管部门进行项目备案。

A. 按月集中　　B. 按季集中　　C. 按年集中　　D. 并网完成后

正确答案：A

【依据出处】《国家电网公司分布式电源并网服务管理规则》[国网（营销/4）386—2014]

37 《国家电网公司分布式电源并网服务管理规则》规定，地市（县）公司负责分布式电源接入引起的公共电网改造工程由（　　）负责改造、建设。

A. 光伏投资方　　B. 供电公司　　C. 光伏 EPC 项目单位　　D. 地方政府

正确答案：B

【依据出处】《国家电网公司分布式电源并网服务管理规则》[国网（营销/4）386—2014]

38 分布式电源项目的发用电合同分为 A、B、C、D、E 五类，其中 A 类合同适用于（　　）。

A. 直接接入公用电网的分布式电源项目

B. 接入用户内部电网，通过 10kV 电压等级接入，发电项目与用电项目为同一法人的分布式电源项目

C. 接入用户内部电网，通过 380（220）V 电压等级接入，发电项目与用电项目为同一法人的分布式电源项目

D. 接入用户内部电网，通过 10kV 电压等级接入，发电项目与用电项目为不同法人的分布式电源项目

正确答案：A

【依据出处】《分布式光伏发电项目发用电合同参考文本》

39 分布式电源项目的发用电合同分为 A、B、C、D、E 五类，其中 B 类合同适用于（　　）。

A. 接入用户内部电网，通过 10kV 电压等级接入，发电项目与用电项目为同一法人的分布式电源项目

B. 接入用户内部电网，通过 380（220）V 电压等级接入，发电项目与用电项目为同一法人的分布式电源项目

C. 接入用户内部电网，通过 10kV 电压等级接入，发电项目与用电项目为不同法人的分布式电源项目

D. 接入用户内部电网，通过 380（220）V 电压等级接入，发电项目与用电项目为不同法人的分布式电源项目

正确答案：A

【依据出处】《分布式光伏发电项目发用电合同参考文本》

40 分布式电源项目的发用电合同分为 A、B、C、D、E 五类，其中 C 类合同适用于（　　）。

A. 接入用户内部电网，通过 10kV 电压等级接入，发电项目与用电项目为同一法人的分布式电源项目

B. 接入用户内部电网，通过 380（220）V 电压等级接入，发电项目与用电项目为同一法人的分布式电源项目

C. 接入用户内部电网，通过10kV电压等级接入，发电项目与用电项目为不同法人的分布式电源项目

D. 接入用户内部电网，通过380（220）V电压等级接入，发电项目与用电项目为不同法人的分布式电源项目

正确答案：B

【依据出处】《分布式光伏发电项目发用电合同参考文本》

41 分布式电源项目的发用电合同分为A、B、C、D、E五类，其中D类合同适用于（ ）。

A. 接入用户内部电网，通过10kV电压等级接入，发电项目与用电项目为同一法人的分布式电源项目

B. 接入用户内部电网，通过380（220）V电压等级接入，发电项目与用电项目为同一法人的分布式电源项目

C. 接入用户内部电网，通过10kV电压等级接入，发电项目与用电项目为不同法人的分布式电源项目

D. 接入用户内部电网，通过380（220）V电压等级接入，发电项目与用电项目为不同法人的分布式电源项目

正确答案：C

【依据出处】《分布式光伏发电项目发用电合同参考文本》

42 分布式电源项目的发用电合同分为A、B、C、D、E五类，其中E类合同适用于（ ）。

A. 接入用户内部电网，通过10kV电压等级接入，发电项目与用电项目为同一法人的分布式电源项目

B. 接入用户内部电网，通过380（220）V电压等级接入，发电项目与用电项目为同一法人的分布式电源项目

C. 接入用户内部电网，通过10kV电压等级接入，发电项目与用电项目为不同法人的分布式电源项目

D. 接入用户内部电网，通过380（220）V电压等级接入，发电项目与用电项目为不同法人的分布式电源项目

正确答案：D

【依据出处】《分布式光伏发电项目发用电合同参考文本》

43 第一类分布式电源项目是指10kV及以下电压等级接入，且单个并网点总装机容量不超过（ ）的分布式电源。

A.400kW B.6MW C.10MW D.20MW

正确答案：B

【依据出处】《国家电网公司分布式电源并网服务管理规则》[国网（营销/4）386—2014]

44 10kV及以下接入分布式电源按接入电网形式分为逆变器和旋转电机两类。下列属于逆变器类型的是（ ）。

A. 光伏发电 B. 生物质发电

C. 直接并网的感应式风机 D. 三联供

正确答案：A

【依据出处】《国家电网公司关于印发分布式电源并网相关意见和规范（修订版）的通知》（国家电网办〔2013〕1781号）

45 逆变器类型分布式电源接入220/380V配电网时，专用并网开关应具备失压跳闸及检有压合闸功能，失压跳闸定值宜整定为（ ）。

A.20%U_N、5s B.50%U_N、10s C.50%U_N、5s D.20%U_N、10s

正确答案：D

【依据出处】《国家电网公司关于印发分布式电源并网相关意见和规范（修订版）的通知》（国家电网办〔2013〕1781号）

46 逆变器类型分布式电源接入220/380V配电网时，专用并网开关应具备失压跳闸及检有压合闸功

能，检有压定值宜整定为大于（　　）。

A.50%U_N　　B.85%U_N　　C.110%U_N　　D.135%U_N

正确答案：B

【依据出处】《国家电网公司关于印发分布式电源并网相关意见和规范（修订版）的通知》（国家电网办〔2013〕1781 号）

47 2014—2017 年并网的自发自用、余电上网的分布式光伏发电项目，国家度电补贴标准为（　　）元 /kWh。

A.0.5　　B.0.42　　C.0.37　　D.0.32

正确答案：B

【依据出处】《国家发改委关于发挥价格杠杆作用促进光伏产业健康发展的通知》（发改价格〔2013〕1638 号）

48 2018 年 1 月 1 日—5 月 31 日并网的自发自用、余电上网的分布式光伏发电项目，国家度电补贴标准为（　　）元 /kWh。

A.0.5　　B.0.42　　C.0.37　　D.0.32

正确答案：C

【依据出处】《国家发展改革委关于 2018 年光伏发电项目价格政策的通知》（发改价格〔2017〕2196 号）

49 2018 年 6 月 1 日—12 月 31 日并网的自发自用、余电上网的分布式光伏发电项目，国家度电补贴标准为（　　）元 /kWh。

A.0.5　　B.0.42　　C.0.37　　D.0.32

正确答案：D

【依据出处】《国家发展改革委财政部关于 2018 年光伏发电有关事项的通知》（发改能源〔2018〕823 号）

50 2018 年 6 月 1 日—12 月 31 日并网的自发自用、余电上网的户用扶贫光伏发电项目，国家度电补贴标准为（　　）元 /kWh。

A.0.5　　B.0.42　　C.0.37　　D.0.32

正确答案：B

【依据出处】《国家发展改革委财政部关于 2018 年光伏发电有关事项的通知》（发改能源〔2018〕823 号）

51 2015 年备案、并网的全额上网分布式光伏发电项目，标杆上网电价为（三类资源地区）（　　）元 /kWh。

A.1.0　　B.0.98　　C.0.85　　D.0.75

正确答案：A

【依据出处】《国家发改委关于发挥价格杠杆作用促进光伏产业健康发展的通知》（发改价格〔2013〕1638 号）

52 2016 年备案、并网的全额上网分布式光伏发电项目，标杆上网电价为（三类资源地区）（　　）元 /kWh。

A.1.0　　B.0.98　　C.0.85　　D.0.75

正确答案：B

【依据出处】《国家发展改革委关于完善陆上风电光伏发电上网标杆电价政策的通知》（发改价格〔2015〕3044 号）

53 2017 年备案、并网的全额上网分布式光伏发电项目，标杆上网电价为（三类资源地区）（　　）元 /kWh。

A.1.0　　B.0.98　　C.0.85　　D.0.75

正确答案：C

【依据出处】《国家发展改革委关于调整光伏发电陆上风电标杆上网电价政策的通知》(发改价格〔2016〕2729号)

54 2016年备案、2017年6月31日前并网的全额上网分布式光伏发电项目，标杆上网电价为(三类资源地区)(　　)元/kWh。

A.1.0　　B.0.98　　C.0.85　　D.0.75

正确答案：B

【依据出处】《国家发展改革委关于完善陆上风电光伏发电上网标杆电价政策的通知》(发改价格〔2015〕3044号)

55 2018年5月31日前备案、并网的全额上网分布式光伏发电项目，标杆上网电价为(三类资源地区)(　　)元/kWh。

A.0.98　　B.0.85　　C.0.75　　D.0.70

正确答案：C

【依据出处】《国家发展改革委关于2018年光伏发电项目价格政策的通知》(发改价格〔2017〕2196号)

56 2018年6月1日至12月31日备案、并网的全额上网分布式光伏发电项目，标杆上网电价为(三类资源地区)(　　)元/kWh。

A.0.98　　B.0.85　　C.0.75　　D.0.70

正确答案：D

【依据出处】《国家发展改革委财政部关于2018年光伏发电有关事项的通知》(发改能源〔2018〕823号)

57 2017年6月30日之前并网的光伏扶项目，执行的上网电价标准为(　　)元/kWh。

A.0.98　　B.0.85　　C.0.75　　D.0.70

正确答案：A

【依据出处】《国家发展改革委关于完善陆上风电光伏发电上网标杆电价政策的通知》(发改价格〔2015〕3044号)

58 2017年6月30日至12月31日并网的光伏扶项目，执行的上网电价标准为(　　)元/kWh。

A.0.98　　B.0.85　　C.0.75　　D.0.70

正确答案：B

【依据出处】《国家发展改革委关于调整光伏发电陆上风电标杆上网电价政策的通知》(发改价格〔2016〕2729号)

59 2018年1月1日至5月31日并网的光伏扶项目，执行的上网电价标准为(　　)元/kWh。

A.0.98　　B.0.85　　C.0.75　　D.0.70

正确答案：B

【依据出处】《国家发展改革委关于调整光伏发电陆上风电标杆上网电价政策的通知》(发改价格〔2016〕2729号)

60 2018年6月1日至12月31日并网的光伏扶项目，执行的上网电价标准为(　　)元/kWh。

A.0.98　　B.0.85　　C.0.75　　D.0.70

正确答案：B

【依据出处】《国家发展改革委财政部关于2018年光伏发电有关事项的通知》(发改能源〔2018〕823号)

61《财政部国家发展改革委国家能源局关于公布可再生能源电价附加资金补助的通知》规定，(　　)按简化的管理流程，允许项目完成并网发电后即可按电量享受补贴。

A. 自然人分布式光伏项目　　B. 非自然人光伏项目

C. 自发自用光伏项目　　D. 全额上网光伏项目

正确答案：A

【依据出处】《财政部国家发展改革委国家能源局关于公布可再生能源电价附加资金补助的通知》(财建〔2016〕669号)

62 《国网安徽省电力公司关于规范光伏并网结算管理工作的通知》规定,(　　)为业主利用个人所有的固定建筑物屋顶、墙面及附属场所建设的光伏发电项目。

A. 自然人项目　　B. 非自然人项目　　C. 屋顶光伏项目　　D. 光电建筑项目

正确答案:A

【依据出处】《国网安徽省电力公司关于规范光伏并网结算管理工作的通知》(电财工作〔2017〕425号)

63 《财政部关于分布式光伏发电实行按照电量补贴政策等有关问题的通知》规定,国家对按照电量补贴项目实行目录制管理。(　　)均需纳入国家可再生能源补助目录后才能申请补贴资金。

A. 自然人分布式光伏项目　　B. 非自然人光伏项目

C. 自发自用光伏项目　　D. 全额上网光伏项目

正确答案:B

【依据出处】《财政部关于分布式光伏发电实行按照电量补贴政策等有关问题的通知》(财建〔2013〕390号)

64 《国家发展改革委关于发挥价格杠杆作用促进光伏产业健康发展的通知》规定,光伏发电补贴通过国家可再生能源发展基金予以支付,由(　　)转付。

A. 当地发改委　　B. 当地方财政部门　　C. 能源局　　D. 电网企业

正确答案:D

【依据出处】《国家发展改革委关于发挥价格杠杆作用促进光伏产业健康发展的通知》(发改价格〔2013〕1638号)

65 《国家发展改革委关于完善陆上风电光伏发电上网标杆电价政策的通知》规定,全额上网分布式光伏发电项目的发电量按照(　　)收购。

A. 当地燃煤机组标杆上网电价　　B. 当地脱硫脱硝燃煤机组标杆上网电价

C. 国家补贴标准　　D. 当地光伏电站标杆上网电价

正确答案:D

【依据出处】《国家发展改革委关于完善陆上风电光伏发电上网标杆电价政策的通知》(发改价格〔2015〕3044号)

66 《财政部国家发展改革委国家能源局关于组织申报第七批可再生能源电价附加补助项目的通知》规定,(　　)分布式光伏发电项目由电网企业代为申报补助目录。

A. 自然人　　B. 非自然人　　C. 屋顶　　D. 余电上网

正确答案:B

【依据出处】《财政部国家发展改革委国家能源局关于组织申报第七批可再生能源电价附加补助项目的通知》(财办建〔2017〕17号)

67 《国家省能源局分布式光伏发电暂行管理办法的通知》规定,在年度知道规模指标范围内的分布式光伏发电项目,自备案之日起(　　)年内未建成的,在年度指导规模中取消,并同时取消享受国家资金补贴的资格。

A.1　　B.2　　C.3　　D.5

正确答案:B

【依据出处】《分布式光伏发电项目管理暂行办法》(国能新能〔2013〕433号)

68 《关于开展分布式电力市场化交易试点的通知》规定,参与分布式发电市场化交易的无自身电力消费的单体项目装机容量不超过(　　)MW。

A.5　　B.6　　C.10　　D.20

正确答案:D

【依据出处】《关于开展分布式电力市场化交易试点的通知》(国能综新能〔2017〕167号)

69 《关于开展分布式电力市场化交易试点的通知》规定，参与分布式发电市场化交易的无自身电力消费的单体项目接入电网电压等级不超过（　　）kV。

A.10　　B.35　　C.66　　D.110

正确答案：B

【依据出处】《关于开展分布式电力市场化交易试点的通知》(国能综新能〔2017〕167号)

70 《关于开展分布式电力市场化交易试点的通知》规定，分布式光伏发电项目与电力用户进行电量直接交易，向电网企业支付（　　）。

A. 成本电费　　B. 上网电费　　C. 过网费　　D. 购电费

正确答案：C

【依据出处】《关于开展分布式电力市场化交易试点的通知》(国能综新能〔2017〕167号)

71 分布式电源并网电压等级根据装机容量进行初步选择，一般情况下，单个并网点（　　）可按380V接入。

A.8kW及以下　　B.8kW~400kW　　C.400kW~6MW　　D.6MW~20MW

正确答案：B

【依据出处】《国家电网公司关于印发分布式电源接入系统典型设计的通知》(国家电网发展〔2013〕625号)

72 分布式电源并网电压等级根据装机容量进行初步选择，一般情况下，单个并网点400kW~6MW可按（　　）接入。

A.220V　　B.380V　　C.10kV　　D.35kV

正确答案：C

【依据出处】《国家电网公司关于印发分布式电源接入系统典型设计的通知》(国家电网发展〔2013〕625号)

73 分布式电源并网电压等级根据装机容量进行初步选择，一般情况下，单个并网点6MW以上可按（　　）接入。

A.220V　　B.380V　　C.10kV　　D.35kV

正确答案：D

【依据出处】《国家电网公司关于印发分布式电源接入系统典型设计的通知》(国家电网发展〔2013〕625号)

74 对于有升压站的分布式电源，（　　）为分布式电源升压站高压侧母线或节点。

A. 并网点　　B. 接入点　　C. 公共连接点　　D.T接点

正确答案：A

【依据出处】《国家电网公司关于印发分布式电源接入系统典型设计的通知》(国家电网发展〔2013〕625号)

75 对于无升压站的分布式电源，（　　）为分布式电源的输出汇总点。

A. 并网点　　B. 接入点　　C. 公共连接点　　D.T接点

正确答案：A

【依据出处】《国家电网公司关于印发分布式电源接入系统典型设计的通知》(国家电网发展〔2013〕625号)

76 （　　）是指分布式电源接入电网的连接处，该电网既可能是公共电网，也可能是用户电网。

A. 并网点　　B. 接入点　　C. 公共连接点　　D.T接点

正确答案：B

【依据出处】《国家电网公司关于印发分布式电源接入系统典型设计的通知》(国家电网发展〔2013〕625号)

77 （　　）是指用户系统（发电或用电）接入公用电网的连接处。

A. 并网点　　B. 接入点　　C. 公共连接点　　D.T 接点

正确答案：C

【依据出处】《国家电网公司关于印发分布式电源接入系统典型设计的通知》（国家电网发展〔2013〕625 号）

78 380V 电压等级并网的光伏发电系统，应保证并网点处功率因数在（　　）范围内连续可调。

A. 超前 0.90~ 滞后 0.90　　B. 超前 0.95~ 滞后 0.95　　C. 超前 0.98~ 滞后 0.98　　D.0.98~1

正确答案：B

【依据出处】《国家电网公司关于印发分布式电源接入系统典型设计的通知》（国家电网发展〔2013〕625 号）

79 以 10kV 接入用户系统、自发自用（含余量上网）的分布式光伏发电系统功率因数应实现（　　）范围内连续可调。

A. 超前 0.90~ 滞后 0.90　　B. 超前 0.95~ 滞后 0.95　　C. 超前 0.98~ 滞后 0.98　　D.0.98~1

正确答案：B

【依据出处】《国家电网公司关于印发分布式电源接入系统典型设计的通知》（国家电网发展〔2013〕625 号）

80 以 10kV 接入公共电网的分布式光伏发电系统功率因数应实现（　　）范围内连续可调。

A. 超前 0.90~ 滞后 0.90　　B. 超前 0.95~ 滞后 0.95　　C. 超前 0.98~ 滞后 0.98　　D.0.98~1

正确答案：C

【依据出处】《国家电网公司关于印发分布式电源接入系统典型设计的通知》（国家电网发展〔2013〕625 号）

81 分布式光伏接入公网 380V 系统，当接入容量超过本台区配电变压器额定容量（　　）时，相应公网配变低压侧刀熔总开关应改造为低压总开关，并在配变低压母线处装设反孤岛装置。

A.0.25　　B.0.3　　C.0.5　　D.0.75

正确答案：A

【依据出处】《国家电网公司关于印发分布式电源接入系统典型设计的通知》（国家电网发展〔2013〕625 号）

82 光伏扶贫项目接入引起的公共电网改造工程由（　　）实施。

A. 地方政府　　B. 供电公司　　C. 投资单位　　D. 业主单位

正确答案：B

【依据出处】《国网安徽省电力公司光伏扶贫并网服务工作指南（2017 年）》

83 光伏逆变器应具备防孤岛保护功能，其设定值满足规程要求并投入运行；10kV 接入的光伏发电站配置独立的防孤岛保护装置，动作时间应不大于（　　）s。

A.10　　B.5　　C.2　　D.0.2

正确答案：C

【依据出处】《国网安徽省电力公司光伏扶贫并网服务工作指南（2017 年）》

84 10kV 配电网侧有分布式电源接入的，应在并网点醒目位置处悬挂标识牌，标识牌内容为（　　）。

A. “× × 分布式电源接入”　　B. “台区有分布式电源接入”

C. “当心触电”　　D. “有人工作”

正确答案：A

【依据出处】《国网安徽省电力公司光伏扶贫并网服务工作指南（2017 年）》

85 光伏扶贫项目以 10kV 并网且容量不大于（　　）的项目，可委托县公司调控中心签订并网调度协议。

A.400kW　　B.1000kW　　C.6MW　　D.10MW

正确答案：C

【依据出处】《国网安徽省电力公司光伏扶贫并网服务工作指南（2017 年）》

86 接入 10kV 电压等级的光伏扶贫项目，（　　）的应配置故障录波器。

A. 无升压站　　B. 有升压站　　C. 超过 6MW 的　　D. 超过 10MW 的

正确答案：B

【依据出处】《国网安徽省电力公司光伏扶贫并网服务工作指南（2017 年）》

87《分布式发电管理暂行办法》规定，对于（　　）及以下电压等级接入配电网的分布式发电，电网企业应专门设置的简化流程办理并网申请，并提供咨询、调试和并网验收服务。

A.380V　　B.10kV　　C.35kV　　D.110kV

正确答案：C

【依据出处】《分布式发电管理暂行办法》（发改能源〔2013〕1381 号）

88《分布式光伏发电项目管理暂行办法》规定，省级以下能源主管部门依据国务院投资项目管理规定和国务院能源主管部门下达的本地区分布式光伏发电的年度指导规模指标，对分布式光伏发电项目实行备案管理，具体备案办法由（　　）制定。

A. 国务院　　B. 国家能源局　　C. 国家发改委　　D. 省级人民政府

正确答案：D

【依据出处】《分布式光伏发电项目管理暂行办法》（国能新能〔2013〕433 号）

89 分布式光伏发电项目采用的光伏电池组件、逆变器等设备应通过符合（　　）的检测认证，符合相关接入电网的技术要求。

A. 国家能源局　　B. 检测检验局

C. 供电企业　　D. 国家规定的认证认可机构

正确答案：D

【依据出处】《分布式光伏发电项目管理暂行办法》（国能新能〔2013〕433 号）

90《分布式光伏发电项目管理暂行办法》规定，电网企业收到项目单位并网接入申请后，应在（　　）个工作日内出具并网接入意见，对于集中多点接入的分布式光伏发电项目可延长到（　　）个工作日。

A.10；20　　B.20；30　　C.30；40　　D.30；50

正确答案：B

【依据出处】《分布式光伏发电项目管理暂行办法》（国能新能〔2013〕433 号）

91（　　）自用电量不收取随电价征收的各类基金和附加。

A. 分布式风电项目　　B. 分布式光伏发电系统

C. 分布式旋转电机类项目　　D. 分布式生物质能项目

正确答案：B

【依据出处】《国家电网公司关于印发分布式电源并网相关意见和规范（修订版）的通知》（国家电网办〔2013〕1781 号）

92 供电公司为（　　）光伏发电项目提供项目备案服务，公司收到接入系统方案项目业主确认单后，按月集中向当地能源主管部门进行项目备案。

A. 全部自用　　B. 自发自用、余电上网

C. 自然人　　D. 非自然人

正确答案：C

【依据出处】《国家电网公司关于印发分布式电源并网相关意见和规范（修订版）的通知》（国家电网

办〔2013〕1781 号）

93 受理分布式电源项目申请后，对于第一类项目，供电公司在（ ）个［其中分布式光伏发电单点并网项目（ ）个工作日，多点并网项目（ ）个］工作日内，将接入系统方案确认单、接入电网意见函告知项目业主。

A.60；30；40 B.50；20；30 C.40；20；30 D.30；10；20

正确答案：C

【依据出处】《国家电网公司关于印发分布式电源并网相关意见和规范（修订版）的通知》（国家电网办〔2013〕1781 号）

94 受理分布式电源项目申请后，对于第二类项目，供电公司在（ ）个工作日内，将接入系统方案确认单、接入电网意见函告知项目业主。

A.30 B.40 C.50 D.60

正确答案：D

【依据出处】《国家电网公司关于印发分布式电源并网相关意见和规范（修订版）的通知》（国家电网办〔2013〕1781 号）

95（ ）接入的分布式电源项目，接入系统方案等同于接入电网意见函。

A.380V B.10kV C.10kV 及以下 D.35kV

正确答案：A

【依据出处】《国家电网公司关于印发分布式电源并网相关意见和规范（修订版）的通知》（国家电网办〔2013〕1781 号）

96 地市公司营销部（客户服务中心）负责按照公司统一格式合同文本办理发用电合同签订工作。工作时限：（ ）个工作日。

A.3 B.5 C.8 D.10

正确答案：C

【依据出处】《国家电网公司分布式电源并网服务管理规则》［国网（营销/4）386—2014］

97 对于直接接入公共电网的光伏扶贫项目，10kV 项目升压变高压侧开关、220/380V 项目汇集点以上接入工程由（ ）投资建设。

A. 村集体 B. 供电公司 C. 投资单位 D. 项目业主

正确答案：B

【依据出处】《国家电网公司关于做好村级光伏扶贫项目并网服务工作的通知》（国家电网营销〔2018〕130 号）

98 对于接入用户侧的光伏扶贫项目，接入工程由（ ）投资建设。

A. 项目业主 B. 供电公司 C. 投资单位 D. 扶贫户

正确答案：A

【依据出处】《国家电网公司关于做好村级光伏扶贫项目并网服务工作的通知》（国家电网营销〔2018〕130 号）

99 2018—2020 年国家规划光伏扶贫项目总规模约 1000 万 kW，主要形式为（ ）。

A. 户用光伏 B. 村级电站 C. 全额上网 D. 自发自用

正确答案：B

【依据出处】《国家电网公司关于进一步做好光伏扶贫项目接网工作意见的通知》（国家电网营销〔2018〕358 号）

100《国家电网公司关于进一步做好光伏扶贫项目接网工作意见的通知》规定，380V 并网的村级光伏扶贫电站项目，自并网申请受理之日起，（ ）内并网发电。

A.10 个工作日 B.20 个工作日 C.1 个月 D.30 个工作日

正确答案：C

【依据出处】《国家电网公司关于进一步做好光伏扶贫项目接网工作意见的通知》（国家电网营销〔2018〕358号）

101 《国家电网公司关于进一步做好光伏扶贫项目接网工作意见的通知》规定，村级光伏扶贫电站项目在（　　）个工作日内完成现场勘查和接入方案告知。

A.2　　B.3　　C.5　　D.7

正确答案：B

【依据出处】《国家电网公司关于进一步做好光伏扶贫项目接网工作意见的通知》（国家电网营销〔2018〕358号）

102 《国家电网公司关于进一步做好光伏扶贫项目接网工作意见的通知》规定，村级光伏扶贫电站项目在（　　）个工作日内完成工程设计及施工。

A.5　　B.7　　C.10　　D.15

正确答案：D

【依据出处】《国家电网公司关于进一步做好光伏扶贫项目接网工作意见的通知》（国家电网营销〔2018〕358号）

103 《国家电网公司关于进一步做好光伏扶贫项目接网工作意见的通知》规定，村级光伏扶贫电站项目在（　　）个工作日内完成并网验收调试，同步签订发用电合同。

A.3　　B.5　　C.7　　D.10

正确答案：A

【依据出处】《国家电网公司关于进一步做好光伏扶贫项目接网工作意见的通知》（国家电网营销〔2018〕358号）

104 村级光伏扶贫电站单体装机规模一般不超过（　　）kW，具备就近接入条件的可放大至（　　）kW。

A.300；600　　B.400；600　　C.300；500　　D.200；500

正确答案：C

【依据出处】《安徽省村级光伏扶贫电站收益分配管理实施办法》（皖扶办〔2018〕82号）

105 国网客服中心对分布式电源并网服务工作回访率应达到（　　）。

A.0.5　　B.9　　C.0.99　　D.1

正确答案：D

【依据出处】《国家电网公司分布式电源并网服务管理规则》[国网（营销/4）386—2014]

106 居民光伏客户的所有计量表计须安装在（　　）。

A. 户外露天区域　　B. 户内

C. 集中表箱　　D. 便于管理的户外公共场所

正确答案：D

【依据出处】《国家电网公司分布式电源并网服务管理规则》[国网（营销/4）386—2014]

107 对于发电项目业主与电力用户为不同法人的，与电力用户、项目业主签订（　　）。

A. 供用电合同　　B. 购售电合同　　C. 两方发用电合同　　D. 三方发用电合同

正确答案：D

【依据出处】《国家电网公司分布式电源并网服务管理规则》[国网（营销/4）386—2014]

108 （　　）分布式电源发用电合同签订后报省公司交易中心备案。

A. 全部自用　　B. 全部上网　　C. 自发自用余电上网　　D.35kV

正确答案：C

【依据出处】《国家电网公司分布式电源并网服务管理规则》[国网（营销/4）386—2014]

109 （　　）负责分布式电源接入引起的公共电网改造工程，包括随公共电网线路架设的通信光缆及相应公共电网变电站通信设备改造等建设。

A. 地市、县供电企业 B. 地方政府 C. 项目业主 D. 客户

正确答案：A

【依据出处】《国家电网公司分布式电源并网服务管理规则》[国网（营销/4）386—2014]

110 《国家电网公司分布式电源并网服务管理规则》规定，（ ）负责组织实施分布式电源接入引起的公共电网技改工程。

A. 地市、县供电企业营销部门 B. 地市、县供电企业运检部门
C. 地市、县供电企业发展部门 D. 地市、县供电企业基建部门

正确答案：B

【依据出处】《国家电网公司分布式电源并网服务管理规则》[国网（营销/4）386—2014]

111 《国家电网公司分布式电源并网服务管理规则》规定，供电公司为（ ）分布式光伏发电项目提供项目备案服务。

A. 自然人 B. 非自然人 C. 村级扶贫电站 D.220/380V

正确答案：A

【依据出处】《国家电网公司分布式电源并网服务管理规则》[国网（营销/4）386—2014]

112 《国家电网公司分布式电源并网服务管理规则》规定，（ ）负责分布式电源接入引起公共电网基建工程投资计划的安排与上报。

A. 地市、县供电企业营销部门 B. 地市、县供电企业运检部门
C. 地市、县供电企业发展部门 D. 地市、县供电企业基建部门

正确答案：C

【依据出处】《国家电网公司分布式电源并网服务管理规则》[国网（营销/4）386—2014]

113 《国家电网公司分布式电源并网服务管理规则》规定，（ ）负责为自然人分布式光伏发电项目提供项目备案服务。

A. 地市、县供电企业营销部门 B. 地市、县供电企业运检部门
C. 地市、县供电企业发展部门 D. 地市、县供电企业财务部门

正确答案：C

【依据出处】《国家电网公司分布式电源并网服务管理规则》[国网（营销/4）386—2014]

114 《国家电网公司分布式电源并网服务管理规则》规定，（ ）负责属地可再生能源补贴资金申请上报、资金支付工作，负责上网电费支付工作。

A. 地市、县供电企业营销部门 B. 地市、县供电企业运检部门
C. 地市、县供电企业发展部门 D. 地市、县供电企业财务部门

正确答案：D

【依据出处】《国家电网公司分布式电源并网服务管理规则》[国网（营销/4）386—2014]

115 并网运行的光伏发电项目和享受各级政府补贴的非并网独立光伏发电项目，须采用经（ ）批准的认证机构认证的光伏产品。

A. 国家安监局 B. 国务院 C. 国家认监委 D. 国家能源局

正确答案：C

【依据出处】《国家能源局关于进一步落实分布式光伏发电有关政策的通知》（国能新能〔2014〕406号）

116 按“自发自用、余电上网”模式并网的项目，在用电负荷显著减少（含消失）或供用电关系无法履行的情况下，允许变更为“全额上网”模式。项目单位要向（ ）申请变更备案。

A. 当地能源主管部门 B. 地方财政局 C. 当地供电企业 D. 国家能源局

正确答案：A

【依据出处】《国家能源局关于进一步落实分布式光伏发电有关政策的通知》（国能新能〔2014〕

406号）

117 在符合电网运行安全技术要求的前提下，分布式光伏发电项目接尽可能在（　　）接入。

A. 配电网侧以较低电压等级　　B. 配电网侧以较高电压等级

C. 用户侧以较低电压等级　　D. 用户侧以较高电压等级

正确答案：C

【依据出处】《国家能源局关于进一步落实分布式光伏发电有关政策的通知》（国能新能〔2014〕406号）

118 风电、光伏发电平价上网项目和低价上网项目，可按国家规定可获得可交易的（　　）证书。

A. 可再生能源绿色电力　　B. 可再生能源　　C. 绿色电力　　D. 绿色能源

正确答案：A

【依据出处】《国家发展改革委、国家能源局关于积极推进风电、光伏发电无补贴平价上网有关工作的通知》（发改能源〔2019〕19号）

119 年用电量（　　）万kWh及以上的企业，可直接或委托售电公司代理参与电力直接交易。

A.100　　B.500　　C.1000　　D.5000

正确答案：C

【依据出处】《安徽省电力直接交易规则》（皖能源电力〔2016〕78号）

120 对向电网经营企业直接报装接电的经营性集中式充换电设施用电，执行（　　）价格。

A. 居民生活用电　　B. 一般工商业用电

C. 大工业用电　　D. 大工业用电，2020年前免收基本电费

正确答案：D

【依据出处】《国家发展改革委关于电动汽车用电价格政策有关问题的通知》（发改价格〔2014〕1668号）

121 党政机关、企事业单位和社会公共停车场中设置的充电设施用电执行（　　）类用电价格。

A. 居民生活　　B. 一般工商业及其他

C. 大工业　　D. 大工业用电，2020年前免收基本电费

正确答案：B

【依据出处】《国家发展改革委关于电动汽车用电价格政策有关问题的通知》（发改价格〔2014〕1668号）

122 居民家庭住宅、居民住宅小区、执行居民电价的非居民用户中设置的充电设施用电，在（　　）用户电价基础上每kWh平段上浮0.03元，低谷下浮0.25元。

A. 居民生活　　B. 居民合表　　C. 非居民生活　　D. 一般工商业

正确答案：B

【依据出处】《安徽省物价局转发国家发展改革委关于电动汽车用电价格政策有关问题的通知》（皖价商〔2014〕102号）

二、多选题（共61题）

1 《国家电网公司分布式电源并网服务管理规则》规定，地市/区县公司调控部门管理职责包括（　　）。

A. 负责签订35kV、10kV接入项目并网调度协议

B. 负责组织35kV、10kV接入项目并网验收与调试

C. 参与接入系统方案和设计文件审查

D.380（220）V接入项目并网验收调试工作

正确答案：ABCD

【依据出处】《国家电网公司分布式电源并网服务管理规则》[国网（营销/4）386—2014]

2 《国家电网公司分布式电源并网服务管理规则》规定，10kV 逆变器类分布式电源项目并网调试和验收需提供的材料包括（ ）。

A. 施工单位资质复印件

B. 主要设备技术参数、型式认证报告或质检证书

C. 并网前单位工程调试报告、验收报告

D. 并网前设备电气试验、继电保护整定、通信联调、电能量信息采集调试记录

正确答案：ABCD

【依据出处】《国家电网公司分布式电源并网服务管理规则》[国网（营销/4）386—2014]

3 《国家电网公司转发国家能源局关于进一步落实分布式光伏发电有关政策的通知》规定，光伏发电是我国重要的战略性新兴产业，大力推进光伏发电应用对（ ）具有重大战略意义。

A. 优化能源结构　　B. 保障能源安全

C. 改善生态环境　　D. 转变城乡用能方式

正确答案：ABCD

【依据出处】《国家电网公司转发国家能源局关于进一步落实分布式光伏发电有关政策的通知》(国家电网发展〔2014〕1325号)

4 《国家电网公司转发国家能源局关于进一步落实分布式光伏发电有关政策的通知》规定，鼓励开展多种形式的分布式光伏发电应用。充分利用具备条件的建筑屋顶（含附属空闲场地）资源，鼓励（ ）的开发区和大型工商企业率先开展光伏发电应用。

A. 供电半径长　　B. 屋顶面积大　　C. 用电负荷大　　D. 电网供电价格高

正确答案：BCD

【依据出处】《国家电网公司转发国家能源局关于进一步落实分布式光伏发电有关政策的通知》(国家电网发展〔2014〕1325号)

5 《国家电网公司转发国家能源局关于进一步落实分布式光伏发电有关政策的通知》规定，在市县（区）电网企业设立分布式光伏发电“一站式”并网服务窗口，明确办理并网手续的（ ），并在电网企业相关网站公布。

A. 申请条件　　B. 工作流程　　C. 办理时限　　D. 收费标准

正确答案：ABC

【依据出处】《国家电网公司转发国家能源局关于进一步落实分布式光伏发电有关政策的通知》(国家电网发展〔2014〕1325号)

6 《国家电网公司转发国家能源局关于进一步落实分布式光伏发电有关政策的通知》规定，电网企业提供的电能计量表应可明确区分项目（ ），并具备向电力运行调度机构传送项目运行信息的功能。

A. 总发电量　　B. “自发自用”电量　　C. 上网电量　　D. 用网电量

正确答案：ABC

【依据出处】《国家电网公司转发国家能源局关于进一步落实分布式光伏发电有关政策的通知》(国家电网发展〔2014〕1325号)

7 《国家电网公司转发国家能源局关于进一步落实分布式光伏发电有关政策的通知》规定，完善产业体系和公共服务。通过市场机制培育分布式光伏发电系统（ ）等环节的专业化服务能力。

A. 规划设计　　B. 工程建设　　C. 评估认证　　D. 运营维护

正确答案：ABCD

【依据出处】《国家电网公司转发国家能源局关于进一步落实分布式光伏发电有关政策的通知》(国家电网发展〔2014〕1325号)

8 按照国家能源局《关于进一步落实分布式光伏发电有关政策的通知》要求，继续推进分布式光

伏发电应用示范区建设，重点开展（　　）创新。

A. 发展模式　　B. 经营模式　　C. 投融资模式　　D. 专业化服务模式

正确答案：ACD

【依据出处】《国家电网公司转发国家能源局关于进一步落实分布式光伏发电有关政策的通知》（国家电网发展〔2014〕1325号）

9 按照国家能源局《关于进一步落实分布式光伏发电有关政策的通知》要求，电网企业提供的电能计量表应可明确区分项目（　　），并具备向电力运行调度机构传送项目运行信息的功能。

A. 总发电量

B. “自发自用”电量

C. 合同能源服务方式中光伏企业向电力用户的供电量

D. 上网电量

正确答案：ABCD

【依据出处】《国家电网公司转发国家能源局关于进一步落实分布式光伏发电有关政策的通知》（国家电网发展〔2014〕1325号）

10 按照国家能源局《关于进一步落实分布式光伏发电有关政策的通知》要求，国家电网公司、南方电网公司等电网企业按月进行（　　）补贴发放等情况的信息统计，按月报送国家能源局并抄送国家可再生能源信息管理中心。

A. 接网申请　　B. 并网容量　　C. 发电量信息　　D. 电费结算

正确答案：ABCD

【依据出处】《国家电网公司转发国家能源局关于进一步落实分布式光伏发电有关政策的通知》（国家电网发展〔2014〕1325号）

11 《国家发展改革委关于电动汽车用电价格政策有关问题的通知》规定，充换电设施经营企业可向电动汽车用户收取（　　）两项费用。

A. 电费　　B. 接网费　　C. 充换电服务费　　D. 基本电费

正确答案：AC

【依据出处】《国家发展改革委关于电动汽车用电价格政策有关问题的通知》（发改价格〔2014〕1668号）

12 《国家发展改革委关于发挥价格杠杆作用促进光伏产业健康发展的通知》规定，光伏发电企业和电网企业必须真实.完整地记载和保存光伏发电项目（　　）等资料，接受有关部门监督检查。

A. 上网电量　　B. 自发自用电量　　C. 电价结算　　D. 补助金额

正确答案：ABCD

【依据出处】《国家发展改革委关于发挥价格杠杆作用促进光伏产业健康发展的通知》（发改价格〔2013〕1638号）

13 《国家发展改革委关于发挥价格杠杆作用促进光伏产业健康发展的通知》规定，根据各地太阳能资源条件和建设成本，将全国分为三类太阳能资源区，属于Ⅱ类资源区的地区有（　　）。

A. 天津　　B. 安徽　　C. 山东　　D. 四川

正确答案：ABD

【依据出处】《国家发展改革委关于发挥价格杠杆作用促进光伏产业健康发展的通知》（发改价格〔2013〕1638号）

14 《国家发展改革委关于发挥价格杠杆作用促进光伏产业健康发展的通知》规定，根据各地太阳能资源条件和建设成本，将全国分为三类太阳能资源区，属于Ⅰ类资源区的地区有（　　）。

A. 内蒙古赤峰　　B. 青海　　C. 宁夏　　D. 青海海西

正确答案：CD

【依据出处】《国家发展改革委关于发挥价格杠杆作用促进光伏产业健康发展的通知》（发改价格

〔2013〕1638 号）

15 《国家电网公司关于可再生能源电价附加补助资金管理有关意见的通知》规定，常规可再生能源发电包括（　　）。

A. 生物质能发电　　B. 太阳能发电　　C. 海洋能发电　　D. 风力发电

正确答案：ABCD

【依据出处】《国家电网公司关于可再生能源电价附加补助资金管理有关意见的通知》（国家电网财〔2013〕2044 号）

16 《国家电网公司分布式电源并网服务管理规则》对分布式电源进行了限定，下列属于分布式电源项目的有（　　）。

A. 容量 8kW 的户用屋顶光伏

B. 容量 30MW 的地面光伏电站

C. 容量 8MW 的厂用屋顶光伏，年自发自用电量大于 50%

D. 容量 3MW 的全额上网屋顶光伏

正确答案：ACD

【依据出处】《国家电网公司分布式电源并网服务管理规则》[国网（营销 /4）386—2014]

17 《国家电网公司分布式电源并网服务管理规则》规定，（　　）项目不收取系统备用容量费。

A. 分布式光伏发电　　B. 分布式风电　　C. 小水电　　D. 生物质能

正确答案：AB

【依据出处】《国家电网公司分布式电源并网服务管理规则》[国网（营销 /4）386—2014]

18 《国家电网公司分布式电源并网服务管理规则》规定，分布式光伏发电自发自用电量免收（　　）。

A. 可再生能源电价附加　　B. 国家重大水利工程建设基金

C. 大中型水库移民后期扶持基金　　D. 农网还贷资金

正确答案：ABCD

【依据出处】《国家电网公司分布式电源并网服务管理规则》[国网（营销 /4）386—2014]

19 《国家电网公司分布式电源并网服务管理规则》规定，分布式电源的发电出口以及与公用电网的连接点均应安装具有电能信息采集功能的计量表，实现对分布式电源的（　　）的准确计量。

A. 发电量　　B. 电力用户下网电量　　C. 电力用户上网电量　　D. 发电消纳电量

正确答案：ABC

【依据出处】《国家电网公司分布式电源并网服务管理规则》[国网（营销 /4）386—2014]

20 《国家电网公司分布式电源并网服务管理规则》规定，对于住宅小区居民使用公共区域建设分布式电源，需至少提供一个以下单位的同意建设证明：（　　）。

A. 开发商　　B. 物业　　C. 业主委员会　　D. 居民委员会

正确答案：BCD

【依据出处】《国家电网公司分布式电源并网服务管理规则》[国网（营销 /4）386—2014]

21 10kV 及以下接入分布式电源按接入电网形式分为逆变器和旋转电机两类。下列属于旋转电机类型的有（　　）。

A. 光伏发电　　B. 生物质发电

C. 直接并网的感应式风机　　D. 三联供

正确答案：BCD

【依据出处】《国家电网公司关于印发分布式电源并网相关意见和规范（修订版）的通知》（国家电网办〔2013〕1781 号）

22 逆变器类型分布式电源接入10kV配电网时，并网点应安装（　　）的开断设备。

A. 易操作、可闭锁　　B. 具有明显开断点　　C. 带接地功能　　D. 可开断故障电流

正确答案：ABCD

【依据出处】《国家电网公司关于印发分布式电源并网相关意见和规范（修订版）的通知》（国家电网办〔2013〕1781号）

23 逆变器类型分布式电源接入10kV配电网时，逆变器应符合国家、行业相关技术标准，具备（　　）功能。

A. 孤岛运行　　B. 低电压闭锁　　C. 高电压闭锁　　D. 检有压自动并网

正确答案：BCD

【依据出处】《国家电网公司关于印发分布式电源并网相关意见和规范（修订版）的通知》（国家电网办〔2013〕1781号）

24 逆变器类型分布式电源接入220/380V配电网时，并网点应安装（　　）的低压并网专用开关。

A. 易操作　　B. 具有明显开断指示

C. 具备开断故障电流能力　　D. 检有压自动并网

正确答案：ABC

【依据出处】《国家电网公司关于印发分布式电源并网相关意见和规范（修订版）的通知》（国家电网办〔2013〕1781号）

25 逆变器类型分布式电源接入220/380V配电网时，并网点应安装（　　）的低压并网专用开关。

A. 易操作　　B. 可闭锁

C. 具有明显开断指示　　D. 具备开断故障电流能力

正确答案：ACD

【依据出处】《国家电网公司关于印发分布式电源并网相关意见和规范（修订版）的通知》（国家电网办〔2013〕1781号）

26 分布式电源的消纳方式有（　　）。

A. 全部自用　　B. 自发自用、余电上网

C. 全额上网　　D. 隔墙供电

正确答案：ABC

【依据出处】《国家电网公司关于印发分布式电源并网相关意见和规范（修订版）的通知》（国家电网办〔2013〕1781号）

27 利用建筑屋顶及附属场地新建的分布式光伏发电项目，发电量可以自行选择（　　）消纳方式。

A. 全部自用　　B. 自发自用、余电上网

C. 全额上网　　D. 隔墙供电

正确答案：ABC

【依据出处】《国家电网公司转发国家能源局关于进一步落实分布式光伏发电有关政策的通知》（国家电网发展〔2014〕1325号）

28 《关于分布式光伏发电实行按照电量补贴政策等有关问题的通知》规定，国家对分布式光伏发电项目按电量给予补贴，补贴资金通过电网企业转付给分布式光伏发电项目单位。申请补贴的分布式光伏发电项目必须（　　）。

A. 按照程序完成备案

B. 获得省能源局建设指标

C. 项目建成投产

D. 符合并网相关条件，并完成并网验收等电网接入工作

正确答案：ACD

【依据出处】《关于分布式光伏发电实行按照电量补贴政策等有关问题的通知》（财建〔2013〕390号）

29 《关于分布式光伏发电实行按照电量补贴政策等有关问题的通知》规定，下列光伏项目不属于分布式光伏发电补贴范围的有（　　）。

A. 光伏扶贫项目　　B. 金太阳示范工程

C. 太阳能光电建筑应用　　D. 地面光伏电站

正确答案：BCD

【依据出处】《关于分布式光伏发电实行按照电量补贴政策等有关问题的通知》（财建〔2013〕390号）

30 《分布式发电管理暂行办法》规定，对符合条件的分布式发电给予（　　）两种方式。

A. 建设资金补贴　　B. 上网电量补贴

C. 单位发电量补贴　　D. 自发自用电量补贴

正确答案：AC

【依据出处】《分布式发电管理暂行办法》（发改能源〔2013〕1381号）

31 《国家能源局关于下达2016年光伏发电建设实施方案的通知》规定，除（　　）不限制建设规模外，其他未纳入建设规模的项目一律不得纳入国家补贴资金申报范围。

A. 利用固定建筑物屋顶的光伏发电项目　　B. 利用建筑物墙面的光伏发电项目

C. 利用建筑物附属场所建设的光伏发电项目　　D. 全部自发自用的地面光伏电站项目

正确答案：ABCD

【依据出处】《国家能源局关于下达2016年光伏发电建设实施方案的通知》（国能新能〔2016〕166号）

32 《财政部国家发展改革委国家能源局关于组织申报第七批可再生能源电价附加补助项目的通知》规定，已纳入补助目录的项目，当（　　）等发生变化或与现实不符时，需按要求办理变更申请，否则按国家相关规定将不能继续获得补贴。

A. 项目名称　　B. 项目公司　　C. 项目容量　　D. 线路长度

正确答案：ABCD

【依据出处】《财政部国家发展改革委国家能源局关于组织申报第七批可再生能源电价附加补助项目的通知》（财办建〔2017〕17号）

33 《关于完善先建先得分布式光伏电站建设管理的通知》规定，“先建先得”分布式光伏电站项目是指省能源局拟定确定的，（　　）的项目。

A. 以35kV及以下电压等级接入电网　　B. 以10kV及以下电压等级接入电网

C. 单个项目容量不超过2万kW　　D. 单个项目容量不超过6000kW

正确答案：AC

【依据出处】《关于完善先建先得分布式光伏电站建设管理的通知》（皖能源新能〔2016〕13号）

34 《关于开展分布式电力市场化交易试点的通知》规定，对（　　）项目，免收过网费。

A. 电力用户自发自用　　B.10kV及以下电压等级接入

C.20kV电压等级且同一变电台区消纳　　D.10kV电压等级且同一变电台区消纳

正确答案：ACD

【依据出处】《关于开展分布式电力市场化交易试点的通知》（国能综新能〔2017〕167号）

35 分布式电源接入系统继电保护及安全自动装置包括（　　）。

A. 线路保护与母线保护　　B. 防逆流保护

C. 频率电压异常紧急控制装置　　D. 防孤岛保护

正确答案：ABCD

【依据出处】《国家电网公司关于印发分布式电源接入系统典型设计的通知》（国家电网发展〔2013〕625号）

36 分布式电源的继电保护及安全自动装置配置应满足（　　）的要求。

A. 可靠性　　B. 选择性　　C. 灵敏性　　D. 速动性

正确答案：ABCD

【依据出处】《国家电网公司关于印发分布式电源接入系统典型设计的通知》(国家电网发展〔2013〕625号)

37 分布式电源以380/220V电压等级接入公共电网时，并网点和公共连接点的断路器应具备（　　）等功能。

A. 短路瞬时、长延时保护功能　　B. 分励脱扣、失压跳闸

C. 低压闭锁合闸　　D. 防孤岛保护

正确答案：ABC

【依据出处】《国家电网公司关于印发分布式电源接入系统典型设计的通知》(国家电网发展〔2013〕625号)

38 分布式电源并网逆变器应具备（　　）功能。

A. 过流保护　　B. 短路保护

C. 孤岛检测　　D. 在频率电压异常时自动脱离系统

正确答案：ABCD

【依据出处】《国家电网公司关于印发分布式电源接入系统典型设计的通知》(国家电网发展〔2013〕625号)

39 分布式电源按（　　）电压等级接入时，不独立配置安全自动装置。

A.220V　　B.380V　　C.10kV　　D.35kV

正确答案：AB

【依据出处】《国家电网公司关于印发分布式电源接入系统典型设计的通知》(国家电网发展〔2013〕625号)

40 10kV接入的分布式发电项目，纳入地市或县公司调控中心调度运行管理，上传信息包括（　　），调控中心应实时监视运行情况。

A. 并网设备状态　　B. 并网点电压、电流

C. 有功功率、无功功率和发电量　　D. 电能质量

正确答案：ABC

【依据出处】《国家电网公司关于印发分布式电源接入系统典型设计的通知》(国家电网发展〔2013〕625号)

41 村级光伏扶贫电站办理并网申请时需要的资料包括（　　）。

A. 地方能源主管部门出具的备案文件　　B. 四方确认签字盖章材料

C. 业主银行账号（村集体银行账号）　　D. 可行性研究报告

正确答案：ABC

【依据出处】《国网安徽省电力公司光伏扶贫并网服务工作指南（2017年）》

42 公配变低压侧有分布式电源接入的，在公配变和并网点醒目位置处应悬挂标识牌，标识牌内容为（　　）。

A. "××分布式电源接入"　　B. "台区有分布式电源接入"

C. "当心触电"　　D. "有人工作"

正确答案：AB

【依据出处】《国网安徽省电力公司光伏扶贫并网服务工作指南（2017年）》

43 分布式电源接入电网的专用高、低压开关柜应有醒目标识，标识应标明（　　）。

A. "××分布式电源接入"　　B. "台区有分布式电源接入"

C. "当心触电"　　D. "有人工作"

正确答案：AC

【依据出处】《国网安徽省电力公司光伏扶贫并网服务工作指南（2017年）》

44 对于自然人（户用）光伏扶贫业务（一般小于8kW，220V接入），由市县公司营销部或属地供

电所受理。所需材料包括（　　）。

A. 身份证　　B. 房产证明

C. 银行账号　　D. 四方确认签字盖章材料

正确答案：ABC

【依据出处】《国网安徽省电力公司光伏扶贫并网服务工作指南》(2017年)

45 《分布式光伏发电项目管理暂行办法》规定，鼓励各类（　　）等作为项目单位，投资建设和经营分布式光伏发电项目。

A. 电力用户　　B. 投资企业

C. 专业化合同能源服务公司　　D. 个人

正确答案：ABCD

【依据出处】《分布式光伏发电项目管理暂行办法》(国能新能〔2013〕433号)

46 《分布式光伏发电项目管理暂行办法》规定，项目备案工作应根据分布式光伏发电项目特点尽可能简化程序，免除（　　）等支持性文件。

A. 发电业务许可　　B. 规划选址

C. 环境影响评价　　D. 社会风险评估

正确答案：ABCD

【依据出处】《分布式光伏发电项目管理暂行办法》(国能新能〔2013〕433号)

47 分布式光伏发电项目的设计和安装应符合有关管理规定、设备标准、建筑工程规范和安全规范等要求，承担项目（　　）的单位，应具有国家规定的相应资质。

A. 设计　　B. 咨询　　C. 安装　　D. 监理

正确答案：ABCD

【依据出处】《分布式光伏发电项目管理暂行办法》(国能新能〔2013〕433号)

48 （　　）接入的分布式电源项目，供电公司与业主（或电力用户）需同步签署购售电合同和并网调度协议。

A.220V　　B.380V　　C.10kV　　D.35kV

正确答案：CD

【依据出处】《国家电网公司关于印发分布式电源并网相关意见和规范（修订版）的通知》(国家电网办〔2013〕1781号)

49 分布式电源调度自动化及电能量采集信息接入原则：380V接入的分布式电源或10kV接入的分布式光伏发电、风电、海洋能发电项目，暂只需上传（　　）信息，条件具备时，预留上传并网点开关状态能力。

A. 电流　　B. 电压　　C. 发电量　　D. 电能质量

正确答案：ABC

【依据出处】《国家电网公司关于印发分布式电源并网相关意见和规范（修订版）的通知》(国家电网办〔2013〕1781号)

50 下列发电业务可以豁免电力业务许可证的有（　　）。

A. 经能源主管部门以备案（核准）方式明确的分布式发电项目

B. 单站装机容量1MW（不含）以下小水电站

C. 项目装机容量6MW（不含）以下的太阳能、风能、生物质能等新能源发电项目

D. 地（市）级以下调度机构调度的非化石燃料直接燃烧的自备电站

正确答案：ABCD

【依据出处】《国家能源局关于明确电力业务许可管理有关事项的通知》(国能资质〔2014〕151号)

51 下列发电业务可以简化电力业务许可申请要求的有（　　）。

A. 总装机6MW（不含）以下小水电

B. 太阳能、风能、生物质能、海洋能、地热能等新能源发电

C. 余热、余压资源综合利用发电

D. 地（市）级以下调度机构调度的非化石燃料直接燃烧的自备电站

正确答案： ABC

【依据出处】《国家能源局关于明确电力业务许可管理有关事项的通知》（国能资质〔2014〕151 号）

52 村级光伏扶贫项目应通过协议约定（　　），按照约定及时向项目业主支付购电费、转付财政补贴。

A. 结算周期　　B. 抄表日期　　C. 支付方式　　D. 支付渠道

正确答案： AC

【依据出处】《国家电网公司关于做好村级光伏扶贫项目并网服务工作的通知》（国家电网营销〔2018〕130 号）

53 市县公司营销部门要按照规定的抄表例日，及时发起抄表和核算流程，并将相关（　　）传递至财务部门。

A. 电量电费信息　　B. 结算资料　　C. 客户信息　　D. 账户信息

正确答案： AB

【依据出处】《国家电网公司关于做好村级光伏扶贫项目并网服务工作的通知》（国家电网营销〔2018〕130 号）

54 对于（　　）的光伏电站项目，纳入分布式光伏发电规模指标管理，接入公共电网，上网电价执行当地光伏电站标杆上网电价。

A. 在地面或利用农业大棚等无电力消费设施建设

B. 以 35kV 及以下电压等级接入电网（东北地区 66kV 及以下）

C. 单个项目容量不超过 2 万 kW

D. 所发电量主要在并网点变电台区消纳

正确答案： ABCD

【依据出处】《国家电网公司转发国家能源局关于进一步落实分布式光伏发电有关政策的通知》（国家电网发展〔2014〕1325 号）

55 对（　　）分布式光伏发电项目，电网企业直接受理并及时开展相关并网服务。

A. 个人利用住宅建设的　　B. 个人所有的营业性建筑建设的

C.220V 接入的　　D. 全部自用

正确答案： AB

【依据出处】《国家电网公司转发国家能源局关于进一步落实分布式光伏发电有关政策的通知》（国家电网发展〔2014〕1325 号）

56《分布式光伏发电项目暂行管理办法》规定，分布式光伏发电项目备案工作应根据项目特点尽可能简化程序，免除（　　）等支持性文件。

A. 发电业务许可　　B. 规划选址　　C. 环境影响评价　　D. 社会风险评估

正确答案： ABCD

【依据出处】《分布式光伏发电项目管理暂行办法》（国能新能〔2013〕433 号）

57 对风电、光伏发电（　　）项目，电网企业应确保项目所发电量全额上网。

A. 全部自用　　B. 余电上网　　C. 平价上网　　D. 低价上网

正确答案： CD

【依据出处】《国家发展改革委、国家能源局关于积极推进风电、光伏发电无补贴平价上网有关工作的通知》（发改能源〔2019〕19 号）

58　380V、10kV 接入的分布式光伏发电、风电、海洋能发电项目，暂只需上传（　　）信息。

A. 电流　　B. 电压　　C. 发电量　　D. 并网点开关状态

正确答案：ABC

【依据出处】《国家电网公司关于印发分布式电源并网相关意见和规范（修订版）的通知》（国家电网办〔2013〕1781 号）

59　直接交易是指符合准入条件的（　　）等市场交易主体，依托市场运营机构和电网企业，通过双边协商交易、集中竞价交易等市场化方式开展的电力交易。

A. 发电企业　　B. 电力用户　　C. 售电公司　　D. 供电公司

正确答案：ABC

【依据出处】《安徽省电力直接交易规则》（皖能源电力〔2016〕78 号）

60　直接交易中的电网企业指拥有（　　）运营权，并承担供电营业区保底供电服务的企业。

A. 区域电网　　B. 输电网　　C. 配电网　　D. 供电营业机构

正确答案：BC

【依据出处】《安徽省电力直接交易规则》（皖能源电力〔2016〕78 号）

61　在电网企业独立开户的用户中，下列符合直接交易准入条件的用户有（　　）。

A.10kV 供电，年用电量 100 万 kWh，大工业用户

B.110kV 供电，年用电量 1000 万 kWh，大工业用户

C.10kV 供电，年用电量 500 万 kWh，一般工商业用户

D.10kV 供电，年用电量 800 万 kWh，一般工商业用户

正确答案：ABC

【依据出处】《安徽省电力直接交易规则》（皖能源电力〔2016〕78 号）

三、判断题（共 144 题）

1　根据《国家电网公司电动汽车智能充换电服务网络运营管理办法》规定，地市运营单位应按月对充换电设施的防雨棚、视频监控、照明、标志标识、围栏、限位器等附属设施进行维修保养。（　　）

答案：错误

【依据出处】《国家电网公司电动汽车智能充换电服务网络运营管理办法》[国网（营销/3）489—2018]

2　根据《国家电网公司电动汽车智能充换电服务网络运营管理办法》规定，电动汽车智能充换电服务网络配套的配电设施运行参照《配电网运维规程》（Q/GDW 1519—2014）的相关要求执行。（　　）

答案：正确

【依据出处】《国家电网公司电动汽车智能充换电服务网络运营管理办法》[国网（营销/3）489—2018]

3　根据《国家电网公司电动汽车智能充换电服务网络运营管理办法》规定，地市运营单位应及时将无法对外服务的充换电设施进行停运。（　　）

答案：错误

【依据出处】《国家电网公司电动汽车智能充换电服务网络运营管理办法》[国网（营销/3）489—2018]

4　根据《国家电网公司电动汽车智能充换电服务网络服务管理办法》规定，充换电设施现场服务是充换电设施通过采用自助或人工形式，为电动汽车客户提供的本地充换电服务。（　　）

答案：正确

【依据出处】《家电网公司电动汽车智能充换电服务网络服务管理办法》[国网（营销/3）898—2018]

5　根据《国家电网公司电动汽车智能充换电服务网络服务管理办法》规定，充换电设施应具备引

导标识、警示标志、价格公示、设备状态、使用说明、操作流程及注意事项等。(　　)

答案： 正确

【依据出处】《家电网公司电动汽车智能充换电服务网络服务管理办法》[国网（营销/3）898—2018]

6　根据《国家电网公司分布式电源并网服务管理规则》规定，分布式光伏发电、分布式风电项目不收取系统备用容量费及可再生能源电价附加、国家重大水利工程建设基金、大中型水库移民后期扶持基金、农网还贷资金等4项针对电量征收的政府性基金。(　　)

答案： 错误

【依据出处】《国家电网公司分布式电源并网服务管理规则》[国网（营销/4）386—2014]

7　根据《国家电网公司分布式电源并网服务管理规则》规定，地市供电企业营销部负责按照国家、行业、企业相关技术标准及规定，参考《分布式电源接入系统典型设计》制定接入系统方案。(　　)

答案： 错误

【依据出处】《国家电网公司分布式电源并网服务管理规则》[国网（营销/4）386—2014]

8　根据《国家电网公司分布式电源并网服务管理规则》规定，对于380/220V单点并网的分布式光伏发电项目，地市、县供电企业营销部在组织现场勘查时，根据典型接入系统方案模板，与客户确定接入系统方案，将接入系统方案确认单由客户直接签字确认。(　　)

答案： 错误

【依据出处】《国家电网公司分布式电源并网服务管理规则》[国网（营销/4）386—2014]

9　根据《国家电网公司分布式电源并网服务管理规则》规定，地市、县供电企业营销部负责组织相关部门审定380/220V分布式电源接入系统方案，并出具评审意见。(　　)

答案： 错误

【依据出处】《国家电网公司分布式电源并网服务管理规则》[国网（营销/4）386—2014]

10　根据《国家电网公司分布式电源并网服务管理规则》规定，由用户出资建设的分布式电源及其接入系统工程，其设计单位、施工单位及设备材料供应单位由用户自主选择。(　　)

答案： 正确

【依据出处】《国家电网公司分布式电源并网服务管理规则》[国网（营销/4）386—2014]

11　根据《国家电网公司分布式电源并网服务管理规则》规定，地市、县供电企业负责分布式电源接入引起的公共电网改造工程，包括随公共电网线路架设的通信光缆及相应公共电网变电站通信设备改造等建设。(　　)

答案： 正确

【依据出处】《国家电网公司分布式电源并网服务管理规则》[国网（营销/4）386—2014]

12　根据《国家电网公司分布式电源并网服务管理规则》规定，地市、县供电企业营销部负责受理分布式电源项目业主并网验收与调试申请。(　　)

答案： 正确

【依据出处】《国家电网公司分布式电源并网服务管理规则》[国网（营销/4）386—2014]

13　根据《国家电网公司分布式电源并网服务管理规则》，35kV、10kV接入项目，地市供电企业发展部负责组织相关部门开展项目并网验收工作，出具并网验收意见。(　　)

答案： 错误

【依据出处】《国家电网公司分布式电源并网服务管理规则》[国网（营销/4）386—2014]

14　根据《国家电网公司分布式电源并网服务管理规则》规定，380（220）V接入项目，地市、县供电企业营销部（客户服务中心）负责组织相关部门开展项目并网验收及调试，出具并网验收意见。(　　)

答案： 正确

【依据出处】《国家电网公司分布式电源并网服务管理规则》[国网（营销/4）386—2014]

15　《国家电网公司关于进一步做好光伏扶贫项目接网工作意见的通知》要求严格控制并网时限，其

中 380V 并网的村级光伏扶贫电站项目，自并网申请受理之日起，15 个工作日内并网发电。（ ）

答案：错误

【依据出处】《国家电网公司关于进一步做好光伏扶贫项目接网工作意见的通知》（国家电网营销〔2018〕358 号）

16 《国家电网公司关于进一步做好光伏扶贫项目接网工作意见的通知》提出，要求压缩村级光伏扶贫电站接网各流程办理时间：3 个工作日内完成现场勘查和接入方案告知（现场勘察与接入系统答复环节合并），5 个工作日内完成工程设计及施工，3 个工作日内完成并网验收调试，同步签订发用电合同。（ ）

答案：错误

【依据出处】《国家电网公司关于进一步做好光伏扶贫项目接网工作意见的通知》（国家电网营销〔2018〕358 号）

17 《国家电网公司关于进一步做好光伏扶贫项目接网工作意见的通知》提出，优先保障光伏扶贫电站发电上网，除特殊情况外必须无条件实现对光伏扶贫电站电量的全额消纳。（ ）

答案：错误

【依据出处】《国家电网公司关于进一步做好光伏扶贫项目接网工作意见的通知》（国家电网营销〔2018〕358 号）

18 《国家电网有限公司关于做好无需国家补贴》要求，对不参与电力市场化交易的无须国家补贴的光伏发电项目，按照当地燃煤机组标杆上网电价结算。（ ）

答案：正确

【依据出处】《国家电网有限公司关于做好无需国家补贴》（国家电网办〔2018〕862 号）

19 《国家电网有限公司关于做好无需国家补贴》要求，对参与电力市场化交易的按照市场交易价格结算。（ ）

答案：正确

【依据出处】《国家电网有限公司关于做好无需国家补贴》（国家电网办〔2018〕862 号）

20 线圈的自感系数与线圈的几何形状、尺寸、匝数及线圈周围的磁介质有关。（ ）

答案：正确

【依据出处】《国家电网公司生产技能人员职业能力培训通用教材——电工基础》

21 分布式电源发电量可以全部自用或自发自用余电上网，由用户自行选择，用户不足电量由电网提供。（ ）

答案：正确

【依据出处】《国家电网公司分布式电源并网服务管理规则》[国网（营销 /4）386—2014]

22 接入 220/380V 配电网的分布式电源，系统侧设备消缺、检修优先采用不停电作业方式。（ ）

答案：正确

【依据出处】《国网安徽省电力公司光伏扶贫并网服务工作指南（2017 年）》

23 分布式光伏发电项目采用的逆变器、光伏电池等设备应通过符合国家规定的认证认可机构的检测认证，符合相关接入电网的技术要求。（ ）

答案：正确

【依据出处】《分布式发电管理暂行办法》（发改能源〔2013〕1381 号）

24 包括个人和家庭用户在内的所有（分布式）投资方，均有义务在电网企业的指导下配合或参与运行维护，保障项目安全可靠运行。（ ）

答案：正确

【依据出处】《分布式发电管理暂行办法》（发改能源〔2013〕1381 号）

25 对个人利用自有住宅及在住宅区域内建设的分布式光伏发电项目，由当地电网企业直接登记并集中向当地能源主管部门备案，不需要国家资金补贴的项目由省级能源主管部门自行管理。（ ）

答案：正确

【依据出处】《分布式光伏发电项目管理暂行办法》(国能新能〔2013〕433号)

26 《分布式光伏发电项目管理暂行办法》规定，电网企业负责对分布式光伏发电项目的全部发电量、上网电量分别计量，免费提供并安装电能计量表，向项目单位收取系统备用容量费。(　　)

答案：错误

【依据出处】《分布式光伏发电项目管理暂行办法》(国能新能〔2013〕433号)

27 10kV及以下接入用户侧分布式电源项目，不要求具备低电压穿越能力。(　　)

答案：正确

【依据出处】《国家电网公司关于印发分布式电源并网相关意见和规范(修订版)的通知》(国家电网办〔2013〕1781号)

28 分布式电源项目应在并网点设置易操作、可闭锁、且具有明显断开点的并网开断设备。(　　)

答案：正确

【依据出处】《国家电网公司关于印发分布式电源并网相关意见和规范(修订版)的通知》(国家电网办〔2013〕1781号)

29 分布式电源送出线路的继电保护要求双重配置，需配置光纤纵差保护和方向过流保护。(　　)

答案：错误

【依据出处】《国家电网公司关于印发分布式电源并网相关意见和规范(修订版)的通知》(国家电网办〔2013〕1781号)

30 分布式电源项目因客户自身原因需要变更设计的，应将变更后的设计文件提交供电公司，审查通过后方可实施。(　　)

答案：正确

【依据出处】《国家电网公司分布式电源并网服务管理规则》[国网(营销/4)386—2014]

31 由用户出资建设的分布式电源及其接入系统工程，其设计单位、施工单位及设备材料供应单位由用户报供电单位确认后选择。(　　)

答案：错误

【依据出处】《国家电网公司分布式电源并网服务管理规则》[国网(营销/4)386—2014]

32 分布式电源接入引起的公共电网改造工程在省公司完成ERP建项后，地市公司运检部(检修公司)按照公司工程建设管理程序先行组织工程实施，以满足分布式电源接入电网需求。(　　)

答案：正确

【依据出处】《国家电网公司分布式电源并网服务管理规则》[国网(营销/4)386—2014]

33 根据《国家电网公司电动汽车智能充换电服务网络建设管理办法》规定，各级营销部是公司充换电网络建设的归口管理部门。(　　)

答案：正确

【依据出处】《国家电网公司电动汽车智能充换电服务网络建设管理办法》[国网(营销/3)488—2018]

34 根据《国家电网公司电动汽车智能充换电服务网络建设管理办法》规定，各级发展部是公司充换电设施配套电网接入工程建设的归口管理部门。(　　)

答案：错误

【依据出处】《国家电网公司电动汽车智能充换电服务网络建设管理办法》[国网(营销/3)488—2018]

35 根据《国家电网公司电动汽车智能充换电服务网络建设管理办法》规定，充换电项目开工前，应进行必要的开工手续(包括施工许可、开工报告和安全培训等)，开展安全和技术交底工作。(　　)

答案：正确

【依据出处】《国家电网公司电动汽车智能充换电服务网络建设管理办法》[国网(营销/3)488—2018]

36 根据《国家电网公司电动汽车智能充换电服务网络建设管理办法》规定，充换电项目在实施过程中不得擅自变更设计，不得擅自超出项目概算（预算）。（ ）

答案：正确

【依据出处】《国家电网公司电动汽车智能充换电服务网络建设管理办法》[国网（营销/3）488—2018]

37 根据《国家电网公司电动汽车智能充换电服务网络建设管理办法》规定，充换电项目竣工后，项目单位应组织运维、施工、监理单位共同开展竣工验收工作。对验收不合格的项目，及时组织消缺整改，整改完成后由监理单位组织复验。未经验收或验收不合格的工程项目不得交付运行。（ ）

答案：错误

【依据出处】《国家电网公司电动汽车智能充换电服务网络建设管理办法》[国网（营销/3）488—2018]

38 根据《安徽省村级光伏扶贫电站收益分配管理办法》规定，村级光伏扶贫电站单体装机规模一般不超过300kW。（ ）

答案：正确

【依据出处】《安徽省村级光伏扶贫电站收益分配管理实施办法》（皖扶办〔2018〕82号）

39 根据《安徽省村级光伏扶贫电站收益分配管理办法》规定，具备就近接入条件的村级光伏扶贫电站单体装机规模可放大至500kW。（ ）

答案：正确

【依据出处】《安徽省村级光伏扶贫电站收益分配管理实施办法》（皖扶办〔2018〕82号）

40 根据《安徽省村级光伏扶贫电站收益分配管理办法》规定，县政府应指定或委托相关机构负责光伏扶贫发电收入转结工作。（ ）

答案：正确

【依据出处】《安徽省村级光伏扶贫电站收益分配管理实施办法》（皖扶办〔2018〕82号）

41 根据《安徽省村级光伏扶贫电站收益分配管理办法》规定，有关市、县级供电公司根据光伏扶贫电站实际发电量核算发电收益。（ ）

答案：错误

【依据出处】《安徽省村级光伏扶贫电站收益分配管理实施办法》（皖扶办〔2018〕82号）

42 根据《安徽省村级光伏扶贫电站收益分配管理办法》规定，光伏扶贫电站燃煤标杆上网电价对应收入应按季结转到相关机构的账户。（ ）

答案：错误

【依据出处】《安徽省村级光伏扶贫电站收益分配管理实施办法》（皖扶办〔2018〕82号）

43 根据《安徽省村级光伏扶贫电站收益分配管理办法》规定，燃煤标杆电价对应收入按月结转到至相关贫困村或贫困户。（ ）

答案：错误

【依据出处】《安徽省村级光伏扶贫电站收益分配管理实施办法》（皖扶办〔2018〕82号）

44 根据《安徽省村级光伏扶贫电站收益分配管理办法》规定，各地不得采取虚拟到户、动态调整的方法来确保相关贫困户获得光伏扶贫收益。（ ）

答案：错误

【依据出处】《安徽省村级光伏扶贫电站收益分配管理实施办法》（皖扶办〔2018〕82号）

45 根据《安徽省村级光伏扶贫电站收益分配管理办法》规定，光伏扶贫电站发电财政补贴于次年一季度前结转至相关机构的专户，并由该机构划拨至相关贫困村或贫困户。（ ）

答案：正确

【依据出处】《安徽省村级光伏扶贫电站收益分配管理实施办法》（皖扶办〔2018〕82号）

46 各地可采取虚拟到户、动态调整的方法，确保相关贫困户获得光伏扶贫收益。(　　)

答案：正确

【依据出处】《安徽省村级光伏扶贫电站收益分配管理实施办法》(皖扶办〔2018〕82号)

47 国家对分布式光伏发电项目按电量给予补贴，补贴资金通过电网企业转付给分布式光伏发电项目单位。(　　)

答案：正确

【依据出处】《关于分布式光伏发电实行按照电量补贴政策等有关问题的通知》(财建〔2013〕390号)

48 享受金太阳示范工程补助资金、太阳能光电建筑应用财政补助资金的项目应纳入分布式光伏发电补贴范围。(　　)

答案：错误

【依据出处】《关于分布式光伏发电实行按照电量补贴政策等有关问题的通知》(财建〔2013〕390号)

49 对向电网经营企业直接报装接电的经营性集中式充换电设施用电，执行一般工商业用电价格。(　　)

答案：错误

【依据出处】《国家发展改革委关于电动汽车用电价格政策有关问题的通知》(发改价格〔2014〕1668号)

50 电动汽车充换电设施用电执行峰谷分时电价政策。(　　)

答案：正确

【依据出处】《国家发展改革委关于电动汽车用电价格政策有关问题的通知》(发改价格〔2014〕1668号)

51 党政机关、企事业单位和社会公共停车场中设置的充电设施用电执行“一般工商业及其他”类用电价格。(　　)

答案：正确

【依据出处】《国家发展改革委关于电动汽车用电价格政策有关问题的通知》(发改价格〔2014〕1668号)

52 居民家庭住宅、居民住宅小区、执行居民电价的非居民用户中设置的充电设施用电，执行居民用电价格。(　　)

答案：错误

【依据出处】《国家发展改革委关于电动汽车用电价格政策有关问题的通知》(发改价格〔2014〕1668号)

53 分布式光伏发电项目由“全部自用”或“自发自用剩余电量上网”模式变更为“全额上网”消纳模式，需向所在地能源主管部门申请项目变更备案。(　　)

答案：正确

【依据出处】《国家电网公司关于分布式光伏发电项目补助资金管理有关意见的通知》(国家电网财〔2014〕1515号)

54 符合免税条件的分布式光伏发电项目由所在地电网企业营销部门(客户服务中心)代开普通发票。(　　)

答案：正确

【依据出处】《国家电网公司关于分布式光伏发电项目补助资金管理有关意见的通知》(国家电网财〔2014〕1515号)

55 国家对分布式光伏发电项目按电量给予补贴，补贴资金通过电网企业转付给分布式光伏发电项目单位。(　　)

答案：正确

【依据出处】《关于分布式光伏发电实行按照电量补贴政策等有关问题的通知》(财建〔2013〕390号)

56 电网企业按月对列入分布式光伏发电项目补贴目录内的项目的发电量、上网电量和自发自用电量等进行抄表计量，作为计算补贴的依据。(　　)

答案：错误

【依据出处】《关于分布式光伏发电实行按照电量补贴政策等有关问题的通知》(财建〔2013〕390号)

57 根据《国家发改委、财政部、国家能源局关于2018年光伏发电有关事项的通知》规定，2018年5月31日起，新投运的光伏电站标杆上网电价每kWh统一降低0.7元。(　　)

答案：错误

【依据出处】《国家发改委、财政部、国家能源局关于2018年光伏发电有关事项的通知》(发改能源〔2018〕23号)

58 根据《国家发改委、财政部、国家能源局关于2018年光伏发电有关事项的通知》规定，2018年6月新投运的安徽省内光伏电站，标杆上网电价调整为0.7元/kWh。(　　)

答案：错误

【依据出处】《国家发改委、财政部、国家能源局关于2018年光伏发电有关事项的通知》(发改能源〔2018〕23号)

59 根据《国家发改委、财政部、国家能源局关于2018年光伏发电有关事项的通知》规定，2018年6月新投运的、"自发自用、余电上网"模式的分布式光伏发电项目，全电量度电补贴标准降0.05元，即补贴标准调整为0.37元/kWh。(　　)

答案：错误

【依据出处】《国家发改委、财政部、国家能源局关于2018年光伏发电有关事项的通知》(发改能源〔2018〕23号)

60 根据《国家发改委、财政部、国家能源局关于2018年光伏发电有关事项的通知》规定，分布式光伏发电项目自用电量免收随电价征收的各类政府性基金及附加、系统备用容量费和其他相关并网服务费。(　　)

答案：正确

【依据出处】《国家发改委、财政部、国家能源局关于2018年光伏发电有关事项的通知》(发改能源〔2018〕23号)

61 根据《国网安徽省电力有限公司分布式光伏并网及运行管理实施意见（试行）》规定，客户申请办理分布式光伏发电项目变更业务时，如涉及变更项目备案文件的主要事项（包括投资主体、建设地点、项目规模、运营模式）等发生变化或与现实不符时，应通知客户重新备案，并按相关规定履行备案手续。(　　)

答案：正确

【依据出处】《国网安徽省电力有限公司分布式光伏并网及运行管理实施意见（试行）》(营销工作〔2018〕198号)

62 根据《国网安徽省电力有限公司分布式光伏并网及运行管理实施意见（试行）》规定，分布式光伏发电项目实行备案管理，备案主要事项应包括项目名称、建设地点、项目规模、项目投资额、电量消纳方式等内容。(　　)

答案：正确

【依据出处】《国网安徽省电力有限公司分布式光伏并网及运行管理实施意见（试行）》(营销工作〔2018〕198号)

63 根据《国网安徽省电力有限公司分布式光伏并网及运行管理实施意见（试行）》规定，对于申请办理分布式光伏发电项目变更业务的，备案完成后该项目须按新备案时间重新核定项目上网电价及补贴电价，并及时办理补贴目录变更手续。(　　)

答案：正确

【依据出处】《国网安徽省电力有限公司分布式光伏并网及运行管理实施意见（试行）》(营销工作

〔2018〕198号）

64 根据《国网安徽省电力有限公司分布式光伏并网及运行管理实施意见（试行）》规定，分布式光伏发电项目费用结算应全部采用线上结算，严禁线下手工方式进行。(　　)

答案：正确

【依据出处】《国网安徽省电力有限公司分布式光伏并网及运行管理实施意见（试行）》(营销工作〔2018〕198号）

65 根据《国网安徽省电力有限公司分布式光伏并网及运行管理实施意见（试行）》规定，对于220/380V单点并网的分布式光伏发电项目，推荐使用典型接入系统方案模板，取消接入系统方案分级审批。(　　)

答案：正确

【依据出处】《国网安徽省电力有限公司分布式光伏并网及运行管理实施意见（试行）》(营销工作〔2018〕198号）

66 根据《国网安徽省电力有限公司分布式光伏并网及运行管理实施意见（试行）》规定，分布式光伏发电项目上网关口和发电关口电能表均应接入采集系统，实现电能信息的远程自动采集，采集设备应与电站接网工程同步设计、同步施工、同步调试、同步投运。(　　)

答案：正确

【依据出处】《国网安徽省电力有限公司分布式光伏并网及运行管理实施意见（试行）》(营销工作〔2018〕198号）

67 根据《国网安徽省电力有限公司分布式光伏并网及运行管理实施意见（试行）》规定，对于全额上网的分布式光伏发电项目，其逆变器、升压变压器等设备消耗电量较大的，应安装用电计量装置计量其损耗电量。(　　)

答案：正确

【依据出处】《国网安徽省电力有限公司分布式光伏并网及运行管理实施意见（试行）》(营销工作〔2018〕198号）

68 根据《国网安徽省电力有限公司分布式光伏并网及运行管理实施意见（试行）》规定，自发自用、余电上网的分布式光伏发电项目，发电关口计量点设置在发电侧，电能表正向指数记录用户发电量。(　　)

答案：正确

【依据出处】《国网安徽省电力有限公司分布式光伏并网及运行管理实施意见（试行）》(营销工作〔2018〕198号）

69 根据《国网安徽省电力有限公司分布式光伏并网及运行管理实施意见（试行）》规定，自发自用、余电上网的分布式光伏发电项目，上网关口计量点和用网计量点应分开设置，分别计量上网电量和用网电量。(　　)

答案：错误

【依据出处】《国网安徽省电力有限公司分布式光伏并网及运行管理实施意见（试行）》(营销工作〔2018〕198号）

70 根据《国网安徽省电力有限公司分布式光伏并网及运行管理实施意见（试行）》规定，全额上网的分布式光伏发电项目，发电关口计量点和上网关口计量点应合并设置，且共用一套计量装置同时计量发电量和上网电量。(　　)

答案：正确

【依据出处】《国网安徽省电力有限公司分布式光伏并网及运行管理实施意见（试行）》(营销工作〔2018〕198号）

71 根据《国网安徽省电力有限公司分布式光伏并网及运行管理实施意见（试行）》规定，全额上网的分布式光伏发电项目，关口计量点设置在光伏电站侧的，电能表反向指数记录发电量/上网电量，正向指

数记录用网电量；关口计量点设置在电源变电站侧的，电能表正向指数记录发电量 / 上网电量，反向指数记录用网电量。(　　)

答案：错误

【依据出处】《国网安徽省电力有限公司分布式光伏并网及运行管理实施意见（试行）》(营销工作〔2018〕198 号)

72 根据《国网安徽省电力有限公司分布式光伏并网及运行管理实施意见（试行）》规定，上网关口计量点应设置在产权分界处或公共连接点处，发电关口计量点应单独设置在各并网点附近并网开关的发电侧。(　　)

答案：正确

【依据出处】《国网安徽省电力有限公司分布式光伏并网及运行管理实施意见（试行）》(营销工作〔2018〕198 号)

73 公司为自然人分布式光伏发电项目提供项目备案服务。(　　)

答案：正确

【依据出处】《国家电网公司分布式电源并网服务管理规则》[国网（营销 /4）386—2014]

74 分布式电源上、下网电量分开结算，电价执行国家相关政策。(　　)

答案：正确

【依据出处】《国家电网公司分布式电源并网服务管理规则》[国网（营销 /4）386—2014]

75 公司免费提供关口计量表和发电量计量用电能表。(　　)

答案：正确

【依据出处】《国家电网公司分布式电源并网服务管理规则》[国网（营销 /4）386—2014]

76 分布式电源接入系统工程由项目业主投资建设，由其接入引起的公共电网改造部分由供电企业和客户协商投资建设（西部地区接入系统工程仍执行国家现行规定）。(　　)

答案：错误

【依据出处】《国家电网公司分布式电源并网服务管理规则》[国网（营销 /4）386—2014]

77 分布式光伏发电、分布式风电项目不收取系统备用费。(　　)

答案：正确

【依据出处】《国家电网公司分布式电源并网服务管理规则》[国网（营销 /4）386—2014]

78 公司为分布式电源项目提供补助电量计量和补助资金结算服务。(　　)

答案：错误

【依据出处】《国家电网公司分布式电源并网服务管理规则》[国网（营销 /4）386—2014]

79 公司收到财政部拨付补助资金后，根据项目补助电量和国家规定的电价补贴标准，按月支付项目业主。(　　)

答案：错误

【依据出处】《国家电网公司分布式电源并网服务管理规则》[国网（营销 /4）386—2014]

80 地市、县供电企业营销部（客户服务中心）负责受理分布式电源业主（或电力用户）并网申请。(　　)

答案：正确

【依据出处】《国家电网公司分布式电源并网服务管理规则》[国网（营销 /4）386—2014]

81 公司为分布式电源项目业主提供接入系统方案咨询服务。(　　)

答案：错误

【依据出处】《国家电网公司分布式电源并网服务管理规则》[国网（营销 /4）386—2014]

82 分布式电源项目主体工程和接入系统工程竣工后，地市或县级公司营销部（客户服务中心）负责受理项目业主并网验收及并网调试申请。(　　)

答案：正确

【依据出处】《国家电网公司分布式电源并网服务管理规则》[国网(营销/4)386—2014]

83 由用户出资建设的分布式电源项目及其接入系统工程，其设计单位、施工单位及设备材料供应单位由供电企业和用户协商确定。( )

答案：错误

【依据出处】《国家电网公司分布式电源并网服务管理规则》[国网(营销/4)386—2014]

84 地市公司营销部(客户服务中心)负责分布式电源项目并网验收及并网调试申请资料存档，并报地市公司财务部、调控中心、运检部。( )

答案：正确

【依据出处】《国家电网公司分布式电源并网服务管理规则》[国网(营销/4)386—2014]

85 分布式电源项目并网验收及并网调试申请受理后，地市公司营销部(客户服务中心)负责安装关口计量和发电量计量装置。( )

答案：正确

【依据出处】《国家电网公司分布式电源并网服务管理规则》[国网(营销/4)386—2014]

86 地市、县供电企业发展部负责按照国家、行业、企业相关技术标准及规定，参考《分布式电源接入系统典型设计》制定接入系统方案。( )

答案：错误

【依据出处】《国家电网公司分布式电源并网服务管理规则》[国网(营销/4)386—2014]

87 地市供电企业发展部负责组织相关部门审定35kV、10kV接入项目(对于多点并网项目，按并网点最高电压等级确定)接入系统方案，出具评审意见、接入电网意见函并转至地市供电企业营销部。( )

答案：正确

【依据出处】《国家电网公司分布式电源并网服务管理规则》[国网(营销/4)386—2014]

88 地市、县供电企业营销部(客户服务中心)负责受理项目业主设计审查申请，接受并查验客户提交的设计文件。( )

答案：正确

【依据出处】《国家电网公司分布式电源并网服务管理规则》[国网(营销/4)386—2014]

89 地市供电企业调控中心负责起草、签订35kV及10kV分布式电源项目接入项目调度协议。( )

答案：正确

【依据出处】《国家电网公司分布式电源并网服务管理规则》[国网(营销/4)386—2014]

90 分布式电源的发电出口以及与公用电网的连接点均应安装电能计量装置，原则上应分别独立采用用电信息采集设备，实现对用户上、下网电量信息的自动采集。( )

答案：错误

【依据出处】《国家电网公司分布式电源并网服务管理规则》[国网(营销/4)386—2014]

91 对于有升压站的分布式电源，并网点为分布式电源的输出汇总点。( )

答案：错误

【依据出处】《国家电网公司关于印发分布式电源并网相关意见和规范(修订版)的通知》(国家电网办〔2013〕1781号)

92 对于无升压站的分布式电源，并网点为分布式电源升压站高压侧母线或节点。( )

答案：错误

【依据出处】《国家电网公司关于印发分布式电源并网相关意见和规范(修订版)的通知》(国家电网办〔2013〕1781号)

93 分布式电源接入点是指电源接入电网的连接处，该电网既可能是公共电网，也可能是用户电网。( )

答案：正确

【依据出处】《国家电网公司关于印发分布式电源并网相关意见和规范（修订版）的通知》(国家电网办〔2013〕1781号)

94 分布式电源公共连接点是指用户系统（发电或用电）接入公用电网的连接处。( )

答案：正确

【依据出处】《国家电网公司关于印发分布式电源并网相关意见和规范（修订版）的通知》(国家电网办〔2013〕1781号)

95 分布式电源专线接入是指分布式电源接入点处设置分布式电源专用的开关设备（间隔），如分布式电源直接接入变电站、开闭站、配电室母线或环网柜等方式。( )

答案：正确

【依据出处】《国家电网公司关于印发分布式电源并网相关意见和规范（修订版）的通知》(国家电网办〔2013〕1781号)

96 分布式电源T接是指分布式电源接入点处未设置专用的开关设备（间隔），如分布式电源直接接入架空或电缆线路方式。( )

答案：正确

【依据出处】《国家电网公司关于印发分布式电源并网相关意见和规范（修订版）的通知》(国家电网办〔2013〕1781号)

97 根据《国家电网公司分布式电源并网相关意见和规范（修订版）》规定，第二类分布式电源受理时需校核自发自用电量比例。( )

答案：正确

【依据出处】《国家电网公司关于印发分布式电源并网相关意见和规范（修订版）的通知》(国家电网办〔2013〕1781号)

98 根据《国家电网公司分布式电源并网相关意见和规范（修订版）》规定，第一类分布式电源受理时需校核自发自用电量比例。( )

答案：错误

【依据出处】《国家电网公司关于印发分布式电源并网相关意见和规范（修订版）的通知》(国家电网办〔2013〕1781号)

99 根据《国家电网公司分布式电源并网相关意见和规范（修订版）规定》，逆变器类型分布式电源经逆变器接入电网，主要包括光伏、全功率逆变器并网风机等。( )

答案：正确

【依据出处】《国家电网公司关于印发分布式电源并网相关意见和规范（修订版）的通知》(国家电网办〔2013〕1781号)

100 旋转电机类型分布式电源分为同步电机和感应电机两类，同步电机类型分布式电源主要包括直接并网的感应式风机等。( )

答案：错误

【依据出处】《国家电网公司关于印发分布式电源并网相关意见和规范（修订版）的通知》(国家电网办〔2013〕1781号)

101 旋转电机类型分布式电源分为同步电机和感应电机两类，感应电机类型分布式电源主要包括天然气三联供、生物质发电等，直接并网的感应式风机等。( )

答案：错误

【依据出处】《国家电网公司关于印发分布式电源并网相关意见和规范（修订版）的通知》(国家电网办〔2013〕1781号)

102 对于申请“自发自用、余电上网”的新报装用户，用户工程报装申请与分布式电源接入申请分开受理，分布式电源接入系统方案制定应和用户接入系统方案审定同步开展。(　　)

答案：错误

【依据出处】《国家电网公司关于印发分布式电源并网相关意见和规范（修订版）的通知》(国家电网办〔2013〕1781号)

103 根据《国家电网公司分布式电源并网相关意见和规范（修订版)》规定，分布式电源并网申请，对其申报的项目总容量不做要求：用户按照一户（一关口表）原则可对多个并网点项目打捆申报；对于政府出具的路条项目，按照路条明确的总容量予以受理。(　　)

答案：正确

【依据出处】《国家电网公司关于印发分布式电源并网相关意见和规范（修订版）的通知》(国家电网办〔2013〕1781号)

104 分布式电源涉网设备，应按照并网调度协议约定，纳入地市公司调控中心调度管理。(　　)

答案：正确

【依据出处】《国家电网公司关于印发分布式电源并网相关意见和规范（修订版）的通知》(国家电网办〔2013〕1781号)

105 分布式电源并网点开关（属用户资产）的倒闸操作，须经地市公司和项目方人员共同确认后，由地市公司相关部门许可。其中380V接入项目，由地市公司营销部（客户服务中心）确认和许可。(　　)

答案：正确

【依据出处】《国家电网公司关于印发分布式电源并网相关意见和规范（修订版）的通知》(国家电网办〔2013〕1781号)

106 根据《国家发改委关于加快居民区电动汽车充电基础设施建设的通知》规定，新建居住区应统一将供电线路敷设至专用固定停车位（或预留敷设条件)，预留电能表箱、充电设施安装位置和用电容量。(　　)

答案：正确

【依据出处】《国家发改委关于加快居民区电动汽车充电基础设施建设的通知》(发改能源〔2016〕1611号)

107 根据《国家发改委关于加快居民区电动汽车充电基础设施建设的通知》规定，新建居民区停车位配套供电设施建设应与主体建筑同步设计、同步施工。(　　)

答案：正确

【依据出处】《国家发改委关于加快居民区电动汽车充电基础设施建设的通知》(发改能源〔2016〕1611号)

108 居民低压客户申请充换电设施用电报装需提供居民身份证或户口本、房产证或房屋权属证明、固定车位产权证明或产权单位许可证明、物业出具同意使用充换电设施的证明材料。(　　)

答案：错误

【依据出处】《国家电网公司关于印发做好电动汽车充换电设施用电报装服务意见的通知》(国家电网营销〔2014〕526号)

109 非居民高压客户申请充换电设施用电报装需提供身份证、固定车位产权证明或产权单位许可证明、停车位（库）平面图、物业出具允许施工的证明等资料。(　　)

答案：错误

【依据出处】《国家电网公司关于印发做好电动汽车充换电设施用电报装服务意见的通知》(国家电网营销〔2014〕526号)

110 客户充换电设施受电及接入系统工程由电网公司投资建设，其设计、施工及设备材料供应单位由电网公司自主选择。(　　)

答案：错误

【依据出处】《国家电网公司关于印发做好电动汽车充换电设施用电报装服务意见的通知》(国家电网营销〔2014〕526号)

111 公司在充换电设施用电申请受理、设计审查、装表接电等全过程服务中，不收取任何服务费用，并投资建设因充换电设施接入引起的公共电网改造。( )

答案：正确

【依据出处】《国家电网公司关于印发做好电动汽车充换电设施用电报装服务意见的通知》(国家电网营销〔2014〕526号)

112 对于居民低压客户申请充换电设施用电报装，由各单位编制供电方案模板，在受理申请时直接答复供电方案。( )

答案：正确

【依据出处】《国家电网公司关于印发做好电动汽车充换电设施用电报装服务意见的通知》(国家电网营销〔2014〕526号)

113 充换电设施用电报装答复供电方案工作时限：在自受理之日起低压客户1个工作日，高压单电源客户15个工作日内完成，高压双电源客户30个工作日内完成。( )

答案：错误

【依据出处】《国家电网公司关于印发做好电动汽车充换电设施用电报装服务意见的通知》(国家电网营销〔2014〕526号)

114 充换电设施用电报装设计审查工作时限：受理设计审查申请后10个工作日内完成。( )

答案：错误

【依据出处】《国家电网公司关于印发进一步精简业扩手续提高办电效率的工作意见的通知》(国家电网营销〔2015〕70号)

115 充换电设施用电报装竣工检验工作时限：在受理竣工检验申请后，低压客户1个工作日，高压客户5个工作日内完成。( )

答案：错误

【依据出处】《国家电网公司关于印发进一步精简业扩手续提高办电效率的工作意见的通知》(国家电网营销〔2015〕70号)

116 充换电设施用电报装在验收合格，且客户签订合同并办结相关手续后，非居民低压客户1个工作日，高压客户5个工作日内完成完成装表接电。( )

答案：错误

【依据出处】《国家电网公司关于印发进一步精简业扩手续提高办电效率的工作意见的通知》(国家电网营销〔2015〕70号)

117 电动汽车充换电设施总额定输出功率在100kW及以下的，可采用低压供电。( )

答案：正确

【依据出处】《国家电网公司关于印发做好电动汽车充换电设施用电报装服务意见的通知》(国家电网营销〔2014〕526号)

118 电动汽车充换电设施总额定输出功率在100kW以上的，宜采用高压供电，优先选择低压侧计量。( )

答案：错误

【依据出处】《国家电网公司关于印发做好电动汽车充换电设施用电报装服务意见的通知》(国家电网营销〔2014〕526号)

119 电动汽车充换电设施用电计量宜实施"一桩一表"，单个用户安装多个充电桩的应"一桩一表"设置计量点。( )

答案：错误

【依据出处】《国家电网公司关于印发做好电动汽车充换电设施用电报装服务意见的通知》(国家电网

营销〔2014〕526号）

120 居民低压客户申请充换电设施用电报装时，《供用电合同》的签订采取背书方式。（　）

答案：正确

【依据出处】《国家电网公司关于印发做好电动汽车充换电设施用电报装服务意见的通知》（国家电网营销〔2014〕526号）

121 低压非居客户申请充换电设施用电报装可不提供政府职能部门有关项目立项的批复文件。（　）

答案：正确

【依据出处】《国家电网公司关于印发做好电动汽车充换电设施用电报装服务意见的通知》（国家电网营销〔2014〕526号）

122 高压客户申请充换电设施用电报装可不提供物业部门出具允许施工的书面说明。（　）

答案：错误

【依据出处】《国家电网公司关于印发做好电动汽车充换电设施用电报装服务意见的通知》（国家电网营销〔2014〕526号）

123 低压非居客户申请充换电设施用电报装可不提供固定车位产权证明或产权单位许可证明。（　）

答案：错误

【依据出处】《国家电网公司关于印发做好电动汽车充换电设施用电报装服务意见的通知》（国家电网营销〔2014〕526号）

124 电动汽车充换电设施电气参数、性能要求、接口标准、谐波治理等均须满足国家或行业标准。（　）

答案：正确

【依据出处】《国家电网公司关于印发做好电动汽车充换电设施用电报装服务意见的通知》（国家电网营销〔2014〕526号）

125 分散式充电桩要加装逆功率保护，不允许倒送电。（　）

答案：正确

【依据出处】《国家电网公司关于印发做好电动汽车充换电设施用电报装服务意见的通知》（国家电网营销〔2014〕526号）

126 充换电站如需通过利用储能电池向电网送电，必须按照公司分布式电源要求办理相关手续，并采取专用开关、反孤岛装置等措施。（　）

答案：正确

【依据出处】《国家电网公司关于印发做好电动汽车充换电设施用电报装服务意见的通知》（国家电网营销〔2014〕526号）

127 发展部门负责充换电设施配套电网规划，参与供电方案的制定，以及安排列入基建投资的配套电网工程投资计划。（　）

答案：正确

【依据出处】《国家电网公司关于印发做好电动汽车充换电设施用电报装服务意见的通知》（国家电网营销〔2014〕526号）

128 运检部门负责配合开展充换电设施报装业务的现场勘查、确定供电方案、设计审查、竣工检验等工作。（　）

答案：正确

【依据出处】《国家电网公司关于印发做好电动汽车充换电设施用电报装服务意见的通知》（国家电网营销〔2014〕526号）

129 调控中心负责配合完成调度管辖范围内客户充换电设施的送电工作。(　　)

答案：正确

【依据出处】《国家电网公司关于印发做好电动汽车充换电设施用电报装服务意见的通知》(国家电网营销〔2014〕526号)

130 发电量选择“全部自用”和“自发自用剩余电量上网”的分布式电源项目，接入用户侧，用户不足用电量由电网提供，上、下网电量分开结算，上网电价执行分布式光伏发电价格政策，用电电价执行国家相关政策。(　)

答案：正确

【依据出处】《国家电网公司转发国家能源局关于进一步落实分布式光伏发电有关政策的通知》(国家电网发展〔2014〕1325号)

131 发电量选择“全额上网”的分布式电源项目，就近接入公共电网，用户用电量由电网提供，上、下网电量分开结算，上网电价执行当地光伏电站标杆上网电价政策，用电电价执行国家相关政策，项目补助资金管理按国家有关规定。(　　)

答案：正确

【依据出处】《国家电网公司转发国家能源局关于进一步落实分布式光伏发电有关政策的通知》(国家电网发展〔2014〕1325号)

132 对于利用建筑屋顶及附属场地建成的分布式光伏发电项目，发电量已选择为“全部自用”或“自发自用剩余电量上网”，当用户用电负荷显著减少(含消失)或供用电关系无法履行时，允许其电量消纳模式变更为“全额上网”模式。(　　)

答案：错误

【依据出处】《国家电网公司转发国家能源局关于进一步落实分布式光伏发电有关政策的通知》(国家电网发展〔2014〕1325号)

133 变更消纳模式的分布式光伏发电项目，由项目单位(含自然人)向当地能源主管部门申请项目备案变更，项目备案变更完成后，地市公司营销部(客户服务中心)负责受理项目电量消纳模式变更申请，并办理购售电和供用电方面的合同变更。(　　)

答案：正确

【依据出处】《国家电网公司转发国家能源局关于进一步落实分布式光伏发电有关政策的通知》(国家电网发展〔2014〕1325号)

134 光伏扶贫电站原则上应在建档立卡贫困村按照村级电站方式建设，不得以联建方式建设村级电站。(　)

答案：错误

【依据出处】《光伏扶贫电站管理办法》(国能发新能〔2018〕29号)

135 村级扶贫电站规模根据帮扶的贫困户数量按户均5kW左右配置，最大不超过7kW，单个电站规模原则上不超过300kW，具备就近接入和消纳条件的可放宽至700kW。(　　)

答案：错误

【依据出处】《光伏扶贫电站管理办法》(国能发新能〔2018〕29号)

136 村级联建扶贫电站外送线路电压等级不超过10kV，建设规模不超过5000kW。(　　)

答案：错误

【依据出处】《光伏扶贫电站管理办法》(国能发新能〔2018〕29号)

137 电网公司负责建设配套接入电网工程，将光伏扶贫电站接网工程优先纳入电网改造升级计划，确保村级扶贫电站和接入电网工程同步建成投产。(　　)

答案：正确

【依据出处】《光伏扶贫电站管理办法》(国能发新能〔2018〕29号)

138 电网公司保障光伏扶贫项目优先调度与全额消纳。（ ）

答案：正确

【依据出处】《光伏扶贫电站管理办法》（国能发新能〔2018〕29号）

139 光伏扶贫电站不参与竞价，执行国家制定的光伏扶贫价格政策。（ ）

答案：正确

【依据出处】《光伏扶贫电站管理办法》（国能发新能〔2018〕29号）

140 省级政府能源、扶贫主管部门根据光伏扶贫政策要求组织对各县级光伏扶贫电站进行验收和评估，并将验收和评估情况形成书面报告报送国家能源局和国务院扶贫办。（ ）

答案：正确

【依据出处】《光伏扶贫电站管理办法》（国能发新能〔2018〕29号）

141 省级政府能源、扶贫主管部门负责本省光伏扶贫工作的统筹协调和管理监督，审核县级政府申报的扶贫实施方案和光伏扶贫补助目录。（ ）

答案：正确

【依据出处】《光伏扶贫电站管理办法》（国能发新能〔2018〕29号）

142 光伏扶贫电站是以扶贫为目的，在具备光伏扶贫实施条件的地区，利用政府性资金投资建设的光伏电站，其产权归村集体所有，全部收益用于扶贫。（ ）

答案：正确

【依据出处】《光伏扶贫电站管理办法》（国能发新能〔2018〕29号）

143 公司优先保障光伏扶贫电站发电上网，无条件实现对光伏扶贫电站电量的全额消纳。（ ）

答案：正确

【依据出处】《国家电网公司关于进一步做好光伏扶贫项目接网工作意见的通知》（国家电网营销〔2018〕358号）

144 电动汽车充换电设施用电执行非分时电价政策。（ ）

答案：错误

【依据出处】《国家发展改革委关于电动汽车用电价格政策有关问题的通知》（发改价格〔2014〕1668号）

四、简答题（共26题）

1 分布式电源并网电压等级应如何确定？

答：对于单个并网点，接入的电压等级应按照安全性、灵活性、经济性的原则，根据分布式电源容量、导线载流量、上级变压器及线路可接纳能力、地区配电网情况综合比选后确定。

【依据出处】《国家电网公司关于印发分布式电源接入系统典型设计的通知》（国家电网发展〔2013〕625号）

2 分布式电源并网电压等级根据装机容量进行初步选择时的参考标准是什么？

答：分布式电源并网电压等级根据装机容量进行初步选择的参考标准如下：8kW及以下可接入220V；8kW~400kW可接入380V；400kW~6MW可接入10kV；6MW~20MW可接入35kV电压等级。最终并网电压等级应综合参考有关标准和电网实际条件，通过技术经济比选论证后确定。

【依据出处】《国家电网公司关于印发分布式电源接入系统典型设计的通知》（国家电网发展〔2013〕625号）

3 根据《国家电网公司电动汽车智能充换电服务网络建设管理办法》，简述国家电网公司电动汽车智能充换电服务网络定义。

答：国家电网公司电动汽车智能充换电服务网络指充换电网络是通过智能电网、物联网和交通网的“三网”技术融合，实施网络化、信息化和自动化的“三化”管理，实现对电动汽车用户跨区域全覆盖的服务网络。

【依据出处】《国家电网公司电动汽车智能充换电服务网络建设管理办法》[国网（营销/3）488—2018]

4 根据《国家电网公司电动汽车智能充换电服务网络建设管理办法》，简述国家电网公司电动汽车智能充换电服务网络建设管理职责划分。

答：充换电设施供电变压器低压综合配电箱（低压配电柜）出线开关为管理分界点，分界点及以上配套供电设施建设纳入配电网工程项目管理，分界点以下部分纳入公司充换电项目管理。

【依据出处】《国家电网公司电动汽车智能充换电服务网络建设管理办法》[国网（营销/3）488—2018]

5 根据《国家电网公司电动汽车智能充换电服务网络运营管理办法》，充换电网络运行监控内容包括哪些？

答：充换电网络运行监控内容包括充换电网络设备运行情况、运维检修情况、客户服务情况等。

【依据出处】《国家电网公司电动汽车智能充换电服务网络运营管理办法》[国网（营销/3）489—2018]

6 根据《国家电网公司电动汽车智能充换电服务网络运营管理办法》，地市运营单位应开展的充换电网络运行监控工作包括哪些？

答：地市运营单位应开展的运行监控工作：

（1）对本地市充换电网络设备运行状况进行实时监控，发现故障和异常情况及时开展排查和消缺工作。

（2）及时办理电动汽车用户业务咨询、故障报修业务。

【依据出处】《国家电网公司电动汽车智能充换电服务网络运营管理办法》[国网（营销/3）489—2018]

7 根据《国家电网公司电动汽车智能充换电服务网络运营管理办法》，地市运营单位应开展的充换电网络运维检修包括哪些内容？

答：充换电网络运维检修包括巡视、检修、故障抢修、缺陷管理、设施接入、停复退运等。

【依据出处】《国家电网公司电动汽车智能充换电服务网络运营管理办法》[国网（营销/3）489—2018]

8 根据《国家电网公司电动汽车智能充换电服务网络服务管理办法》，营业网点服务内容包括哪些？

答：营业网点服务内容包括充电卡业务、业务咨询及增值服务等。

【依据出处】《国家电网公司电动汽车智能充换电服务网络服务管理办法》[国网（营销/3）898—2018]

9 根据《国家电网公司电动汽车智能充换电服务网络服务管理办法》，地市供电企业营销部主要职责包括哪些？

答：地市供电企业营销部（农电工作部、客户服务中心）主要职责如下：

（1）已成立省电动汽车公司的，地市供电企业营销部负责本地市充换电现场服务工作的监督及评价。

（2）未成立省电动汽车公司的，地市供电企业营销部负责本地市充换电服务、统计分析等工作。

（3）负责组织本地市营业网点开展充电卡售卡、充值、退费、挂失、咨询等服务。

【依据出处】《国家电网公司电动汽车智能充换电服务网络服务管理办法》[国网（营销/3）898—2018]

10 根据《国家电网公司分布式电源并网服务管理规则》，第一类分布式电源是指什么？

答：第一类分布式电源是指10kV及以下电压等级接入，且单个并网点总装机容量不超过6MW的分布式电源。

【依据出处】《国家电网公司分布式电源并网服务管理规则》[国网（营销/4）386—2014]

11 根据《国家电网公司分布式电源并网服务管理规则》，第二类分布式电源是指什么？

答：第二类分布式电源是指35kV电压等级接入，年自发自用电量大于50%的分布式电源；或10kV电压等级接入且单个并网点总装机容量超过6MW，年自发自用电量大于50%的分布式电源。

【依据出处】《国家电网公司分布式电源并网服务管理规则》[国网（营销/4）386—2014]

12 根据《国家电网公司分布式电源并网服务管理规则》，地市、县供电企业营销部负责参照公司发布的参考合同文本办理发用电合同签订工作，对于签订主体的要求有哪些？

答：地市、县供电企业营销部（客户服务中心）负责参照公司发布的参考合同文本办理发用电合同签订工作。其中，对于发电项目业主与电力用户为同一法人的，与项目业主（即电力用户）签订发用电合同；对于发电项目业主与电力用户为不同法人的，与电力用户、项目业主签订三方发用电合同。

【依据出处】《国家电网公司分布式电源并网服务管理规则》[国网（营销/4）386—2014]

13 根据《国家电网公司分布式电源并网服务管理规则》，简述自然人申请分布式电源并网需提供的资料清单。

答：自然人申请需提供：经办人身份证原件及复印件、房产证（或乡镇及以上级政府出具的房屋使用证明）。

【依据出处】《国家电网公司分布式电源并网服务管理规则》[国网（营销/4）386—2014]

14 根据《国家电网公司分布式电源并网服务管理规则》，简述法人申请分布式电源并网需提的资料清单。

答：法人申请需提供：

（1）经办人身份证原件及复印件和法人委托书原件（或法定代表人身份证原件及复印件）。

（2）企业法人营业执照、土地证项目合法性支持性文件。

（3）政府投资主管部门同意项目开展前期工作的批复（需核准项目）。

（4）发电项目（多并网点380/220V接入、10kV及以上接入）前期工作及接入系统设计所需资料。

（5）用电电网相关资料（仅适用于大工业用户）。

【依据出处】《国家电网公司分布式电源并网服务管理规则》[国网（营销/4）386—2014]

15 根据《国家电网公司分布式电源并网服务管理规则》，分布式电源并网调试和验收需提供的材料清单有哪些？

答：（1）施工单位资质复印件[承装（修、试）电力设施许可证]。

（2）主要设备技术参数、型式认证报告或质检证书，包括发电、逆变、变电设备，断路器、隔离开关等设备。

（3）并网前单位工程验收报告（记录）。

【依据出处】《国家电网公司分布式电源并网服务管理规则》[国网（营销/4）386—2014]

16 根据《国家电网公司分布式电源并网服务管理规则》，10kV逆变器类分布式电源并网调试和验收需提供的材料清单有哪些？

答：（1）施工单位资质复印件[承装（修、试）电力设施许可证]。

（2）主要设备技术参数、型式认证报告或质检证书，包括发电、逆变、变电设备，断路器、隔离开关等设备。

（3）并网前单位工程验收报告（记录）。

（4）并网前单位工程调试报告（记录）。

（5）并网前设备电气试验、继电保护整定、通信联调、电能量信息采集调试记录。

（6）项目运行人员名单（及专业资质证书复印件）。

【依据出处】《国家电网公司分布式电源并网服务管理规则》[国网（营销/4）386—2014]

17 根据《国家电网公司分布式电源并网服务管理规则》，380/220V多并网点分布式电源设计审查需提供的材料清单有哪些？

答：（1）若需核准（或备案），提供核准（或备案）文件。

（2）若委托第三方管理，提供项目管理方资料（工商营业执照、与用户签署的合作协议复印件）。

（3）设计单位资质复印件。

（4）接入工程初步设计报告、图纸及说明书。

（5）主要电气设备一览表。

（6）继电保护方式。

（7）电能计量方式。

【依据出处】《国家电网公司分布式电源并网服务管理规则》[国网（营销/4）386—2014]

18 《国家电网公司关于做好村级光伏扶贫项目并网服务工作的通知》明确指出，对于光伏扶贫项目要统一电网投资界面，请简要阐述其具体要求。

答：统一电网投资界面，对于直接接入公共电网的项目，10kV 项目升压变高压侧开关、220/380V 项目汇集点以上接入工程由公司投资建设；对于接入用户侧的，接入工程由项目业主投资建设，接入引起的公共电网改造由公司负责。

【依据出处】《国家电网公司关于做好村级光伏扶贫项目并网服务工作的通知》（国家电网营销〔2018〕130 号）

19 《国家电网公司关于进一步做好光伏扶贫项目接网工作意见的通知》提出，公司进一步做好光伏扶贫项目并网的工作目标是什么？

答：确保光伏扶贫接网工程与光伏扶贫电站同步建成；全额消纳光伏扶贫电站发电量；按月支付光伏扶贫电站标杆电价电费，及时转付光伏扶贫补贴，实现贫困人口尽早受益。

【依据出处】《国家电网公司关于进一步做好光伏扶贫项目接网工作意见的通知》（国家电网营销〔2018〕358 号）

20 简述村级和村村、村户、户户联建光伏扶贫电站发电收益形成的村集体经济收入，在扣除土地租金、管理运维等费用后的主要用途。

答：村级和村村、村户、户户联建光伏扶贫电站发电收益形成的村集体经济收入，在扣除土地租金、管理运维等费用后，主要用于开展道路维护员、水利管护员、乡村保洁员、安全巡护员、护林防火员、照料护理员等公益岗位扶贫，村内道路维修、环境卫生整治等小型公益事业扶贫，奖励先进、资助困难等小微奖补扶贫，鼓励支持老弱病残贫困人口或半（弱）劳动力贫困人口就地就近就业，通过力所能及的劳动获得劳务收入。

【依据出处】《安徽省村级光伏扶贫电站收益分配管理实施办法》（皖扶办〔2018〕82 号）

21 根据《国家电网公司电动汽车充电设施建设项竣工验收和评价工作管理办法（试行）》，充电设施建设项目竣工验收准备有哪些？

答：（1）项目施工结束后，项目施工单位应先进行自验收。

（2）项目施工单位自验收合格后，向项目实施主管单位提出项目竣工验收申请，并提交设备技术资料、安装调试资料、阶段性验收资料。

（3）监理单位编制项目监理报告，说明监理中存在的问题及整改情况。

【依据出处】《国家电网公司电动汽车充电设施建设项竣工验收和评价工作管理办法（试行）》

22 根据《国家电网公司电动汽车充电设施建设项竣工验收和评价工作管理办法（试行）》，充电设施建设项目竣工移交投产须满足哪些条件？

答：项目竣工移交投产须满足下列条件：

（1）设备及装置无缺陷，性能指标、安装质量及施工工艺满足要求。

（2）调试试验项目齐全，所有图纸．技术资料、调试、接入及检验报告齐全完整，符合有关规范、规定。

（3）安装、调试、验收记录完整。

【依据出处】《国家电网公司电动汽车充电设施建设项竣工验收和评价工作管理办法（试行）》

23 请根据《国网安徽省电力有限公司分布式光伏并网及运行管理实施意见（试行）》，简述分布式光伏发电项目抄表周期和例日管理的相关要求。

答：10kV 及以上接入的分布式光伏发电项目抄表周期为每月一次，抄表例日为 1 日零时，并应在新并网运行后 60 日内完成首次抄表工作。380/220V 接入的分布式光伏发电项目抄表周期与抄表例日应与本单位居民抄表周期和例日保持一致，并应在新并网运行后 90 日内完成首次抄表工作。

【依据出处】《国网安徽省电力有限公司分布式光伏并网及运行管理实施意见（试行）》（营销工作〔2018〕198 号）

24 根据《国家电网公司分布式电源并网相关意见和规范（修订版）》，第二类分布式电源受理时需校核自发自用电量比例，请简述自发自用电量比例确定方法。

答：自发自用电量比例确定方法：

（1）对于既有用户，根据分布式电源技术特性，估算的年发电量应大于上一年该用户年用电量的 50%。

（2）对于新报装用户，根据分布式电源技术特性和用户负荷特性，估算的年发电量应大于该用户报装负荷折算的年用电量的 50%。

【依据出处】《国家电网公司关于印发分布式电源并网相关意见和规范（修订版）的通知》（国家电网办〔2013〕1781 号）

25 根据《国家电网公司分布式电源并网相关意见和规范（修订版）》，简述接入系统方案应包括的内容。

答：接入系统方案应包括分布式电源项目建设规模（本期、终期）、开工时间、投产时间、系统一次和二次方案及主设备参数、产权分界点设置、计量关口点设置、关口电能计量方案等。

【依据出处】《国家电网公司关于印发分布式电源并网相关意见和规范（修订版）的通知》（国家电网办〔2013〕1781 号）

26 什么是村级光伏扶贫电站？

答：村级光伏扶贫电站是指在具备光照、资金、土地、接网、消纳等条件的建档立卡贫困村建设，纳入国家光伏扶贫计划和光伏扶贫项目补贴目录，促进贫困村和贫困户增收的光伏扶贫电站。

【依据出处】《安徽省村级光伏扶贫电站收益分配管理实施办法》（皖扶办〔2018〕82 号）

五、案例分析（1 题）

1 **【背景材料】**某自然客户 2017 年 11 月 20 日向供电公司申请安装（并网）家庭屋顶光伏 8kW，消纳方式为“自发自用、余电上网”；供电公司于 2017 年 12 月 5 日完成接入方案答复；客户 12 月 20 日完成施工、申请验收，供电企业 12 月 24 日完成装表，次日完成验收、并网。2018 年 4 月，客户发电能表计电量为：正向平 700kWh，正向谷 0kWh；用电能表计电量为：正向平 500kWh、谷 800kWh，反向总 300kWh。

【问题】请结合以上数据回答以下问题［其中，燃煤标杆上网电价（脱硫脱硝除尘）为 0.3844 元 /kWh；低压居民用电电价为平 0.5953 元 /kWh，谷 0.3153 元 /kWh。国家补贴标准 0.42 元 /kWh］：

（1）供电公司在服务该客户光伏并网过程中是否存在超期？

（2）该客户 2018 年 4 月应收上网电费多少？

（3）该客户 2018 年 4 月应拿国家补贴多少？

（4）该户 2018 年 4 月份光伏发电总共创造多少效益？

（5）该户 2018 年 4 月份实际消耗的电能为多少？

【答案要点】

（1）时限规定：根据国家电网公司《进一步精简业扩手续、提高办电效率的工作意见》，380V 单点并网光伏项目，答复接入方案时限：自受理之日起 20 个工作日；计量装置安装时限：自并网验收申请之日起 5 个工作日；并网验收时限：自计量装置安装、合同签订完成日 5 个工作日。因此，该项目并网服务过程中无超期行为。

（2）上网电费：300×0.3844=115.32（元）。

（3）国家补贴：700×0.42=294（元）。

（4）总收益 = 上网电费 + 补贴 + 省电收益。其中，省电收益 =（700−300）×0.5953=238.12（元）。则

总收益 =115.32+294+238.12=647.44（元）。

（5）实际消耗电能 =500+800+（700−300）=1700（kWh）。

【依据出处】 国家电网公司《进一步精简业扩手续、提高办电效率的工作意见》（国家电网营销〔2015〕70 号）、《国家发改委关于发挥价格杠杆作用促进光伏产业健康发展的通知》（发改价格〔2013〕1638 号）